新世纪高等学校教材 · 学前教育专业系列教材

中外学前教育史 第2版

Zhongwai
Xueqian Jiaoyushi

田景正　杨　佳 /主编

图书在版编目(CIP)数据

中外学前教育史/田景正，杨佳主编. —2 版. —北京：北京师范大学出版社，2024.1(2025.1 重印)

新世纪高等学校教材·学前教育专业系列教材

ISBN 978-7-303-29824-2

Ⅰ.①中… Ⅱ.①田…②杨… Ⅲ.①学前教育－教育史－世界－高等学校－教材 Ⅳ.G619.1

中国国家版本馆 CIP 数据核字(2024)第 020457 号

图书意见反馈： gaozhifk@bnupg.com 010-58805079
营销中心电话：010-58802755 58800035
编辑部电话：010-58808898

出版发行：北京师范大学出版社 www.bnupg.com
北京市西城区新街口外大街 12-3 号
邮政编码：100088
印 刷：优奇仕印刷河北有限公司
经 销：全国新华书店
开 本：787 mm×1092 mm 1/16
印 张：20.75
字 数：402 千字
版 次：2024 年 1 月第 2 版
印 次：2025 年 1 月第 23 次印刷
定 价：54.80 元

策划编辑：罗佩珍 责任编辑：赵鑫钰
美术编辑：焦 丽 装帧设计：焦 丽
责任校对：陈 民 责任印制：赵 龙

第2版前言

强教必先强师。《中外学前教育史》自出版以来，师生反映良好。本次对教材做出修订，主要原因是近年来国家不断对幼儿园教师的专业化发展提出了新的要求。2012 年 2 月，教育部印发了《幼儿园教师专业标准(试行)》，明确了对幼儿园教师专业素质的基本要求。2018 年 1 月，《中共中央 国务院关于全面深化新时代教师队伍建设改革的意见》发布，就全面深化新时代教师队伍建设改革提出了意见。2021 年 4 月，教育部办公厅印发了《学前教育专业师范生教师职业能力标准(试行)》，指出新时代应提高学前教育师范类专业人才培养质量，从源头上涵养高尚师德、奠定育人能力、培养"四有"好老师。这些要求促使我们对《中外学前教育史》做出必要的修订和调整。另外，回应出版以来师生在使用过程中提出的意见和建议，进一步完善教材结构也是促成本次修订的原因之一。

本次修订以第 1 版为基础，框架基本未动，增加的主要内容如下。

一是为了增强引导性和可读性，各章的每一节正文前均增加了简短的导言。

二是为了发挥课程的思政功能，增强学生运用教育史知识理解教育现实和分析解决教育实践中存在的问题的能力，以及培养学生的思维能力和教育情怀，每一章的"思考题"后面均增设了"实践活动建议"栏目。

三是为了拓宽学生视野并促进深度学习，每一章的"实践活动建议"后面增设了"拓展阅读"栏目。

四是为了增强历史事实的直观性，第 2 版增加了 73 幅图片。

五是为了反映社会主义革命和建设时期的学前教育思想，第五章增加了第四节"徐特立的学前教育思想"。同时，基于较好地体现近几年来中国学前教育的快速发展和政策变化等情况，第六章第二节增加了相关内容。

本次修订由湖南师范大学田景正与湖北第二师范学院杨佳共同负责，第五章第四节作者为韶关学院易静和湖南师范大学徐迎雪、田景正，第六章第二节作者为湖南师范大学范金钰、田景正，其他章节作者与第 1 版同。

本书修订后呈现出新的面貌，但限于精力和水平，书中可能存在不足之处，敬请读者批评指正。

本书的修订和再版工作得到了北京师范大学出版社的大力支持，本书策划编辑罗佩珍对此花费了大量的心血，做了大量的工作，在此表示衷心感谢！

编　者

2023年1月

第1版前言

随着经济社会和教育事业的快速发展，特别是《国家中长期教育改革和发展规划纲要（2010—2020 年）》《国务院关于当前发展学前教育的若干意见》《中共中央 国务院关于学前教育深化改革规范发展的若干意见》发布以来，中国学前教育事业的发展受到国家和社会前所未有的重视，取得了很大的成就。与此同时，党和政府对幼儿园教师专业化发展提出了新的要求。2012 年 2 月，教育部印发了《幼儿园教师专业标准（试行）》，明确了对幼儿园教师专业素质的基本要求。《中外学前教育史》教材就是在国家对幼儿园教师提出明确的专业知识、能力和师德及理念要求的背景下，针对高校学前教育专业培养目标和有关培训需要编写的。

本书由“中国学前教育史”和“外国学前教育史”两卷构成。在编写过程中，我们以时间为经，以学前教育实践（制度）和学前教育思想（理论）为纬，注意论从史出，以史、论结合的原则叙述中外学前教育发生和发展的历史，总结了中外悠久而丰富的学前教育思想和经验，阐明了古代、近现代和当代学前教育发展的历程，以及中外著名教育家在学前教育理论和实践两方面所做的杰出贡献。

本书与现有同类教材相比，在以下三个方面做了一些新的尝试。

一是在内容上力求反映一些前沿的研究成果和当前学前教育发展的重要事件。比如，在上卷的“中国学前教育史”中，把“教会开办的学前教育”单列一节，并探讨了教会学前教育对于中国学前教育近代化的影响；在“陈鹤琴的学前教育思想”一节中，讨论了陈鹤琴的学前教育科学研究方法；特别是在“改革开放以来的学前教育”中增加了“21 世纪的学前教育”一节。在下卷的“外国学前教育史”中，现有的同类教材一般均有“现代心理学家的学前教育思想”的相关内容，本书为了完整反映有关信息，则专列一章“现代心理学流派的学前教育理论”，对行为主义心理学派、建构主义心理学派、精神分析学派及人本主义心理学派的学前教育理论进行了探讨。另外，还把 20 世纪末以来风靡全球的“瑞吉欧学前教育体系”专列为“现代学前教育理论”部分中的一节。

二是在结构上也做出了一些调整。比如，在下卷“外国学前教育史”中，在

第十章、第十一章介绍西方六国的学前教育时，把各国的近代学前教育发展与现代学前教育发展合为一节，以突出其发展的连续性，并便于学生的学习和教师的讲解。

三是学前教育专业开设的学前教育史课程，除了要使学生了解和掌握相关的教育史知识以外，还要发挥好本课程的思政功能，重视培养学生科学的教育史观、历史思维能力，使其感受古今中外教育家的人格风范和献身教育事业的精神，并使学生在对中外学前教育史的学习和比较中，深切感受新中国成立以来，特别是改革开放以来，在中国共产党的领导下，我国社会主义学前教育“以人民为中心”的基本特征和所取得的巨大的历史性成就。

本书由湖南师范大学田景正与湖北第二师范学院杨佳共同担任主编，负责全书的篇章结构的搭建及统稿。本书的编写具体分工如下。

绪论、第一章：由田景正(湖南师范大学)撰写。

第二章：由张苏颖(长沙师范学院)撰写。

第三章：第一节由张建中(江西师范大学)撰写；第二节、第四节由路雪(黄冈师范学院)撰写；第三节由易洪湖(萍乡学院)撰写。

第四章：第一节由张建中(江西师范大学)撰写；第二节、第五节、第六节由吴占杰(铜仁学院)撰写；第三节由路奇(长沙师范学院)撰写；第四节由路雪(黄冈师范学院)撰写。

第五章：由张建中(江西师范大学)撰写。

第六章：第一节由张建中(江西师范大学)撰写；第二节由田景正(湖南师范大学)撰写。

第七章：第一节由吴占杰(铜仁学院)撰写；第二节、第三节由杨佳(湖北第二师范学院)撰写。

第八章：由杨佳(湖北第二师范学院)撰写。

第九章：第一节由杨佳(湖北第二师范学院)撰写；第二节由易洪湖(萍乡学院)撰写；第三节由周玲(怀化学院)撰写。

第十章：由缪学超(长沙师范学院)撰写。

第十一章：由肖玉(长沙师范学院)撰写。

第十二章：第一节、第二节、第三节由唐芳丽(琼州学院)撰写；第四节由周玲(怀化学院)撰写；第五节由杨佳(湖北第二师范学院)撰写。

第十三章：第一节、第四节由张文洁(湖南师范大学)撰写；第二节由路奇(长沙师范学院)撰写；第三节由周玲(怀化学院)撰写。

第十四章：第一节、第四节由张文洁(湖南师范大学)撰写；第二节由路奇(长沙师范学院)撰写；第三节由杨佳(湖北第二师范学院)撰写。

本书的编写得到了中国著名学前教育史专家、华中师范大学博士生导师杨汉麟的宝贵指导。在编写过程中，编者广泛参阅、引用并借鉴了多个版本的有关中外学前教育史的著作。在此，谨向有关专家、作者致以诚挚的谢意！

在编写过程中，本书主编与各位编者曾就指导思想、内容取材、篇章结构等进行了多次讨论，各位编者对书稿也进行了几次修改。但总体上由于知识水平和经验有限，书中可能存在纰漏之处，恳请专家、同行及读者们给予批评指正。

本书的立项、编写及出版得到了北京师范大学出版社的大力支持，编辑罗佩珍、鲍红玉对此花费了大量的心血，在此表示衷心的感谢！

编　者

2014 年 5 月

目　录
CONTENTS

下卷　外国学前教育史

绪 论

一、学前教育史的学科性质

学前教育史既是历史学科的一个分支，又是教育科学领域的一门基础学科。

首先，学前教育史具有历史学科性质。所谓历史学科性质，即并非以现实的、正在发生变化的学前教育活动为研究对象，而是以过去的学前教育事实为研究对象。

其次，学前教育史是一门基础学科。学前教育史研究和总结过往的学前教育的经验和问题，探究其发生、发展的基本原因及规律，能为当今的学前教育实践活动提供必要的借鉴。因此，学前教育史能够使学习者受到学科理论的熏陶，培养学科意识，形成学科历史感，从而为学习者奠定坚实的专业素养基础。

二、学前教育史的结构体系

本书是中外学前教育史的合编，分上、下两卷。上卷为“中国学前教育史”，下卷为“外国学前教育史”。从历时上看，本书展现的学前教育史，起于远古时期，讫于当下的21世纪；从内容结构上看，包括人类历史主要阶段的学前教育实践活动、形成的制度和学前教育思想。上卷“中国学前教育史”分为中国古代学前教育、中国近现代学前教育和中国当代学前教育三部分；下卷“外国学前教育史”分为外国古代学前教育、外国近现代学前教育实践和外国近现代学前教育理论三部分。因此，学习中外学前教育史既要注意中国与外国(主要是西方国家)之间的异同和相互关系，还要注意古代、近现代、当代之间的差异和学前教育发展的逻辑。

三、学习学前教育史的意义、要求和方法

(一)学习学前教育史的意义

第一，掌握中外学前教育史的必要知识，有助于了解在不同历史时期，不同政治、经济、文化制度和社会要求背景下学前教育的发展状况以及历史规律。人类任何时期的文化均建立在原有的社会文化发展的基础之上，学前教育也是如此。因

此，我们不能也无法割断历史。只有深入地了解学前教育的过去，考察其产生、发展的历史，才能更好地认识它的现在和构筑美好的未来。“观今宜鉴古，无古不成今。”

第二，学习、研究中外学前教育史，分析、总结有关历史经验和教训，能够为现代学前教育提供借鉴。在中外历史长河中，学前教育的发生发展、行进样态和路径，既是历史客观生态的必然结果，也表现出“历史人”主动选择的特征。因此，学前教育的发生发展也必然会给后人留下值得深思的经验和教训。学习中外学前教育史，能够使我们从中外学前教育发展的得失中获得有益启示，古为今用，洋为中用。

第三，有利于培养学习者投身学前教育事业的精神。学前教育史一般包括思想史、制度史和活动史三大领域。学前教育思想的形成及发展与学前教育工作者，特别是古往今来的教育家献身教育事业的活动紧紧联系在一起。学习中外学前教育史，往往能够使我们从中外历史上教育家献身学前教育事业的感人事迹中受到鼓舞，从而形成和强化自己献身学前教育事业的信念。

(二)学习学前教育史的要求和方法

1. 历史方法

历史方法，即研究某一教育问题或考察某一教育现象时，应与当时、当地具体的历史条件有机地联系起来。教育现象从横向看与其他社会现象具有复杂的相互关系，从纵向看则有前后的联系和继承关系。因此，历史上的教育事实和教育活动乃至教育思想，既是同时代的政治、经济、文化诸因素多方面交织影响的结果，又可能是此前的教育事实、教育活动或教育思想在新的时代和条件下的发展，还会对未来的教育产生必然的影响。因此，学习学前教育史就要求首先把这些关系搞清楚。只有这样，才能对某一教育实际问题或理论问题予以正确说明，进而了解学前教育发展的规律。

在评价历史上的教育事实、教育活动和教育家的教育思想时，虽然要看其为现代提供了多大的价值，但更主要的，一是注意其在所在时代达到的高度，给所在时代提供的价值，二是注意其与以前相比是否更有价值、更加科学。

运用历史方法学习学前教育史，首先要了解和掌握必要的、具体的教育史实和史料。在此基础上，学会对教育事实和现象进行全面的、历史的分析和归纳，努力做到史论并重、史论结合、论从史出，对学前教育史既有理论的思考，又有实践的理解。

2. 联系方法

联系方法主要体现在横向和纵向两大方面。

从横向方面看，要注意教育活动、教育制度和教育思想之间的联系。三者在发展变化的过程中常常表现为互相渗透、互相交织、互为促进的关系。教育活动通常是教育制度的基础，而教育活动又往往是教育制度的体现；教育活动一般是教育思想产生的源泉，而教育思想又往往指导着教育活动的展开，影响着教育制度的制定；相较于教育活动和教育制度，由于其形成条件的复杂性和理论基础的深刻性，教育思想可能具有超前性。学习学前教育史要求对教育活动、教育制度和教育思想进行全面关注，同时要注意三者之间的联系及相互影响，从而达到对学前教育史整体和深入的认识。

从纵向方面看，学习学前教育史要注意不同时期教育活动、教育制度和教育思想的承接和发展。其中，要特别注意教育制度和教育思想的继承性和发展性。这就要求在学习和研究某一时期的学前教育制度和学前教育思想时，要联系前后不同时期的教育制度和教育思想，注意其变化发展的状态和原因。

3. 比较方法

比较方法是在纷繁复杂的历史现象中发现规律的重要研究与学习方法。比较方法也体现在横向和纵向两大方面。本书是中外学前教育史合编。横向比较可以在中国和外国之间以及西方各国之间教育发展的异同中，找出世界学前教育发展的共同规律及不同国家或地区学前教育发展变化的特殊规律。纵向比较，一是总体上比较世界上不同时期学前教育状态的异同和影响学前教育发展的不同因素；二是通过对不同国家或地区的追根溯源，深入认识该国家或地区学前教育发展演变的过程及规律。

思考题

1. 学前教育专业的学生为什么要学习中外学前教育史？
2. 怎样学好中外学前教育史？

上卷

中国学前教育史

第一编　中国古代学前教育

第一章　古代学前教育的实施

本章学习目标

1. 了解在学校教育出现以前，原始社会儿童教育的内容和形式。
2. 了解中国古代家庭学前教育的基本内容。
3. 把握中国古代蒙学设置和童蒙教材的基本情况。

第一节　原始社会的儿童教育

原始社会是人类历史中教育的起点，其儿童教育的基本形态是社会公育，教育在生产生活中进行。原始社会的儿童教育内容包括生产劳动教育、道德和宗教教育、艺术教育及体格和军事训练等。在原始社会，专职的教师还没有出现，长者的教育方法是讲授及示范，故事、神话、传说是原始社会常见的教育资源。儿童基本的学习方式是观察与模仿，他们往往会观察成人在生产生活中的行为，在游戏和实际生活中加以模仿与学习。

一、原始社会儿童教育的内容与特点

学前教育是相对于学校教育而言的。在专门的教育机构未出现之前，既不存在学校教育，当然也不可能有专门的学前教育。但是，这并不意味着在学校产生以前原始社会没有对年幼儿童实施的教育。原始社会是人类历史发展的第一阶段，也是人类教育产生和发展的起点。在原始社会中，一夫一妻的家庭尚未出现，原始部落或公社内实行儿童公有，以社会公育形态进行的儿童教育在生产生活中进行。

考古研究表明，约 400 万年前，人类已在地球上出现。人类的原始社会进程经历了三个历史时期：距今 400 多万年至 1.5 万年的原始人群时期；距今 1.5 万年至 5000 年的母系氏族公社时期；此后的父系氏族公社时期。①

① 杨汉麟：《外国幼儿教育史》，13～15 页，北京，人民教育出版社，2011。

(一)原始社会儿童教育的内容

在原始人群时期，以北京猿人为例，他们已经能把石头打制成多种石器，已经懂得用火。为抵御洪水以及猛兽的袭击，他们十几个人甚至几十个人结成群体，集体进行生产劳动，也集体教育子女。他们教儿童制造石器，告诉儿童要选择坚硬的石料打制刃口、锥尖，使普通的大石块变成尖锐、锋利的石器。他们还教儿童用火，给儿童讲解火的用处、取火和保存火种的方法。他们在长期的生产劳动和生活实践中积累了经验，伴随着语言和思维的发展，就有必要和可能把使用和制造简单劳动工具的方法教给儿童，教儿童团结互助，带领儿童进行集体采集，告诉儿童要勇敢地同猛兽及各种自然灾害做斗争，以保证生存。母系氏族公社时期，以母系血缘为纽带，生产资料公有，人们共同劳动、共同消费、生活平等，生产也有了很大的进步。在农业劳动中，成人会把有关经验教给儿童。制造石器已经发展到精细磨制阶段，同时，儿童还学习制造骨器、木器、弓箭。随着陶器出现，年长者会把制作陶器的方法适时传授给儿童。另外，年长者还会通过多种方式向儿童传授风俗习惯、宗教仪式等方面的知识。母系氏族公社时期，人类的教育活动比较明显地反映出原始社会教育的状况。总体来看，儿童教育的内容归纳起来主要有以下几个方面。

1. 生产劳动教育

长者将简单劳动工具的制造、取火的技术、渔猎采集及农作物栽培的经验，以及原始手工业如捻麻线以制衣，造土、调土以制陶器等技术传授给后代，使他们从小就感受并热爱劳动、会劳动。

中国古籍记载，在远古时代，有巢氏构木为巢，教民巢居；燧人氏钻木取火，教民熟食；伏羲氏教民结网，从事渔猎畜牧；神农氏用木制耜，教民农业生产。现代对出土文物和遗址的研究表明，古籍中记载的虽然带有神话传说的色彩，但基本上反映了原始社会人类生产、生活和教育的实际情况。在原始社会的氏族公社阶段，人类逐渐发明了钻木取火等人工取火的方法，掌握了渔猎的技术，并发明了农业和畜牧业，使生产力得到了一定的发展。在这种情况下，为了使儿童能够参加社会生产和生活，就必然要把劳动的技能和生活经验传授给他们。

对鄂温克族的调查报告显示，鄂温克族人在中华人民共和国成立前仍处于父系氏族公社时期，游猎于额尔古纳河流域的密林中，所有的男孩到了五六岁就在成人的指导下接受狩猎的训练，如用小弓箭练习射箭、打靶，做打猎的游戏等。另据调查，中华人民共和国成立前尚处于原始社会氏族公社阶段的基诺族，儿童到了四五岁也必须跟随父母兄长学习做一些家庭辅助性的轻微劳动，如背水、找野菜等。根据人类学研究报告，在美洲的印第安人以及非洲和大洋洲的居民中，我们也看到过类似现象：一般当成人在制造器具、设陷阱捕兽、养育动物、播种、收割或建造房屋的时候，儿童往往在一旁观察并模仿这些生产劳动，并随着年龄增长而逐渐成为帮手，直至成为独立的劳动者。

2. 道德和宗教教育

原始社会的氏族公社内，主要依靠传统习俗和规范约束人们的观念和行为。氏族公社内部的财产共有，儿童从小就要懂得不能损人利已，不能侵犯氏族公共利益，否则就要受到公众的谴责。为适应氏族公社集体生活的社会关系，儿童要尊敬长辈，听从指导，照顾老人，爱护幼小，团结互助，形成照顾、赡养老人的观念和敬重、服从家族族长的思想。

氏族公社时期，原始宗教活动普遍存在，主要有自然崇拜、图腾崇拜、鬼魂崇拜、祖先崇拜、巫术占卜等形式。一方面，宗教教育能使儿童养成宗教意识和情感，形成祖先崇拜，从而认同祖先的业绩和高尚品德，这对儿童认识氏族血缘关系、学习与发扬先辈进取精神和意志，以及维护氏族内部的团结一致，起到潜移默化的作用；另一方面，宗教教育还能使儿童在所参加的宗教祭祀活动中学到一些生产知识、历史传说、自然常识。例如，让儿童参加自然崇拜性质的祭日活动，无形中便使儿童学习了太阳与万物生长的关系，以及靠太阳定时间、定方向等知识。

3. 艺术教育

歌舞反映了人们生活的多个方面。在与成人同舞的过程中，儿童不但能学到简单的歌词、曲调、舞蹈动作，调节了精神，而且能学到生产生活知识。据史籍记载与现代考古学研究，在原始社会，人类已经形成了审美意识。比如，他们把原始歌舞视为宗教祭祀活动中的重要组成部分。因此，在对儿童实施的教育中，艺术教育，尤其是歌舞类的音乐教育也成为一项不可缺少的内容。甚至到了氏族公社后期，还设有专门负责这方面事务的职官。原始艺术教育的首要任务是陶冶人的情操；同时，通过歌舞类的音乐教育，儿童可以学到某些生产生活方面的基本常识。此外，儿童在参加氏族歌舞的活动中也可以受到形象化的军事、体育训练，培养尚武精神与健美的身心。

4. 体格和军事训练

在原始社会，人类生存环境极为恶劣。为了生存，一方面，部落的成员都要参与与自然的斗争，儿童自幼就接受着艰苦环境的磨炼，所有长辈都有责任对儿童进行体格训练；另一方面，部落之间为生活空间争斗频繁，部落中的男性成员均要成为战士。为此，氏族成员要学会使用武器，于是，儿童从小就要接受军事训练，五六岁要学用弓箭、木枪，七八岁要练习遛马、骑马等。

(二)原始社会儿童教育的特点

1. 儿童公养公育

在原始社会，人们共同生产、共同生活，没有阶级，人人平等。在原始社会，家庭没有形成，儿童为全氏族所共有，他们均为整个氏族公社的后代。这样，出生后的儿童均享受平等的待遇，由氏族公社这个"社会"单位统一抚养和教育。因此，公养公育是整个原始社会的基本教育现象。教育的目的在于保证整个氏族的生存与繁衍，教育是氏族生存与发展的工具，体现出平等的性质。

2. 生产生活经验是最基本的教育内容

在原始社会，儿童教育主要是为儿童未来直接的生产生活服务的，因此，教育内容主要是生产生活经验。原始社会教育中传授给儿童的生产生活知识首先是比较简单的，这是因为当时社会生产比较粗放，生活也不显得复杂。其次，传授给儿童的生产生活经验又是多样的，这是因为原始社会人类的生活不断多样化，儿童不仅要学习生产劳动知识，而且要学习公共生活的多种规范、宗教教育与艺术教育的有关知识，以及进行军事训练等。

3. 没有专职教师和专门的教育场所

原始社会的儿童教育内容是生产生活经验，教育活动主要是在生产生活的过程中进行的。尽管也存在长者专门开展的教学活动，如训话、讲故事、示范等，但这些长者不是专职教师，也没有供开展教育活动之用的专门场所。

4. 教育手段是言传身教

原始社会的儿童教育大多数是与生产劳动及社会生活融为一体的。儿童在氏族部落的生产生活中接受教育，过什么生活就受什么教育，故而教育往往通过口耳相传进行。随着原始社会的推进，教育活动的“言传”除讲解、谈话、训斥之外，也逐渐出现了说歌谣，做游戏，讲故事、神话、传说等不同的且更为符合儿童特点的学习形式。教育活动的“身教”也逐渐具有针对性、精细化等特点。

二、原始社会儿童教育的方法

原始社会的儿童教育主要通过参加实际活动，在社会生活和生产劳动的过程中进行。儿童教育可以从儿童的学习方法和长者的教育方法两个角度考察。

(一)儿童的学习方法：观察与模仿

从儿童学习的角度看，原始社会的儿童往往会观察成人在生产生活中的行为，在游戏中加以模仿等。原始先民“不耕不稼”“不织不衣”(《列子·汤问》)，过着“茹草饮水，采树木之实，食蠃蚘之肉”(《淮南子·修务训》)的生活。妇女是采集经济的主要承担者，并负有教养儿童的责任。据考古学推论，气候温暖、林木茂盛的秦岭北坡有着种类繁多的浆果、坚果和可吃的块根、嫩叶、树蕊，还有各种容易捕捉的鸟类、老鼠等小动物。这些都曾经是蓝田人的日常食物。在妇女采拾、捕捉这些食物时，儿童往往跟随在其身旁，观察成人的劳动，并不断尝试，最后逐渐能独立地辨识、采拾和捕捉这些植物和动物。

至氏族公社时期，采集狩猎经济有了重大发展，其中狩猎要求掌握较高的技术，因此，这方面的儿童教育活动十分活跃。如前所述的生活在额尔古纳河流域的密林中的鄂温克族，在中华人民共和国成立前尚处于原始社会末期的氏族公社阶段，以狩猎为主，鄂温克族人是打猎的能手。五六岁的男孩用小弓箭、木枪做狩猎游戏，从小就养成了强悍、顽强、拼搏的精神品格。七八岁以后，开始跟随老猎人到山野，观察、模仿其打猎，并逐渐熟悉野兽的习性和活动规律，如能够根据野兽足迹判断其行踪，甚至还能据此分辨出雄雌。① 至十六七岁能独立狩猎，成为打猎能手。

歌舞是富有代表性的原始民俗，古人称之为“乐”，是器乐、歌咏、舞蹈等相结合的综合性艺术。《吕氏春秋 · 古乐》载：“昔葛天氏之乐，三人操牛尾，投足以歌八阕：一曰《载民》，二曰《玄鸟》……”可以想象葛天氏之民，手操牛尾，且歌且舞的情景。儿童在观看和参加这类歌舞表演后，往往会在游戏中加以模仿，同时会学到一些有关农作物和畜牧的知识，了解某些生产经验。

(二)长者的教育方法：讲授及示范

从长者教育的角度看，讲授及示范是原始社会儿童教育活动中经常采用的教育方法。长者在传授生产劳动经验，讲述氏族的历史、风俗习惯、道德规范时，常常采取多种多样通俗生动的形式。比如，常向孩子讲述“夸父追日”“女娲补天”“精卫填海”“后羿射日”等神话故事，培养下一代艰苦奋斗、团结协作、勇敢斗争的精神；采用歌谣、舞蹈等文艺表演形式，用动作示范，现身说教，教孩子制造和使用生产工具，如示范表演黄帝时的《弹歌》就是其中的例证。

这首《弹歌》云：

断竹，续竹，
飞土，逐宍！

这首歌谣的大意是：砍下竹子，做成弹弓，弹出土块，去击打飞禽走兽。整首歌谣简短有力，节奏明快。长者边歌边舞，示范做弹弓、狩猎的动作；孩子跟着长者且歌且舞，模仿制作猎具、弹射飞禽走兽的动作，学习制造弹弓和弹射技术。这就把对儿童的教育与音乐、舞蹈等文艺形式融为一体，收到了较好的教育效果。考古发现，约 8000 年前，长江中下游的原始居民就已经运用水平踞织机纺织了。妇女一边纺织，一边向孩子讲解纺织技术。据调查，中华人民共和国成立前仍然处于原始社会末期的鄂温克族，妇女都擅长加工兽皮，经加工的兽皮结实、柔软、轻便。对于这种特殊的技能，女孩从小在母亲的指导和示范下逐步学习。另外，母亲口耳相传指导女孩采集野菜、野果，做针线活，女孩到十三四岁就正式参加家务劳动了。②

第二节　中国古代家庭学前教育

中国古代学前教育的基本形式是家庭教育，胎教是家庭教育的第一步。春秋之前，胎教为宫廷所独有；春秋之后，胎教流传到民间。宫廷是帝王的家庭，宫廷教育也是一种特殊的家庭教育，宫廷学前教育有独特的内容和形式。中国古代家庭教

① 毛礼锐、沈灌群：《中国教育通史》第一卷，10 页，济南，山东教育出版社，1985。
② 毛礼锐、沈灌群：《中国教育通史》第一卷，14 页，济南，山东教育出版社，1985。

育在内容上重视礼仪道德、日常规范以及文化知识等，但也形成了轻视体育的传统。

一、胎教

(一)胎教实施

中国是世界上最早提倡和施行胎教的国家。中国古代的胎教，是建立在养胎医学和早期教育的理论之上的。所谓胎教，是指通过对母体食物营养、视听言动乃至情绪等的规范，间接影响胎儿身体及心智发展的教育方式。

据史籍记载，最早的胎教为距今3000多年的商末时期周文王的母亲进行的胎教。西汉刘向所著《列女传·周室三母》记载：周文王的母亲太任“及其有娠，目不视恶色，耳不听淫声，口不出敖言，能以胎教”。即周文王的母亲怀文王时，不看丑恶的东西，不听邪恶的声音，不说傲慢不逊的话语，自觉地施行胎教。此后，周文王的孙子周成王的母亲在怀成王时，也施行过胎教。贾谊在《新书·胎教》中说成王的母亲当时做到了“立而不跛，坐而不差，笑而不喧，独处不倨，虽怒不骂”①。即在怀成王时，为了进行胎教，周成王的母亲站立时不将身体重心放在一条腿上或踮着脚远看，坐着时身体不歪斜，笑时不大声，独处时也不放纵懈怠，发怒时不破口骂人。可见，此时期的胎教偏向于对视听言动的规范，且主要实施于宫廷之内。自春秋战国后，胎教逐渐走向民间。

自秦汉以降，胎教日益受到重视，一批胎教著作出现。比如，西汉贾谊编纂的《新书》录载了西周宫廷胎教的经验，并强调“慎始”宜由胎教入手。西汉刘向编纂的《列女传》涉及胎教方法。东汉王充著的《论衡》涉及胎教。魏晋时期张华编纂的《博物志》所录的关于胎教的内容中，既有珍闻，也有特异的观点和方法。南北朝时期徐之才著的《胎产书》，对胎儿生理、胎儿脉象和胎儿营养均提出了独到见解。唐代名医孙思邈所著的《备急千金要方》系统地阐述了妊娠脉象、妊娠恶阻、妊娠饮食和居处禁忌、胎教等问题，并且在总结前人经验的基础上，提出了“外象内感”的胎教理论。

(二)胎教的基本主张

1. 优生

有关择偶的主张。随着独尊儒术的强化，伦理精神已渗透于社会生活之中，并影响到人们的择偶观。比如，《大戴礼记·本命》中论及“五不娶”原则，不娶有家族病史的女子属于生理范畴，其他四项均属于伦理范畴，包括不娶悖逆之家的女子、淫乱之家的女子、获罪之家的女子、丧母之家的女子。所娶者，“择世有仁义者”(《白虎通义·嫁娶》)。也将“重人伦，防淫佚”作为基本原则。这种择偶观所据的“道德遗传说”在现代是找不到理论依据的，但可以看到其“慎始”而须“正本”的思路。

有关适时受孕的主张。适时受孕的要求之一是确定最佳生育年龄。针对当时普遍早婚的情况，《白虎通义·嫁娶》主张：“男三十筋骨坚强，任为人父；女二十肌肤

① [汉]贾谊：《贾谊集》，176页，上海，上海人民出版社，1976。

充盛，任为人母。”适时受孕的要求之二是，在大病之后、过劳之时、醉酒之中，不宜行房事以留后患。陶渊明晚年发现子女鲁钝，悟得“盖缘于杯中物所贻害”。适时受孕不仅要求男女的身体健康，而且要求双方的精神愉悦。这无疑符合现代优生原理。适时受孕的要求之三是，对年份、季节、气候的选择。这里面可能包含着某些科学因素，但也明显存在着非科学的主张。比如，“天象凶险”之年不宜受孕生育等。

有关少生的主张。中国古代“多子多福”的观念，造成了夫妻多生的社会现实。王充依据“禀气说”指出：“人禀气而生，含气而长。”他认为，禀气的多少，由父母决定；多生则禀气薄，少生则禀气厚。他以自问自答的形式主张少生，指出：“妇人疏字者子活，数乳者子死。何则？疏而气渥，子坚强；数而气薄，子软弱也。”（《论衡·气寿》）他指出少生是优生的前提之一。

2. 胎教的基本原则

南北朝名医徐之才提出：妊娠一月名始胚，二月名始膏，三月名始胎。（《逐月养胎法》）因而，古人施行胎教，大致始于受孕三月之后。其施行胎教的原则，大体可归纳为以下四项。

食物要求——不食邪味。在先秦，“割不正不食”已成为孕妇“禁口”的准则。此后，孕妇禁食之物不断增多并且更为具体，如牛心、狗肉、兔肉、鲜鱼、螃蟹、生姜、辣椒等。其中，有些属经验之谈，而有些则纯属无稽之谈，如吃兔肉则生子裂唇，吃鳖则生子颈短等。总体说来，忌食辛辣生猛之物，主张饮食清淡，无疑有一定道理；但有些牵强附会之说，缺乏科学依据。

环境要求——居处简静。施行胎教，必须注意选择适当的环境。贾谊说：“王后有身，七月而就蒌室。”戴德说：“王后腹之七月，而就宴室。”颜之推说：“古者，圣王有胎教之法：怀子三月，出居别宫。”蒌室、宴室、别宫均为宫廷中专门施行胎教的场所。它们远离喧嚣，僻静安谧，可以保证孕妇“耳不听淫声”；陈设简朴，力戒奢华，可以保证孕妇“目不视恶色”。这种对环境的选择，为孕妇“必慎所感”所要求，故有其道理。当然，其中亦有诸多唯心的看法，如孕妇居处附近不得“有所兴修”。原因在于，用泥刀则胎儿“形必伤”，和泥浆则胎儿“窍必塞”，敲砖块则胎儿“色青黯”，此明显属谬论。当然，若从噪声、空气污染方面立论，则又有科学的一面。

行为要求——行坐端严。贾谊在记述宫廷胎教时，五项内容中有三项属行为举止方面的要求（立而不跛、坐而不差、独处不倨），由此可见此项原则的重要性。这类要求是否具有科学依据值得进一步探求。但是，勿登高、勿涉险、勿独处暗室、勿骑马奔驰等，属于生理学和心理学常识。

情绪要求——情性和悦。贾谊记述的宫廷胎教的另外两项要求为“笑而不喧”“虽怒不骂”，这无疑属心理因素。王充认为：“母不谨慎，心妄虑邪，则子长大，狂悖不善，形体丑恶。”（《论衡·命义》）这也是在强调精神因素的重要性。对于孕妇来说，控制情绪、陶冶性情很重要，胎儿将因此而受益。

3. 外象内感说

外象内感说是唐代名医孙思邈提出来的胎教理论，出自其医学著作《备急千金要方》。

所谓“外象”，系指母体之外的客观事物的现象；所谓“内感”，系指母体之内胎儿的被动感应。外象内感说的假设是“妊娠三月，未有定仪，见物而化”。三月胎儿禀质未定下来，可以通过母体与外界事物接触以及随其情绪变化而发生变化，即“见物而化”。孙思邈在《备急千金要方》中说：

> 妊娠三月，名始胎。当此之时，未有定仪，见物而化。欲生男者，操弓矢；欲生女者，弄珠玑。欲子美好，数视璧玉；欲子贤良，端坐清虚，是谓外象而内感者也。①

基于“见物而化”的理念，外象内感说认为对孕妇视听言动的规范，能影响下一代的性别、外貌与品性，并指出胎教包括“孕妇之教”，不仅使它的内涵更为丰富，甚至认为“孕妇之教”在胎教中有决定性作用。

根据外象内感说依循的“外铄”路向，孙思邈主张的相关胎教办法为：

> 故妊娠三月，欲得观犀象猛兽、珠玉宝物；欲得见贤人君子、盛德大师；观礼乐、钟鼓、俎豆，军旅陈设，焚烧名香；口育诗书、古今箴诫；居处简静，割不正不食，席不正不坐；弹琴瑟，调心神，和情性，节嗜欲。庶事清净，生子皆良，长寿忠孝，仁义聪惠，无疾。②

根据外象内感说，孙思邈针对孕妇涵养心性的需要，提出了“十二多”的弊害以及“十二少”的要求。他指出：

> 多思则神殆，多念则志散，多欲则志昏，多事则形劳，多语则气乏，多笑则脏伤，多愁则心慑，多乐则意溢，多喜则忘错昏乱，多怒则百脉不定，多好则专迷不理，多恶则憔悴无欢。③

与此相对应的“十二少”为少思、少念、少欲、少事、少语、少笑、少愁、少乐、少喜、少怒、少好、少恶，此为孕妇施行胎教的信条。

---

① ［唐］孙思邈：《备急千金要方》，鲁兆麟主校，19页，沈阳，辽宁科学技术出版社，1997。
② ［唐］孙思邈：《备急千金要方》，鲁兆麟主校，18页，沈阳，辽宁科学技术出版社，1997。
③ ［唐］孙思邈：《备急千金要方》，鲁兆麟主校，410页，沈阳，辽宁科学技术出版社，1997。

二、宫廷学前教育

宫廷是古代帝王的家庭。宫廷学前教育是古代帝王在宫廷内实施的教育，主要是以太子、王子为对象的教育。由于太子、王子的地位特殊，所以宫廷学前教育有独特的制度。宫廷学前教育与一般百姓家庭学前教育的重要区别就在于其具有制度的保障。这些制度主要包括三公制度、三母制度和四贤制度。

(一)三公制度

三公制度又称保傅制度或师保傅制度，是指通过设立专门人员即师、保、傅来负责太子和王子的教育。师、保、傅又分为太师、太保、太傅和少师、少保、少傅，统称“三公”和“三少”，后者是前者的副职和辅助。他们各有分工，各有职责，共同担负对君主后代的教育。

在中国，西周开始出现“三公”的雏形。贾谊的《新书·保傅》中记载，“昔者周成王幼在襁褓之中，召公为太保，周公为太傅，太公为太师”，共同教育和辅佐周成王成长，直至其成年，然后还政于成王。可见，师、保、傅既是君主的教育者，也常常是其政治辅佐和军事屏障。记载周代宫廷教育情况的《礼记·文王世子》中的《世子法》，专门规定了有关师、保、傅的职责以及君主教育的目的、内容、方法。这也是中国历史上第一个有关君主和王子教育的文件，对后代的宫廷保傅教育有很大影响。

汉代在中国古代宫廷教育中从制度上规定了师、保、傅的设立。据文献记载：“太师，古官，平帝元始元年初置，位在太傅上。太傅，古官，高后元年初置，金印紫绶……太保，古官，平帝元始元年初置，位次太傅。”(《西汉会要》卷三十一)与此同时，还渐次为“三公”“三少”设立了下属官员。据记载：“太子太傅、少傅，古官。属官有太子门大夫、庶子、洗马、舍人。”(《西汉会要》卷三十二)同时，汉代贾谊的《新书》中的《傅职》《保傅》《胎教》等文章，系统论述了保傅制度，成为后世保傅教育的指导性文献。汉代以后的历代封建统治者均在宫廷教育中实行保傅制度。虽然各代保傅及其属官的设置也屡有一些变更，但大体上不改变“三公”“三少”，或附带若干属官的模式。

师、保、傅的选择条件主要包括几个方面：第一，才华出众，学识超群；第二，贤能忠厚，德高望重；第三，政治经验丰富，并在朝中有一定的政治势力。可见，作为师、保、傅者往往应具备才学、德望和政治基础等多个方面的条件。比如，西汉初的晁错、匡衡、贾谊，唐代初年的魏徵、褚遂良，清末光绪皇帝的师傅翁同龢，等等。而短期为帝王讲学、陪其读书的著名人物就更多了，如宋代的王安石、司马光、程颐、朱熹等人。这些人物中集中了中国古代一批著名的政治家、思想家、文学家、教育家，反映出统治者对后代教育与培养的重视程度。

关于师、保、傅的职责，《大戴礼记·保傅》对师、保、傅的职责分工做了如下规定：“召公为太保，周公为太傅，太公为太师。保，保其身体；傅，傅之德义；

师，导之教顺：此三公之职也。于是为置三少，皆上大夫也，曰少保、少傅、少师，是与太子宴者也。”职责与分工颇为明确，即太师、太保、太傅分别从知识能力、身体和道德三个方面对君主进行教育和培养，少保、少傅、少师分别从以上三个方面辅助配合太保、太傅、太师，履行一些更为具体的职责，以造成“太傅在前，少傅在后；入则有保，出则有师”，太子身边“左右皆正”，时时处处受到教育和引导的局面。

(二)三母制度和四贤制度

师、保、傅均为朝廷命官，由男子担任，其主要任务是在外廷对君主后代进行教育和训练。而太子和王子们自幼生长于内宫，其养育的职责则由一批宫廷女子来承担，并通过制度予以保障，这就是三母制度。三母，是指承担宫廷学前教育职责的师、慈母、保母。《礼记·内则》载：

> 国君世子生，告于君，接以大牢，宰掌具。三日……异为孺子，室于宫中，择于诸母与可者，必求其宽容，慈惠，温良，恭敬，慎而寡言者，使为子师，其次为慈母，其次为保母，皆居子室，他人无事不往。[①]

其职责分别为：“师，教以善道者；慈母，审其欲恶者；保母，安其寝处者。”

三母原则上从后宫嫔妃中挑选。她们与太子、王子在外廷朝夕相处，潜移默化的作用甚大。太子、王子接受启蒙教育后，回到内宫依旧受到三母的影响。

所谓四贤制度，即在三母之外另设乳母。《大戴礼记·保傅》载：“成王生，仁者养之，孝者襁之，四贤傍之。”乳母通常从士的妻子或大夫的妻妾中选择。

三、家庭教育内容

(一)家庭学前教育计划

关于儿童入学的年龄问题，中国古代一直都没有严格的规定。因为中国古代没有严格按照年龄分期划分阶段的学校教育体系，只有粗略的所谓小学与大学之分。

基本情况是，夏、商(或可包括西周)，小学的入学年龄为13岁；汉代初年，入学年龄为8岁或9岁。[②] 这是由于当时的小学设置不广，路远则实行寄宿制。而年龄太小则生活自理能力相对较差，如此，儿童就不可能适应学习生活，所以入学年龄不宜太小。汉代之后，小学的入学年龄通常为8岁。自唐宋以降，随着蒙学的普遍设立，家庭与学校的距离拉近，“走读”便成为基本形式，因而入学年龄也就有了提前的可能。另外，由于科举的刺激，家庭或家族对子女及后辈进行“早教”成为普遍选择，因而，识字破蒙的时间甚至提前至四五岁。

---

① 崔高维校点：《礼记》，99页，沈阳，辽宁教育出版社，2000。

② 喻本伐：《中国幼儿教育史》，2页，郑州，大象出版社，2000。

入学前的儿童教育，即家庭学前教育。家庭学前教育中最早进行且最为重要的是“母教”。母亲的言行对儿童有着巨大的影响力。至于“父教”，则主要反映在行为规范的养成和知识启蒙方面。《礼记·内则》记录的内容大体反映了西周贵族家庭中儿童教育的实况，说明中国古代很早就有粗略的、按年龄进行的家庭学前教育，且有较好的计划性。

> 子能食食，教以右手。能言，男唯女俞。男鞶革，女鞶丝。六年，教之数与方名。七年，男女不同席，不共食。八年，出入门户及即席饮食，必后长者，始教之让。九年，教之数日。十年，出就外傅，居宿于外，学书计……①

这里实录的不仅是教养内容的重心，更反映了循序渐进的思想。关于儿童行为规范的养成，《礼记·曲礼上》中的一段可为补充：

> 幼子常视毋诳，童子不衣裘裳。立必正方，不倾听。长者与之提携，则两手奉长者之手……从于先生，不越路而与人言。遭先生于道，趋而进，正立拱手。先生与之言则对，不与之言则趋而退。②

尽管普通平民家庭中的学前教育没有这样严谨，但也反映了这一时期的社会要求。

(二)礼仪规范教育

由于儿童的认识能力、理解能力都很有限，教之以深奥的大道理成效不佳，因此，古人主张，对幼小儿童的道德教育重在培养良好的道德行为习惯，使其从小懂得社会一般的道德规范，这被称为“幼仪”或“童子礼”。南宋教育家朱熹提出，对儿童的道德教育重在教“事”，而不在教“理”，即懂得正确的礼仪规范，养成良好的行为习惯。清代李毓秀《弟子规》要求儿童：“路遇长，疾趋揖；长无言，退恭立。”“长者立，幼勿坐；长者坐，命乃坐。”“父母呼，应勿缓；父母命，行勿懒。父母教，须敬听；父母责，须顺承。”对幼儿还须教会他正确地称呼尊长，尤其是叔伯、兄嫂之类，并使其从小懂得男女之防。六七岁时，男女幼儿就须“不同席，不共食”，以逐步养成“男女授受不亲”的习惯。凡此种种，表明一个用意，即让幼儿从小循规蹈矩。

在举止言谈方面，有所谓“立如松，坐如钟，行如风，卧如弓”。清代教育家李惺在《西沤外集·冰言补》中要求儿童站有站相，坐有坐相。“凡坐须端身，不得偃仰倾邪。倚靠几席，须敛足，毋得交股。与人同坐，须敛手，毋得横肱。”饮食上，则

---

① 崔高维校点：《礼记》，100～101页，沈阳，辽宁教育出版社，2000。

② 崔高维校点：《礼记》，2～3页，沈阳，辽宁教育出版社，2000。

要求"不得将蔬肴拨乱，亦不得恣其所嗜，贪求多食"①。起居上，李毓秀在《弟子规》中要求"朝起早，夜眠迟""晨必盥，兼漱口；便溺回，辄净手。冠必正，纽必结；袜与履，俱紧切。置冠服，有定位；勿乱顿，致污秽"。

中国传统的儿童礼仪规范教育中有些内容较为烦琐，但要求从养成良好的行为习惯入手，显示出"蒙以养正"的基本要求，这是合乎礼仪规范教育一般规律的。

(三)初步的伦理道德教育

当孩子稍通事理，就当教之以人伦纲常，为日后的涵养身心、实践礼教打下基础。初步的伦理道德教育涉及家庭和社会两个方面。

家庭的伦理道德教育又主要包括敬重长辈和友爱兄弟两方面。敬重长辈体现为"孝"的教育。而对于幼童来说，孝的教育首先是让其自小懂得顺从父母长辈，这种教育要求从孩子学说话时就着手进行。《礼记·内则》要求孩子"能言，男唯女俞"。"唯"和"俞"都是应答称是之言。也就是说，当孩子学说话时，最先教会他们说"是"，即顺从父母长辈的意志。孝的教育其次是让儿童自小懂得侍奉父母。《礼记·内则》要求孩子 8 岁时，即席饮食"必后长者"，懂得谦让长辈、体恤长辈。《孝经·纪孝行》也说，"孝子之事亲也，居则致其敬，养则致其乐"。即儿童要尽其所能侍奉父母，使之安愉。《礼记·曲礼上》还规定了具体做法，如"冬温而夏凊，昏定而晨省"。即冬天关心父母的衣被温暖，夏天关心父母的身体清凉，早晨要向父母请安，晚上要给父母铺床。古代的"二十四孝图"中有一幅"黄香温席"，说的是东汉黄香 9 岁时，在寒冬中用自己的体温给长辈暖被窝。

友爱兄弟体现为"悌"的教育。孔子要求弟子"入则孝，出则悌"。悌的教育除了要求兄弟之间幼小的要敬重年长的外，尤其强调兄弟和睦，做到互爱、礼让、团结。古人认为，兄弟之情即手足之情，如同形之于影，声之于响。如果兄弟阋于墙，内斗不断，当灾祸临头时，还有谁会援之以手？在孝悌文化的影响下，东汉文学家孔融 4 岁时就懂得将大梨子留给兄长，自己吃小的。

家庭教育还重视对儿童的社会责任感的培养，主要表现为志向教育、气节教育和为人积善教育。志向教育主要指立志以成其学，诸葛亮在《诫子书》中将立志与成学的关系说得极为透彻："夫学须静也，才须学也，非学无以广才，非志无以成学。"立志报国，以天下为己任，是志向教育的又一重要内容，中国历史上有不少这样的教子故事。比如，早在战国时期，有赵国触龙劝说赵太后教子爱国，送子去齐国做人质，使齐国出兵退秦的故事；在南宋，有岳母刺字，勉励岳飞"精忠报国"的故事，以及诗人陆游临终赋诗"但悲不见九州同"的故事；等等。气节教育主要是气节和报国教育。孔子曾说："三军可夺帅也，匹夫不可夺志也。"(《论语·子罕》)孔子认为一个人的志向不应该是任何外力能动摇得了的。孟子则指

---

① 丁晓山：《中国古代家训精选》，117 页，北京，中国国际广播出版社，1995。

出，要想成为一个大丈夫，必须做到“富贵不能淫，贫贱不能移，威武不能屈”。诸葛亮在其《诫子书》和《诫外甥书》中提出了“非淡泊无以明志，非宁静无以致远”“志当存高远”的著名教诲。

古人从小就给孩子灌输“善有善报，恶有恶报”的道理，因此，告诫儿童“勿以善小而不为，勿以恶小而为之”，指出“积善之家，必有余庆；积不善之家，必有余殃”。这是典型的为人积善教育的体现。

(四)崇俭习劳教育

中国古代一般家庭都注重培养儿童俭朴的生活方式和劳动习惯。一是因为崇尚俭朴是人的美德。二是希望通过俭朴的生活习惯和劳动习惯的培养，使儿童拥有居安思危的意识和自立的能力，以在日后复杂多变的社会生活环境中应对自如，保证生存，不至于潦倒不起。

明代张履祥主张：“除耕读二事，无一可为者。”明清之际教育家颜元不仅主张习劳，而且重视强体。明代吕坤的总结很有代表性：“传家两字，曰耕与读。兴家两字，曰俭与勤。”人们普遍肯定儿童劳动教育的重要性和必要性，不少百姓之家甚至一些士大夫家庭都认为，崇俭习劳的“贫贱意味”对孩子大有好处。这不仅有助于培养下一代的自立能力，而且也是进取向上的资本。清代朱伯庐在《治家格言》中还要求孩子“黎明即起，洒扫庭除”。古人历来主张儿童自小就应做些力所能及的轻微劳动，如洒水扫地之类，他们认识到，如果事事由父母代劳，那么不仅会使孩子“身子自幼骄惰坏了”，尤其严重的是易使其形成“父母宜勤劳，己宜安逸”的错误观念，好逸恶劳。

至于如何引导儿童养成俭朴节约的良好习惯，朱伯庐在《治家格言》中指出：

> 一粥一饭，当思来处不易；半丝半缕，恒念物力维艰。宜未雨而绸缪，毋临渴而掘井。自奉必须俭约，宴客切勿流连。器具质而洁，瓦缶胜金玉；饮食约而精，园蔬愈珍馐。勿营华屋，勿谋良田。

朱熹在为儿童编的读物《小学》中，通过一个宰相让自己后代穿布衣、吃粗饭的故事，讲明“由俭入奢易，由奢入俭难”的道理。

教育孩子习惯俭朴、学会劳动，为中国古代一般家庭所认同，形成了中国古代家庭教育的一大优良传统。

(五)初步的文化知识教育

受“学而优则仕”的观念以及自隋唐以来实施的科举制度的影响，中国古代的一般家庭都注重对儿童实行早期的文化知识教育。孟母断机教子就是典型的例子。(图 1-1)

图 1-1　孟母断机教子图（清·康焘）

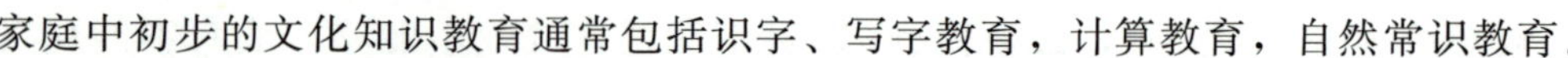

家庭中初步的文化知识教育通常包括识字、写字教育，计算教育，自然常识教育。

1. 识字、写字教育

清初的唐彪在其《父师善诱法》中提出过一个完整的识字教育过程："生子至三四岁时，口角清楚，知识稍开。即用小木板方寸许，四方者，千块，漆好，朱书《千字文》。每块一字，盛以木匣。令其子每日识十字，或三五字。复令其凑集成句读之。或聚或散，或乱或齐，听其顽耍，则识认是真。如资质聪慧者，百日可以识完。再加以《三字经》《千家诗》等书，一年可识一二千字，然后从师入塾。字之识者过半，则读之易。且其目之所视，亦知属意在书，而不仰天口诵矣。"①唐彪主张运用形象直观的手段，在游戏过程中采用集中识字的方法教儿童识字。与此同时，联字成句，以字属意，为以后的阅读打好基础。在识字的同时，古人认为，儿童学习写字必须相伴而行。对于儿童写字，强调一丝不苟，打好基础，养成习惯。

2. 计算教育

为满足日常生活的需要，一般家庭在儿童初识事理时多教以粗浅的数字计算。《礼记·内则》记载，"六年，教之数与方名""九年，教之数日""十年，出就外傅，居宿于外，学书计"。即儿童五六岁时，就开始教其一、十、百、千、万等数字和东、南、西、北、上、下等方向名称；八九岁时，教其时、日、月、年等日期；十岁时，儿童开始学习初步的常用计算，但也只停留在生活日用所需的计算水平。唐宋以前，一般计算的工具是算筹。自明代以后，珠算大量取代了筹算，因此，出于实用需要，一般百姓家庭也都注意让孩子学一些珠算，以为日后生产生活提供便利。

3. 自然常识教育

中国古代的家庭也教儿童天文地理一类的常识。家庭教育中较多使用的启蒙教材《三字经》中就有相关的内容，在教儿童识字的同时，也介绍了比较丰富的自然常识。比如，介绍天文知识的"三光者，日月星"；介绍四季的"曰春夏，曰秋冬，此四时，运不穷"；介绍六谷的"稻粱菽，麦黍稷，此六谷，人所食"；介绍六畜的"马牛羊，鸡犬豕，此六畜，人所饲"；介绍音乐与乐器的"匏土革，木石金，丝与竹，乃八音"等。

需要指出的是，中国传统家庭教育缺乏对体育和儿童运动的重视。大量有关家庭教育的论述中，除了明代的王守仁和明清时期的颜元有过相关言论外②，极少数论及儿童体育问题。不少人甚至对体育抱有某种偏见，如"勤有功，戏无益"，认为运动仅仅是玩乐，会使儿童不务正业，从而形成了轻视儿童身体锻炼的普遍现象。

---

① [清]陈宏谋：《五种遗规》，82页，北京，线装书局，2015。

② 关于颜元对体育的重视，梁启超曾有言：中国两千年来，提倡体育的教育，除颜元外，只怕没有第二人。(《饮冰室合集》第14册)王守仁为了使儿童乐学，主张增加习礼、歌诗两门课程，习礼可以"动荡其血脉，拜起屈伸"，歌诗可以"泄其跳号呼啸"，均与体育相关。

第三节　中国古代社会学前教育

家庭教育是中国古代学前教育的基本形式。但中国古代历史长河中，也曾出现过专门接纳幼儿的社会机构。特别是汉唐以来，当时所谓蒙学机构实为兼容学龄儿童和学前儿童的教育机构。

一、学前儿童社会机构

(一)宫廷学前儿童教育机构：孺子室与宫邸(邸第)学

1. 孺子室

西周统治者不仅重视胎教，而且也十分注重宫廷婴幼儿教育。为了把太子和王子教育和培养成皇室的继承人，西周统治者于公元前11世纪，在王宫内和各诸侯国的宫廷内创设了“孺子室”，即为太子和王子设立的早期教养机构。许慎《说文解字》云：“孺，乳子也。一曰：输也。输尚小也。”《礼记・内则》云：“异为孺子，室于宫中，择于诸母与可者……皆居子室，他人无事不往。”

从上述记载中可以看出，当时的孺子室专收太子、王子，其出生三日后送入此室，此室相当于宫廷内的育婴院。对教养员、保育员的要求清楚，职责分明。当时，教养、保育人员分为四种，即师、慈母、保母和乳母，被称为孺子室的“四贤”，其职责在上文已提及。由此，有学者认为西周王宫及各诸侯国宫廷中所设孺子室为学前教育机构的雏形。① 即“孺子室”是实施保教工作的专门场所，而“三母”或“四贤”是分工明晰的保教人员，从《礼记・内则》“子能食食，教以右手”一段文字中可以看出其相应的保教内容，以及循序渐进的教养工作状态。

2. 宫邸(邸第)学

邓太后，名邓绥(81—121)，为汉和帝皇后。邓太后自幼随兄破蒙于家塾，“六岁能史书”。15岁受选入宫，被立为贵人，师事班昭，深研经史，兼通天文历算。22岁被立为皇后。25岁和帝病逝后，临朝摄政，倡扬儒学，发展教育，尤重宫廷贵胄教育。

为了更好地教育皇室子弟，她于安帝元初六年(公元119年)创办了宫廷学前教育机构——“邸第”。“六年，太后诏征和帝弟济北、河间王子男女年五岁以上四十余人，又邓氏近亲子孙三十余人，并为开邸第，教学经书，躬自监试。尚幼者，使置师保，朝夕入宫，抚循诏导，恩爱甚渥。”(《后汉书》)

---

① 冉苒：《中国古代初期无婴幼儿教育机构说质疑》，载《西南师范大学学报(哲学社会科学版)》，1990(3)。陈汉才在其著作《中国古代幼儿教育史》中也有相似的观点，见陈汉才：《中国古代幼儿教育史》，18～19页，广州，广东高等教育出版社，1996。

邓太后为什么要创办“邸第”这个宫廷学前教育机构呢？据《后汉书》记载，主要原因有两个。一是矫正时弊，褒扬圣道，使皇室子弟掌握安邦治民之术；二是针对当时皇室子弟饱食终日，无所用心，不学无术，“不识臧否”，易招“祸败”的通病，组织皇室子弟习研术学，学习真实本领，防止人亡国倾，可谓用心良苦，很有远见。

邓太后创办的邸第，具有以下特点。一是有明确的办学目的，有很强的针对性。二是设置“师保”，挑选优秀的教师担任教学工作，规定了具体的教学内容，采用儒家经书作为基本教材。三是严格管理，热情关怀，邓太后“躬自监试”“恩爱甚渥”，既严格管理，又把严管与“恩爱”结合起来。

综上所述，一方面，孺子室与宫邸学具有明显的特权性，只有王公贵族子女才能享受，一般贵族士绅及广大百姓的子女被拒之门外，远不具备近代教育机构的“公共性”。另一方面，它们又区别于家庭教育，具有教育机构的一般特点。

(二)社会慈幼机构

1. 宋代的慈幼局、举子仓与广惠仓

北宋的“重文”国策促进了文化教育的繁荣；但其军事实力被大大削弱，外族屡屡入侵。在金兵的进逼下，南宋朝廷且败且退，由此产生了一波接一波的难民潮。南宋朝廷偏安江南一隅后，政治日益腐败，民不聊生。因此，弃婴之风日盛。鉴于此，专设慈幼机构收容孤儿难童，便成为政府安抚民心的手段之一。

宋代慈幼机构有慈幼局、举子仓、广惠仓数种。按其性质分，慈幼局属严格意义的慈幼机构，举子仓大体属于慈幼措施，广惠仓则介于二者之间。

据《宋史》载，宋高宗绍兴三年(1133 年)五月，宋朝廷首设慈幼局于临安(杭州)，专门收容“贫民生子不能育者”。该机构由中央政府拨款。其后，京畿各郡亦仿此例专设慈幼局。个别地方亦有设慈幼局的记载。由于国库拨款无常，加之贪官污吏中饱私囊，慈幼局“久而名存实亡”。宋理宗淳祐九年(1249 年)，诏令临安府复设慈幼局，并仿“学田制”成例，专拨官田 500 亩以保证办理的日常经费。

举子仓的创设与朱熹有关。朱熹时任福建泉州同安县主簿，力图有所作为。史载：“初，闽人生子多不举。高宗绍兴中，朱子请立举子仓。”(《钦定续文献通考·赈恤》)一般认为，举子仓的首设时间，实为“孝宗乾道五年”，即 1169 年。大体说来，举子仓设于路或府州，它仅为一种专门的赈济机构，并非收养弃儿之所。

广惠仓的创设稍后于举子仓。《钦定续文献通考·赈恤》又载：“(乾道)七年，帝览饶州知州王秬《赈济条画》，言饥岁民多遗弃小儿，命付诸路收养；如钱物不足，可具奏于内藏支降。至是复有收养之诏。五月又诏诸路提举司，置广惠仓，修胎养令。”据此可知，广惠仓似有别于举子仓，它理应为“诸路收养”之所，因而也可被视为慈幼机构。《钦定续文献通考·赈恤》还载有：“宋宁宗庆元元年正月，诏两浙、淮南、江东路荒歉诸州，收养遗弃小儿。”可见“诸州”亦设有类似广惠仓的机构。

举子仓系赈济贫困多子家庭，即仍由父母亲属抚育婴幼儿；而广惠仓则专为恤孤而设，或专立机构，或召人收养，仍以家庭为实施教养的单位。因此，真正具有公共教养性质的机构为慈幼局。

2. 清代的育婴堂与育婴社

慈幼机构的创设始于南宋，元、明两代衰落不振。清代为笼络汉族民心，同时随着“康乾盛世”的国力增强，故慈幼机构的办理振兴一时。

顺治帝曾严令禁溺女婴，这使设置慈幼机构成为必要。育婴堂复设于康熙元年(1662 年)。《清朝通典》记载：“建育婴堂于京师广渠门内，定育婴事宜。凡收育弃孩，其有姓名、年月日时可稽查者，注于册，雇乳妇乳之。有愿收为子孙者，听之。本家有访求认领者，讯与原注册符，合其归宗。”

育婴堂的复设，实由康熙帝的祖母孝庄太皇太后发起捐输而成。《郎潜纪闻》记载：“孝庄皇后首颁禄米，满汉诸臣，以次输助，不数年，由京师达郡县，育婴之堂，遍天下矣。”

雍正八年(1730 年)，明令由地方政府按期支拨育婴堂办理经费。其后，又有从盐款项下动支的成例。至清末，各省城均有育婴堂之设。各州亦办有县育婴堂。育婴堂兼有婴幼儿养、教功能，成为清末的公共学前教育机构“蒙养院”的首设场所。

清代的育婴社是借鉴宋代的广惠仓而创立的民间慈幼机构。该社由蔡琏于乾隆年间创立于虔州。《为治一得编》记载其筹组方式为：

> 其法以四人共养一婴，每人月出银一钱五分，遇路遗子女，收至社。所招贫妇领乳，月给工食银六钱。逢月朔验儿给银，考其肥瘠，以定赏罚。三年之内，听人领养。

育婴社本着“有钱出钱，有力出力”的原则，没有专门的设施，而采取付费“召人代养”的形式随机办理，简便灵活。

二、童蒙教育

童蒙教育，也称为蒙学，一般认为属中国古代的小学教育。那么，童蒙教育与学前教育有什么关系呢？从入学年龄来看，前已言及，自唐宋以降，随着蒙学的普遍设立，家庭与学校的距离拉近，“走读”便成为基本形式，加上科举的刺激，因而识字破蒙的时间多提前至四五岁。事实上，蒙学包括中国古代教育中的小学以及学前教育阶段的后一部分，其教育对象为低幼儿童。如此，童蒙教育便与学前教育产生了密切的关联。

(一)蒙学设置

蒙学在汉代称书馆或学馆，唐宋后亦称学塾、私塾、塾馆或蒙馆，是地方办理的启蒙教育设施，虽属小学或初小性质，但多有学龄前儿童在此接受教育。蒙学的目标一般为儿童的识字启蒙，其主要有村塾(村学)、教馆(家学)及社学三类。

村塾，也称“乡塾”“里学”“村学”“村馆”，即设于基层乡村的启蒙学校，历史久远。村塾是学塾中最为普遍的形式。一般说来，它设于人口较为密集的村庄，由学童的家长出资租借馆舍和延聘师资；学童通常为数人至十数人，蒙师仅一人，规模不大；学生年龄不一，程度不齐，采用个别教学方式；教学以识字、诵读、写字为主要任务，为施行经学教育打下基础。学馆、义塾、族塾和冬学等都属于村塾性质。

学馆，也称“家塾”“门馆”“坐馆”“书舍”“书馆”“书塾”“舍馆”，汉代称之为“书馆”，是村塾的一种。一般的村塾延聘外来师资，租借本村馆舍。而学馆的塾师多出自本村，利用自家房舍做学馆。

义塾，也称“义学”，属于村塾的一种。通常以地方公款(公田)或豪绅捐款(学田)为办学资金，专收贫寒子弟，实行免费入学。由于这种捐赠属“义举”，故此类学校称“义学”。

族塾，亦为村塾的一种，还可被视为义塾的分支，即同姓宗族利用族产作为办学资金，免费收录本族子弟入学受教。族塾通常利用祠堂作为施教场所。

冬学，亦为村塾的一种，即利用农村冬闲时节开设的季节性蒙学。大体在农历十月开学，次年二月闭馆，一年学习时间为3～4个月。陆游在《秋日郊居》诗云：“儿童冬学闹比邻，据案愚儒却自珍。授罢村书闭门睡，终年不著面看人。”对此诗的自注中解释：“农家十月，乃遣子弟入学，谓之冬学。”

教馆，也称“坐馆”，为“家学”的一种。往往是因为富贵人家的家长无暇或无力课教子孙，遂聘塾师来家主教。若自家子孙人数过少或向学不勤，则往往延纳旁亲勤学子弟免费来家“伴读”。

社学，创制于元代，是地方基层组织遵令设立的农闲启蒙学校。元制50户为一社，每社须设学一所，“择通晓经书者为学师，农隙使子弟入学”(《新元史》)。有资料表明，元代的社学将成人教育与儿童教育合于一体。明、清承元制，均在立国之初便诏令地方兴设社学。明、清的社学均以每乡设置一所为原则，纯粹是儿童启蒙教育性质的。明、清的社学，可视为官学系统的基础层级。

(二)童蒙教材

蒙学教学内容往往通过童蒙教材反映出来。

1. 宋代以前的童蒙教材

中国最早的启蒙读物，要数《史籀篇》，它也是中国的“字书之祖”。此书又称《史篇》。《史籀篇》的作者，一般都认为是周宣王时期的太史籀。

《仓颉篇》。仓颉相传是中国黄帝时期的史官，汉字的发明者。但《仓颉篇》并非仓颉所撰，而是出自秦汉时人之手。据《汉书·艺文志》记载，《仓颉篇》有两种，一种是李斯所作的7章，另一种是汉代乡下的启蒙教师合《仓颉》《爰历》《博学》，并在此基础上删繁就简、断字分章而成的55章。因为这55章的《仓颉篇》是综合了《仓颉》《爰历》《博学》3 篇而成的，所以它又被称为“三仓”，在汉代启蒙教学中用得最多，后人所说的《仓颉篇》，也一般是指这一种。秦本《仓颉篇》已经遗失，1977 年在安徽阜阳发现汉本《仓颉篇》残简，仅存 541 字。

中国早期的字书中，汉代的《急就篇》对后世影响极大。《急就篇》的作者史游，据《汉书・艺文志》说是汉元帝时的黄门令，即宦官；也有人说他是河东人，具体行藏不详。关于《急就篇》，有人理解为是作者仓促写成的。也有人说此篇虽仓促写成，但为书甚奇，与他书不同。

《急就篇》的形式，以七言为主，三言次之，而以四言为最少，七言每一句都有韵，而三言和四言都是隔句一韵。《急就篇》主体部分包括三方面的内容，一是姓氏名字，二是服器百物，三是文学法理。《急就篇》全书有2144 字，分为 34 章。《急就篇》“包括品类，错综古今，详其意趣，实有可观”。其成篇后，就受到了人们的重视。“元成之间，列于秘府”，后来更是在社会上广为流传。但“蓬门野贱、穷乡幼学，递相承禀，犹竞习之”。[①]《急就篇》是汉魏以后最重要的启蒙读本。直到唐朝以后，才有了新的蒙学教材来代替它。

《千字文》为周兴嗣受命于梁武帝所作。《千字文》一书，形式整齐，从头至尾，都用四言写成，凡 250 句，计 1000 字，所以被称为《千字文》。全篇 1000 字并不只是简单的堆积，而是组织成了通顺且有文采、能表达一定意思的 250 个句子。全文包容的范围很广，几乎涉及了传统知识类型的各个方面。

有谈天文岁时的，如：

> 天地玄黄，宇宙洪荒。日月盈昃，辰宿列张。
> 寒来暑往，秋收冬藏。闰余成岁，律吕调阳。
> 云腾致雨，露结为霜。

也有谈上古历史的，如：

> 龙师火帝，鸟官人皇。始制文字，乃服衣裳。
> 推位让国，有虞陶唐。吊民伐罪，周发殷汤。
> 坐朝问道，垂拱平章。爱育黎首，臣服戎羌。
> 遐迩一体，率宾归王。

更有宣传传统道德的，如：

> 盖此身发，四大五常。恭惟鞠养，岂敢毁伤？

---

① 徐梓：《蒙学读物的历史透视》，26 页，武汉，湖北教育出版社，1996。

女慕贞洁，男效才良。知过必改，得能莫忘。
罔谈彼短，靡恃己长。信使可覆，器欲难量。

周兴嗣之后，许多人都竞相仿作。因为它"局于有限之字，而能条理贯穿，毫无舛错，如舞霓裳于寸木，抽长绪于乱丝，固自难展技耳"。① 要超越《千字文》的地位是不容易的。该书流传久远，并有多种编写本、改编本行世，如《续千文》《重续千文》《广易千文》《正字千文》《训蒙千字文》等。

隋唐除沿用《急就篇》《千字文》作为蒙学教材外，又多以《论语》《孝经》为蒙学教育读物。此期还有《开蒙要训》《太公家教》《兔园册府》《蒙求》等知名的蒙学教材，其中《蒙求》影响最大。

《蒙求》为唐朝诗人李瀚(又作李翰)撰。《蒙求》取《易・蒙》"匪我求童蒙，童蒙求我"之义，意思是说有不明白的事情，可就此而决疑。后来众多的蒙学读物用"蒙求"命名，除了采用它独特的体裁之外，也有纯粹利用它的这一名义的。

《蒙求》四字一句，全书 596 句，共 2384 字。讲求对偶，基本押韵。每一句都讲一个经传故事，具有知识性和趣味性，便于记忆并适合讲解。它独特的结构还在于，每一句都是一个主谓结构的短句，而前后两句又是偶句，如：

王戎简要，裴楷清通。孔明卧龙，吕望非熊。
杨震关西，丁宽易东。谢安高洁，王导忠公。
匡衡凿壁，孙敬闭户。郅都苍鹰，宁成乳虎。
周嵩狼抗，梁冀跋扈。郗超髯参，王珣短簿。
伏波标柱，博望寻河。李陵初诗，田横感歌。
武仲不休，士衡患多。桓谭非谶，王商止讹。

《蒙求》虽然篇幅不长，但是内容非常丰富，包括中国古代天文、地理、历史、神话、医药、占卜、民族、战争、动物、植物等多方面的内容。为撰著此书，作者参稽群书，广收博采，除了经史之外，还查考了大量的小说杂书，如《搜神记》《神仙传》《类林》《幽明录》《风俗通》《志怪集》《三辅决录》《神怪志》等。② 正因为如此，唐以前中国重要的典故，几乎都可以在此书中找到。《蒙求》面世后很快流传开来，并为后世教材增添了一种"蒙求体"。《全唐诗》收有《蒙求》全文。

2. 宋代及以后的童蒙教材

宋代是科举全面强化的时期，为满足社会应举登科的需要，除沿用前代的《千字文》《开蒙要训》《蒙求》等书之外，还编订出一批极具影响力的蒙学教材，其主要代表

① 徐梓：《蒙学读物的历史透视》，43 页，武汉，湖北教育出版社，1996。
② 徐梓：《蒙学读物的历史透视》，71 页，武汉，湖北教育出版社，1996。

如《百家姓》《三字经》《小儿语》等。

《百家姓》大体成书于宋初，旧本题为“钱唐老孺”作。宋人王明清认为，该书应作于960—978年的吴越，这时吴越未亡国，所以不应该说是宋人所作的，而应属于五代十国时期的作品。[①] 全书用姓氏堆砌而成，四字一句，押韵，无文理可言。共118句，472字。除篇末“百家姓终”四字外，余468字由408个单姓和30个复姓组成。由于它适合记诵并与历史及现实人物相关联，且用韵语写成，读起来非常顺口，因而适合儿童兴味，流布极速、极广。比如：

赵钱孙李，周吴郑王。
冯陈褚卫，蒋沈韩杨。
朱秦尤许，何吕施张。
孔曹严华，金魏陶姜。
戚谢邹喻，柏水窦章。

30个复姓的编排也是如此，如：

万俟司马，上官欧阳。
夏侯诸葛，闻人东方。
赫连皇甫，尉迟公羊。
澹台公冶，宗政濮阳。

《三字经》相传为南宋王应麟所作，是中国蒙学读物中最有代表性的一种，也是影响最大的一种。在某种意义上，它成了中国古代蒙学读物的代称。全书1248字，三字一句，共416句。《三字经》虽然篇幅有限，但包含了十分丰富的内容。可分为教学之要、幼学之序、读书次第、勤学典范、为学效果五部分，集中概述了经学、历史、数目、名物等知识，并特别指明了力学有成、显世扬名的人生路向。比如，它开篇就说到教和学的重要性：

人之初，性本善。性相近，习相远。
苟不教，性乃迁。教之道，贵以专。
昔孟母，择邻处。子不学，断机杼。
窦燕山，有义方。教五子，名俱扬。
养不教，父之过。教不严，师之惰。

---

① 徐梓：《蒙学读物的历史透视》，75～76页，武汉，湖北教育出版社，1996。

子不学，非所宜。幼不学，老何为。

玉不琢，不成器。人不学，不知义。

接着介绍了儿童须知的伦理道德和所谓数与方名。比如，包括三才、三光、三纲、四时、四方、五行、五常、六谷、七情、八音、九族和十义的具体内容。

另外还介绍了为学次第和学习内容，并特别介绍了群经和诸子，以介绍儒家经典为主。比如，《论语》的撰作经过，《孟子》的主要内容，《中庸》的名义，《大学》的修治之道，《周易》的变化，《尚书》的体裁，“三礼”的作者，“四诗”的由来，《春秋》的宗旨，“三传”的名目等。至于诸子，略微提到荀子、扬雄、文中子、老子及庄子五家。

《三字经》在劝学的内容中讲了历史上一连串的奋发向上、刻苦勤学并最终取得成就的人物故事。博学者如孔子尚且以项橐为师，尊贵者如赵普尚且苦读《论语》，贫穷者如路温舒把书抄写在蒲草上、公孙弘把书抄写在竹简上学习。孙敬把自己的头发吊在屋梁上、苏秦以锥子刺自己的大腿，以防止困倦，昼夜苦读。车胤囊萤，孙康映雪。劳累者如朱买臣挑着柴担读书，李密放牛时把书挂在牛角上学习。苏洵 27 岁了才发愤读书，梁灏 82 岁了才中状元，这是年纪较长但仍然坚持学习的事例；祖莹 8 岁能咏诗，李泌 7 岁能作赋，刘晏 7 岁就“举神童，作正字”，这都是幼而聪颖的事例。女子如蔡文姬、谢道韫等同样博学多能。

无论是就形式而言，还是就内容而论，《三字经》都不愧是中国古代最佳的蒙学读物，因此深获幼童喜爱，成为后世启蒙教材的首选书。元明清广布流行的《三字经》《百家姓》《千字文》，即以《三字经》为端首。该书现已有多种外文本刊行。

《小学》由南宋朱熹与其学生刘子澄合撰。该书分内、外两篇：内篇为本源，包括立教、明伦、敬身、稽古等内容；外篇为支脉，内容有嘉言和善行。全书多选录前人文献中的道德故事和修身格言，语句长短不齐，文辞古奥难懂，且无韵，因而不利于儿童破蒙。但该书借朱熹名气而影响甚大，清代“凡童生入学、复试论题，务用《小学》，著在律令”。后人对该书或补缀，或解说，或添加图解，或编成韵语，构成以道德伦理为中坚的“小学类”童蒙教材。

《名物蒙求》由南宋方逢辰作。该书专门介绍自然和社会知识，包括天文、地理、山川、园圃、城邑、人伦、职官、林木、花草、鸟兽、农事、时令、饮食、服饰、居室和各种器物，内容十分丰富。《名物蒙求》编排精巧，四字一句，共 680 句，计 2720 字，因押韵上口、通俗易懂、切合实用而得以广泛传播。今存“小四书”本中。

《小儿语》是一部篇幅短小的蒙学读物，因通俗易懂、明白警醒而广为流传，由明代吕得胜纂。吕得胜字近溪，河南宁陵人。《小儿语》用极浅显平白的语句编成，而且形式整齐，前后句自然连贯，通顺流畅，没有丝毫拼凑的痕迹，组织得非常工巧。全篇分四言、六言和杂言。

四言如：

一切言动，都要安详，十差九错，只为慌张。
沉静立身，从容说话，不要轻薄，惹人笑骂。
先学耐烦，快休使气，性躁心粗，一生不济。
能有几句，见人胡讲？洪钟无声，满瓶不响。

六言如：

儿小任情骄惯，大来负了亲心，
费尽千辛万苦，分明养个仇人。
世间第一好事，莫如救难怜贫，
人若不遭天祸，舍施能费几文？
乞儿口干力尽，终日不得一钱，
败子羹肉满桌，吃着只恨不甜。
…………
自家认了不是，人再不好说你，
自家倒在地下，人再不好跌你。
气恼他家富贵，畅快人有灾殃，
一些不由自己，可惜坏了心肠。

这些语句，有的是作者编创的，有的则选自民间流行的口语，但都经过了作者的加工。无论是形式还是内容，用当时的标准来看，《小儿语》都是非常优秀的启蒙读物。也正因为如此，它曾一再刊行，流传极广。以此为开端，还引导了一大批蒙学读物产生。可以说，《小儿语》开创了蒙学读物的一种新的类型。

三、中国古代的儿童游戏

儿童游戏是一种社会现象，伴随着人类社会的产生而产生、发展而发展。自人类文明产生以来，游戏始终是儿童文化生活的主要形式，更是社会对儿童实施教育和儿童个体进行自我教育的重要形式。在中国传统学前教育中，儿童游戏占有相当重要的地位，是中国传统文化和教育中极具特色的部分。

(一)古代儿童游戏的意义

孔子在他的一些弟子无所事事时曾说过："饱食终日，无所用心，难矣哉！不有博弈者乎？为之，犹贤乎已。"(《论语・阳货》)意思是每天吃饱了饭不干事，倒不如投箸下棋去玩一玩，也比干闲着强。在孔子眼里，游戏有其独特的意义和作用。唐代路德延在其《小儿诗》中，以洋洋五十一韵句详述了唐代民间流行的多姿多彩的儿童游戏。例如：

> 嫩竹乘为马，新蒲折作鞭……寻蛛穷屋瓦，探雀遍楼椽。抛果忙开口，藏钩乱出拳。夜分围榾柮，聚朝打秋千。折竹装泥燕，添丝放纸鸢……远铺张鸽网，低控射蝇弦……斗草当春径，争球出晚田……等鹊前篱畔，听蛩伏砌边。傍枝粘舞蝶，隈树捉鸣蝉……垒柴为屋木，和土作盘筵。险砌高台石，危跳峻塔砖。①

可以看出，中国古代儿童游戏呈现出百花齐放、精彩纷呈的局面，给儿童身心的发展创造了极为有利的条件，并留给后世丰富的游戏材料。

在中国古代，一般的观念倾向认为“玩物丧志”，即所谓“业精于勤，荒于嬉”，对以“玩”为特征的儿童游戏持不提倡乃至反对的态度。但也有不少人肯定了儿童游戏的独特教育价值。

游戏有利于儿童的身心发展。对于游戏活动在儿童教育中的特殊意义，明代教育家王守仁在其《训蒙大意示教读刘伯颂等》一文中进行了充分肯定。他强调，在儿童教育中应提倡“歌诗习礼”一类的游戏娱乐活动。诵诗唱歌的作用，“非但发其志意而已，亦所以泄其跳号呼啸于咏歌，宣其幽抑结滞于音节也”。而习礼活动的作用，“非但肃其威仪而已，亦所以周旋揖让而动荡其血脉，拜起屈伸而固束其筋骸也”。②游戏活动既可以使儿童宣泄活泼好动的天性，也可以促进其血脉畅通，骨骼强健。可见，王守仁是从对儿童身心两方面的有益作用出发来看儿童游戏的教育意义的，尤其指出了游戏与儿童天性之间的天然联系。

游戏能促进儿童的知识学习。中国古代儿歌故事可以说是一种作用独特的儿童游戏形式，即文化游戏。作文启蒙教育中最为有效的方法是“对对子”。“对对子”要求词性严格相对，是一种对位的游戏。古代民间儿童游戏中就有对花草名称的游戏，如“狗尾草”对“鸡冠花”等。传统儿童游戏中有一个大类就是文字游戏，如绕口令、猜谜、回文等，这种游戏融趣味性与知识性于一体。可见，讲究知识性，追求知识启蒙的效果，可以说是中国古代儿童游戏的重要特征。

游戏能涵养儿童的品行修养。对于儿童游戏的德育意义，古人有充分的认识，乃至于有意赋予大量儿童游戏以道德含义。中国古代有一种儿童游戏叫作“木射”，即在前方竖立 15 根木柱，游戏者抛球滚地而行，将其击倒。这 15 根木柱上分别刻有“忠”“义”“礼”“智”“信”“温”“良”“恭”“俭”“让”“傲”“慢”“佞”“贪”“滥”等道德规范和道德评价的概念。这就使游戏过程成为一个潜移默化的道德教育的过程，即追求

---

① 周振甫：《唐诗宋词元曲全集　全唐诗》第十三册，5324 页，合肥，黄山书社，1991。

② [明]王阳明：《传习录》，叶圣陶点校，268 页，北京，北京时代华文书局，2019。

美德，击倒恶行。不少儿童游戏具有锻炼和培养儿童的意志品质的作用。比如弈棋，孟子曾举过当时的国手弈秋教人下棋的事例，说明下棋对人的意志、恒心的磨炼。他说，下棋虽是雕虫小技，但如果“不专心致志”，那么也不可能学会。弈棋的作用在于不仅能锻炼智力，而且能培养意志。

游戏还能培养儿童的审美情趣。对儿童而言，游戏的过程本身也是一个审美情趣的培养过程。孩子们每逢春天来临，自己制作五颜六色的风筝，去田野放飞；夏日的晚上，制作素雅而又艳丽的荷叶灯，擎着满胡同奔走；在夏秋之交的艳阳和习习凉风中，捕蝉捉蛩，倾听蝉儿的鸣唱，观赏秋虫的撕咬；严冬来临，玩冰灯、堆雪人、打雪仗、滑冰雪，自是一番陶醉；逢雨后天晴的日子，观彩虹、吹水泡，五彩缤纷；当佳节到来时，观彩灯、看烟火、听戏曲等。儿童从小就受到陶冶，逐步形成良好的审美品质。

(二)古代儿童游戏的基本种类

中国在数千年历史发展中形成了丰富多彩的儿童游戏。大致可以分为以下几大类。

1. 运动游戏

运动游戏是指那些以运用体力为主、有一定活动强度的游戏形式，有较强的娱乐性。角力型的，包括摔跤、拔河、斗牛、斗草等，这些儿童游戏在中国民间流传广泛。儿童游戏中的“斗牛”是指儿童之间、儿童与成人之间，头对着头作角抵之戏。斗草，即儿童捡来杨树叶子，取其茎柄粗壮老成者，与他人的叶茎两两相交，用力对拉，赛茎柄的韧性，以不断者为胜。球类的，如儿童蹴鞠。有两种，一种为表演性质，另一种为竞技性质。前者以双脚玩球，踢出各种花样，令球在身边飞舞而不落地。后者与现代足球有些近似，也有球场、球门，众儿传踢，最后射入球门。投射类的，讲究动作的准确性，如抛砖、抓子儿、掷钱、射箭、投壶等。戏水类的，主要有游水、打水仗、弄潮、赛舟、垂钓、滑冰、滑雪、堆雪人、打雪仗等。另有踩高跷、抽陀螺、放风筝、捉迷藏、打秋千、骑竹马、滚铁环、爬竿子等。(图 1-2)

图 1-2　古代儿童运动游戏

2. 智力游戏

智力游戏是指以运用智力为主的游戏形式，这一类儿童游戏在发展中形成了中国的独有特色。棋牌类游戏有围棋、象棋、各种民间杂棋、各种骰子戏、各种纸牌游戏等。棋牌类游戏的重要特点是玩时用脑、斗智。拼摆类游戏包括燕几图、七巧板、“伤脑筋十二块”、益智图、九连环等。拼摆类游戏可以说是儿童智力游戏的代表，内含充分的科学原理，具有很高的锻炼儿童智力的价值。七巧板源于宋代黄伯思创造的燕几图，是中国古代拼摆类游戏的代表。七巧板巧妙借助几何学原理，通过对一个正方形平面的对称分割，形成几块可以拼组大量事物形体的几何形状，并可将大量事物的三维空间形态转化为二维平面形态，可以丰富儿童的想象力，锻炼儿童的空间感知能力，提高儿童的智力水平。七巧板现在在国外也广泛流行，被称为“唐图”(tangram)，甚至还有研究解七巧板问题的电脑程序。[①]（图 1-3）

图 1-3　七巧板拼组的各种形状

3. 语言文字游戏

这是借助汉语语言文字的特点和规律而编制的儿童游戏，既符合儿童喜欢寻趣的心理特点，还能训练儿童的语言感受和表达能力。语言文字游戏包括绕口令、猜谜语(灯谜)、回文、拆白道字、顶针续麻、拍七、敲诗、打麦等。语言文字游戏不需要借助器具场地，需要用心、动脑，且有趣、易行，所以为儿童所喜闻乐见。

4. 生活角色游戏

生活角色游戏指儿童自发地模仿成人的社会生活内容而进行的游戏，是儿童认识社会生活及社会化过程的有效方式。由于社会生活内容极具变化且丰富多样，生活角色游戏的内容和形式也就同样十分广泛。中国古代生产劳动中的职业类型，家庭生活中的家庭礼仪、亲子关系、饮食起居、生活方式，文化生活中的演剧唱戏、说书杂耍、教书为师等，均被儿童加以模仿。

从以上分析可见，首先，中国古代儿童游戏具有高度的智慧内涵；其次，中国古代儿童游戏崇尚道德；最后，中国古代儿童游戏并没有忽视儿童的身体锻炼。另外，中国古代儿童游戏强调充分地利用自然物，不受时间、场地、器具的限制，简单易行又可玩性极强，从而使游戏这种教育资源呈现出普遍性，任何一个儿童可以在游戏带来的快乐中成长。中国古代儿童游戏是中国传统文化和教育的重要组成部分，值得高度重视。

---

① 杜成宪、王伦信：《中国幼儿教育史》，142 页，上海，上海教育出版社，1998。

本章小结

教育作为一种社会现象，随着人类社会的产生而产生、发展而发展。学前教育也是如此，它与人类社会一样古老。在原始社会，学前教育的基本特征是公养公育，教育与生产生活密切联系在一起。随着家庭的出现，学前教育由家庭承担下来。中国古代家庭十分重视学前教育，积累了丰富的历史遗产，如对胎教的重视，对儿童从行为习惯、伦理道德到文化知识进行全面教育。其中，宫廷学前教育在师资、教育内容、考核等方面均有相应的设计。中国古代蒙学部分承担着社会学前教育的职责，蒙学教材仍然是当前重要的学前教育资源。而社会慈幼机构对于孤儿难童发挥着教养合一的作用。儿童游戏与儿童相伴而生，中国古代儿童游戏在儿童教育和成长中有着特殊的意义。

关键术语

生活教育；胎教；保傅制度；三母制度；慈幼机构；村塾；童蒙教材；儿童游戏

思考题

1. 原始社会学前教育有什么特点？对于当前学前教育有什么启示？
2. 中国古代家庭学前教育的内容有哪些？评述其意义。
3. 试对中国古代蒙学教材进行评析。
4. 试析中国古代儿童游戏的价值及特点。

实践活动建议

1. 借助网络、图书或深入家乡实地调查，搜集当地民间游戏，了解其玩法和功能，并尝试做适应性修改后在幼儿园中试用。

2. 选取几所幼儿园，对传统文化资源(传统蒙学教材、传统游戏等)在幼儿园教育教学活动中的运用情况进行深入调查，并撰写调查报告。

拓展阅读

1. 江祖求. 原始社会的教育方式辨. 教育研究与实验，1987(2).

2. 王小婷. 论中国古代民间胎教思想习俗及其科学性. 山东社会科学，2012(11).

3. 佘双好. 我国古代家庭教育优良传统和方法探析——从家训看我国古代家庭教育传统和方法. 武汉大学学报(社会科学版)，2001(1).

4. 胡福贞. 中国古代儿童游戏今析. 西南师范大学学报(哲学社会科学版)，1998(1).

第二章　古代学前教育思想

本章学习目标▶

1. 了解颜之推对儿童家庭教育的内容及方法的论述。
2. 把握朱熹的儿童教育思想及其特点。
3. 了解王守仁的儿童教育思想及其特色。

第一节　颜之推的家庭教育思想

颜之推历仕四朝，阅历丰富，《颜氏家训》作为其传世之作，开后世"家训"之先河，蕴含着弥足珍贵的家庭教育思想。在家庭教育思想中，颜之推十分重视早期教育，认为早期教育能为人一生中的知识、智力、道德、行为等方面打好基础，指出适时进行早期教育就会取得非常好的效果，且在早期教育内容、教育环境、教育方法等方面有着独到的论述。

一、生平及著作

颜之推(531—约595)(图2-1)，字介，琅琊临沂(今山东临沂)人，世居建康(今江苏南京)，生于士族官僚家庭，东汉关内侯颜盛之后。其父为梁湘东王萧绎的镇西府咨议参军颜勰。他博览群书，早传家业，处事勤敏，应对闲明，在南北胡汉各政权之下，历仕梁、北齐、北周和隋四朝，先后都受宠任。

图2-1　颜之推

一生"三为亡国之人"的颜之推经验、阅历丰富，深知南北朝政治、俗尚的弊病，洞悉南学北学的短长，并且提出了自己的见解。正由于他"生于乱世，长于戎马，流离播越，闻见已多"，晚年，他本着"务先王之道，绍家业之业”①的宗旨，不忘保持士族家庭的地位和传统，想以自己的人生经历、处世哲学教训子孙，于是写成《颜氏家训》一书。

《颜氏家训》是颜之推的传世之作，共七卷二十篇，题材广泛，内容丰富。《颜氏家训》是颜之推为了用儒家思想教训子孙，以保持自己家庭的传统与地位而写出的一部系统、完整的家庭教育教科书。该书是他一生关于士大夫立身、治家、处世、为学的经验总结。《颜氏家训》开后世“家训”之先河，历代学者大多视之为垂训子孙的家庭教育著作。

颜之推博学多才，著作颇丰，除流传最广的《颜氏家训》外，还撰写了《文集》三十卷、《训俗文字略》一卷、《急就章注》一卷、《笔墨法》一卷、《证俗音字》五卷、《稽圣赋》三卷、《集灵记》二十卷、《还冤志》三卷。②

二、论早期教育的作用

颜之推继承了孔子的人性论，提出了性三品说。他认为人性可以分为三个品级，于是，人也分为上智之人、下愚之人和中庸之人。他在《颜氏家训·教子》中提出：“上智不教而成，下愚虽教无益，中庸之人，不教不知也。”他认为上智之人不需要教育也能成才，下愚之人就算受教育也没有多大用处，只有中庸之人是教育的主要对象。也就是说，他认为绝大多数人是中庸之人，他们是可以通过教育完善德行、增长知识的。

颜之推十分重视早期教育，认为早期教育的教育效果最好，切勿失良机。他在《颜氏家训·勉学》中提出：“人生小幼，精神专利，长成已后，思虑散逸，固须早教，勿失机也。”他指出，人在幼年时期心灵纯净，精神专注，不易受外界杂事干扰，记忆力强，学习效果好，学习收获大；而成年之后，思想逐渐变得复杂，难以专注，记忆力减退，学习效果大打折扣。他用自身的学习体验对早期教育的作用加以论证，说：“吾七岁时，诵《灵光殿赋》，至于今日，十年一理，犹不遗忘；二十之外，所诵经书，一月废置，便至荒芜矣。”

他从自身的经历中体悟到家庭早期教育的重要性。颜之推所处的南北朝时期，战乱不断，官学因为政局的动荡时有时无、时兴时废，家庭早期教育实际上成了士族教育的基础和主要形式，其重要性不言而喻。他认为，如果家族重视对子孙的家庭早期教育，则子孙“守道崇德”，能成良才；反之，如果忽视家庭早期教育，则容易习恶败德，惨遭“杀身之祸”。他以当时一些士大夫子弟为例加以说明：有些士大夫子弟只追求生活的安逸和舒适，不学无术，以致乱世时无法生存。“梁世士大夫，皆尚褒衣博带，大冠高履，出则车舆，入则扶侍，郊郭之内，无乘马者。”“及侯景之乱，肤脆骨柔，不堪行步，体羸气弱，不耐寒暑，坐死仓猝者，往往而然。”(《颜氏

① 颜之推著、夏家善主编：《颜氏家训》，53、83页，天津，天津古籍出版社，1995。

② 陈汉才：《中国古代幼儿教育史》，112～113页，广州，广东高等教育出版社，1996。

家训·涉务》)而另外那些家教严格、子孙勤勉的，则因为有一技之长，在艰苦的环境中能适者生存，“养生保生”。他通过正反举例，强调了家庭早期教育的重要性。

颜之推在《颜氏家训·序致》中说道：“禁童子之暴谑，则师友之诫，不如傅婢之指挥；止凡人之斗阋，则尧、舜之道，不如寡妻之诲喻。”他指出，幼儿对父母、家人有着天然的信赖与亲近，家长对幼儿进行的教育往往比师友之诫、尧舜之道更有效，家庭早期教育是学校教育和社会教育无法替代的。

三、论儿童教育的内容

颜之推生于南北朝时期，他对当时的教育进行了强烈的批判。他在书中提到：“多见士大夫耻涉农商，羞务工伎，射则不能穿札，笔则才记姓名，饱食醉酒，忽忽无事，以此销日，以此终年。”(《颜氏家训·勉学》)当时的士大夫多不学无术，崇尚空谈。《颜氏家训·勉学》以及《颜氏家训·涉务》中指出，“梁朝全盛之时，贵游子弟，多无学术”“空守章句，但诵师言，施之世务，殆无一可”“及有试用，多无所堪。居承平之世，不知有丧乱之祸；处庙堂之下，不知有战陈之急；保俸禄之资，不知有耕稼之苦；肆吏民之上，不知有劳役之勤，故难可以应世经务也”。他总结说当时教育培养出的人可谓“求诸身而无所得，施之世而无所用”(《颜氏家训·勉学》)。针对当时的教育弊端，颜之推提出要大力培养对国家、对社会有用的“经世致用”的人才。他认为对儿童教育内容的总要求应该是“德艺周厚”。

关于“德”育，颜之推承袭了儒家以孝、悌、仁、义等道德规范为主要内容的传统，十分注意道德教育。他认为儿童教育应以儒家“五经”为基础，规范子孙的言行举止，强调进行忠、孝、仁、义、礼节教育。他在《颜氏家训·治家》《颜氏家训·教子》《颜氏家训·序致》中都有阐述，“吾每读圣人之书，未尝不肃敬对之；其故纸有《五经》词义及贤达姓名，不敢秽用也”“生子咳, 师保固明，孝仁礼义，导习之矣”“夫圣贤之书，教人诚孝，慎言检迹，立身扬名，亦已备矣”。他教育子女为实践仁义道德的准则，应不惜任何代价，乃至牺牲。他在《颜氏家训·养生》中就提到：“夫生不可不惜，不可苟惜。涉险畏之途，干祸难之事，贪欲以伤生，谗慝而致死，此君子之所惜哉：行诚孝而见贼，履仁义而得罪，丧身以全家，泯躯而济国，君子不咎也。”此外，他还强调了立志的重要性，认为只有确立了高远的志向，才能不畏艰险，成就大业。他教育子孙以实行尧舜之道为志向，继承家业，注重培养气节，不以依附权贵、屈节求官为生活目标。

关于“艺”育，在强调“增益德行”的同时，颜之推也十分注重“修以学艺”，即强调对儿童进行广泛的“艺”育。颜之推指出，“贵游子弟，多无学术”，却“耻涉农商，差务工伎”，在“离乱之后”，“求诸身而无所得，施之世而无所用”。意思是说，士族子弟虽然大多不学无术，但又鄙视农工商贾，当乱世之时，他们毫无生存能力。而“有学艺者，触地而安”。谚曰：“积财千万，不如薄伎在身。”一个人只要有一技之长，即使在兵荒马乱的年代，也可安身立命。因此，“艺”育对儿童来说也是十分重要的。在他看来，“艺”包括“文艺”和“杂艺”。所谓“文艺”，主要是指“六经”以及百家之书，掌握了这些知识，即使“不能增益德行”，也“犹为一艺”，成为谋生的手段；所谓“杂艺”，也包括琴、棋、书、画、医、数、射、卜等，甚至连儒家并不重视的农业生产知识也包括其中，这些“杂艺”在生活中各有其实用价值，学成一艺，“得以自资”。

四、论儿童教育的环境

颜之推继承了历代儒家学者关于“慎择友”的教育思想，十分重视让儿童置于良好的社会环境之中。他认为，“人在年少，神情未定，所与款狎，熏渍陶染，言笑举动，无心于学，潜移暗化，自然似之”(《颜氏家训·慕贤》)。他指出，幼年时期人的心性尚未定型，好奇心和模仿性都很强，容易受周围环境的影响，因此，对教育环境的选择十分必要。“是以与善人居，如入芝兰之室，久而自芳也；与恶人居，如入鲍鱼之肆，久而自臭也。墨子悲于染丝，是之谓矣。君子必慎交游焉。”(《颜氏家训·慕贤》)

影响教育的环境不仅包括社会环境，而且包括家庭环境。父母、长辈的行为风范对儿童有非常大的影响。在家庭教育中，长辈不能只是说教，更重要的是以身作则，这不仅有利于良好家风的形成，而且在一定程度上促进了家庭教育的成功。对此，他指出，“夫风化者，自上而行于下者也，自先而施于后者也。是以父不慈则子不孝，兄不友则弟不恭”(《颜氏家训·治家》)。

颜之推认为环境对人的影响在幼年时期尤为突出。所以，他提出在儿童出生后，便应让明白孝仁礼义的人去引导他。待到儿童可以“识人颜色，知人喜怒”的时候，就应该对其加以教诲，引导其行为，教导其有所为、有所不为。长此以往，自可“少成若天性，习惯如自然”。

五、论儿童教育的方法

颜之推主张及早施教。他继承了我国古代胎教理论，主张实行胎教。他在《颜氏家训·教子》中写道：“古者，圣王有胎教之法：怀子三月，出居别宫，目不邪视，耳不妄听，音声滋味，以礼节之。”他认为要通过影响孕妇，从而影响胎儿，孕妇的生理卫生、营养以及孕妇的道德行为都对胎儿有所影响。

颜之推认为儿童教育的关键在于处理好“爱”与“教”、“慈”与“严”的关系。他认为教育应坚持爱教结合，主张父母应对儿童从小严格要求，勤于教诲，不能溺爱和放任。他批评了当时许多家庭的父母对子女一味宠溺、放纵的做法，在《颜氏家训·教子》中对当时的父母溺爱子女的错误的教育方法进行了猛烈的抨击。他说：“吾见世间，无教而有爱，每不能然；饮食运为，恣其所欲，宜诫翻奖，应呵反笑，至有识知，谓法当尔。骄慢已习，方复制之，捶挞至死而无威，忿怒日隆而增怨，逮于成长，终为败德。”他指出，许多父母对孩子不加管束，只知一味满足孩子的要求，放任其行为，导致孩子不明是非，造成严重后果。同时，他指出父母对待子女也不能过于严厉，要“威严而有慈”，所谓“父母威严而有慈，则子女畏慎而生孝矣”(《颜氏家训·教子》)。为了验证其观点，他在《颜氏家训》中进一步以历史事例说明了爱教结合、威严有慈的必要性。但是在他看来，为了严教，鞭挞也是一种必要的教育手段。他说：“笞怒废于家，则竖子之过立见。”(《颜氏家训·治家》)他认为以体罚规训儿童，就好比以苦药治其病。他列举了大司马王僧辩的母亲魏老夫人数十年如一日严格教子成才的例子。“王大司马母魏夫人，性甚严正；王在湓城时，为三千人将，年逾四十，少不如意，犹捶挞之，故能成其勋业。”(《颜氏家训·教子》)颜之推也强调家长必须正确地看待子女的优点和不足。他认为，若一味张扬其优点，遮掩或包庇其过错，则会失于教义，贻误其一生，甚至招致祸端。他在《颜氏家训·教子》中讲述了一位父亲只知一味溺爱儿子，以致儿子因言语有失，得罪权贵，以致惨死的例子。他说：“梁元帝时，有一学士，聪敏有才，为父所宠，失于教义：一言之是，遍于行路，终年誉之；一行之非，揜藏文饰，冀其自改。年登婚宦，暴慢日滋，竟以言语不择，为周逖抽肠衅鼓云。”治家过于严苛，也非教子良方。“梁孝元世，有中书舍人，治家失度，而过严刻，妻妾遂共货刺客，伺醉而杀之。”(《颜氏家训·治家》)他要求父母教育子女应该严而不狎，爱而不简，宽猛相济，爱教结合。

颜之推还提出了均爱无偏的教育主张，即父母对待所有子女应一视同仁，平等爱护，给予子女同样的爱护与关注，均养均教。他指出，人们爱孩子，很少能做到平等对待他们，从古到今，这种弊病一直存在。聪明俊秀的孩子固然惹人喜爱，但对顽皮愚笨的孩子也应该加以怜悯。那种偏爱孩子的家长，即使出发点是爱孩子，也往往会给孩子招来祸殃。他在《颜氏家训》中说道：“人之爱子，罕亦能均；自古及今，此弊多矣。贤俊者自可赏爱，顽鲁者亦当矜怜，有偏宠者，虽欲以厚之，更所以祸之。”他还依次举共叔、越王、刘表、袁绍的例子说明了父母偏爱偏宠，危害无穷。“共叔之死，母实为之。赵王之戮，父实使之。刘表之倾宗覆族，袁绍之地裂兵亡，可为灵龟明鉴也。”(《颜氏家训·教子》)

第二节　朱熹的儿童教育思想

朱熹是南宋著名的理学家、教育家，在其教育思想体系中，儿童教育理论占有重要的地位。朱熹很重视早期教育，他把一个人的教育分成小学教育和大学教育两个阶段，小学教育的任务是培养“圣贤坯璞”，强调应把培养儿童良好道德行为习惯的"事"教放在主要地位，教育内容上力求浅近、具体，教育方法上强调先入为主，生动、形象，以激发儿童的兴趣，使儿童乐学。

一、生平及著作

图 2-2　朱熹

朱熹(1130—1200)(图 2-2)，小名沈郎，小字季延，字元晦，一字仲晦，号晦庵，晚称晦翁，又称紫阳先生、考亭先生、沧州病叟、云谷老人、逆翁，谥文，又称朱文公。祖籍婺源(今属江西)，出生于尤溪(今属福建)。南宋著名思想家、哲学家、文学家，闽学派的代表人物，宋代集理学之大成者，世称朱子，是继孔子、孟子之后杰出的儒学大师、教育家。

朱熹家境穷困，自小聪颖，19 岁中进士，历高孝光宁四朝。22 岁被任命为泉州同安县主簿，后历任知南康军、提举浙东常平茶盐、知漳州等地方官。绍熙五年(1194 年)，朱熹 65 岁高龄被任命为焕章阁待制兼侍讲，然而由于朝中权力倾轧，仅仅 40 天后即被罢免，改任秘阁修撰。朱熹回福建后，建竹林精舍，继续从事教学工作。庆元二年(1196 年)，当权派斥以朱熹为代表的理学为伪学。

朱熹一生专心于儒学，主要进行讲学和著书的工作。他曾经长期在福建武夷山寒泉精舍、武夷精舍讲学，1191 年，迁居建阳考亭，建竹林精舍，继续聚徒讲学。1194 年，精舍扩建，改名为沧州精舍。在其任地方官期间，他积极发展地方教育。任同安县主簿时，积极整顿县学，成效显著。任知南康军时，主持重修庐山白鹿洞书院，还亲自拟定了著名的《白鹿洞书院揭示》。在知漳州时，首次刊刻后世经典"四书"，即《大学章句》《中庸章句》《论语集注》《孟子集注》，还主持修复岳麓书院，并利用闲暇到场讲学。

朱熹平生著述等身，涉及哲学、经学、史学、文学、乐律、辨伪、自然科学等广泛领域。教育方面的主要著作有《大学章句》《中庸章句》《论语集注》《孟子集注》《资治通鉴纲目》《伊洛渊源录》《白鹿洞书院揭示》《学校贡举私议》《读书之要》《小学》《童蒙须知》《近思录》，其中与儿童教育有关的著述便有近 10 种，最著名的是《小学》和《童蒙须知》。后人辑有《朱文公文集》《续集》《别集》，三种共计 121 卷，《朱子语类》140 卷。在朱熹丰富而完整的教育思想体系中，儿童教育理论占据了十分重要的地位，对当时和后世影响重大。

二、论儿童教育的目的

朱熹把儿童教育称为"小子之学"或"小学"。他在总结前人教育经验以及自己教育实践的基础上，把对一个人的教育分成小学教育和大学教育，15 岁之前为小学教育，15岁以后为大学教育。朱熹主张教育的目的在于“明人伦”。他说：“古之圣王，设为学校，以教天下之人，使自王世子、公侯、卿大夫元士之适子，以至庶人之子，皆以八岁而入小学，十有五岁而入大学，必皆有以去其气质之偏，物欲之蔽，以复其性，以尽其伦而后已焉。”(《朱文公文集》卷十五)

他严厉抨击了当时以科举为目的的学校教育，认为这是忘本逐末。他主张先引导人“明天理，灭人欲”，再思入仕为官。他在《白鹿洞书院揭示》中如此写道：“熹窃观古昔圣贤，所以教人为学之意，莫非使之讲明义理，以修其身，然后推以及人。非徒欲其务记览，为词章，以钓声名、取利禄而已也。今人之为学者，则既反是矣。”①

朱熹主张“明天理”，进行“五伦”的家庭教育，通过重整伦理纲常、道德规范，加强家庭和社会凝聚力，以达到齐家治国平天下的目的。他认为小学教育阶段的任务是培养“圣贤坯璞”。他指出：“古者小学已自养得小儿子这里定，已自是圣贤坯璞了。”(《朱子语类》卷七)他认为小学教育不应是应试教育及单纯的文字训练，而应注重对儿童的道德教育，培养儿童的道德行为习惯。他将习惯的培养称为“事”，“事”是指具体的日常生活准则和做事能力，是相较于“理”而言的，“理”是指抽象的道德伦理学说和人文科学理论知识。

三、论儿童教育的环境

朱熹十分重视环境对儿童成长的影响。他十分赞同古人关于施行胎教的主张，他在《小学·立教》中引用《列女传》中关于胎教的内容论述道：“《列女传》曰：古者妇人妊子，寝不侧，坐不边，立不跸，不食邪味，割不正不食，席不正不坐，目不视邪色，耳不听淫声，夜则令瞽诵诗，道正事。如此，则生子形容端正，才过人矣。”②与传统胎教既注重物质环境又注重人文环境的观点相比，他更注重人文环境对孕妇和胎儿的影响。

朱熹从论证齐家、治国的关系中，阐明了家长在儿童教育中的教育职责：“所谓治国必先齐其家者，其家不可教而能教人者，无之。”(《大学章句》)

除了要求父母及其他长辈加强自身修养、发挥表率作用之外，还要求为婴幼儿慎择乳母。他认为，乳母与婴幼儿接触的时间长，对婴幼儿有很大的影响，“乳母之教，所系尤切”。既然乳母的影响如此大，那么到底要选择什么样的乳母才能对婴幼儿产生有益的影响呢？朱熹在《小学》一书中引用《礼记·内则》中的话说：“凡生子，择于诸母与可者，必求其宽裕慈惠、温良恭敬、慎而寡言者，使为子师。”这既是他对乳母的要求，也是他期望儿童应具有的品行。

教师与同伴对儿童的影响同样十分重要，不容忽视。朱熹承袭了孔子的身教思

---

① [清]陈宏谋：《五种遗规》，3～4页，北京，线装书局，2015。

② 朱杰人、严佐之、刘永翔：《朱子全书(第13册)》，395页，上海，上海古籍出版社，2002。

想，并进一步把对塾师的要求明细化，他所著的《童蒙须知》一定程度上也可被视为“蒙师须知”。同时，朱熹还强调要注意培养儿童辨别是非、结交益友的能力。他曾在《与长子受之》这封家信中教育儿子：“交游之间，尤当审择，虽是同学，亦不可无亲疏之辨。”他指出应近益友，远损友。那到底应如何判定益友与损友呢？他说道：“大凡敦厚忠信，能攻吾过者，益友也；其谄谀轻薄，傲慢亵狎，导人为恶者，损友也。”

四、论儿童教育的内容

朱熹主张将传统封建礼教作为儿童教育的主要内容。他从经传史籍等古代著作中择选有关忠君、孝亲、事人、守节、治家等内容的格言、训诫、故事等，编纂成《小学》一书，作为儿童德育教材。在《小学》中，朱熹强调，“古者小学，教人以洒扫应对进退之节、爱亲敬长隆师亲友之道，皆所以为修身、齐家、治国、平天下之本。而必使其讲而习之于幼稚之时”。“三纲五常”是儿童教育最主要的内容，“三纲”中对儿童教育影响最深的即“父为子纲”，而“五常”则是儿童教育最主要的组成部分。朱熹在《白鹿洞书院揭示》中说道：“父子有亲，君臣有义，夫妇有别，长幼有序，朋友有信。右五教之目。尧舜使契为司徒，敬敷五教，即此是也。学者学此而已。”

鉴于小学儿童“智识未开”，思维较弱，因此，朱熹认为小学教育的内容应该“知之浅而行之小者”，力求浅近、具体。他认为，对儿童的教育不能一味讲大道理，儿童无法理解，重要的是教他们怎么做。他提出“学其事”的思想。“小学是事，如事君，事父，事兄，处友等事，只是教他依此规矩做去。”他主张儿童应在日常生活中，通过具体行事，掌握基本的伦理道德规范，养成一定的行为习惯，学习初步的知识技能。因此，他在《小学》中说道，“古者小学，教人以洒扫应对进退之节、爱亲敬长隆师亲友之道”；在《大学章句序》中又说，“人生八岁，则自王公以下，至于庶人之子弟，皆入小学，而教之以洒扫、应对、进退之节，礼乐、射御、书数之文”①。希望儿童通过“学其事”，在实际活动中得到锻炼，增长才干，成就“圣贤坯璞”。②

朱熹制定的《童蒙须知》按照“三纲五常”的封建道德要求，对儿童生活、学习的各个方面做了极为详细的规定，比较全面地反映了童蒙教育的内容。他强调：“夫童蒙之学，始于衣服冠履，次及言语步趋，次及洒扫涓洁，次及读书写文字，及有杂细事宜，皆所当知……若其修身、治心、事亲、接物，与夫穷理尽性之要，自有圣贤典训，昭然可考。当次第晓达……”在日常生活习惯方面，他提出了详细的要求。“大抵为人，先要身体端整。自冠巾、衣服、鞋袜，皆须收拾爱护，常令洁净整齐。”“凡脱衣服，必齐整折叠箱箧中，勿散乱顿放，则不为尘埃杂秽所污，仍易于寻取，

---

① ［宋］朱熹：《四书章句集注》，3页，杭州，浙江古籍出版社，2014。

② 孙培青：《中国教育史》，235页，上海，华东师范大学出版社，2009。

不致散失。著衣既久，则不免垢腻，须要勤勤洗浣，破绽则补缀之。尽补缀无害，只要完洁。”“凡为人子弟，当洒扫居处之地，拂拭几案，当令洁净。文字笔砚，凡百器用，皆当严肃整齐，顿放有常处。取用既毕，复置元所。”“凡饮食之物，勿争较多少美恶。”而在学习习惯方面，他要求专注、严谨，提出了“三到”之法。他强调：“凡读书，须整顿几案，令洁净端正。将书册整齐顿放，正身体，对书册，详缓看字，仔细分明读之。须要读得字字响亮，不可误一字，不可少一字，不可多一字，不可倒一字，不可牵强暗记。只是要多诵遍数，自然上口，久远不忘……余尝谓读书有三到，谓心到，眼到，口到。心不在此，则眼不看仔细。心眼既不专一，却只漫浪诵读，决不能记，记亦不能久也。三到之法，心到最急。心既到矣，眼口岂不到乎！”“凡书册，须要爱护，不可损污皱折。”“凡写字，未问写得工拙如何，且要一笔一画，严正分明，不可潦草。”①

五、论儿童教育的方法

朱熹在儿童教育的方法上，主张先入为主，及早施教。他认为儿童“人之幼也，知思未有所主”，儿童在幼年时期，知识和思想还处于萌芽阶段，还未定型，很容易受到各种思想的影响。然而，如果儿童先一步接受了其他“异端邪说”，再教给他儒家的伦理道德就容易遭到抵触。因此，他主张对儿童进行教育必须先入为主，及早施行，这样才能获得好的效果。“必使其讲而习之于幼稚之时，欲其习与智长、化与心成，而无扞格不胜之患也。”(《小学》)

朱熹认为，儿童的道德行为习惯的养成是从不自觉到逐渐自觉的过程。因此，他要求应严格地对儿童进行道德行为习惯的训练。同时，针对儿童的生活和学习能力比较弱、道德观念比较淡薄、意志力比较差的状况，他强调应为他们制定出一些简明的条文和准则，使其能够遵照实行。对此，他首创以须知、学则的形式来培养儿童的道德行为习惯，使儿童的一切言行都有能够遵循的标准，做到有章可循、有规可依。在此思想的指导下，他制定了《童蒙须知》以及《训蒙斋规》，使儿童从小养成良好的生活和学习习惯。

另外，朱熹还认为对儿童进行教育，应力求生动、形象，激发儿童的兴趣，使儿童乐于接受和学习新知识。他还指出要将认知和实践结合起来，不可割裂，做到“知行相须”。

第三节　王守仁的儿童教育思想

王守仁是明代著名的心学家、教育家，他一生重视教育，其办学、讲学活动对

① [清]陈宏谋：《五种遗规》，4～7页，北京，线装书局，2015。

明代教育发展起到了一定的推动作用。王守仁严厉批判了传统儿童教育忽视儿童身心特点的问题，主张蒙学课程应该以“歌诗”“习礼”“读书”为主要内容，在教育方法上应顺应儿童的性情，不宜对儿童进行过多的束缚和限制。王守仁的教育观点显示出中国古代教育思想中较为独特的自然主义倾向。

一、生平及著作

王守仁(1472—1529)(图 2-3)，字伯安，别号阳明，浙江绍兴府余姚县(今浙江省余姚市)人，因曾筑室于会稽山阳明洞，自号阳明子，学者称之为阳明先生，亦称之为王阳明。明代著名的思想家、文学家、哲学家和军事家，陆王心学之集大成者，精通儒家、道家、佛家。

图 2-3　王守仁

王守仁自幼聪慧，饱读诗书。21 岁中举人，28 岁赐二甲进士第七人，观政工部。之后，授云南清吏司主事，迁兵部武选清吏司主事。正德元年(1506 年)，宦官刘瑾专权，王守仁因上疏搭救戴铣而触怒刘瑾，被杖四十，贬谪至贵州龙场驿丞。正德十一年(1516 年)，被擢为都察院左佥都御史，巡抚南、赣。正德十四年(1519 年)，宁王朱宸濠发动叛乱，王守仁率兵攻打南昌，双方在鄱阳湖决战，经过三天的激战，宁王战败被俘。王守仁平定内乱，不久升任南京兵部尚书。因平定宸濠之乱而被封为新建伯，隆庆年间追赠新建侯。

王守仁一生重教，他从 34 岁开始讲学，前后长达 23 年之久。所到之处，讲学活动不断。他热心修建书院，倡办社学。他的办学、讲学活动对明代书院、社学的发展起了一定的推动作用。王守仁创立了自己独特的教育理论体系，特别是在儿童教育方面成就显著。他继承和发展了陆九渊的学说，提出“心即理”“致良知”“知行合一”等命题，创立了与程朱理学大相径庭的姚江学派，形成了“心学”的唯心主义哲学思想体系。

王守仁的著作有《王文成公全书》38 卷，其中与教育相关的名篇主要有《传习录》中收录的《答顾东桥书》《训蒙大意示教读刘伯颂等》《教约》等。

二、论儿童教育目的

王守仁认为儿童教育的目的是“明人伦”，儿童教育应该以道德教育为核心，注重培养儿童的道德修养。他说：“学校之中，惟以成德为事；而才能之异，或有长于礼乐，长于政教，长于水土播植者，则就其成德，而因使益精其能于学校之中。”(《答顾东桥书》)他主张儿童教育应通过道德教育陶冶儿童的情操，培养其意志，磨炼其品格，开启其智慧，使儿童身心健康、和谐发展。他猛烈地抨击了当时教育只重视文章背诵，而忽视道德培养的现象。在《训蒙大意示教读刘伯颂等》一文中，他说道："古之教者，教以人伦；后世记诵词章之习起，而先王之教亡。今教童子，惟当以孝、弟、忠、信、礼、义、廉、耻为专务；其栽培涵养之方，则宜诱之歌诗以发其志意，导之习礼以肃其威仪，讽之读书以开其知觉。"①可见，他认为儿童教育应该以培养儿童"孝、弟、忠、信、礼、义、廉、耻"的品格和习惯为目的。

三、论蒙学课程

明代的启蒙教育在科举制度的影响下，以识字、写字、读书、作对为教学重点，往往只注重死记硬背。王守仁严厉批判了这种忽视儿童的身心发展特点的教育。他说："若近世之训蒙稚者，日惟督以句读课仿，责其检束而不知导之以礼，求其聪明而不知养之以善，鞭挞绳缚，若待拘囚。彼视学舍如囹狱而不肯入，视师长如寇仇而不欲见，窥避掩覆以遂其嬉游，设诈饰以肆其顽鄙，偷薄庸劣，日趋下流。是盖驱之于恶而求其为善也，何可得乎！"(《训蒙大意示教读刘伯颂等》)他指出，当时的蒙学教育只知督促儿童读书写字，责备他们的行为，但不知道用礼仪来引导儿童；想要他们聪明，但不知道用善德来培养，相反，却像对待囚犯一样绳缚、鞭打儿童。这样的教育往往使得儿童不愿意继续在学校学习，常常逃学，到处游玩，以致不学无术。要改变这样的现状，必须改革蒙学课程，使儿童喜欢学习、愿意学习。对此，他在《训蒙大意示教读刘伯颂等》一文中要求，"今教童子必使其趋向鼓舞，中心喜悦，则其进自不能已"。

为了使儿童爱好学习，他主张蒙学课程应该以"歌诗""习礼""读书"为主要内容。他在《训蒙大意示教读刘伯颂等》中指出："其栽培涵养之方，则宜诱之歌诗以发其志意，导之习礼以肃其威仪，讽之读书以开其知觉。""诱之诗歌"不但能激发儿童的意志，而且能够帮助儿童用合适的方式宣泄自己的情绪，帮助他们消除内心的烦恼与抑郁，心气平和。"导之习礼"不但能使儿童养成威严的仪容仪表，而且能够通过练习礼仪动作，锻炼身体，增强体质。"讽之读书"不但能增长儿童的知识，开发其智力，而且能培养儿童的道德观念，帮助其树立远大的理想。王守仁主张对儿童进行"歌诗""习礼""读书"教育，是为了培养儿童的意志，调理他们的性情，在潜移默化中使其在德、智、体、美诸方面都得到发展。

在蒙学课程设置上，王守仁主张运用灵活的方式来适应儿童注意力难以长时间集中、生性好动的特点。他提出："每日工夫，先考德，次背书诵书，次习礼或作课仿，次复诵书讲书，次歌诗。凡习礼歌诗之数，皆所以常存童子之心，使其乐习不倦，而无暇及于邪僻。教者知此，则知所施矣。"(《教约》)这样的课程安排，内容全面，同时注意动静交错、张弛结合，具有一定的科学性。

---

① [明]王阳明：《传习录》，叶圣陶点校，268 页，北京，北京时代华文书局，2019。

四、论蒙学方法

王守仁认为儿童教育应根据儿童的身心特点，顺应儿童的性情，不宜对儿童进行过多的束缚和限制。他说："大抵童子之情，乐嬉游而惮拘检，如草木之始萌芽，舒畅之则条达，摧挠之则衰萎。"(《训蒙大意示教读刘伯颂等》)他指出，儿童生性好动，喜好玩耍，不愿意受拘束，就像草木刚刚萌芽，故教育工作应顺其自然，而不能强迫灌输。

王守仁认为，儿童的精力、身体、智力等方面都处于重要的发展时期，教育者必须根据儿童这种"精气日足，筋力日强，聪明日开"的身心发展规律，循序渐进地进行教育。他强调应"从本原上用力，渐渐盈科而进"，即儿童的认知能力发展到何等水平，教学就只能进行到相应的水平，不可躐等。循序渐进的原则应用到教学中，必然要求教育者根据儿童的接受能力来确定教学的难易程度，选择符合儿童认知发展水平的教学内容，注意量力而施。他说道："与人论学，亦须随人分限所及；如树有这些萌芽，只把这些水去灌溉，萌芽再长，便又加水，自拱把以至合抱，灌溉之功皆是随其分限所及，若些小萌芽，有一桶水在，尽要倾上，便浸坏他了。"(《黄直录》)王守仁提出如果不顾及儿童的接受能力，将过多、过难的知识灌输给儿童，那么必定徒劳无功。对此，他指出"授书不在徒多，但贵精熟"。教学应该留有余地，"量其资禀能二百字者，止可授以一百字"，使儿童"精神力量有余"，这样他们就"无厌苦之患，而有自得之美"，不会因学习艰苦而厌学，会乐于接受教育了。

王守仁还认为儿童教育要注意因材施教。教育不仅要考虑儿童认识发展的共性特征，而且要注意个体差异。他主张教育应使儿童"各成其材"。他举例说："三子譬如射，一能步箭，一能马箭，一能远箭，他射得到俱谓之力，中处俱可谓之巧；但步不能马，马不能远，各有所长，便是才力分限有不同处。"(《钱德洪录》)他主张根据儿童的个性差异，采取不同的方法进行教育，以扬各人之所长。这种教育主张对抹杀儿童个性、以统一的模式培养儿童的传统教育可以说是有力的批判。

此外，王守仁在蒙学的教学组织形式方面也有一些创见。比如歌诗，他规定："每学量童生多寡分为四班。每日轮一班歌诗，其余皆就席敛容肃听。每五日则总四班递歌于本学。每朔望集各学会歌于书院。"(《教约》)这种带有一定比赛性质的教学方法，对于培养学生的学习兴趣，具有非常积极的意义。

本章小结

南北朝时期的颜之推、南宋的朱熹以及明代的王守仁是中国古代学前教育思想的代表人物。颜之推十分重视家庭早期教育，其所著的《颜氏家训》在古代家庭教育发展史上有重要的影响，被后人誉为家教典范。朱熹是南宋最负盛名的大教育家，他编著的《小学》和《童蒙须知》向我们展示了其儿童教育思想，对后世有深远的影响。王守仁是明中叶著名的教育家，他在《训蒙大意示教读刘伯颂等》一文中批判了传统教育忽视儿童身心特点的问题，提出教育需要顺应儿童的性情，根据儿童的接受能力施教，促成儿童“趋向鼓舞，中心喜悦”，反映了其儿童教育思想的自然主义倾向。

关键术语

《颜氏家训》；德艺周厚；慈严结合；“小学”与“大学”；“事”教与“理”教；知行相须；明人伦；自然主义教育

思考题

1. 颜之推的家庭教育思想对现代家庭教育有何启示？
2. 试述朱熹的儿童教育思想。
3. 分析王守仁的儿童教育思想的“童性”特质及历史地位。

实践活动建议

1. 查阅文献，就中国古代某位教育家的学前教育思想进行较深入的研究，并相互交流学习心得。

2. 选择几所幼儿园，调查幼儿园教师对中国古代教育家学前教育思想的理解及其在教育活动中的运用情况。

拓展阅读

1. 葛敏，缪建东. 颜之推家庭教育思想述略. 中国成人教育，2017(11).
2. 刘万伦. 论朱熹儿童教育思想. 安徽教育学院学报，1997(3).
3. 徐静. 王守仁儿童教育思想浅析. 现代教育论丛，2008(1).

第二编　中国近现代学前教育

第三章　近现代学前教育的实施

本章学习目标

1. 把握近代中国学前教育转型的背景，了解蒙养院制度实施的情况。
2. 了解中华民国时期知名学前教育机构与幼稚师范机构的教育特色。
3. 了解中华民国时期知名学前教育社团及其历史贡献。
4. 了解苏区和边区的学前教育，把握其历史经验。
5. 了解教会学前教育开办情况，客观评价其历史影响。
6. 把握中国近现代学前教育制度的发展演变情况。

第一节　晚清时期的学前教育

晚清时期一般是指始于1840年第一次鸦片战争爆发，讫于1912年清宣统皇帝退位这一段时间。这一时期，中国的政治、经济及文化教育均发生了深刻变化，学前教育也随之由传统向近代转型，公共学前教育机构出现。

一、学前教育转型的背景

(一)近代大工业生产的出现

19世纪中叶，中国开始出现近代大工业生产。当时，西方列强为了在华倾销廉价商品、掠夺各种资源，在中国的沿海地区开办了轮船修理厂和原料加工厂。尔后，清政府的一批洋务派在“自强”“求富”的口号下，于19世纪60年代开始创办军工厂，开办民用企业，著名的有江南制造局、天津军械所、福州船政局等。于是，中国近代大工业生产得到了一定的发展。接着，中国的民族资本家创办了一批工厂，近代大工业生产进一步发展，中国的产业工人队伍也随之壮大。据统计，1912年，中国约有120万产业工人。而这些工人中，除了有大量的男性工人外，还有着相当数量的妇女。这些妇女为生活所迫，走进了工厂，她们的幼小孩子却被留在了家中无人照看。这就对公共学前教育机构的产生提出了要求。

(二)国人向西方学习的兴起

随着西方列强的入侵，中国大门被打开，一批先进的中国人开始理性地审视自身和西方世界。他们自 19 世纪 40 年代开始就呼吁“师夷长技以制夷”，通过翻译西书、购置洋人报刊来探究西学，了解西方世界。之后，在“中体西用”思想指导下，洋务派提议学习“西语”“西艺”“西政”。随之，资产阶级维新派和立宪派呼吁仿照西方君主立宪国家的模式，进一步改革中国的政治、经济和文化。其中，一些人还提议像西方一样发展学前教育。比如，1902 年，梁启超在《教育政策私议》中倡议中国向日本学习，设立幼稚园。1903—1904 年，由罗振玉主编的《教育世界》刊载了《幼稚园恩物图说》《幼稚园保育法》等一批介绍福禄培尔学前教育思想的文章。此外，一些知识分子还赴国外学习学前教育理论和实践经验。

(三)清末新政改革的启动

1901 年，清政府宣布实施新政，进行全方位改革。在教育方面，1902 年，清政府公布了由管学大臣张百熙编订的中国第一个近代学制——《钦定学堂章程》(又称“壬寅学制”)，但未正式实施。1904 年，清政府向全国颁行由张百熙、张之洞、荣庆拟定的《奏定学堂章程》。《奏定学堂章程》由一系列子章程构成，其中包括了中国第一部学前教育法规——《奏定蒙养院章程及家庭教育法章程》，中国学前教育的转型遂在制度层面有了保障。1905 年，清政府下诏“立停科举以广学校”，历时 1300 余年的科举制度宣告废止。

二、蒙养院制度的确立

(一)《奏定学堂章程》的颁行

1904 年 1 月，清政府颁布《奏定学堂章程》(又称“癸卯学制”)。这个学制是模仿日本的三段学制系统而成的，包括《初等小学堂章程》《高等小学堂章程》《中学堂章程》《高等学堂章程》《大学堂课程》《奏定蒙养院章程及家庭教育法章程》等一系列法规。学制的第一阶段为初等教育，包括蒙养院、初等小学堂、高等小学堂三级；第二阶段为中等教育，包括中学堂、中等实业学堂、初级师范学堂等；第三阶段为高等教育，包括高等学堂及大学预科、高等实业学堂、师范馆、大学堂和大学院等。蒙养院作为学前教育机构被列入学制之中。癸卯学制系统如图 3-1 所示。

(二)蒙养院制度的确定

《奏定蒙养院章程及家庭教育法章程》(以下简称《蒙养院章程》)是中国第一部学前教育法规，它的颁布和实施标志着蒙养院制度的确定。《蒙养院章程》主要包括四个方面的内容。

1. 办学宗旨

《蒙养院章程》开篇明确提出了蒙养院的办学宗旨为：“蒙养家教合一之宗旨，在于以蒙养院辅助家庭教育。”即社会性的蒙养院与家庭教育相互辅助。其原因是：“保姆学堂既不能骤设，蒙养院所教无多，则蒙养所急者仍赖家庭教育。”也就是说，当时蒙养院初办，师资严重缺乏，而儿童又众多。因此，需要把家庭打造成重要的学前教育场所。于是，《蒙养院章程》对开展家庭教育做了具体的规定，要求各省官府和学堂将《孝经》《四书》《列女传》《女诫》《教女遗规》等传统儒家经典著作，以及外国家庭教育著作、初小识字课本、小学头两年级的教科书分发给各个家庭的妇女，让她们阅读后教育自己的子女，以使“家家皆自有一蒙养院矣”。①

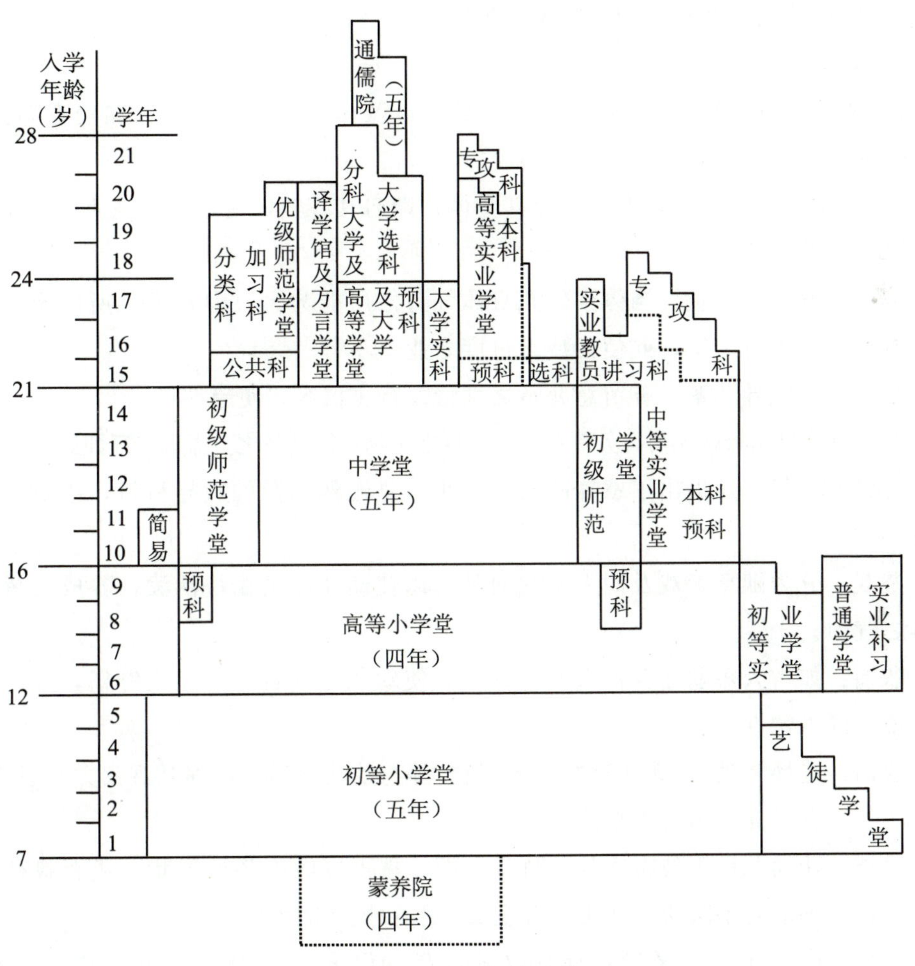

图 3-1　癸卯学制系统

2. 招生对象、收托时间和院址设置

《蒙养院章程》规定，“保育教导三岁以上至七岁之儿童，每日不得过四点钟”，招收“本地附近幼儿，其父母愿送入其中受院内之教育者”。但不包括女孩，要求“以

① 中国学前教育史编写组：《中国学前教育史资料选（全一册）》，93～95 页，北京，人民教育出版社，1989。

家庭教育包括女学”“女子只可于家庭教之”。院址方面，指出“于育婴敬节两堂内附设蒙养院”①，即蒙养院设在各省府及大市镇的育婴堂和敬节堂内。

3. 师资来源

《蒙养院章程》指出，国外幼稚园多“令女师范生为保姆以教之”，但中国由于女禁未开，“若设女学，其间流弊甚多，断不相宜”，故蒙养院的教师主要由育婴堂的乳媪和敬节堂的节妇担任。为了提升这些妇女的文化水平，《蒙养院章程》还规定各府县应编写女教科书，刊印家庭教育书刊，令这些妇女“自相传习”；同时，“识字之乳媪”应教蒙养院内其他不识字的保姆识字。②

4. 保育教导目的及科目

《蒙养院章程》提出保育教导四项要旨，涉及体育、智育、德育和美育等方面，其内容如下。

“一、保育教导儿童，专在发育其身体，渐启其心知，使之远于浇薄之恶风、习于善良之轨范。

二、保育教导儿童，当体察幼儿身体气力之所能为，心力知觉之所能及，断不可强授以难记难解之事，或使为疲乏过度之业。

三、保育教导儿童，务留意儿童之性情及行止仪容，使趋端正。

四、儿童性情极好模仿，务专意示以善良之事物，使则效之，孟母三迁即此意也。”③

《蒙养院章程》还提出了蒙养院与初等小学堂迥然不同的教导科目，主要有四个方面。

游戏：分为随意游戏及同人游戏两种，以使幼儿心情愉快活泼，养成儿童爱众乐群之气习。

歌谣：如古人短歌谣及古人五言绝句，使幼儿之耳目喉舌运用舒畅，且使其心情和悦、涵养德性。

谈话：选择常见的“天然物”及“人工物”等与幼儿谈话，培养其观察力和思考力。要求幼儿声音洪亮，语言流畅连贯。

手技：让幼儿用手技将木片、竹签、纸、黏土等做出各种形状，或者栽种草木花卉，以训练幼儿手眼协调能力，开发其心智和操作能力。

除以上内容外，《蒙养院章程》还对蒙养院的设施、管理组织做出了详细的规定。比如，“蒙养院房舍，以平地建造为宜”“蒙养院当备保育室、游戏室及其他必需之诸室”“庭园面积之大，至小者当合幼儿一人占地六平方尺”，蒙养院须设院董一人以“管理院中一切事务”等。

---

① 中国学前教育史编写组：《中国学前教育史资料选(全一册)》，93～97页，北京，人民教育出版社，1989。

② 中国学前教育史编写组：《中国学前教育史资料选(全一册)》，93页，北京，人民教育出版社，1989。

③ 中国学前教育史编写组：《中国学前教育史资料选(全一册)》，96页，北京，人民教育出版社，1989。

三、蒙养院制度的实施

(一)蒙养院的兴办

1. 湖北幼稚园的创办

1903 年 9 月，中国第一所学前教育机构——湖北幼稚园在武昌创办。创办者为时任湖广总督张之洞及湖北省巡抚端方。湖北幼稚园(图 3-2)创办之时，《奏定学堂章程》还没有颁布。1904 年《奏定学堂章程》颁布后，湖北幼稚园更名为武昌蒙养院，后又改名为武昌模范初等小学蒙养院。

图 3-2　湖北幼稚园的创建人员合影

由于当时国内缺乏学前教育师资，湖北幼稚园在兴办之初聘请了户野美知惠等三名日本保姆(教师)负责相关工作。户野美知惠毕业于东京女子高等师范学校，是日本来华最早的幼儿工作者，任湖北幼稚园园长。1904 年，户野美知惠拟定了《湖北幼稚园开办章程》(以下简称《开办章程》)，对该园的办园宗旨、对象、课程以及设备等做出了明确的规定。

根据《开办章程》的规定，湖北幼稚园因家庭教育不完善而设，以“专辅小儿自然智能、开导事理、涵养德性，以备小学堂之基础”为宗旨。招收“未及学龄之年”即 3 至 6 岁的学前儿童。办园的任务有三，“一、保全身体之健旺，体育发达基此；二、培养天赋之美材，智育发达基此；三、习惯善良之言行，德育发达基此”，也就是促使幼儿在德、智、体三方面均衡发展，为入小学打下良好的基础。幼稚园开设“行仪、训话、幼稚园语、日语、手技、唱歌、游嬉”等保育课程，每日保育时间为 3 小时，一周以 18 小时为准。幼稚园内有开诱室、训话室、游戏室、图书玩具室、游嬉场、保姆助教休息室、看管小儿仆妇室、游戏亭、会计办公室、宾客室等设施。《开办章程》还规定：园内的一切服装、图书、保育物品，皆为官备，但不备餐饭。湖北籍幼儿入学可以免收学费，外省的幼儿每月收学费洋四元。①

① 中国学前教育史编写组：《中国学前教育史资料选(全一册)》，103～105 页，北京，人民教育出版社，1989。

湖北幼稚园的上述规定，以及聘请受过高等专科训练的日本女子担任教师的做法，清楚地表明该园采用了日本幼稚园的模式。湖北幼稚园的办学宗旨和课程设置注意到了幼儿各方面的协调发展，考虑到了学前教育阶段与初等教育阶段的衔接，符合幼儿身心发展的客观需求，是比较合理和进步的。因此，湖北幼稚园是清末一所办学规范、质量较高的学前教育机构，也成为这一时期学前教育机构的模板。

2.《奏定学堂章程》颁布后学前教育的发展

《奏定学堂章程》颁布后，各地设立了一批蒙养院。据统计，1907 年，全国各类蒙养院 428 所，在院幼儿 4893 人；1908 年，蒙养院 114 所，在院幼儿 2610 人；1909 年，蒙养院 92 所，在院幼儿 2664 人。[①] 这些蒙养院中，既有公立者，也有私立者。较为著名的公立蒙养院有 1903 年创办的京师第一蒙养院、1905 年创办的湖南蒙养院、1907 年创办的福建公立幼稚园和上海公立幼稚舍、1911 年创办的湖南省女子师范学堂附设蒙养院。较为著名的私立蒙养院有 1905 年成立的天津严氏蒙养院、1907 年成立的上海私立爱国女学社附设蒙养院、1908 年由江苏金山县节妇朱氏捐献田产创办的怀人幼稚舍以及北京曹氏(曹广权)创办的家庭幼稚园、1909 年创办的山西育婴堂附设幼稚园。

成立于 1905 年的湖南蒙养院是在巡抚端方的倡议下开办的。端方聘请了日本女子春山雪子、佐藤操子担任保姆，并制定了《湖南蒙养院教课说略》，对教育宗旨、课程设置、招生对象等方面做出了具体的规定。教育宗旨为：养成“德育之始基”“智育之始基”“化育之宗”“体育之始基”，使儿童的德、智、美、体各育协同发展，成“异日受教之根据”。招生对象为“满三岁以上未届学龄之儿女(即四岁至六七岁时)皆应入园同学”。课程设置有七项，分别为谈话、行仪、读方、数方、手技、乐歌、游戏科目。在这些科目中，谈话、行仪为“德育之始基”，读方、数方、手技为“智育之始基”，乐歌为“化育之宗”，游戏为“体育之始基”，各科要有机结合、相互渗透。[②] 这些规定表明，湖南蒙养院的保教内容比较完备。

天津严氏蒙养院的创办人为清末翰林院编修、学部侍郎严修(1860—1929)。19 世纪末 20 世纪初，严修曾在天津积极办学，创办了南开学校和严氏女塾等。之后，在赴日本考察学务时，他认识到发展学前教育的重要性，即于 1905 年创办了严氏蒙养院，聘请了日本人大野玲子为教师，并从日本采购了钢琴、风琴、儿童桌椅和教具等。这所蒙养院招收 4 至 6 岁儿童，招收 30 名左右，生源来自附近邻居及亲友的子女。开设的科目有手工、游戏、故事、唱歌等，活动时间为上午 9 至 11 时。这些规定反映出严氏蒙养院在保教方面与清末蒙养院的规定精神相一致。(图 3-3)

---

① 唐淑、钟昭华：《中国学前教育史》，79 页，北京，人民教育出版社，1993。

② 中国学前教育史编写组：《中国学前教育史资料选(全一册)》，106～109 页，北京，人民教育出版社，1989。

图 3-3 天津严氏女塾全体师生与蒙养院儿童的合影

(二)蒙养院师资的培训

1. 教师的培训

《蒙养院章程》规定蒙养院的教师由乳媪、节妇担任。于是，训练乳媪、节妇成了晚清政府最初培养学前教育师资的重要途径。训练的方式为，在育婴堂或敬节堂中选择识字的妇女当教员；如堂内无识字的，则请识字老妇人入堂任教。教材用“官编女教科书”。这些教科书除从外国家庭教育著作和初等小学堂识字教科书中选取内容外，还从《孝经》《四书》《列女传》《女诫》《女训》《教书遗规》中选材。按照这些规定，蒙养院教师的文化水平无疑很低；同时，她们还成了“三从四德”的模范和宣传者，这使得蒙养院的教育比较保守、落后。

为了提高师资水平，国内一些著名的公立、私立学前教育机构则派人去国外学习或请外国教师来当地培训学前教育师资。1904 年，上海务本女塾附设幼稚舍时，创办人吴怀疚派吴朱哲女士到日本保姆养成所学习，后者于 1907 年学成归国后即在上海公立幼稚舍内创办保姆传习所，聘请了陆瑞清、龚杰、陆费逵等人兼任教师，开设了保育法、儿童心理学、教育学、修身学、谈话、乐歌、图画、手工、文法、习字法、理化、博物等科目。1905 年，严修在天津创办蒙养院时，办起了保姆传习所，聘请日本人大野铃子讲授保育法、音乐、弹琴、体操、游戏、手工等。三年间，传习所培养了 20 多名学生。

2. 学前教育师资专业化的开启

清末学前教育师资专业化始于 1904 年。[①] 这一年，武昌蒙养院附设了女子学堂，招收 15 至 35 岁的女子专门学习幼儿师范课程。这是中国人自办的最早的学前教育师资培训学校。这所学堂的开办曾轰动一时，引起路人的争相观看。可惜，在“癸卯学制”颁布后，张之洞认为“园内附设女学堂，聚集青年妇女至六七十人之多，与奏定章程尤为不合……必致中国礼法概行沦弃，流弊滋多”。迫于形势，1904 年秋，遂裁撤了这所学堂。[②]

---

① 喻本伐：《中国幼儿教育史》，189 页，郑州，大象出版社，2000。

② 中国学前教育史编写组：《中国学前教育史资料选(全一册)》，92 页，北京，人民教育出版社，1989。

1907 年，清政府出于形势所迫，从制度层面上推动了学前教育师资的专业化。其重要标志是颁布了《女子师范学堂章程》及《女子小学堂章程》，传统中学校教育女禁终于被破除。《女子师范学堂章程》规定女子师范学堂“教授女师范生，须副女子小学堂教科蒙养院保育科之旨趣，使适合将来充当教习保姆之用”，在教课程度上，应“先教以教育原理……次教以家庭教育之法；次教以蒙养院保育之法”，女子师范学堂须附设女子小学堂及蒙养院以供实地练习。这样，培养学前教育师资成了女子师范学堂的办学目标，各地纷纷办起了学前教育师资培训机构。1911 年，湖南开办全省女子师范，广东、北京等地也陆续设立了保姆传习所。到辛亥革命前，“全国女学生的数目已经有二三十万，学幼稚教育的人数也大增了”。①

随着学前教育师资培训的开展，西方学前教育的相关专业知识被引入中国。1907 年，顾倬编辑了《幼儿保育法》一书，该书参考了日本、德国等地的学前教育书籍，选择了保育上较重要的内容，全书包括总论、养护身体、授予知识、陶冶性情、保育事项、结论六章。1909 年，上海公立幼稚舍附属保姆传习所吸收日本的学前教育办学经验，编辑成《保姆传习所讲义初集——保育法、儿童心理学》，该书交由中国图书出版公司发行。其中，“保育法”共 16 章，分别为绪论、幼稚园之主旨、幼稚园之必要、幼稚园之教育、幼稚园与家庭之联络、保姆之资格、保育事项、论游戏、论唱歌、谈话、手技、恩物之种类、恩物之理、保育时间、入园年龄与分组法、看护术；“儿童心理学”共 6 章，分别为引言、原气质之分类、快豁儿之特色、刚愎儿之特色、忧郁儿之特色、沉钝儿之特色。

(三)蒙养院制度的历史地位

蒙养院制度是中国第一个公共学前教育制度。它的产生标志着中国学前教育完全由家庭负担的历史终结，在学前教育社会化的道路上迈出了第一步。

由于清末中国的政治、经济和文化还存在着相当程度的封建性，特别是深受“中学为体、西学为用”思想的影响，蒙养院制度仍具有一定的保守性。这表现为：蒙养院的运转是以辅助家庭教育为宗旨的，蒙养院的地位较低，作用大打折扣；蒙养院利用育婴堂和敬节堂内的妇女充当教师，教育质量低下，特别是蒙养院还极为重视封建伦理道德的灌输。另外，蒙养院在办学中还严重抄袭日本。比如，许多蒙养院的教员由日本人担任，课程、玩具、教法也多参照日本，甚至课程中还开设了日语，显示出鲜明的半殖民教育的特点。

第二节　民国时期的学前教育

中华民国时期，虽然我国学前教育事业总体上发展缓慢，但这一时期是中国化、

① 张沪：《张宗麟幼儿教育论集》，101 页，长沙，湖南教育出版社，1985。

科学化发展的重要时期。一方面，我国学前教育开始由学习日本转向以学习美国为主；另一方面，以陶行知、陈鹤琴、张雪门等为代表的一批教育家对学前教育理论和实践进行了深入的反思，积极开展中国化、科学化试验，取得了丰硕的成果。

一、学前教育制度的演进

(一)蒙养园制度

1. 壬子癸丑学制

1912年1月，南京临时政府成立，教育家蔡元培任教育总长。1912年7月，教育部召开临时教育会议讨论教育政策和改革措施等重要问题；9月，教育部公布《学校系统令》，称“壬子学制”。至1913年8月，教育部又陆续颁布了各种学校令，对“壬子学制”有所补充和修改。于是，一个更加完整的学制系统形成，即“壬子癸丑学制”，见图3-4。

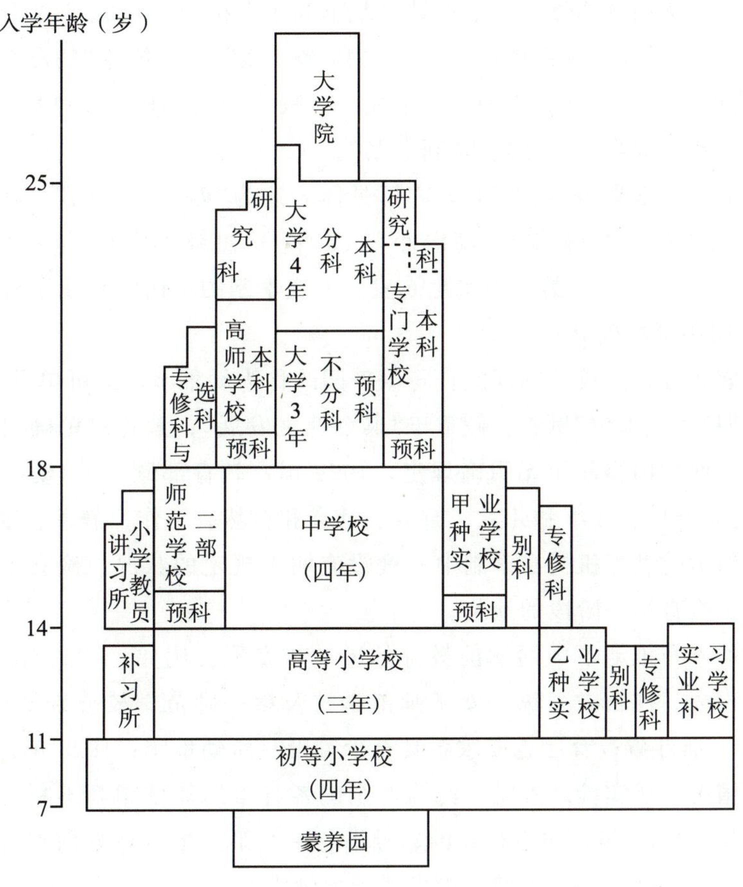

图3-4　壬子癸丑学制系统

2. 蒙养园制度的确立

依照壬子癸丑学制的规定，学前教育机构的名称为蒙养园。有关蒙养园的规定如下："在下面有蒙养园，在上面有大学院，不计年限。""女子师范学校于附属小学校外应设蒙养园，女子高等师范学校于附属小学校外应设附属女子中学校，并设蒙养园。"①

从这些规定看，虽然作为"下面"的蒙养园被规定为学制体系中的教育机构，但是与所谓"上面"大学院(即现在的研究生院)一样，不占学制年限，并未单独成为学制系统中的一级，而属其他教育机构的附属部分。此时期的蒙养园主要附属在小学和女子师范学校内。这样看来，蒙养园虽然没有摆脱附属的地位，但已不再附设于育婴院和敬节堂内，而是纳入了真正的教育机构系列。总体上看，学前教育的地位已经显著提高。

(二)幼稚园制度

1. 壬戌学制

在五四新文化运动的推动和美国教育的影响下，中国出现了一次教育民主改革的浪潮。其中，学制改革是这一系列教育改革的主要标志。1922 年 9 月，教育部召开学制会议，通过了《学校系统草案》；11 月，该制以"大总统令"的形式颁行，名为《学校系统改革令》。因 1922 年为农历壬戌年，故称壬戌学制；又因其是对壬子癸丑学制的全面更新，故当时亦称其为"新学制"。

该学制的主干学程为"六六四"，亦可具体表述为"四二三三四"。其升学序列和学习年限为：初级小学(4 年)—高级小学(2 年)—初级中学(3 年)—高级中学(3 年)—大学(4 年)。入学年龄定为实足 6 岁。壬戌学制的结构体系详见图 3-5。

2. 幼稚园制度的确立

关于学前教育，壬戌学制规定：将蒙养园改称为幼稚园，既可单设，亦可附设；办理宗旨依照"儿童本位"思想，侧重于"谋个性之发展"；教育对象确定为 3 至 6 岁的男女儿童。保教内容起初无明确规定，1929 年，教育部颁布的《幼稚园课程暂行标准》中确定为音乐、故事和儿歌、游戏、社会和自然、工作、静息、餐点七项。这就改变了以前学前教育机构在学制中一度没有明确规定的状况，确立了它在学制系统中作为国民教育第一阶段的地位。

新学制的颁布推动了中国学前教育的进一步发展。比如，1922 年 12 月，在新学制颁布后不久，江西省立第一女子师范学校及第一师范学校分别开设了幼稚园；1923 年 5 月，浙江省教育厅也要求各县至少筹设一所幼稚园；1923 年，陈鹤琴在南京创设了中国第一所实验幼稚园。此后，全国各省市的幼稚园都不断有所发展，并且向农村延伸。1927 年，在陶行知的领导下，中国第一批乡村学前教育机构先后在南京郊区燕子矶、晓庄、和平门、迈皋桥等地创立。

---

① 舒新城：《中国近代教育史资料》，227、702 页，北京，人民教育出版社，1981。

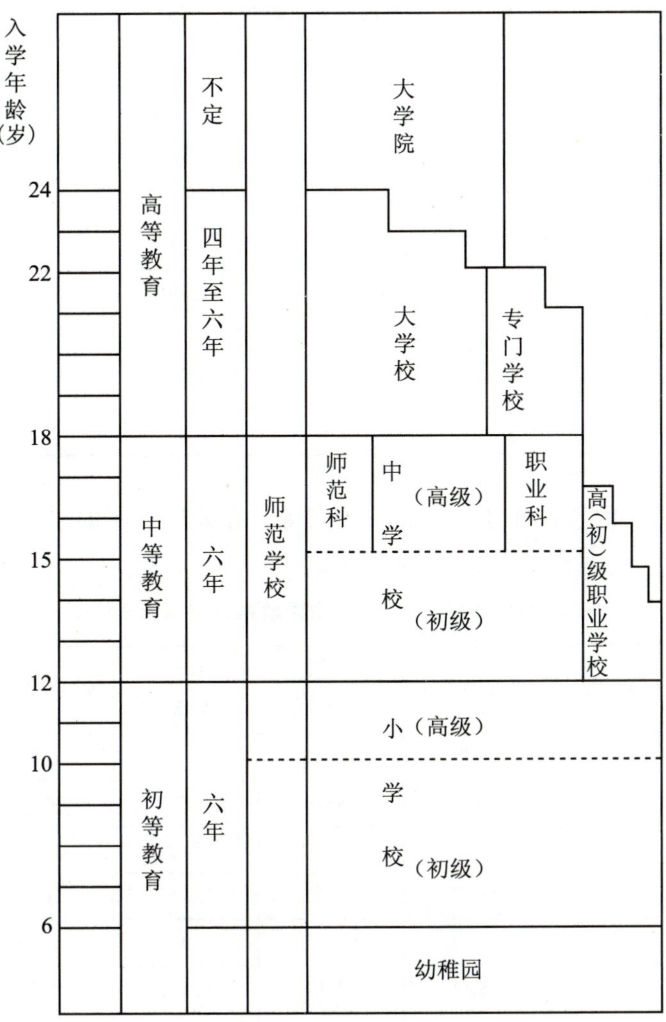

图 3-5 壬戌学制系统

二、学前教育的实施

(一)学前教育机构的发展

中华民国前期学前教育统计资料较少，因而很难得到比较准确的有关全国学前教育机构的数据。但有几点可以明确。一是教会学前教育机构占据很重要的地位，国人自办的很少。1924 年，南京第一女子师范进行了不完全的全国调查，发现国人自办的学前教育机构仅 34 所。二是主要集中在城市，直到 1927 年，由陶行知创办的第一所农村幼稚园才出现。三是私立的学前教育机构较多。据张克勤于 20 世纪 30 年代初对上海、南京等七市幼稚园的调查，当时私立幼稚园总体多于公立幼稚园(表 3-1)。四是出现了不少由知名人士创办的有较大影响的幼稚园。

表 3-1　七市幼稚园之概况比较表①

市名	园数/所			儿童/人			教职员/人		
	公	私	小计	公	私	小计	公	私	小计
上海市	23	96	119	1449	4066	5515	55	201	256
南京市	16	5	21	883	240	1123	32	11	43
杭州市	5	6	11	251	196	447	10	13	23
天津市	5	9	14	294	285	579	12	12	24
北平市	2	10	12	—	—	—	—	—	—
青岛市	7	1	8	—	—	403	—	—	
汉口市	3	1	4	202	—	202	6	2	8

中华民国后期的教育统计资料已较为完备。有关幼稚园的总体发展概况，可从表 3-2 中得到一个连续的、较为可靠的印象。

表 3-2　1929—1947 年中国幼稚教育概况表②

学年度/年	幼稚园数/所	班级数/个	入园儿童数/人	升学儿童数/人	教职员数/人	经费数/元
1928—1929	829	1585	31967	—	1580	379954
1929—1930	630	697	26675	9474	1376	468329
1930—1931	829	1318	36770	12122	1839	610451
1931—1932	936	1407	43072	13412	2056	712863
1932—1933	1097	1449	47512	15909	2219	828280
1933—1934	1124	1599	59498	14671	2472	940769
1934—1935	1225	1666	68657	14490	2443	1076225
1935—1936	1283	1988	79827	—	2607	1091459
1936—1937	839	1180	46299	9825	1400	461706
1937—1938	857	1157	41324	8301	1491	416253
1938—1939	574	754	40479	7597	946	208195
1939—1940	302	791	28517	8395	973	248901
1940—1941	367	925	58339	12060	789	430600
1941—1942	592	1398	51749	14305	1014	1108841
1942—1943	441	1190	46202	16910	1021	2563361
1943—1944	428	1527	50491	20193	1393	4745442

① 张克勤:《国内七市幼稚园教育今昔比较观》，载《中华教育界》，1935(1)。

② 中国学前教育史编写组:《中国学前教育史资料选(全一册)》，360 页，北京，人民教育出版社，1989。

续表

学年度/年	幼稚园数/所	班级数/个	入园儿童数/人	升学儿童数/人	教职员数/人	经费数/元
1944—1945	1028	2889	106248	28281	2407	45125394
1945—1946	1263	—	112792	41504	2805	—
1946—1947	1301	3367	130213	54225	2502	—

总体上讲，由于中华民国时期战乱不断，学前教育事业发展极为缓慢。1946—1947 年为中华民国时期学前教育机构数量最多的年份，但也仅有 1301 所，对于适龄儿童人数庞大的中国来说，入园率之低可想而知。分析表 3-2 中的数据还可以发现以下几个方面的信息。①在抗日战争爆发前，幼稚园的发展大体呈稳步攀升态势。②抗日战争时期，虽然幼稚园数量急剧减少，但此期办理的保育院收容了大量难童，并肩负起相应的学前教育职责。③抗日战争结束后，幼稚园恢复和发展速度相对较快。

(二)知名学前教育机构

1. 南京高等师范学校附属小学幼稚园

南京高等师范学校于 1917 年增设附属小学。1919 年，陈鹤琴、廖世承留美归国后，南京高等师范学校便在附属小学内增设幼稚园。园舍位于附属小学内的“杜威院”。办园指导思想是当时方兴未艾的杜威的实用主义教育理论。因此，该园重视幼儿的自发活动，尊重幼儿的兴趣，注重生活经验和直接知识的获取，尤其注意个性的培养和人格的养成。该园共有教职员工 4 人，招收 3～6 岁的幼儿，多半系教员子女；游戏、运动器具和恩物等设备齐全；在教学中以生活为中心，无明显分科，以谈话、游戏、手工、音乐为主要活动。该园的一日活动见表 3-3。

表 3-3　南京高等师范学校附属小学幼稚园日课表①

时间	内容		时长/分
8:45—9:05	第一节	谈话	20
9:05—9:45	第二节	游戏	25
		自由游戏	15
9:45—10:00	休息		15
10:00—10:40	第三节	点心	15
		手工	25
10:40—11:00	第四节	音乐	20

注：该园实际开展活动时并不呆板地按此次序。每日上课约 135 分钟，每周上课约 13 小时 15 分钟。

---

① 唐淑、钟昭华：《中国学前教育史》，117 页，北京，人民教育出版社，1993。

2. 浙江大学培育院

浙江大学，前身是 1897 年创建的求是书院，1928 年更名为国立浙江大学，并增设教育系。1935 年秋，时任教育系主任郑晓沧主持创设了培育院，但培育院实际由儿童心理学博士黄翼主持。该院招收 3 岁(第二学期改为 2.5 岁)至 4.5 岁的幼儿入院，满 5 岁即出院。每半岁为一级段，每一级段学生仅 4 人。开院之初，为 4 个级段；第二学期，改为 5 个级段。学生总数为 20 人。1937 年“七七事变”后，浙江大学内迁，培育院被迫停办。

浙江大学培育院是一所兼具实习性与实验性的学前教育设施，教保人员由浙江大学教育系毕业生和在校学生担任。培育院供儿童心理学、儿童训导与心理卫生、儿童心理专题研究等课程观察、研究和学生实习用。培育院强调幼儿生活自由、愉快、家庭化、游戏化，尽量给幼儿以自由活动的机会，寓指导于不觉之中。培育院初为半日制，后过渡为全日制。其“组织活动”的类型有：①团体活动与个人活动；②领导活动与自由活动；③设计活动与随机活动；④文字教育与具体教育。此外，经常开展的组织活动还有节会、旅行、放风筝、养蚕、种豆、烹饪请客、写信等。

3. 厦门集美幼稚园

厦门集美幼稚园(图 3-6)为爱国华侨陈嘉庚创办的集美学校的一部分，成立于 1919 年 2 月。陈嘉庚(1874—1961)是福建同安人，早年去新加坡习商，后来成为精明强干的实业家和具有远见卓识的教育事业家。厦门集美幼稚园建有西班牙风格的葆真楼、养正楼、煦春楼、群乐室等专用屋宇，设备齐全；辟有体操场、游戏场、花圃、假山、水榭、小桥等活动场所，既美观又实用。1927 年，集美幼稚师范学校创设后，厦门集美幼稚园改名为集美幼稚师范学校附设幼稚园，以作为幼稚师范生的实习基地。

图 3-6　厦门集美幼稚园

该园有明确的办园指导思想：把幼稚教育当成立国之根本的基础，认为有了健康的儿童才能有健全的国民；教师为儿童的伴侣，幼稚教育是爱的教育；教育应以儿童为中心，建立在儿童的需要与生活经验之上；幼稚园应成为“儿童的乐园”，幼稚教育求儿童的解放与幸福；幼稚园教育有改造家庭教育的责任。这一办园思想充分体现了“五四”时期新教育的要求，既有历史的进步意义，又具当代的现实意义。

4. 北京香山慈幼院

北京香山慈幼院(图 3-7)于 1919 年 10 月获准成立，收受因水灾而遭难的孤儿、弃婴和附近的贫儿。该院初属慈善性质，主办者为熊希龄(1870—1937)。(图 3-8)开办一年后，主办者发现贫苦儿童中不乏天资聪颖者，于是决定开展教育工作。全院共分五个部分，其中，第一校是婴儿园和蒙养园(后依制定名为幼稚园)，第三校是幼稚师范科(后即北平幼稚师范学校)。

图 3-7 香山慈幼院

图 3-8 熊希龄与北京香山慈幼院的孩子们

北京香山慈幼院试验推行学校、家庭、社会“三合一”的教育体制，把学生分编为蒙养级、半工半读级、普通级、高材级和特殊级(为问题儿童而设)。至 1924 年上半年，全院学生骤增至 1500 余人，院内分设有蒙养园、小学、男子初中、女子师范、职教班和艺徒班等教育设施。1923 年和 1929 年，香山慈幼院的蒙养园和婴儿园分别设立。蒙养园收容 4～6 岁幼儿，3 年毕业，学额为 50 人。实行寄宿制，采用欧美最新式保教方法，注重营养搭配，强化律动体操，采用设计教学法，试验学生自治制。在训育方面，力求使儿童达到独立、互助、勤劳、俭朴的要求。婴儿园原则上收容 1～3 岁的儿童，后拓展为 0～4 岁的儿童，学额为 50 人。入园后，将儿童分为幼婴、中婴、大婴三类，分别为其制定营养配方和保教方案。

5. 南京鼓楼幼稚园

南京鼓楼幼稚园(图 3-9)于 1923 年春由陈鹤琴在自家客厅创办。同年秋，得到东南大学教育科的帮助，聘请东南大学幼稚教育讲师卢爱林为指导员、甘梦丹为教师，该园便成为东南大学教育科的实验园地、中国第一个学前教育实验中心。该园的办理宗旨为：不受旧式幼稚教育之束缚，立意创造中国化、科学化的新幼稚园。1925 年，毕业生张宗麟来园任专事研究员，协助陈鹤琴进行实验研究。该园最为显著的特征便是实验性。1925 年至 1928 年，该园进行了几项实验研究：课程研究、读法研究、设备研究、故事研究，以及幼稚生的行为习惯、幼稚生的技能练习、幼稚生生活历等多方面的实验研究。课程研究共经历了散漫期(1925 年秋冬)、论理组织期(1926 年春夏)和中心制期(1926 年秋冬)，实验研究的成果反映在陈鹤琴于 1927 年年初发表的《我们的主张》中。鼓楼幼稚园的课程分列为音乐、游戏、工作、常识、故事、读法、数法、餐点、静息九项。课程研究的成果成为 1929 年教育部颁行《幼稚园课程暂行标准》的基础。

图 3-9　南京鼓楼幼稚园

6. 南京燕子矶幼稚园

1927 年 11 月，在陶行知的领导下，由张宗麟协助筹措在南京郊区创办了南京燕子矶幼稚园(图 3-10)。该园既是中国第一所乡村幼稚园，又是陶行知的生活教育理论试用于幼稚教育领域的试验田。办园宗旨在于研究和试验如何办好农村幼稚园的具体办法，以便在全国农村普及。开办之初，借用的是燕子矶小学房舍，招收附近农民子女 30 名，实行免费入学。1928 年春，新校舍落成，辟有活动室、导师研究室、图书室、清洁室等设施，幼儿增加至 40 名。同年秋，该园由王荆璞主持，并开始进行若干学前教育实验，如编制“幼稚生生活历”的实验、“试用生活法”的实验等。1930 年，晓庄学校被封后，该园停办。

图 3-10　南京燕子矶幼稚园

7. 上海大同幼稚院

1930 年 3 月，由中国共产党地下组织领导的中国互济会(原名中国济难会)创办了上海大同幼稚院(图 3-11、图 3-12)，专门收容与抚育革命同志的子女，负责人为董健吾。为了便于掩护，上海大同幼稚院托人请国民党元老于右任写了“大同幼稚院”横幅，并照着横幅漆成横匾挂在门口。1931 年冬，外界开始有人注意大同幼稚院。中国互济会负责人深恐发生意外，影响革命后代，遂当机立断于 1932 年 1 月解散该院，并将孩子们安全转移。

图 3-11　上海大同幼稚院园舍

图 3-12　上海大同幼稚院保教人员与儿童在法国公园合影

大同幼稚院从筹办到解散虽只有不到两年的时间，但收容并抚育了毛泽东、彭湃、恽代英、李立三等革命前辈的子女，因而也被誉为革命后代的“红色摇篮”。

8. 上海劳工幼儿团

1934年，在陶行知的领导下，上海劳工幼儿团由其学生孙铭勋、戴自俺创办于沪西女工区。(图3-13)上海劳工幼儿团招收自断奶到8岁的婴幼儿，其宗旨是为女工服务，对劳工的儿童实施教育。经费主要靠陶行知募集和青年会资助。入团儿童免收学费。因教师及保育人员不足，上海女青年会派出志愿人员协助。设备因陋就简，桌凳、滑梯、跷板、木马、积木等大多请木工自制。教育的重点是卫生健康教育，教师经常带孩子到附近公园散步、观察，以增长知识、开阔视野。1935年，因经费等问题而被迫停办。上海劳工幼儿团为中国第一所专为工人子女开设的学前教育机构。

图3-13 孙铭勋与上海劳工幼儿团的幼儿在一起

三、幼稚园师资培养

(一)相关政策及规定

根据“壬子癸丑学制”的规定，幼儿教师的培训被正式纳入师范学校的目标。1912年9月公布的《师范教育令》中规定，“专教女子之师范学校称女子师范学校，以造就小学校教员及蒙养园保姆为目的”；女子师范学校“得附设保姆讲习科”。1916年，教育部公布《国民学校令施行细则》，首次对蒙养园保姆的资格做出了规定，学前教育师资由中等幼儿师范教育机构来培养的理念再次得到强化。1928年，第一次全国教育会议通过了《注重幼稚教育案》，要求各地应择适宜之地设幼稚师范学校或在师范学校内开设幼稚师范科。1932年颁布的《师范教育法》及1933年颁布的《师范学校规程》中均有师范学校得附设特别师范科及幼稚师范科的规定。

(二)幼稚园师资培养机构

在各项相关政策和法规的驱动下，中华民国时期的师范教育较清末有了较大发展。随着学前教育师资培养能力的增强和学前教育机构的发展，学前教育师资队伍也在缓慢发展，见表3-4。

表3-4 1929—1947年中国幼儿教师数量变化情况①

年份/年	教师数量/人	年份/年	教师数量/人
1929	1580	1939	946
1930	1376	1940	973

① 中国学前教育研究会：《百年中国幼教(1903—2003)》，92页，北京，教育科学出版社，2003。

续表

年份/年	教师数量/人	年份/年	教师数量/人
1931	1839	1941	789
1932	2056	1942	1014
1933	2219	1943	1021
1934	2472	1944	1393
1935	2443	1945	2407
1936	2607	1946	2805
1937	1400	1947	2502
1938	1491	—	—

从表 3-4 可见，整个民国时期，幼儿教师的数量发展缓慢，始终没有很大的突破。幼儿教师数量较多的年份是 1936 年和 1946 年，分别是 2607 人和 2805 人。抗日战争爆发，幼儿教师数量急剧滑落。抗日战争结束后，师资数量得以恢复和发展。

公立、私立幼稚师范学校在办理中取得较好成效者主要有厦门集美幼稚师范学校(1927 年)、北平幼稚师范学校(1930 年)、江西省立实验幼稚师范学校(1940 年)等。它们在办学方面各有特色，在中国学前教育发展史上占有重要的地位。

1. 江西省立实验幼稚师范学校

1940 年 10 月，江西省立实验幼稚师范学校在江西省泰和县文江村的一座松林密布的山上落成。这是中国第一所公立、单设的幼稚师范学校，陈鹤琴任校长。(图 3-14、图 3-15)该校在创设之初就附设了小学和幼稚园。1943 年 2 月，该校由省立改为国立，同时增设了婴儿园和幼稚师范专修科。加上之前的幼师部、附属小学和幼稚园，一个体系完整的教育实验基地构成，为当时全国 10 所国立师范学校之一。该校的宗旨有三：一是培养幼稚园教师与幼稚教育的人才；二是在幼稚教育理论和教材方面进行实验研究；三是进行活教育的实验。该校的课程分精神训练、基本训练和专业训练三项，特别注意和婴儿园、幼稚园及小学的实际相结合。教学方法强调以做为中心，采取分组讨论、共同研究的方式，并采用集体教学的方法。教学步骤分为观察实验、参考阅读、发表创造、批评改进四个阶段。成绩考查方面，曾创用“荣誉考试制”，使学生不为分数而读书。

图 3-14　校长陈鹤琴与师生修马路后合影

图 3-15　校长陈鹤琴与第五届毕业生合影

2. 北平幼稚师范学校

北平幼稚师范学校前身为北京香山慈幼院幼稚师范科，创校于 1930 年。1931 年 7 月，北平幼稚师范学校由熊希龄、张雪门正式创设于北平西四牌楼关帝庙。(图 3-16)其办学方针是为适合本国国情及生活的需要，造就忠实地为平民服务的师资。招生的对象以慈幼院女生直升者为主，也有一些外校的初中毕业生。该校学制灵活，学生每年学完课程及获得实际经验，均标志着一个阶段的结束。比如，学完一年级课程即等于达到幼师速成科的标准，基本上可任幼稚园助理教师；学完两年，达到幼师全科的标准，可任幼稚园正式教师或主任；学完三年毕业后，可兼任小学低年级或婴儿园教师和主任。该校在教育见习、实习方面积累了较丰富的经验，实施起来有计划、有组织，采取一年级看、二年级做、三年级管的办法。每学期或每学年均有实习安排，实习次数多、时间长，文化知识、理论课及专业技能学习与校外实习各占一半时间，且每年都安排相应的教育实践活动；实习单位以幼稚园为主，并向婴儿园和小学延伸；实习内容以教务为主，扩展到家事、校务。幼师毕业生一出校门就能开办幼稚园，当称职的教师或主任，深受用人单位的欢迎。抗日战争爆发后，北平幼稚师范学校南迁。

图 3-16　北平幼稚师范学校校长张雪门和学生合影

四、学前教育社团

(一)中华儿童教育社

中华儿童教育社的前身名为“幼稚教育研究会”，由陈鹤琴1926年筹创于南京，1927年正式设立该会。陈鹤琴在业务上开展了“艺友制”实验，并出版发行了《幼稚教育》。1928年，《幼稚教育》更名为《儿童教育》。1929年，幼稚教育研究会更名为“中华儿童教育社”。(图3-17)

图3-17　中华儿童教育社成立大会合影

1929年7月，中华儿童教育社在杭州成立，陈鹤琴被公推为主席。中华儿童教育社有个人社员47人，团体社员22人。会议通过了《儿童教育社简章》，确定中华儿童教育社的宗旨为：“本社为纯粹学术研究机构，以研究小学教育、幼稚教育、家庭教育，注重实际问题，供给具体教材为宗旨。”《儿童教育》为该社社刊。中华儿童教育社设常务、编辑、事务三种理事，并有总社理事会、分社理事会。为进行各项业务，设总务部、研究部、编译部、推广部、介绍部、福利部。

中华儿童教育社的业务目标有三个方面：①研究儿童教育；②推进儿童福利；③提倡教师专业精神。其工作内容和方式包括：①研究问题；②实验方案；③提倡风气；④建议政府；⑤编译图书；⑥流通书报；⑦协助社友；⑧辅助导师；⑨采访资料；⑩联络研究。该社除继续编辑出版《儿童教育》月刊外，还委托郑晓沧编辑“儿童教育丛书”，又委托丁柱中、陈鹤琴主编“儿童科学丛书”，另有《儿童生活》《儿童教育新刊》等多种读物面世。

中华儿童教育社在1930年至1947年间共召开了12届年会，年会议题围绕小学教育和幼儿教育提出。中华儿童教育社还邀请了当时国际教育界著名的专家学者来华讲学，为中国儿童教育研究提供前沿的学术成果。比如，1931年秋天，美国哥伦比亚大学师范学院罗格(Rogge)及其夫人来到上海讲学。陈鹤琴就请罗格夫妇分别向中华儿童教育社在沪社员和工部局所属中小学教职员做了题为“新教育的精神”的演讲，陈鹤琴即席翻译。文纳特卡制倡导人华虚朋(Carleton Wolsey Washburne,

1889—1968)也曾受中华儿童教育社之邀，讲演《关于儿童中心教育运动》，教育社为此出版了文纳特卡制专号。

中华儿童教育社不但是国内研究儿童教育的中心，而且参加了国际新教育联盟及世界教育专业组织的工作。《儿童教育》也成为沟通中西、调和新旧教育的媒介，是关心世界文化和国际学术思想的人士必备的读物。

(二)中国战时儿童保育会

七七事变后，中国军民奋起抵抗，抗日战争全面爆发。战争中产生了大量孤苦无依的难童。为解决难童的收容、教养问题，中国战时儿童保育会和保育院应运而生。1938 年 3 月，国共两党及社会各界知名人士在武汉发起成立中国战时儿童保育会(全称为“中国妇女慰劳自卫抗日将士总会战时儿童保育会”)(图 3-18)，推选宋美龄为理事长，李德全为副理事长，邓颖超等人为常务理事，另聘蒋介石、毛泽东、蔡元培、陈嘉庚、茅盾、斯诺为名誉理事。此后，全国各省市(包括陕甘宁边区)和南洋群岛成立分会 20 余个。各战区设立了儿童保育院 53 所，包括延安设立的陕甘宁边区第一、第二保育院，总共收容难童 3 万余名，其中包括大量的学前儿童。(图 3-19)

图 3-18　中国战时儿童保育会成立大会

图 3-19　中国战时儿童保育会直属第一保育院全体师生合影

战时儿童保育会的设会宗旨是：“抢救民族后代，培育无家可归的难童健康成长为抗日建国力量。”保育院的办理经费主要由保育会向社会各界募集，其余部分则由中华民国赈济委员会拨付。保育院除雇请专人对难童进行养护外，还选聘师资开展难童教育。游戏、唱歌(图 3-20)通常被作为开展爱国主义教育的基本形式，语言、识字更是被作为常课，劳作教育则被视为生产自救的有效方式。难童在保育院中生活、学习一段时间之后，或被经济条件较好的家庭收养，或被选送至适宜的教育机构学习。比如，陶行知创办的育才学校，早期学生便是从各地的保育院中挑选而来的。

战时儿童保育院院歌

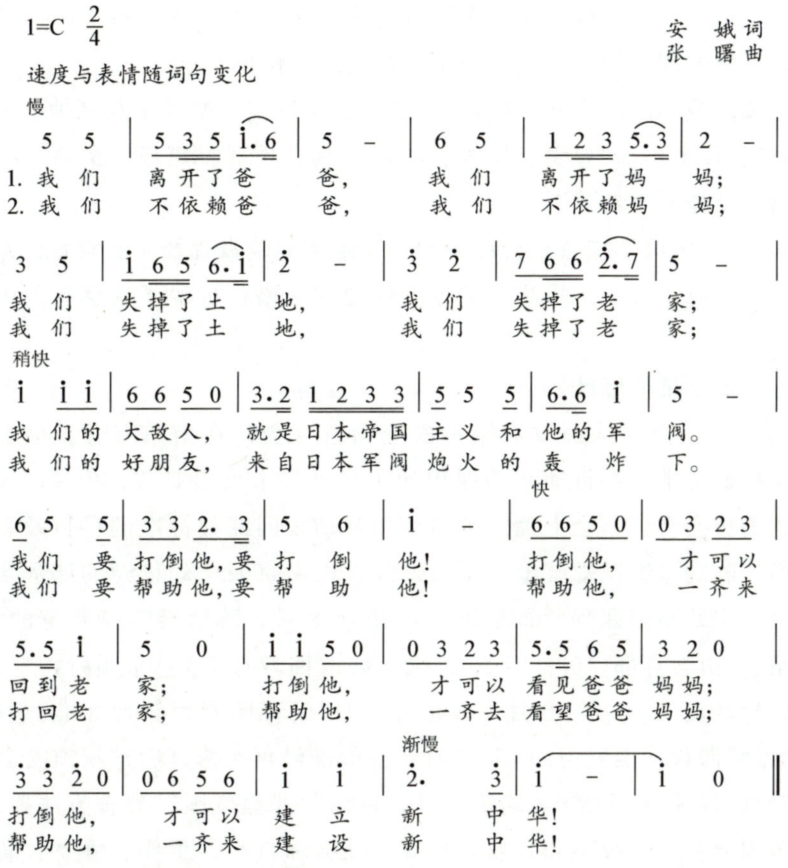

1=C $\frac{2}{4}$

安　娥词
张　曙曲

速度与表情随词句变化

慢

5 5 | 5 3 5 1̇.6 | 5 – | 6 5 | 1 2 3 5.3 | 2 – |
1. 我 们 离 开了爸 爸， 我 们 离 开了妈 妈；
2. 我 们 不依赖爸 爸， 我 们 不依赖妈 妈；

3 5 | 1̇ 6 5 6.1̇ | 2̇ – | 3̇ 2̇ | 7 6 6 2̇.7 | 5 – |
我 们 失掉了土 地， 我 们 失掉了老 家；
我 们 失掉了土 地， 我 们 失掉了老 家；

稍快

1̇ 1̇ 1̇ | 6 6 5 0 | 3.2 1 2 3 3 | 5 5 5 | 6.6 1̇ | 5 – |
我 们的 大敌人， 就是日本帝国 主义 和 他的 军 阀。
我 们的 好朋友， 来自日本军阀 炮火 的 轰 炸 下。

快

6 5 5 | 3 3 2. 3 | 5 6 | 1̇ – | 6 6 5 0 | 0 3 2 3 |
我们 要 打倒他，要 打 倒 他！ 打倒他， 才可以
我们 要 帮助他，要 帮 助 他！ 帮助他， 一齐来

5.5 1̇ | 5 0 | 1̇ 1̇ 5 0 | 0 3 2 3 | 5.5 6 5 | 3 2 0 |
回到老 家； 打倒他， 才可以 看见爸爸 妈妈；
打回老 家； 帮助他， 一齐去 看望爸爸 妈妈；

渐慢

3̇ 3̇ 2̇ 0 | 0 6 5 6 | 1̇ 1̇ | 2̇. 3̇ | 1̇ – | 1̇ 0 ‖
打倒他， 才可以 建 立 新 中 华！
帮助他， 一齐来 建 设 新 中 华！

注：此歌大约是1938年春天创作的。

图 3-20　战时儿童保育院院歌

五、学前教育法规

(一)《国民学校令施行细则》

《国民学校令施行细则》于 1915 年 7 月由民国教育部公布，后历经 1916 年 10 月和 1920 年 1 月两次修订。在《国民学校令施行细则》的“蒙养园及类于国民学校之各种学校”中，对蒙养园的宗旨、保教内容和方法以及设备等做了具体规定，其主要内

容如下。[①]

第一，蒙养园的宗旨为“以保育满三周岁至入国民学校年龄之幼儿为目的……保育幼儿，务令其身心健康全发达，得良善之习惯，以辅助家庭教育”。

第二，保育之项目有游戏、唱歌、谈话、手艺。

第三，保育儿童的方法为“幼儿之保育，须与其身心发达之度相副，不得授以难解事项及令操过度之业务”“幼儿之心情容止，宜常注意使之端正，并示以善良之事例，令其则效”。

第四，关于蒙养园的师资，“蒙养园保育幼儿者为保姆”“保姆须女子有国民学校正教员或助教员之资格，或经检定合格者充之”“蒙养园长及保姆之俸额及其他给与诸费，县知事依照国民学校教员之规定，参酌地方情形定之”。

第五，关于蒙养园的设备，应设“游戏园、保育室、游戏室及其他必要诸室，室以平屋为宜”。设备包括“恩物、绘画、游戏用具、乐器、黑板、桌椅、钟表、寒暑表、暖房器及其他必要器具”。

可以看出，《国民学校令施行细则》与《奏定蒙养院章程及家庭教育法章程》相比，在师资的规定上有所进步，提高了蒙养园保姆的资格，规定了其享有国民学校教员的资格和薪俸。

(二)《幼稚园课程标准》

1928年5月，南京国民政府第一次全国教育会议在南京召开。会上，在陶行知、陈鹤琴的努力下，编订幼儿园课程的工作被提上议事日程。9月，大学院召开中小学课程委员会会议，会上确定了中小学及幼稚园课程标准的科目及制定原则等问题。会后，陈鹤琴组织郑晓沧、张宗麟等人以南京鼓楼幼稚园的课程实验成果为基础，正式制定幼稚园课程暂行标准。1929年8月，陈鹤琴主持制定的《幼稚园课程标准草案》经由教育部(1928年10月大学院改回教育部)公布颁行，定名为《幼稚园课程暂行标准》。1932年10月，教育部在对《幼稚园课程暂行标准》进行修订后，颁行了《幼稚园课程标准》。1936年7月，此标准经再次修订后重新颁发全国。

《幼稚园课程标准》全文分“幼稚教育总目标”“课程范围”“教育方法要点”三大部分。课程范围分音乐、故事和儿歌、游戏、社会和自然、工作、静息、餐点七个科目，基本上包含了鼓楼幼稚园课程实验中的科目。

《幼稚园课程标准》规定幼稚教育总目标如下。

①增进幼稚儿童身心的健康。

②力谋幼稚儿童应有的快乐和幸福。

③培养人生基本的优良习惯(包括身体、行为等各方面的习惯)。

④协助家庭教养幼稚儿童，并谋家庭教育的改进。

---

① 中国学前教育史编写组:《中国学前教育史资料选(全一册)》，225～226页，北京，人民教育出版社，1989。

《幼稚园课程标准》在“课程范围”部分每个科目下面列举了该科目的目标、内容大要和最低限度的要求。比如，“社会和自然”一项内容如下。

(1)目标

①引导对于自然环境和人民活动的观察和欣赏。

②增进利用自然、满足生活、组织团体等的最初步的经验。

③引导对于“人和社会自然的关系”的认识。

④养成爱护自然物和卫生、乐群等的好习惯。

(2)内容大要

①关于衣、食、住、行等生活需要、卫生方法，以及家庭、邻里、商铺、邮局、救火组织、公园、交通机关等社会组织的观察研究与本地名胜古迹的游览。

②日常礼仪的演习。

③纪念日和节日(如元旦、国庆、儿童节以及其他令节)的研究举行。

④身体各部分的认识和简易卫生规律(如不吃担上的糖果，不吃杂食，食前必洗手，食后必洗脸，不随地便溺，不随地吐痰，不吃手，不用手挖耳揉眼，早睡早起，爱清洁等)的实践。

⑤健康和清洁的查察。

⑥党旗、国旗、总理遗像等的认识。

⑦习见的鸟、兽、虫、鱼、花草、树木和日、月、雨、雪、阴、晴、风、云等自然现象的认识和研究。

⑧月份、星期、日子和阴、晴、雨、雪等逐日天象的填记。

⑨附近或本园内动植物的观察采集、饲养或培植。

⑩集会的演习(以培养公正、仁爱、和平的态度精神为主)。

(3)最低限度

①认识自己日常生活所用的主要衣、食、住、行各项物品。

②略知家庭、邻里、商铺、工场、农田以及地方公共机关的作用。

③知道四肢、五官的机能作用。

④认识家禽、家畜及五种以上植物，并了解太阳、风、雨的作用。

⑤认识总理遗像和党旗、国旗。

⑥对于师长、家长有相当的礼貌。

⑦有爱好清洁的习惯。

《幼稚园课程标准》的第三部分“教育方法要点”共 17 条，其主要内容为：规定将各科打成一片，实行课程(作业)中心制的设计教学；幼儿园各种作业可由儿童各从所好，自由活动，但是每日必有一次团体作业，故事和儿歌、游戏、音乐、社会和自然大都可由教师引导，施行团体作业；教师是儿童活动中的把舵者、儿童问题的最后裁判者，教师须细微、全面地观察儿童并做记录；必须充分利用户外的自然和社会环境，并注意设备要合乎中国的国情，合乎当地社会情形，要适应儿童需要和不违背教育的意义等。

《幼稚园课程标准》是中国学前教育专家第一次在总结国内实验成果的基础上，从国情出发制定的学前教育规程。它的颁行标志着学前教育从初期的模仿抄袭中摆脱出来，向中国化、科学化学前教育的道路上迈出了坚实一步。

第三节 苏区和边区的学前教育

苏区和边区的学前教育，是指1927年大革命失败后至1949年中华人民共和国成立之前，在中国共产党的领导下建立的农村革命根据地、抗日根据地和解放区的学前教育。在长期探索中，中国共产党领导的苏区和边区建立了以人民为中心、为广大群众服务的学前教育体制，积累了经验，锻炼了队伍，为中华人民共和国学前教育的发展奠定了重要基础。

一、苏区和边区的学前教育制度

(一)苏区的托儿所制度

1927年11月，中国共产党建立了第一个苏区。1931年11月，中华苏维埃共和国诞生，苏区建设进入了全盛时期。中国共产党十分注意苏区的文化教育建设，学前教育作为解放妇女的重要措施受到了高度重视。1934年2月，苏区中央人民政府内务部颁布了《托儿所组织条例》(以下简称《条例》)。这是红色政权颁布的第一部关于学前儿童教育的指导性、纲领性文件，确定了苏区的托儿所制度。《条例》对托儿所的目的、功能、规模、领导机构、儿童入托条件、作息制度、环境、设备、经费、保教人员编制标准、保教人员的职责、儿童的卫生与健康等事项做了详细的规定。

1. 组织托儿所的目的

《条例》指出，组织托儿所的目的是“为着要改善家庭的生活，使托儿所来代替妇女担负婴儿的一部分教养的责任，使每个劳动妇女可以尽可能的来参加生产及苏维埃各方面的工作，并且使小孩子能够得到更好的教育与照顾，在集体的生活中养成共产儿童的生活习惯”。可见，《条例》明确提出托儿所建设的两个目的：解放妇女和保教儿童。

2. 托儿所的管理和工作人员

托儿所归当地政府与妇女代表领导，他们须经常检查托儿所的工作，卫生机关会经常派人检查托儿所的卫生和小孩身体的健康状况。(图3-21)《条例》规定凡有选举权的广大工农大众的子女，年龄在1个月至5岁无传染病的儿童都入托儿所。《条例》还规定“托儿所的房子要选择比较清洁、光线充足及空气好的地方。托儿所的用具，由群众的力量设法购置，在特殊情形之下，苏维埃政府可津贴一部分”。

图 3-21　中央总卫生处处长傅连暲在托儿所检查孩子们的身体健康情况①

关于托儿所的工作人员，《条例》规定托儿所设主任 1 人，“管理该所内总的一切事务，他计划全所工作，并管理小儿日常的必需品和器具(如床、桌子、玩具等)”。小孩看护者为能脱离家庭生活的妇女，其负责管理小孩的事情，每人至少要管理三个小孩，看护者对待小孩要耐心照顾，注意饭食、衣着及卫生。托儿所工作人员的待遇是“除了代她耕种土地之外，在群众自愿的原则下，每年可给她一些谷子”。

3. 托儿所的发展

《条例》颁布后，江西省瑞金县率先成立了上屋子托儿所和下屋子托儿所，分别位于上州村和下州村。当时，这两所托儿所共收了 40 多个幼儿，其中 33 个为红军的子女，大部分的孩子还在哺乳期；托儿所的工作人员由群众选举产生，按政府规定给予优待；托儿所的房子专用且设备齐全，有睡床、小椅子和募集的玩具。之后，江西苏区掀起了办托儿所的热潮，其中，兴国县办了 227 所，受到《红色中华》的登报表扬。瑞金县为发动广大妇女参加秋收生产，决定建立 920 个托儿所。② 托儿所主要有两种类型：一种是长期托儿所，大多接受红军家属子女；另一种是季节性托儿所，一般在农忙季节开办，为广大妇女参加生产解除后顾之忧。

1934 年 3 月 8 日，《红色中华》刊登了一首《托儿曲》③，高度赞扬了托儿所在支持革命战争、解放妇女及培养儿童方面发挥的作用。《托儿曲》的歌词为：

劳动妇女真热心，拿起锄头去春耕，
儿女送给托儿所，集中力量为了革命战争。
托儿所，革命的家庭，
在这里，创造着新生的人类，
在这里，养育着将来的主人。
从集体的生活中锻炼红色的童婴，
为了新的文化新的世界而斗争！

① 中国学前教育研究会：《百年中国幼教(1903—2003)》，52 页，北京，教育科学出版社，2003。

② 中国学前教育研究会：《百年中国幼教(1903—2003)》，16 页，北京，教育科学出版社，2003。

③ 中国学前教育史编写组：《中国学前教育史资料选(全一册)》，369 页，北京，人民教育出版社，1989。

(二)边区的保育院制度

1938年7月，宋庆龄、蔡畅、邓颖超、康克清等人在延安成立了中国战时儿童保育会陕甘宁边区分会，宗旨是“保育战时儿童”。为了更好地开展保育儿童的工作，陕甘宁边区政府将儿童保育列为中心工作，并于1941年颁发了《陕甘宁边区政府关于保育儿童的决定》(以下简称《决定》)。《决定》要求在边区实行儿童公育制度，将学前教育进一步推向民间。同时，对儿童保育工作的组织管理、保育人员的训练、院所创建的要求、孕母及产妇的保健待遇、婴儿的保育、保姆的待遇等做了十分具体的规定。

1. 保育工作的组织管理

《决定》规定在边区民政厅设保育科，各县市政府第一科内添设保育科员一人，区乡政府内添设保育员一人(暂由乡妇联兼任)，专管对孕母、产妇、儿童的调查、登记、统计、卫生奖励、保护等工作。各级政府的卫生工作，以对产妇的卫生教育、对产母及婴儿的健康保育为中心工作。这就为儿童保育工作建立了管理体制。

2. 保育人员的训练

《决定》规定边区民政厅卫生处应协同民政厅保育科，办保育人员训练班。抽调文化程度较高的男、女共60人，进行短期的培训。主要讲述包括产妇卫生、助产接生、儿童保育等基本知识。从训练班毕业后，派这60名学生到各县设办短期训练班，从而使边区每一个乡均有一个以上能脱离生产的保育员，负责该乡保育及接生的工作。

3. 院所创建的要求

《决定》要求一个机关团体学校有五名婴儿以上者，就应该设立托儿所；不足五名婴儿者可和其他单位共同设立托儿所；不足五名又没有合作单位者，要设立窑洞专门安置婴儿，并对窑洞的安全、卫生提出了要求。这个时期成立的中央托儿所(图3-22)、延安第一保育院、延安第二保育院、渤海托儿所和华东保育院是当时比较有名的托幼机构。

图3-22　中央托儿所所长丑子冈和孩子们

随着形势的发展，抗日战争后期，儿童公育的制度更加明确。1945年，边区保育工作方针明确提出：①建立儿童公育制度，凡抗战将士及一切机关工作人员的子女，一概由政府抚育，以便家长能专心致力于抗战建国大事业；②全面推进保育工作，使这个工作能普遍深入民间去，为全边区儿童谋福利。

二、苏区和边区学前教育机构的保教队伍

(一)学前教育机构保教队伍状况

苏区对保教人员的要求主要是“得人信仰”。保教人员大多是农村的年龄偏大的

劳动妇女，文化水平低，有的甚至是文盲。由于学前教育机构存在时间较短，且战事频繁，保教人员不可能也没有条件接受有关的业务训练。

边区保育院的保教人员在文化水平及业务素质上均较苏区有较大的提高。一方面，边区政府意识到保教人员素质的高低与儿童保育工作的好坏有很大的关系，而且，与苏区时期比较，相对有条件对保教人员进行一定程度的培训；另一方面，相较于苏区托儿所，边区保育院则要求对幼儿开展比较规范的教育教学活动。可见，边区保育院的保教人员除了在政治上应具有“一切为了孩子”的责任心外，在业务能力上也应达到一定的要求。这正如徐特立在《对于边区儿童的我见》一文中指出的：“我以为保育工作和儿童教育工作，应该进行科学研究，并分配有经验的、有学识的、有能力的干部去领导这一工作。保姆和小学教师，应该提高他们的学识能力。”①

(二)提高保教人员文化和业务水平的办法

在苏区托儿所，对待婴幼儿的主要要求是有耐心和爱心，注意饭食、衣着及卫生，因而基本上没有开展专门的培训。边区政府则采取多种办法来提高保教人员的文化和业务水平。比如，通过保育分会、卫生署和妇联共同举办若干培训班，培养妇婴卫生和保教工作干部；会同保育分会及有关各教育机关，设立为期一年的保育工作人员培训班，抽调各县大批保育工作人员及有志于保育事业的学员入班接受训练，课程主要有产妇科、小儿科、保育科。在保育院内，则开设保育人员短期训练班和保姆训练班，保姆训练班附设于保育院，集中了边区有经验的保姆和护士，他们一方面受训，另一方面实习。毕业后，充任保育院的保姆，以满足其他托儿所及儿童教育机关的需要。另外，要求保教人员在工作中不断学习提高。1941 年 8 月 15 日的《解放日报》中提到，民政厅明确指出保育科需制定保育工作条例及保育须知，要求保育人员在工作中加以熟悉②，从而多方面、多层次地提高保教人员的文化和业务水平。

三、苏区和边区学前教育机构的保教活动

(一)学前教育机构的保教目标

中国共产党针对苏区和边区不同历史时期政治、经济、文化形势的具体情况，结合儿童的身心发展特点，制定出学前教育机构的保教目标，使得战火中的学前儿童得以拥有生命的保障和接受良好的教育，完成了为革命战争服务、为生产服务和培养好革命后代的任务。1934 年颁布的《托儿所组织条例》中指出：“组织托儿所的目的……使小孩子能够得到更好的教育与照顾，在集体的生活中养成共产儿童的生活习惯。”1943 年，延安第一保育院提出教育目的是：“增进孩子的身心健康和快乐，

---

① 中国学前教育史编写组：《中国学前教育史资料选(全一册)》，370 页，北京，人民教育出版社，1989。

② 中国学前教育史编写组：《中国学前教育史资料选(全一册)》，396 页，北京，人民教育出版社，1989。

培养其优良的习惯和行动，使成为抗战建国中优良的小国民。”

(二)学前儿童的保教内容

1. 保育

苏区和边区托幼机构中主要收托的是干部、军人、烈士的子女和难童、孤儿。因此，这些机构不仅是社会教育的机构，而且要担负家庭保教的责任。故而，保证儿童的身体健康，是学前教育的首要任务。

第一，尽力保证儿童的营养。在“一切为了孩子”“孩子第一”的思想指导下，政府曾提出要求，使儿童在一般情况下能享受与伤病员同样的优惠待遇。苏区的条件较差，而边区则要求儿童平常可以吃到鸡蛋、牛奶或豆浆、肉、白面、蔬菜、水果等。即使在最艰苦的岁月里，也尽力保证儿童的营养。比如，延安第一保育院的全体工作人员在大生产运动中，就曾千方百计地饲养家禽和家畜、种蔬菜、开磨坊和粉坊、纺线织布，力求做到使儿童丰衣足食。

第二，坚持合理和规律的生活作息制度。为了使儿童养成良好的生活及行为习惯，苏区和边区的托幼机构根据儿童的年龄特点、季节的变更制定了合理、规律的生活作息制度，以保证儿童身心健康成长。具体参见表3-5，这是1940年在延安开办的中央托儿所的儿童生活作息表。此外，各托幼机构还建立了一系列有关儿童保育的规章和管理制度，要求各保育员、教师、卫生保健人员各司其职、相互配合，使得整个保育工作既分工明确又能相互协作。

表3-5 幼稚班(5～6岁)生活作息表——春秋季节①

时间	内容	时间	内容
6:00	起床、如厕	13:00	起床
6:30—7:00	洗脸、漱口	13:30—14:00	如厕
7:00—7:30	早操	14:00—14:30	喝水
7:30—8:00	早饭	14:30—16:30	按课程活动
8:00—8:30	如厕	16:30—17:00	如厕、喝水
8:30—10:30	按课程活动	17:00—17:30	晚饭、漱口
10:30—11:00	如厕、喝水	17:30—18:00	自由活动
11:00—11:30	洗手	18:00—18:30	如厕
11:30—12:00	中饭	18:30—19:00	洗脸、洗脚
12:00—12:30	如厕	19:00	睡眠
12:30	午睡	—	—

第三，积极做好疾病的防治工作。苏区、边区都处在偏远地区，生活条件、卫生条件很差，而且当时又处在战争时代，经济困难，物资匮乏，所以，托幼机构在

① 唐淑、钟昭华：《中国学前教育史》，171页，北京，人民教育出版社，1993。

对疾病的防治方面大多采取以预防为主的方针，尽量做到“早发现、早隔离、早治疗、早恢复”，战胜种种疾病，保护儿童的健康。延安的中央托儿所还建立了一套严格的体格检查、检疫、消毒、隔离、预防接种的制度，积累了丰富而宝贵的经验。

第四，开展形式多样的体育活动。苏区和边区的保教人员还因地制宜地对儿童开展了多种形式的身体锻炼活动。各托幼机构一方面经常组织儿童到河边、沙滩、山坡进行“三浴锻炼”；另一方面，利用现有的资源，为儿童开辟游戏场，设法安装秋千、滑梯、木马、荡船，修建沙坑，为儿童营造锻炼的环境。此外，保教人员还坚持组织儿童做早操、上体育课，以保证每个儿童有充足的锻炼时间。正是在托幼机构的保教人员的共同努力下，苏区和边区的学前儿童保育工作才取得了丰硕的成果。儿童精神饱满，体格健壮，发育良好，死亡率极低。

2. 品德教育

品德教育是苏区和边区学前教育的重要内容。比如，延安第一保育院在实践总结的基础上提出了以下品德教育的目标：①教育儿童了解父母参加革命的苦心，并继承其艰苦奋斗的精神；②教育儿童认识中国革命的敌人，并培养其对敌人仇恨的心理；③教育儿童热爱劳动、敬爱劳动人民，并特别关心帮助劳苦群众；④培养儿童吃苦耐劳、勇于自我批评的精神；⑤启发儿童养成自己管理自己的能力、互助互让之优良作风；⑥启发儿童团结友爱，并关心团体的利益。[①]

在实施品德教育的过程中，苏区和边区的保教人员从情感教育出发，与每个儿童建立了深厚的感情，把深刻、抽象的道理渗透在亲切的引导之中，收到了良好的效果。在大量实践工作的基础上，苏区和边区的保教人员还总结了很多品德教育的原则。

第一，情感教育的原则。每个保教人员对待儿童的态度都应慈爱、温和，从生活上、健康上处处关心儿童，使其感到保育院是个温暖的大家庭。保教人员通过感情的启发和渐次的引导来渗透教育内容，从而收到良好的效果。

第二，与生活教育相结合的原则。保教人员根据儿童的实际生活体验给予启发与教育，经常带领儿童走出教室，走进大自然，贴近生活，以儿童的亲身感受与体验来激发儿童的兴趣。一旦发现儿童的不良行为习惯，就及时给予教育。

第三，尊重儿童的独立性的原则。在进行品德教育的时候，保教人员应尽可能地多站在儿童的角度思考问题。为此，每个保教人员都要特别重视观察和了解儿童，尊重儿童的心理特点，因势利导地对儿童进行教育。

第四，坚持正面教育的原则。保教人员应通过暗示、表扬、鼓励、奖励等方式对儿童的进步(即使是微小的进步)进行及时的正面评价，以强化儿童的积极行为，以积极的指导避免消极的限制，使儿童从积极方面去努力，减少儿童犯错误的机会，

---

① 中国学前教育史编写组：《中国学前教育史资料选(全一册)》，403 页，北京，人民教育出版社，1989。

有效地抑制儿童的不良行为。

3. 智育

苏区和边区学前教育机构的智育主要包括知识教育与智力开发两个方面的内容。比如，延安第一保育院对 2～6 岁儿童在知识教育方面提出了具体的要求：①识别农作物 60 种，动物 40 种，颜色 12 种，形状 12 种；②会单独表演唱歌，表达心里的话，讲简单的故事和担任指挥；③能从 1 数到 100，并能心算“3＋5＝8”之类的加法算式；④识字 50 个，并会写自己的名字；⑤对各种常识感兴趣，并能简单地知道太阳、月亮、雨、雪，知道谁是朋友、敌人，知道吃、穿、用的东西是谁创造的。① 在教育内容方面，基本上以生活为教育内容。在教育工作的实施过程中，把计划教育与兴趣教育结合起来：一方面注意儿童的个性发展，培养具有特殊爱好的天才儿童，对他们的活动爱好给予保护与发挥的机会；另一方面也注意儿童的平均发展。

在教学模式方面，基本上采用单元教育(见表 3-6)，以大自然和大社会为中心来设计和选择课程内容。这种教学模式不仅可以加深儿童对某一问题的印象和记忆，而且适合学前儿童的认知特点，有利于提高儿童的学习兴趣。在课程进度方面，每一个中心单元进行的时间为两到三个星期，每研究完一个单元都要进行一次复习、测验，看看儿童接受了多少，提出了一些什么问题。第一个单元结束后，再进行第二个。这样，半年可以完成八个教学单元的计划。

表 3-6　延安第一保育院 1946 年上半年儿童常识教育中心内容②

中心单元	教学目的	儿童活动纪要
新年	使儿童知道长了一岁，应更加懂事、爱学习；欢迎新年	扭秧歌、贺新年、开同乐会、演戏
春来了	让儿童知道春天的自然界为什么那样生机勃勃，从而了解春耕、秋收	春节联欢，野外观察
敬爱师长	培养儿童孝敬父母、敬爱师长、讲礼貌的优良习惯	做请客游戏，让儿童谈师长爱他的情形
羊	使儿童知道羊的生活和功用	看羊群、挤羊奶
儿童节	勉励儿童学做好孩子，将来都是好公民	选举模范儿童，开会纪念，举行健康比赛
苍蝇和传染病	使儿童了解苍蝇的危害从而讲卫生	拍灭苍蝇
蜂和蚂蚁	用蜂和蚂蚁团结和谐的集体生活故事，暗示儿童形成互相合群的美德	观察蜂窝、蚂蚁打洞

① 中国学前教育史编写组：《中国学前教育史资料选(全一册)》，412 页，北京，人民教育出版社，1989。

② 中国学前教育史编写组：《中国学前教育史资料选(全一册)》，410 页，北京，人民教育出版社，1989。

续表

中心单元	教学目的	儿童活动纪要
蜘蛛	以蜘蛛织网百折不挠的精神来陶冶儿童，培养其勇敢有为、胆大果毅的个性	观察蜘蛛织网，每人种一株花，天天浇水
奇怪的天空	研究天空的变化，知道有关日、月、地球、云、雨、雷电、空气等的知识	观察天空，教师引领做实验
飞机来了	让儿童了解飞机的飞行道理和防空常识	观察飞机模型，防空演习

（三）学前教育机构的教学方法

边区和苏区保教人员在长期教学实践的基础上，形成了几种颇有特色的教学方法。

一是直观教学法。以实际的事物来教育儿童，使儿童获得明确概念的一种教学方法。比如，在主题为“兔子”的单元，可借助对兔子的观察，如兔子的大耳朵、短尾巴、红眼睛、三瓣嘴等，让儿童对其形态、特征有一个明确而全面的认知。

二是比较教学法。将两个或两个以上的相似的事物放在一起认识，让儿童指出它们的相同或相似的特征。这种教学方法能让儿童对所学的东西印象更为深刻，记忆持久。比如，在主题为“鸭子”的单元，可以通过将鸡和鸭子进行比较，加深儿童对动物特征的认识。

三是三化教学法。故事化、游戏化、教学歌曲化三位一体。故事适合儿童的学习特点，在单元教学中通过故事的形式进行教育，很容易激发儿童的情感，引起儿童学习的兴趣；游戏是儿童的天性，是他们生活中的重要组成部分，采用游戏的方法不仅可以锻炼儿童的身体，而且可以培养他们的品质；歌曲可以陶冶儿童的性情，调剂儿童的生活，将教学内容与歌曲融为一体，寓教于乐，能收到良好的教学效果。

苏区和边区的学前教育工作还十分重视家庭教育，采用的形式多样，多方面与家长联系。比如，定期向家长报告儿童的情况，征求意见；建立星期日、假日接待家长制度；不定期与家长通信，邀请家长参观托幼机构；召开“恳亲会”“母亲会”“游艺会”，举办儿童作品展览，向家长宣传学前教育的方针、内容、方法和效果，以取得家长的配合和支持。

四、苏区和边区学前教育的特征及基本经验

（一）学前教育为革命战争和生产建设服务

坚持为革命战争和生产建设服务是苏区和边区学前教育机构的主要功能。学前教育机构把若干小孩集中在一起，通过集中照看，解决小孩的安全和生活问题，为苏区和边区的广大妇女积极投身于社会生产生活中，参加革命战争解除了后顾之忧。这样，前方将士、后方干部和广大妇女能全身心地投入战争和生产的第一线。苏区和边区通过各种形式，办理不同类型的学前教育机构，其明确的目标就是为当时的

革命战争和生产建设服务。

(二)依靠群众勤俭办理学前教育机构

苏区和边区条件艰苦、物资匮乏，仅仅依靠苏区或边区政府去办理为数众多的学前教育机构是不可能的。在学前教育机构的办理中，苏区和边区的广大人民群众给予了高度的支持。从建保育院所的房屋设施、玩教具、食物、医疗、师资等，到面临敌人袭击时，学前教育机构中的儿童经常化整为零，都离不开广大人民群众的大力支持。

苏区和边区的学前教育机构在生活和教育教学中均采取因地制宜、勤俭办园的原则。比如，中央托儿所的保教人员为锻炼儿童的智力，曾自己制造各种颜色、形状的积木。延安第二保育院工作人员和儿童的衣物鞋袜等都是保教人员自己缝制的，吃的面粉也是自己研磨的，柴火自己捡拾，各方面都精打细算、自力更生。

(三)实施“保教合一”，促进儿童全面发展

苏区和边区的托儿所、保育院在日常工作中以保育和教育相结合为首要原则，对儿童实施全面的教育。在工作目标上，保教人员认识到儿童被送到托儿所并不只是养得胖胖的、不生病就够了，还要使他们在智力上日渐增加，在生活能力上日渐提高。保与教是分不开的。在业务上，保教人员应全面熟悉保育和教育工作。保育员也应是教师，教师也应是保育员。保育员和教师既分工明确、各司其职，又紧密配合，从而“保教合一”。根据“保教结合”的需要，边区又结合托幼机构中保健医生的职责，将“保教合一”发展为“保、教、卫三位一体”，要求保育员、教师和医生虽然各有分工，但要相互协作，共同完成促进儿童身心健康发展的保教任务。

(四)建立一支“一切为了孩子”的保教队伍

苏区和边区学前教育在艰苦的战争环境中取得了令人瞩目的成绩，最重要的经验是学前教育机构里要有一支“一切为了孩子”的高素质的保教队伍。他们以“一切为了孩子，一切为了革命，一切为了前线”为宗旨，把“把方便留给妈妈，把愉快留给孩子，把困难留给自己”当作自己工作的基本准则，无私地奉献着自己的青春、心血，甚至生命。他们有共同的崇高的革命理想，有对党和人民高度的责任感和赤诚的事业心，他们在平凡、琐碎的工作中用自己的智慧和勤劳带着孩子们克服了一个又一个困难，最大限度保障了儿童的生命及健康。苏区和边区的学前教育保教队伍一切为了孩子的自我牺牲精神，是当前师德教育的生动教材。

总之，苏区和边区的学前教育是为革命战争、生产建设服务，面向工农大众的教育，它创造的学前教育事业佳绩、保教工作者的崇高精神以及所积累的宝贵经验为中国学前教育发展史书写了辉煌的篇章。

第四节 教会开办的学前教育

教会学前教育是指从鸦片战争开始到中华人民共和国成立这段时间，西方教会在中国开办实施的学前社会教育。教会学前教育在这段时间里自成体系，包括幼稚园的办理、幼稚教师的培养、学前教育思想的传播等。

一、教会学前教育在中国的历史演进

(一)19世纪中后期缓慢起步

1842年《南京条约》签订，外国传教士开始在中国领土上开设孤儿院和慈幼院。19世纪40年代，教会就在湖南衡阳开办了一所慈幼院。① 此后，此类的机构慢慢增多。比如，1855年，法国天主教耶稣会巴黎耶稣会南格禄、艾方济等人在上海创办了圣母院，并在1867年下设了一个育婴堂。1881年，美国圣公会在上海创办的圣玛利亚女校设有主日学校班，该校在1885年附设了育婴堂。据美国传教士林乐知统计，到1903年，耶稣各会在华所设之育婴堂共有9所，共有男孩5人，女孩293人，共298人。② 这些慈幼机构收容的大部分是弃婴，而且女孩占绝大多数，这些孩子通常得不到良好的照顾，年龄稍大的则有很多繁重的劳动，死亡率极高。严格来说，孤儿院和慈幼院一类机构并不属于学前教育机构，但是这些机构也会对收留的儿童进行一些教育。可以说，此后教会的学前教育机构正是在这些慈幼机构的基础上发展起来的。

一般认为，教会从19世纪80年代开始在中国沿海地区，如福州、宁波、上海等地创办学前教育机构，这些学前教育机构被称为小孩察物学堂。小孩察物学堂模仿西方的幼稚园制度，由一些牧师夫人和女传教士负责，她们最开始是为牧师子女服务的，然后是教徒子女，最后是中国一般百姓子女。根据林乐知在1905年出版的《全地五大洲女塾通考》中的记载，耶稣各会在华设小孩察物学堂6所，学生194人，其中女生97人。③

总的来说，这一时期教会学前教育正处于创办初期，发展比较缓慢，慈幼机构比学前教育机构多。根据林乐知分别对育婴堂和小孩察物学堂的统计，育婴堂的数量及所招收孩子的数量都远远超过了小孩察物学堂。教会学前教育师资培训机构刚刚出现，多为附属性质，而且数量不多，主要集中在沿海地区。

(二)20世纪初较快发展

进入20世纪，中国政局动荡。中华民国成立后较长的时间里，政府无暇顾及幼

---

① 何晓夏、史静寰：《教会学校与中国教育近代化》，85页，广州，广东教育出版社，1996。

② 何晓夏、史静寰：《教会学校与中国教育近代化》，85页，广州，广东教育出版社，1996。

③ 李楚材：《帝国主义侵华教育史资料——教会教育》，13页，北京，教育科学出版社，1987。

稚教育，教会学前教育在这一时期获得了快速发展。据1921—1922年中华基督教教育调查团的报告，基督教教会学校在五四运动前夕共有7382所，其中幼稚园139所，学生4324人。[①] 南京第一女子师范于1924年的调查显示，全国有幼稚园190所，其中教会办的有156所，约占全国总数的80%。[②] 张雪门在1926年发表的《参观三十校幼稚园后的感想》中指出，所参观的30所幼稚园中有12所是教会办的。[③]这一时期教会办理的学前教育机构不仅有附属的，而且有一些单设的，数量也有所增加。比较知名的幼稚园如1906年美国监理会帅洁贞在浙江吴兴北城所设的湖郡女塾幼稚园。1912年，怀德幼稚师范学校创设后附设了幼稚园。1915年，美国美以美会、布道会在福州女中创办了幼稚园。随后，杭州弘道女学和苏州景海女学的幼稚师范科创设了附属幼稚园。

(三)立案注册后逐渐衰落

1925年5月30日，震惊中外的五卅运动在上海爆发，并很快席卷全国。在五卅运动中，很多教会学校学生纷纷罢课、退学，从而将收回教育权运动推向潮头。在收回教育权运动的推动下，1925年11月16日，北京政府教育部颁发了《外人捐资设立学校请求认可办法》。《外人捐资设立学校请求认可办法》规定，外国人在华办理的各级各类学校，均须向中国教育行政部门立案注册，学校名称须冠以“私立”字样，在董事会中，中国籍的人士必须过半，校长原则上应由中国人担任，学校课程必须依照部颁标准，不得将宗教科目列入必修课。

《外人捐资设立学校请求认可办法》的颁布成为教会学前教育发展里程中由盛而衰的一个转折点。此后，教会学前教育机构陆续改为私立性质，名义上成为中国学前教育的一部分。教会幼稚园所受的限制日益增多，从数量上看，其在中国的垄断地位开始动摇。到1941年太平洋战争爆发后，日军采取强硬措施没收、停办了英、美在华办理的教育机构，教会学前教育遭到了重创，之后一直没有很大的起色。1949年，中华人民共和国成立，取消了西方列强在华的一切特权。1950年12月29日，政务院发布了《关于处理美国津贴的文化教育救济机关及宗教团体的方针的决定》和《接收外国津贴及外资经营之文化教育机关及宗教团体登记条例》，彻底收回了教育的主权，教会学前教育机构也随之终结。

二、教会学前教育师资的培养

(一)教会学前教育师资培养机构的创办

1844年，美国女子教育协进会会员、传教士爱尔德赛在宁波创办女塾。这是近代外国人在华设立最早的教会女学，也是中国最初出现的女子学堂。以后各国在中

---

① 李楚材：《帝国主义侵华教育史资料——教会教育》，15页，北京，教育科学出版社，1987。

② 何晓夏：《简明中国学前教育史》，132页，北京，北京师范大学出版社，1990。

③ 中国学前教育史编写组：《中国学前教育史资料选(全一册)》，185～186页，北京，人民教育出版社，1989。

国办的女学逐渐增多。这些女学很多都肩负着培养幼稚园保教人员的任务。1892年，美国监理会公会女传教士海淑德在上海创办了幼稚园师资培训班，每周六下午上课，收学生 20 名。1898 年，美国卫理公会传教士金振声在苏州城内慕家花园创设了英华女塾。在创办初期，举办学前教育师资培训班，后增设幼稚师范科。

中国新学制出台后，英、美教会鉴于当时在中国培养师资的重要性，在各地开设师范学校。这些师范学校也有附设幼稚师范科的，如苏州景海女学幼稚师范科(1916 年)，厦门怀德幼稚师范学校(1901 年为幼稚师范班，1912 年正式取校名为怀德幼稚师范学校)，浙江杭州私立弘道女学幼稚师范科(1916 年)等。1913 年，基督教会全国大会议案提出，教会要设立幼稚园，同时也要设立养成幼稚人才的学校，还要招收教外学生，以供官立幼稚园用。

(二)教会学前教育师资培养的内容

教会所办幼稚师范学校有较为完备的教学设备，在师资培养过程中除了开展专业教学外，还重视宗教教育与英文教学。比如，苏州景海女学幼稚师范科课程可分为三类。第一类是为了适应外国在华办教育的需要的课程。比如，英文占的学分最多。一年级各科总学分为 54 分，英语占 20 分；二年级各科总学分为 53 分，英语占 10 分；三年级各科总学分为 59 分，英语占 10 分。三年共学 25 门课，166 学分，英语就占 40 学分，几乎占去了总学分的 1/4。属于这类的还有社会问题、宗教学、圣道教法。这些课程直接为帝国主义国家传播基督精神、培养顺民服务。第二类是文化课程，如国文、生理及卫生等。第三类是专业课程，如学校管理法、幼稚教法、启智用具教法等。[①] 教会办的这种幼稚师范学校一般规模比较小，毕业生人数不多。比如，杭州私立弘道女学幼稚师范科历届毕业生人数，少的年份(如 1918 年、1920 年)只有 1 人，多的年份(如 1931 年、1933 年、1935 年)也不过 10 人。从 1917 年至 1942 年，共有十九届毕业生，总计不过 108 人。

(三)教会学前教育师资培养的影响

民国初期，政府无暇发展学前教育事业，更不重视幼稚师资的培养，政府办的幼稚师范学校很少。于是，教会幼稚师范学校的影响便日益增强。这些学校也不断地适应中国的特点，如被迫减少宗教色彩，招收教外学生，学生毕业后也可以在中国政府办的或私人办的幼稚园任教等。加之五四运动以后，中国在教育上开始倾向美国，西方教会办的幼稚师范学校规模越来越大，造成此时期中国幼稚教育出现严重的“洋化”倾向。一些幼稚园以西化为荣，一切教材、教法莫不搬用西方。这种状况在当时引起了很多教育界人士的不满。比如，张宗麟曾向社会明确呼吁“停办各教会设立的幼稚师范”，建立中国自己的幼稚师范教育体系。

---

① 张沪：《张宗麟幼儿教育论集》，756 页，长沙，湖南教育出版社，1985。

三、教会学前教育对中国学前教育近代化的影响

(一)教会学前教育对中国学前教育近代化的推动

首先，引入了崭新的学前教育观念。近代中国领土上出现的第一批真正意义上的公共学前教育机构，实由西方传教士仿照西方学前教育制度在中国创设。传教士在创办学前教育机构的过程中，把西方的学前教育观念如裴斯泰洛齐、卢梭、福禄培尔、蒙台梭利等人的儿童观、教育观介绍到中国，有力地冲击了中国传统教育观念。

其次，催生了中国公共学前教育机构。虽然19世纪末外国教会在华开办的教会学前教育机构(如小孩察物学堂)并不能作为中国公共学前教育机构的肇端，但客观上冲击了中国的传统家庭教育，催生了中国公共学前教育机构。同时，教会学前教育的创办在一定事实上扩大了中国平民儿童受教育的机会。而为了应对教会学前教育的文化渗透，中国政府不得不在一定程度上办理相应的教育机构。因而，教会学前教育客观上推动了中国公共学前教育的发展。

最后，教会学前教育机构较早就移植了欧美学前教育的课程和教法，并通过教会幼稚园和教会幼稚师范学校的毕业生对中国学前教育产生影响，从而为中国学前教育机构课程和教法的改革提供了借鉴。

(二)教会学前教育对中国学前教育发展的负面影响

世俗性、民主性、科学性、大众化和本土化等是学前教育近代化的基本内涵。而教会学前教育中的一些做法与学前教育近代化背道而驰。一是教会学前教育浓厚的宗教性以及因此带来的保守性对学前教育发展中的科学性和开放性产生了负面影响。二是教会学前教育从培养目标、课程设置、教学方法到各种设备等，几乎没有任何改变，全部直接来源于外国，这无疑远离了中国的国情，造成中国学前教育外国化的倾向。三是教会学前教育机构在后期招收对象上发生了改变，由主要招收贫民家庭的子女转向招收富有家庭的子女，由免费改为高额收费。比如，当时苏州景海女学幼稚师范科附属幼稚园一学期的学费为一石四斗大米，另加点心费四斗大米。① 这一现象又影响了中国自办的学前教育机构，大家纷纷抬高自己的入学门槛。这显然不利于中国学前教育的大众化。可以说，中国20世纪初期学前教育的“外国病”“花钱病”“富贵病”在一定程度上根源于教会学前教育。进入20世纪20年代，当中国学前教育向中国化、科学化进一步发展之时，教会学前教育也在很大程度上制约了中国学前教育发展的脚步。

本章小结

清末至中华民国时期是中国学前教育转型与发展的时期，也是学前教育中国化、科学化初步探索时期。鸦片战争使中国社会一步步陷入半殖民地半封建的深渊。一

---

① 陆真：《江苏省十年来的幼儿教育》，载《江苏教育》，1959(19)。

方面，西方的文化教育开始向中国渗透；另一方面，为救亡图存，中国迈开了向西方学习的步伐。清末随着近代教育制度的诞生，学前教育开始成为教育系统的一部分，其完全由家庭承担的历史结束。民国时期学前教育的地位得到进一步提升，学前教育课程的建设和教师的专业化发展取得了新的进展。其中，中国共产党领导的苏区和边区学前教育事业形成了自己的特色，积累了学前教育为工农大众服务的宝贵经验。教会学前教育存在于鸦片战争至中华人民共和国成立这一特殊历史时期，对中国学前教育的发展产生了一定程度的影响。

关键术语

《奏定蒙养院章程及家庭教育法章程》；蒙养院制度；湖北幼稚园；蒙养园制度；幼稚园制度；南京鼓楼幼稚园；南京燕子矶幼稚园；江西省立实验幼稚师范学校；中华儿童教育社；中国战时儿童保育会；《幼稚园课程标准》；托儿所与保育院制度；保教结合；小孩察物学堂

思考题

1. 试述清末学前教育的特点及实施情况。

2. 试述近现代中国学前教育制度的演进情况。

3. 简述中华民国时期知名学前教育机构的中国化、科学化学前教育实践及贡献。

4. 评述中华民国时期学前教育团体的贡献。

5. 讨论中国共产党领导的苏区和边区学前教育人民性特征的体现。

6. 说说苏区和边区学前教育实践对于乡村振兴背景下推进农村学前教育高质量发展的启示。

7. 试析教会学前教育的特点及对中国学前教育发展的影响。

实践活动建议

1. 考察有较长办园历史的幼儿园，对其不同历史时期的保教活动、游戏、教育教学活动资源和用具等进行探究。

2. 组织观看《啊摇篮》《难童》等影视资源，并以教育理想及教师职业情怀等为主题开展讨论。

拓展阅读

1. 吴洪成，宋立会. 论清末学前教育立法——以《奏定蒙养院章程及家庭教育法章程》为中心. 河北法学，2017(12).

2. 宋立会. 学前教育政策从清末到民国时期的根本性转型. 河北师范大学学报(教育科学版)，2018(2).

3. 董奇伟. 抗战时期陕甘宁边区学前教育建设的经验与启示. 陕西学前师范学院学报，2019(3).

第四章　近现代学前教育思想

本章学习目标

1. 了解蔡元培的儿童公育主张和学前美育思想。

2. 了解鲁迅的儿童本位思想及其影响。

3. 把握陶行知的生活教育理论，了解陶行知中国化学前教育的观点，并感受其“捧着一颗心来，不带半根草去”的教育情怀，把握陶行知解放儿童的思想及“艺友制”理论。

4. 把握陈鹤琴的“活教育”理论，了解陈鹤琴对儿童发展特点的论述，把握陈鹤琴的幼儿园课程理论。

5. 了解张雪门对幼稚教育的分类及分析，把握其行为课程理论及幼稚师范教育理论。

6. 把握张宗麟关于社会化幼稚园课程的理论，了解其关于幼稚师范教育的观点。

7. 宏观上把握近现代中国学前教育思潮。

第一节　蔡元培的学前教育思想

蔡元培是中国近现代著名教育家，对推进中国教育现代化功勋卓著，起到了不可替代的作用。蔡元培的五育并举思想、儿童公育观点、“尚自然”“展个性”的教育主张等对近现代中国学前教育的发展方向有重要的指导意义。

一、生平及教育活动

图 4-1　蔡元培

蔡元培(1868—1940)(图 4-1)，字鹤卿，号孑民，浙江绍兴人。他 6 岁破蒙，17 岁中秀才，23 岁中举，24 岁中进士，“少年通经”“声闻中外”，随后授职翰林院编修。1894 年，甲午战争的失败对他冲击很大。他愤而研习西学，赞同变法。1912 年以前，蔡元培发起成立中国教育学会和光复会，参加了同盟会，成为资产阶级民主革命派的骨干。其间还主持过绍兴中西学堂、上海爱国女学，并于 1907 年远赴德国莱比锡大学深造，1911 年武昌起义爆发回国。

1912 年中华民国成立后，蔡元培致力于发展资产阶级民主教育事业和学术研究。1912 年 1 月至 7 月，他出任南京临时政府教育总长，主持民国初期的教育革新工作。1916—1927 年，他担任北京大学校长，实行“思想自由、兼容并包”的办学方针，对学校进行全面改革，使获得新生的北京大学成为新文化运动的中心。1927—1928 年，蔡元培担任中央研究院院长、监察院院长、司法部部长等职务，同时还担任大学院(教育部)院长，主持了教育行政学术化改革事务。1928 年以后，他专任中央研究院院长，1940 年在香港病逝。

蔡元培撰写了大量教育论著。他的学前教育主张主要体现在《对于新教育之意见》《新教育与旧教育之歧点——在天津中华书局“直隶全省小学会议欢迎会”上的演说词》《贫儿院与贫儿教育的关系——在北京青年会演说词》《美育实施的方法》等篇章之中。

二、五育并举的教育方针

1912 年 2 月，蔡元培撰文《对于新教育之意见》，提出了五育并举的教育方针。

在文章中，蔡元培根据德国哲学家康德的观点以及资产阶级的需要，为养成“共和国民健全的人格”，提出了军国民教育、实利主义教育、公民道德教育、世界观教育和美育“五育”并举的新教育总方针。他说，教育可以分属于政治和超然于政治两类。军国民教育、实利主义教育和公民道德教育属于前一类。军国民教育即体育，它可以增强人民的体质与意志，是近代中国应对强邻交逼、避免丧失国权的办法；实利主义教育即智育，它把文化知识、生产技能融入教学中，对发展国家经济、强国富民具有重要的意义；公民道德教育即德育，它是完全人格教育的核心，它以法国资产阶级革命中宣扬的自由、平等、博爱为主要内容，可以避免国家间的私斗和社会的贫富分化。世界观教育和美育属于后一类。世界观教育着重培养人们对现象世界的超然态度，促使人们对实体世界抱有积极态度；美育培养人们的审美情趣和人格尊严，使人们既不厌弃也不执着于现象世界，是人们从现象世界进入实体世界的桥梁。

蔡元培强调，“五育”尽管有着各自不同的作用，但都是培养健全人格所必需的，是统一的整体，缺一不可。因为，人们既要立足于现象世界，又需要从现象世界进入实体世界，如此，精神上才会趋于自由高尚，接近纯真完美。他还借用人体的机制构造，对“五育”的不可偏废做了形象的说明：“军国民主义者，筋骨也，用以自卫；实利主义者，胃肠也，用以营养；公民道德者，呼吸机循环机也，周贯全体；美育者，神经系也，所以传导；世界观者，心理作用也，附丽于神经系，而无迹象之可求。”①

他还将五育并举的思想与清末教育宗旨做了区分。他说，以往清政府提出的“尚武”“尚实”“尚公”教育宗旨与他所说的军国民教育、实利主义教育和公民道德教育大致相对应；但是，“忠君”与现今共和政体不相符合，“尊孔”与信教自由相违背，“尚公”与他所说的公民道德教育在范围上有所不同，世界观教育和美育则是清政府完全没有提到的。

蔡元培提出五育并举的思想，强调了德、智、体、美全面和谐的发展，摒弃了清末“忠君”“尊孔”的教育宗旨内容，提倡自由、平等、博爱的理念，顺应了中国发展资本主义社会的要求。因此，1912 年 9 月，中华民国政府在这一思想的基础上，正式公布了“注重道德教育，以实利主义教育、军国民教育辅之，更以美感教育完成其道德”的教育方针。五育并举的思想对近代中国学前教育方向有指导意义。

三、“尚自然”“展个性”的儿童教育原则

1918 年 5 月，蔡元培在《新教育与旧教育之歧点——在天津中华书局“直隶全省小学会议欢迎会”上的演说词》中提出了“尚自然”“展个性”的儿童教育原则。他说，过去封建旧教育“以养成科名仕宦之材为目的”，片面地要求教师和学生围绕科举考试开展相关活动。比如，为了掌握诗歌的创作技巧，学生必须先学习《千字文》《龙文鞭影》《幼学须知》等书；为了熟记四书五经，学生可以不了解自然现象和社会状况；为了使学生科考成功，教师可以不管学生的禀性，而采取单一的教学方法，即能者奖之，不能者罚之。他认为，封建旧教育的这些做法压抑了儿童的禀性，摧残了儿童的身心健康，令人不寒而栗。他主张新教育应反其道而行之。新教育应“在深知儿童身心发达之程序，而择种种适当之方法以助之。如农学家之于植物焉，干则灌溉之，弱则支持之，畏寒则置之温室，需食则资以肥料，好光则复以有色之玻璃；其间种类之别，多寡之量，皆几经实验之结果，而后选定之；且随时试验，随时改良，决不敢挟成见以从事焉”。简言之，面向儿童的新教育应“与其守成法，毋宁尚自然；与其求划一，毋宁展个性”。②

为了贯彻“尚自然”“展个性”的教育原则，蔡元培批判了传统教育中死守教科书，强迫学生学习书本知识的单一做法。针对这一不良的做法，他指出教育界人士应当采取三种解决办法：“第一，须设实验教育之研究所。第二，教员须有充分之知识，足以应儿童之请益与模范而不匮。第三，则供给教育品者，亦当有种种参考之图画与仪器，以供教员之取资。”③

蔡元培“尚自然”“展个性”的儿童教育原则，是针对封建传统教育严重忽视儿童

① 高平叔：《蔡元培全集》第二卷，135 页，北京，中华书局，1984。
② 高平叔：《蔡元培全集》第三卷，173～174 页，北京，中华书局，1984。
③ 高平叔：《蔡元培全集》第三卷，175 页，北京，中华书局，1984。

心理的做法而提出的。这些原则成为批判封建儿童教育观的思想武器，为中国学前教育的科学化奠定了思想基础。

四、论学前儿童公育和美育

（一）学前儿童公育

1919 年 3 月，蔡元培应北京青年会的邀请，在《贫儿院与贫儿教育的关系——在北京青年会演说词》中提出了公育的主张。

他首先指出，家庭教育不利于培养学前儿童。第一，作为专门的事业，教育需要专人承担；第二，家长没有充分的时间实行教育。他说，男子一般有一定职业，每日有一定的做工时间，还有奔走公益的、应酬亲友的、随意消遣的，每日没有多少时间与他的子女相见；妇人或有职业，或操家政，或应酬消遣，也没有多少时间可以专心教育子女。他还痛陈封建家庭教育的弊病："大多数的父母夫妇的关系、兄弟妯娌的关系、姑嫂的关系、主仆的关系、亲戚邻居的关系，高兴了就开玩笑，讲别人的丑事；不高兴了，相骂相打。要是男子娶了妾，雇了许多男女仆，那就整日的演妒忌猜疑的事……成年的人爱看的书报与图画，爱听的笑话与鼓词，不免有不宜于儿童的……"[①]他指出，儿童一旦受了家庭不好的教育，进学校后很不容易改良。

针对这些弊病，蔡元培提出学前教育应采取公育的形式。其措施是各地方设立胎教院、乳儿院和蒙养院，聘请专人管理。无论是胎教院还是乳儿院，都应陈列令人心旷神怡的设备。蔡元培要求，"胎教院的设备，如饮食、器具、花园、运动场、装饰的雕刻与图画、陈列的书报，都是有益于孕妇的身体与精神的""乳儿院的设备，必须于乳儿的母亲身体上、精神上都是有益的。要是母亲有了疾病，或发了邪淫、愤怒、悲愁的感情，都是害及乳儿的"。[②]

（二）学前儿童美育

蔡元培在 1922 年 6 月演讲《美育实施的方法》时讨论了学前美育的问题。他说，面向学前儿童开展美育，应以胎教为起点，从公立的胎教院、育婴院和幼稚园等方面着手。具体做法如下。[③]

公立胎教院中实施胎儿美育。应使孕妇生活在平和活泼的气氛中，进而对胎儿产生美育效果。公立胎教院"要设在风景佳胜的地方，不为都市中混浊的空气、纷扰的习惯所沾染""建筑的形式要匀称，要玲珑……四面都是庭园，有广场，可以散步，可以作轻便的运动，可以赏月观星""室内糊壁的纸、铺地的毡，都要选恬静的颜色、疏秀的花纹"，等等。

---

① 高平叔：《蔡元培全集》第三卷，263 页，北京，中华书局，1984。
② 高平叔：《蔡元培全集》第三卷，264 页，北京，中华书局，1984。
③ 高平叔：《蔡元培全集》第四卷，211～212 页，北京，中华书局，1984。

公立育婴院中实施婴儿美育。婴儿出生后，迁入育婴院中，而育婴院也应陈设优美。其建筑应“与胎教院大略相同，或可联合一处。其中陈列的雕刻图画，可多选裸体的康健儿童，备种种动静的姿势；隔几日，可更换一套。音乐，选简单静细的。院内成人的言语与动作，都要有适当的音调态度，可以作儿童的模范”。

幼稚园中实施幼儿美育。幼儿满三岁后，进入幼稚园接受美育熏陶。此时的幼儿会主动表达美感，因此应该设置舞蹈、唱歌、手工等专门的美育课程。另外，“教他计算、说话，也要从排列上、音调上迎合他们的美感，不可用枯燥的算法与语法”。

第二节　鲁迅的学前教育思想

鲁迅是中国近现代史上著名的文学家、思想家、革命家。他对传统教育的弊端深恶痛绝，指出在封建宗法制度和家长制观念下，儿童没有自己的地位，呼吁把儿童从封建礼教的桎梏中解救出来，反对把儿童当作“缩小的成人”，提出要解放儿童，把儿童培养成“独立的人”。在教育内容上，他强调要对儿童进行科学教育、爱的教育和美的教育。

一、生平及教育活动

鲁迅(1881—1936)(图4-2)，浙江绍兴人，中国著名的文学家、思想家、革命家。鲁迅年幼时家境较好，13岁时，家境开始败落。为了避难，鲁迅到乡下的祖母家度过了很长一段时间。家庭的变故，使得鲁迅从少年时就体验到了人生的不易，特别是下层人民生活的艰难。

图4-2　鲁迅

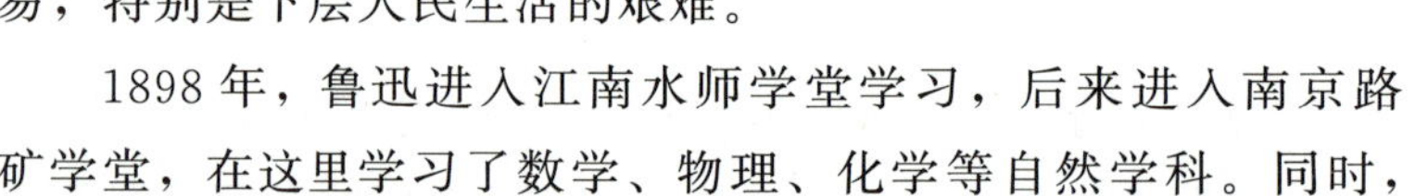

1898年，鲁迅进入江南水师学堂学习，后来进入南京路矿学堂，在这里学习了数学、物理、化学等自然学科。同时，他接触了赫胥黎的《天演论》，这使鲁迅认识到一个民族要想生存和发展，就要有自强、自立的精神。1902年，鲁迅赴日本学习医学。后来他发现，医学救不了中国，于是弃医从文，认为“医治国民的精神比医治国民的身体更加重要，从而从事思想启蒙运动”，想以此唤醒国人，改变中国人的精神。从日本回国后，鲁迅从事教育工作，曾在教育部和十多所大中专学校供职，有着近20年的教育工作经历。1936年10月，鲁迅因肺结核病逝于上海。

鲁迅一生不仅把教育工作当作自己的职业，更把它当作实现自己理想和抱负的途径。他对儿童教育有着独到的见解。其教育思想隐含在他所著的杂文、书信中，如《我们现在怎样做父亲》《上海的儿童》《我们怎样教育儿童的?》《看图识字》《从孩子的照相说起》《河南卢氏曹先生教译碑文》等。[①] 在《狂人日记》中，鲁迅强烈批判了封建礼教“吃人”的本质；在《从百草园到三味书屋》及《故乡》中，指出儿童应该有他们的游戏和自由生活。

二、对传统儿童教育的批判

鲁迅从小就接受传统的教育，对传统教育的种种弊端深恶痛绝。在教育实践的过程中，鲁迅经历了不同时期的教育变革。从早期资产阶级改良派开始学习和宣传“西学”，废除科举制，建立新式学堂，到1912年民国政府成立后推行民主主义的教育方针等，这些虽然都不同程度地对传统教育进行了改革，但仍然保留着传统教育的痕迹。鲁迅对当时的教育有着清晰的认识，针对传统教育存在的弊端进行了深刻的反思和批判。

(一)对传统儿童观的批判

在封建时代，受传统的传宗接代思想和小农社会经济形式的影响，中国家庭追求多子多孙、人丁兴旺，忽略了对儿童的教育，鲁迅对此进行了批判。他指出，在传统的观念中，“中国的孩子，只要生，不管他好不好，只要多，不管他才不才”。因而，“所有小孩，只是他父母福气的材料，并非将来的‘人’的萌芽”。[②] 中国多的是“孩子之父”而不是“‘人’之父”。他还指出，封建宗法制度和家长制观念又使得家庭中十分注重父母的权威和地位，儿童只是父母的附庸品，儿童不能有自己的思想，要绝对地服从父母。为此，在《狂人日记》《我们现在怎样做父亲》等作品中，鲁迅发出“救救孩子”的呼声，呼吁把孩子从封建礼教的桎梏中解救出来。他从生物进化论的观点出发，认为生命是要发展、要进化的，父母要认识到孩子与成人是不一样的，孩子有自己的世界，是一个独立的人，不要把孩子当作“成人的预备”或“缩小的成人”。

鲁迅认为，儿童童年时的成长与教育关系到国家和民族的命运和前途，家庭、学校和社会肩负着教育儿童的重要使命。但在封建专制下，教育只是封建专制统治者培养忠臣顺民的手段，是一种愚民的教育。他以蚂蚁为例，对传统教育的这种教育目的进行了批判，“蚂蚁中有一种武士蚁……掠取幼虫，使成奴隶，给它服役的。但奇怪的是它决不掠取成虫，因为已经难施教化。它所掠取的一定只限于幼虫和蛹，使在盗窟里长大，毫不记得先前，永远是愚忠的奴隶，不但服役，每当武士蚁出去劫掠的时候，它还跟在一起，帮着搬运那些被侵略的同族的幼虫和蛹去了”[③]。鲁迅指出这样的封建专制教育违背了生物进化论的思想，完全不顾儿童的身心成长，培养出来的儿童性格懦弱、胆小，萎靡不振，遇到事情退缩不前，完全没有儿童应有

---

① 易慧清：《中国近现代学前教育史》，68页，长春，东北师范大学出版社，1994。

② 《鲁迅全集》第一卷，311～312页，北京，人民文学出版社，2005。

③ 《鲁迅全集》第五卷，286页，北京，人民文学出版社，2005。

的那种健康、活泼和顽强的个性。儿童这种性格是封建专制文化造成的，是“历朝压制”的结果。

(二)对传统教育内容和方法的批判

封建专制教育的目的就是培养顺从和驯良的臣民，以适应专制统治的需要。辛亥革命后，蔡元培任教育总长，曾经提出过一系列教育改革措施，但很快被袁世凯的封建奴化教育取代。军阀混战和国民党统治时期，为了维护统治，统治者同样采取愚民教育和奴化教育，尊孔读经、灌输旧思想礼教成为半殖民地半封建社会中国教育的核心。为了让儿童从小懂得封建礼仪，培养儿童的忠孝思想，统治者把《二十四孝图》《山海经》《幼学琼林》《太公家教》《急救篇》《三字经》《百家姓》《神童诗》等作为教科书，向儿童灌输忠君、法古的思想，使儿童养成盲从之性。鲁迅批判这种教育是要把人民培养成“打仗的机器”与“愚忠的奴隶”，是为统治者维护其统治服务的。他认为，被封建统治者推崇为中国几千年封建统治思想的孔孟之道只是历代统治者为维护其统治而利用其中消极的内容来麻痹人民的工具，它们并不是孔子和孟子的整个学说。在《二十四孝图》《我之节烈观》等文章中，鲁迅对封建统治者所推崇的这种孔孟之道进行了无情的批判，揭露了其吃人的本质。他以孔乙己为例，揭露了这种教育制度的弊端，主张要打倒孔家店，彻底解放人民的思想。

不仅如此，鲁迅还批判传统教育为了给儿童灌输封建礼教，不惜用戒尺、罚跪、背诵等方法来摧残儿童的身心，使得儿童在大人面前只能“低眉顺眼、唯唯诺诺”，被压迫得瘟头瘟脑，丧失了应有的天性。

三、儿童教育思想

在长期的教育实践和革命斗争中，受卢梭、达尔文、严复、蔡元培等人的影响，鲁迅逐渐形成了自己的教育思想。

(一)儿童本位及培养“新人”

鲁迅认为，以往的旧教育，其重心在于成人，而不在于儿童，这种教育用成人的眼光看待儿童，只注重对儿童进行伦理道德教育而无视儿童的个性和身心发展，压抑和蹂躏儿童的精神和“天性”，致使儿童被盲目服从的顺应观念和奴性意识所腐蚀，几乎失掉了自己的个性。这种教育制度下，儿童没有独立和自由，个性得不到发展。为此，鲁迅提出了“以儿童为本位”的思想，主张教育要张扬人的“个性”，要“教给他们自立的能力”，把儿童培养成“独立的人”，这样才能去掉他们身上的奴性，中国才能真正走出“奴隶的时代”，从而达到通过“立人”实现“立国”的理想。他提出了发展儿童个性的教育要求，“开宗第一，便是理解”“第二，便是指导”“第三，便是解放”。[①] 鲁迅还描绘出时代的“新人”的基本品质：首先，要有“耐劳作的体力”，这是培养新人的基本条件，儿童是国家未来的主人，在教育过程中要注重对儿童身体

---

① 《鲁迅全集》第一卷，140～141页，北京，人民文学出版社，2005。

素质的培养；其次，要有独立自主和创新的精神，敢于突破旧势力和旧思想的束缚，善于反思和学习。

(二)论儿童教育内容

关于儿童教育的内容，鲁迅认为主要有科学教育、爱的教育和美的教育。他非常注重科学教育，认为“学习自然科学不仅能增长人们的知识，而且可以教人们尊重事实，培养实事求是的精神，树立科学的世界观”①，主张通过浅显易懂的科普读物和文学作品对儿童进行科学教育，使儿童明白道理，树立科学的精神，抵制封建迷信，培养科学的世界观和人生观。同时，通过普及科学，提高国民素质，推动社会进步和发展，实现国家的繁荣富强。

至于爱的教育，鲁迅认为正是因为缺少对他人、对自己、对祖国的爱心，所以很多人没有同情、怜悯之心，不懂得自尊、自爱，不知道热爱自己的祖国。在《藤野先生》《药》《孔乙己》等作品中，鲁迅塑造了一些缺失爱心的人物形象，他认为，这对于一个民族和社会的发展是极其可怕的。为了给儿童进行爱的教育，鲁迅认为，父母、家长和教师要在日常的生活和教育中真心关爱儿童，给儿童营造一个充满爱的环境，让儿童从小就在这种环境中成长，使之成长为有爱心的人。

鲁迅认为，每一个儿童都有爱美的天性，教育者要给予积极和正确的引导，因为美育对于个人和社会而言都有着十分重要的意义。对于个人而言，美育能滋润人的性情，在儿童的成长阶段也起着改造性格的作用；对于社会而言，美育可以化民成俗，对国民进行真、善、美的教育。

(三)论儿童教育的环境

鲁迅认为，广大人民群众所处的半殖民地半封建社会犹如“一只黑色的染缸，无论加进什么新东西去，都变成漆黑”②。这样的环境对儿童的成长极为不利，为此，要给儿童创造一个良好的成长环境和受教育的环境。

首先，从家庭教育开始。鲁迅认为，“儿童的行为，出于天性，也因环境而改变，所以孔融会让梨。打起来的，是家庭的影响，便是成人，不也有争家私，夺遗产的吗？孩子学了样了”。③ 因儿童善于模仿，在家庭生活中，父母要注重自己的言行对儿童的影响。不仅如此，鲁迅还认为，在家庭中，父母还要理解儿童、关爱儿童，用民主、平等的态度对待儿童，真心为儿童的成长、健康和幸福着想，要从正面进行教育，给儿童营造一个良好的成长环境。

其次，改变儿童成长的社会环境。鲁迅揭露和批判了儿童成长过程中那些残害儿童的社会行为。他指出，反动统治者和帝国主义侵略者视孩童为草芥，残暴异常，毫无人性可言，儿童的生命得不到保障，更无法接受正常的教育。鲁迅认为，要对

---

① 顾明远、俞芳、金锵等：《鲁迅的教育思想和实践》，146页，北京，人民教育出版社，2001。

② 《鲁迅全集》第十一卷，20页，北京，人民文学出版社，2005。

③ 《鲁迅全集》第五卷，451～452页，北京，人民文学出版社，2005。

儿童进行教育，就要彻底改造社会。为此，鲁迅主张通过流血的革命推翻封建专制主义和帝国主义的统治以解救儿童，给儿童一个良好的生存环境。他强调要投入这样的斗争中来，为解放中国、解放儿童而奋斗。

第三节 陶行知的学前教育思想

陶行知是中国教育史上的人民教育家，对推进中国教育的现代化发展做出了重要贡献。针对民国时期学前教育“外国病”“花钱病”“富贵病”的问题，他提出了工厂和农村是“幼稚园之新大陆”，并身体力行领导创办了中国第一所乡村幼稚园。他提出生活教育理论，以“生活即教育”“社会即学校”“教学做合一”和儿童的“六大解放”来改变中国传统教育存在的弊端，实施“艺友制”这一新途径来解决师范教育理论与实践脱节的问题。

一、生平及教育活动

陶行知(1891—1946)(图4-3)，安徽歙县人，原名文濬，因欣赏王守仁“知行合一”学说改名为“知行”，后认为“行是知之始，知是行之成”，遂改名为“行知”。陶行知秉持“捧着一颗心来，不带半根草去”的精神，先后参与发动了平民教育运动、乡村教育运动、普及教育运动、战时教育运动、民主教育运动，极大地推动了民国时期教育实践的进步，并创造性地构建了“生活教育理论”体系，被公认为“人民教育家”。

图4-3 陶行知

陶行知6岁就读于私塾，15岁就读于歙县崇一学堂，23岁毕业于金陵大学，同年赴美国伊利诺伊大学攻读市政学，并于次年获政治学硕士学位。1915年，入哥伦比亚大学教育学院，师从杜威、孟禄、克伯屈等美国教育家。1917年秋回国，先后任南京高等师范学校及国立东南大学教授、教务主任等职。1922年任中华教育改进社主任干事，1923年发起平民教育运动，关注面向农村和工厂办教育。1926年倡导开展乡村教育运动。1927年3月在南京北郊晓庄创办乡村幼稚师范学校——晓庄学校，并创办了中国第一个“中国的、平民的、省钱的”乡村幼稚园——南京燕子矶幼稚园。1931年开展普及教育工作。1932年在上海创建山海工学团，开创“小先生制”和“传递先生制”。1939年7月，在重庆创办育才学校。1946年7月25日，因长期劳累过度，突发脑出血，不幸逝世于上海，享年55岁。

二、生活教育理论

(一)生活教育理论的确立

陶行知的生活教育理论的确立经过了三个阶段，即萌芽期、发展期、成熟期。

1. 萌芽期(1917—1926 年)

1917 年，刚从美国留学归国的陶行知看到中国教育与生活缺乏应有的联系，教师“死教书、教死书”，学生则“死读书、读死书”，整个学校教育一片死气沉沉，于是便极力宣传杜威的“教育即生活”“学校即社会”等思想。这一过程中，陶行知经过不断思考，于 1921 年的一次演讲中，提出了“生活教育”的概念，1925 年又提出了“教学做合一”的思想，生活教育思想初具雏形。总体来看，由于尚未形成系统，也没有经过实践检验，这一时期可视为陶行知生活教育理论的萌芽期。

2. 发展期(1927—1939 年)

1927 年 3 月，陶行知在南京创办晓庄学校和燕子矶幼稚园，开始将自己的生活教育理论应用于实践。在晓庄学校，陶行知以“健康的体魄、农夫的身手、科学的头脑、艺术的兴趣和改造社会的精神”为目标，对学生进行多种多样的生活训练，把教育和生活紧密结合在一起，在教育实践和理论探索中极大地发展了生活教育思想。1930 年 1 月，陶行知在晓庄学校主办的乡村教师讨论会上发表了《生活即教育》的专题演讲，正式提出了“生活即教育”的思想。陶行知在应圣雄甘地之邀发表于印度《民族旗帜》杂志上的《中国的大众教育运动》一文中写道：“晓庄实验……主要成果是形成了生活即教育、社会即学校、教学做合一的理论。”可见，这一时期陶行知的生活教育思想通过实践得到了极大发展，可称为生活教育理论的发展期。

3. 成熟期(1940—1946 年)

1940 年，在给一位朋友的信中，陶行知更明确地界定了“生活教育”的含义，并提出了“社会即学校”的思想，最终聚齐了生活教育理论的“三大基石”。自 1939 年 7 月在重庆创办育才学校以来，陶行知从学校教育与社会教育的结合、知识教育与生产劳动教育的结合、普及教育与特殊才能教育的结合(普通教育与专业教育的结合)等多个方面，深入、系统、全面地构建并实施了生活教育理论。如果说晓庄学校尚且存在过分强调“个人生活经验”的现象的话，那么在育才学校的办学实践中，陶行知开始强调“社会生活经验”的价值。在这一时期，凭借育才学校的办学实践，陶行知的生活教育理论得到了进一步的丰富和完善，并最终成熟。

(二)生活教育理论的内容

1940 年，陶行知在给一位朋友的信中写道：“从定义上说，生活教育是给生活以教育，用生活来教育，为生活向前向上的需要而教育。从生活与教育的关系上说，是生活决定教育。从效力上说，教育要通过生活才能发出力量而成为真正的教育。”①这段话十分明确地解释了生活教育的内涵。从外延的角度来看，生活教育理论主要包括三个基本命题，即“生活即教育”“社会即学校”“教学做合一”。这三个命题通常被视为陶行知生活教育理论的三大基本原理或“三大基石”。

---

① 董宝良：《陶行知教育论著选》，549 页，北京，人民教育出版社，1991。

1.“生活即教育”

“生活即教育”是陶行知受杜威“教育即生活”观点的启发而提出的，是对生活教育的本质内涵的表述。主要包含三层含义。

(1)生活决定教育，教育源于生活

陶行知指出，过什么生活，便是受什么教育。过好的生活，便是受好的教育；过坏的生活，便是受坏的教育。因此，教育是由生活决定的，如何开展教育、开展什么教育，都要从生活中寻找答案。换句话讲，教育要以生活为中心，从生活出发，为生活而教育，在生活中进行教育。

(2)教育作用于生活

从教育的实际影响来看，教育对生活具有反作用；从教育的目的性来看，教育也应当作用于生活，即用教育来改造生活，为生活服务。陶行知说：“我们要用前进的生活来引导落后的生活，要大家一起来过前进的生活，受前进的教育。”[①]可见，实施生活教育的最终目的是要改造整个社会的生活，促进社会的发展与进步。

(3)教育与生活不可分离，在生活中教育、在教育中生活

一方面，既然教育是源于生活、为了生活而进行的，那么要保证教育的效果，就必须在生活中进行。另一方面，“生活教育与生俱来，与生同去。出世便是破蒙，进棺材才算毕业”[②]。只要人活着，就有生活的存在，而有生活存在的地方，就应当有教育的存在，因此，教育应当是一个终身持续的过程。于是，陶行知为生活教育提出了六项特质：“生活的”“行动的”“大众的”“前进的”“世界的”“有历史联系的”。[③]

2.“社会即学校”

“社会即学校”是陶行知受杜威“学校即社会”观点的启发而提出的，是对生活教育的组织形式的表述。主要包括三层含义。

第一，生活教育的范畴不仅仅局限于学校生活，而应当包含所有的社会生活。既然“生活即教育”，那么一切生活的场合也都是教育的场合，而整个社会就是一切生活的场合，因此，整个社会就是一所大学校。“马路、弄堂、乡村、工厂、店铺、监牢、战场，凡是生活的场所，都是我们教育自己的场所，那么，我们所失掉的是鸟笼，而所得的倒是伟大无比的森林了。”[④]

第二，在真实社会生活中进行的教育才是真正有效的教育。“社会即学校”意味着要以真实的社会活动为教育内容和教育活动形式，而不是单纯以远离真实社会活动的书本为内容，以课堂教学为组织形式。他指出：“老教育坐而听，不能起而行，新教育却是有行动的。”[⑤]教育要有效，必须在真实社会生活发生的场景中进行，由

---

① 董宝良：《陶行知教育论著选》，463页，北京，人民教育出版社，1991。

② 华中师范学院教育科学研究所：《陶行知全集》第二卷，634页，长沙，湖南教育出版社，1985。

③ 华中师范学院教育科学研究所：《陶行知全集》第三卷，25～27页，长沙，湖南教育出版社，1985。

④ 华中师范学院教育科学研究所：《陶行知全集》第三卷，27页，长沙，湖南教育出版社，1985。

⑤ 华中师范学院教育科学研究所：《陶行知全集》第三卷，139页，长沙，湖南教育出版社，1985。

教师和学生在社会生活实践中进行。

第三，教育不再是少数人的特权，而是普通大众的基本权利。从教育对象上看，"社会即学校"意味着整个社会所有的人都可以是教育者和受教育者，教育不再是少数富贵人家的特权，而是一切贫苦大众都拥有的基本权利。这也是陶行知倡导的普及教育的"低成本策略"，因为从当时中国的社会经济水平来看，普通贫苦大众根本没有条件接受专门的学校教育，只能在实际的社会生活中接受教育。

3."教学做合一"

"教学做合一"是陶行知对杜威的"做中学"观点的批判性吸收和发展的成果，是对生活教育的方法论的表述，有如下要旨。

(1)"教学做"是一件事，以"做"为中心，立足于实际生活

分开来看，"教"体现的主要是教师的职责，"学"主要是学生的使命，"做"则是社会实践的体现，三者在一定意义上是有差别的，有各自的特殊规律，在教育活动中都具备不容忽视的独特价值。但在教育活动中，教学做不是三件事，而是一件事，三者不能分开进行。归根结底，"教"和"学"都要以"做"为中心进行。陶行知指出："教的方法根据学的方法；学的方法根据做的方法。事怎样做便怎样学，怎样学便怎样教。教与学都以做为中心。"①

(2)强调"在劳力上劳心"和"行是知之始"

针对中国当时"劳力者"和"劳心者"分家的现实，陶行知将劳力者称为"田呆子"，因为他们往往"做死工，死做工，做工死"；而将劳心者称为"书呆子"，因为他们往往"读死书，死读书，读书死"。在这样的一个国家里，科学的种子是长不出来的。对此，要求"教劳心者劳力——教读书的人做工""教劳力者劳心——教做工的人读书"。② 传统教育把读书、听讲当成"知之始"，结果是学生"不肯行、不敢行、终于不能行，也就一无所知"。对于此，陶行知在《三代》中形象地做了比喻说：行动是老子，知识是儿子，创造是孙子。他指出"行"是知识的重要来源，也是创造的基础。

(3)有力地克服注入式教学

注入式教学是以教书本为中心的"教授法"，对学生的学关注不够，它极大地忽略了学生和社会生活的需要。"教学做合一"强调教是服从于学的，而教与学又服从于生活的需要，以学生在生活中的实际行动(做)为基础。可见，"教学做合一"是破除传统教育以"文字"为中心，从而克服学用脱节的注入式教学模式的好方法。

生活教育理论是西方新教育理论与中国本土实际有机结合的典范，是革新中国传统教育弊病的一剂良方，指引着现代中国学前教育发展的方向。

---

① 华中师范学院教育科学研究所：《陶行知全集》第二卷，289页，长沙，湖南教育出版社，1985。

② 华中师范学院教育科学研究所：《陶行知全集》第二卷，598页，长沙，湖南教育出版社，1985。

三、论学前教育

(一)学前教育的意义

1. 学前教育为个人终身发展奠定重要基础

陶行知在《创设乡村幼稚园宣言书》中指出:“幼稚教育实为人生之基础,不可不趁早给他建立得稳。”在《幼稚园应有之改革及进行方法》中指出:“凡人生之态度、习惯、倾向,皆可在幼稚时代立一适当基础。”[①]由此可见,陶行知认为学前教育对个体终身发展具有非常重要的意义,可为个体一生的发展打下基础。如果学前教育得到充分重视,个体接受了科学的、充分的学前教育,那么对其一生的发展将起到事半功倍的作用。

2. 学前教育为国家进步和社会发展提供重要支持

陶行知在《如何使幼稚教育普及》中指出:“小学教育是建国之根本,幼稚教育尤为根本之根本。小学教育应当普及,幼稚教育也应当普及。”[②]基于学前教育对国家和社会发展的重要价值,陶行知大声疾呼普及学前教育,号召“有志之士,起而创设幼稚园,以正童蒙”,并身体力行,以实际行动探索学前教育的改革与创新之道。

(二)学前教育的服务方向

1. 学前教育的“三大弊病”

陶行知痛陈旧中国学前教育的弊端,指出当时国内的幼稚园普遍害了“三种大病”。一是外国病。幼稚园的一切都照搬外国的东西,弹的是外国钢琴,唱的是外国歌曲,讲的是外国故事,玩的是外国玩具,甚至吃的也是外国点心。从物质到精神,幼稚园都成了外国货的倾销场地。二是花钱病。幼稚园一切都仰仗于外国,因此代价高昂,花钱太多,在贫困落后的中国很难普及。三是富贵病。幼稚园收费很高,只有富贵子弟才上得起,一般平民子弟则不可企及,因而也就失去了接受学前教育的机会。

2. 工厂和农村是“幼稚园之新大陆”

陶行知在《幼稚园之新大陆——工厂与农村》中针对“三大弊病”提出了治疗方案。文章中指出:“第一要打破外国的面具,第二要把贵族的架子放开,第三要省钱……”[③]他要求建设中国的、平民的、省钱的幼稚园,指明了学前教育的服务方向,即学前教育应服务于广大劳苦大众,要面向工厂和农村开办幼稚园。

为此,陶行知通过多种方式大力宣传中国学前教育事业新的发展方向在于工厂和农村,并且全身心地投入“开发幼稚园这新大陆”的行动中。继 1927 年创办了南京燕子矶幼稚园后,他又先后在晓庄学校大多数中心小学设置了幼稚园。1932 年年

① 戴自俺、龚思雪:《陶行知幼儿教育的理论与实践》,29 页,成都,四川教育出版社,1987。

② 华中师范学院教育科学研究所:《陶行知全集》第二卷,81 页,长沙,湖南教育出版社,1985。

③ 华中师范学院教育科学研究所:《陶行知全集》第一卷,626 页,长沙,湖南教育出版社,1985。

底，他指导孙铭勋等人在江苏淮安创办了一所乡村幼稚园。1934 年 5 月，又指派戴自俺在山海工学团总部建立了一所乡村幼儿团。同年，为解决工人子女的学前教育问题，陶行知指导学生孙铭勋、戴自俺等人创办了"上海劳工幼儿团"等。

(三)创造教育

陶行知十分重视创造教育，不仅撰写了《创造宣言》《创造的儿童教育》《创造的社会教育》等创造教育专论，而且大多数教育论著中都涉及创造教育尤其是儿童创造教育问题。创造教育思想在陶行知的学前教育思想中占据重要的位置。

1. 创造教育的目的

陶行知在《创造宣言》中指出：创造教育的目标是要培养一种具有创造精神和创造能力的"真善美的活人"。"把小孩子、农人、工人都培养起来""使他们为自己创造，为社会创造，为国家创造，为民族创造"。由此可见，陶行知提出的创造教育的目的不仅在于培养全面发展的身心和谐的儿童，而且指向为国家和社会的进步与发展做出贡献。

2. 创造教育的实施

陶行知认为，在人类的进化历程中，儿童形成了与生俱来的创造力，但是却被中国传统的落后教育和社会制度蒙蔽了。要想培养儿童的创造力，必须解放儿童。陶行知提出要对儿童实施"六大解放"。①解放儿童的眼睛，使儿童能多观察现实社会，了解社会生活，独立发现问题。②解放儿童的头脑，使儿童从迷信、盲从、成见、曲解、幻想中摆脱出来，大胆探索，独立思考。③解放儿童的双手，使儿童能够亲自动手操作实践，而不像传统教育那样"非礼勿动"，动手则打手心。主张成人应向爱迪生的母亲学习，让儿童有充分动手的机会。④解放儿童的嘴巴。传统教育一般不许儿童多说话，但"发明千千万，起点是一问"，指出应鼓励儿童大胆说话，他们有了言论的自由，特别是问的自由，才能充分发挥创造力。⑤解放儿童的空间，扩大儿童学习的空间，使他们能到大自然、大社会里去获取更丰富的知识。⑥解放儿童的时间。坚决反对传统教育一味通过"督课"让儿童"赶考"等，儿童只有有时间去玩、去想、去做，才可能遇到生活中实际的问题和困难，才可能有所创造。

实施"六大解放"还必须具备"三个需要"和"一大条件"。"三个需要"是：第一，需要充分的营养，儿童只有得到适当的营养，才能产生高度的创造力；第二，需要建立下层的良好习惯，以解放上层的性能，俾能从事于高级的思虑追求；第三，需要因材施教。而"一大条件"则是民主，"创造力最能发挥的条件是民主"，民主是解放创造力的根本条件。①

3. 创造教育要以生活教育为基础

1946 年 4 月，陶行知在《小学教育与民主运动》一文中指出，创造教育就是要采用启发的、自动的、手脑并用的、教学做合一的方法，以取代主观主义的、填鸭式

---

① 华中师范学院教育科学研究所：《陶行知全集》第三卷，528 页，长沙，湖南教育出版社，1985。

的、被动的教学方法。他明确提到了“教学做合一”是实施创造教育的必要方法。事实上，从陶行知对实施创造教育的目的和条件的说明中，我们很容易发现创造教育是离不开儿童真实的社会生活的。因此，要实施创造教育，必须以实施生活教育为基础。

四、艺友制幼稚师范教育理论

(一)“艺友制”的含义

“艺友制”是陶行知受中国传统手艺中以“艺徒制”培养工匠的方法的启发，根据“教学做合一”的方法论提出的培养幼儿教师的具体方法。陶行知在《艺友制师范教育答客问——关于南京六校招收艺友之解释》一文中对艺友制的内涵进行了说明：“艺友制是什么？艺是艺术，也可作手艺解。友就是朋友。凡用朋友之道教人学做艺术或手艺便是艺友制……凡用朋友之道教人学做教师，便是艺友制师范教育。”

艺友制实际上就是学生(艺友)在幼稚园(而非师范学校)中通过学习成长为一名教师的方式。具体说来，学生(艺友)与幼稚园中有实践经验的教师(导师)交朋友，在导师的指导下，以在幼稚园的实践为基础，在实践中学习和领悟教育理论，掌握有关幼稚园工作的技能，形成保教和管理能力。陶行知在办晓庄学校时，各中心幼稚园便采用了艺友制的方法培养了一批幼儿教师。

(二)“艺友制”的实施步骤

艺友制培养幼儿教师在具体实施上大致有以下四个步骤。

第一，安排艺友实际参加幼儿的各种活动，主要目的是使其学会如何成为一个幼儿领袖。

第二，教给艺友一些具体方法，如怎样讲故事、怎样带幼儿玩耍，并传授一些基本技能，如唱歌、布置活动室等。

第三，一方面做各种基本技能训练，另一方面在幼稚园实地操作。导师指导艺友制订计划，组织艺友到其他幼稚园参观并讨论。

第四，两个艺友一组，在导师的指导下，独立承担整个幼稚园的工作三个月。

以上四个步骤一共需要用一年半到两年时间。经考核合格者可获得结业证书。①

艺友制师范教育最大的优点是能有效地克服理论与实践脱节的问题。同时，在缺乏大量幼儿教师而又无法在短期内通过师范院校培养的情况下，艺友制不失为一种有效的策略。此外，艺友制只需要一年半到两年时间就能培养出有质量的幼儿教师，也大大缩减了培养幼儿教师的时间成本。因而，艺友制是为应对中国“幼稚师范必须根本改造”而探得的一条新途径。

当然，艺友制师范教育虽有其独到的优势，但也是不得已的师范教育方式。从长远来看，全部依赖边做边学的方式培养出来的幼儿教师毕竟在相关文化知识和系

---

① 唐淑、何晓夏：《学前教育史》，189页，大连，辽宁师范大学出版社，2001。

统的专业理论基础上较为薄弱，其专业发展后劲难以得到保证。对此，陶行知明确指出，艺友制并非培养幼儿教师的唯一方法，应当与普通幼稚师范学校“相辅相成”，共同培养优秀的学前教育师资。

第四节　陈鹤琴的学前教育思想

陈鹤琴是我国近现代教育史上著名的学前教育专家，他于1923年开办了南京鼓楼幼稚园，率先进行中国化、科学化的学前教育试验研究。陈鹤琴对儿童心理进行了深入研究，强调要依据儿童心理特点施教。他提出的“活教育”理论以及“整个教学法”和“五指活动”的幼稚园课程思想，对于推进中国学前教育课程教学的现代化发挥了重要的引领作用。

一、生平及教育活动

图 4-4　陈鹤琴

陈鹤琴(1892—1982)(图 4-4)，浙江上虞(今绍兴市上虞区)人。幼年丧父，读了几年私塾后靠亲友资助进入基督教浸礼会办的杭州蕙兰中学，1911 年 2 月，考入上海圣约翰大学，秋季又转考入清华学堂高等科。1914 年 8 月，他前往美国留学。先在霍普金斯大学学习，1917 年夏毕业，获得文学学位。入秋，进哥伦比亚大学师范学院，专心研究教育学和心理学。同年冬，由孟禄率领去南方考察黑人教育。留学期间，他不仅打下了广泛的知识基础，而且学习了启发式教育法和实验研究的方法与精神。1918 年夏获教育硕士学位，随后转入心理系，师从伍特沃思教授，准备攻读博士学位，但终因 5 年留学期满，遂接受南京高等师范学校郭秉文校长之聘请，于 1919 年夏回国。

图 4-5　陈鹤琴与幼稚教育研究会的成员

在南京高等师范学校期间，陈鹤琴任教育科儿童心理学和教育学教授兼教务主任。1923 年春，陈鹤琴创办了南京鼓楼幼稚园。不久又以该园为东南大学教育科的学前教育实验园地，建立了我国第一个学前教育实验中心，开创了学前教育科学研究之先河。此后，他还发起组织幼稚教育研究会(图4-5)，创办了我国最早的幼稚教育研究刊物《幼稚教育》(后更名为《儿童教育》)。1929年，中华儿童教育社在杭州成立，他被推选担任主席。

1940年10月，江西省立实验幼稚师范学校——我国第一所公立幼稚师范学校诞生于江西省泰和县文江村。陈鹤琴出任校长，全面进行“活教育”实验，并创办了《活教育》月刊，任主编。1945年9月，任上海市立幼稚师范学校校长，继续进行“活教育”实验，建立了“活教育”的理论体系。

中华人民共和国成立后，陈鹤琴先后担任南京大学师范学院院长和南京师范学院院长兼学前教育系主任，1982年逝世。江苏省政府、省人大在其悼词中称他为“我国著名的教育家和学前教育专家。”

二、“活教育”理论

“活教育”理论是陈鹤琴独创的儿童教育理论。“活教育”理论萌芽于20世纪20年代，1940年，陈鹤琴在江西省立实验幼稚师范学校任职时开始提出“活教育”思想。经过几年的教育实验，到1947年，他逐步整理出“活教育”的理论体系。那么，什么是“活教育”呢？他引证陶行知描写当时教育情形的两句警语：

> 教死书，死教书，教书死；
> 读死书，死读书，读书死。

他决心使这种死气沉沉的教育变为前进的、自动的、有生气的活教育。其表述为：

> 教活书，活教书，教书活；
> 读活书，活读书，读书活。

陈鹤琴的“活教育”理论体系主要包括三大纲领(目的论、课程论、方法论)以及教学原则等。

(一)目的论

陈鹤琴扬弃了杜威“教育即生长”的无目的论倾向，也批判了儒家“学而优则仕”的读书做官论，进而提出了活教育的目的论。他明确指出，活教育的目的，是教育幼儿“做人，做中国人，做现代中国人”。这样的人应该具备什么条件呢？第一要有强健的身体。他认为一个人身体的好坏，对于他的道德、学问、事业有很大影响。第二要有建设的能力。当时中国百废待兴，因此，要培养人的建设能力。第三要有创造的能力。他坚信儿童本来就有强烈的创造欲，只要善于启发、诱导、教育、训练，是可以培养起创造能力的。第四要有合作的态度。改变中国人在团体活动中缺乏合作的精神，必须从小训练他们能合作、能团结。第五要有服务的精神。抗日战争胜利后，随着形势的发展，他又进一步提出“做人，做中国人，做世界人”“爱国家，爱人类，爱真理”的要求。这说明陈鹤琴的活教育的目的论不仅体现了他的爱国主义精神，而且反映了他具有放眼世界的胸怀。

中国传统的教育目的是培养各级各类官吏的候选人。这种政治、伦理色彩浓重的教育，是以社会为本位的，强调从小孩开始，就应当注重视听言动的规范，即通常所说的封建礼教，个体的需要、兴趣等均处于从属地位。鲁迅曾说，这种教育是奴隶的教育而非人的教育。针对这样的现实，陈鹤琴将被传统教育遮蔽的“人”这一主体要素推至前台，提出“做人”的教育目的。他说：“我们虽生而为人，生而在中国，生而在现代的中国，可是有哪几个真正知道做‘人’呢？有哪几个真正知道做‘中国人’呢？更有哪几个真正知道做一个‘现代的中国人’呢？”①他从一般到具体，对教育目的做了有层次性的规划，包容了民族性、现代性和世界性等丰富内涵。其中固然不乏合作、服务等社会性内容，同时，高扬儿童的个体价值和主体精神。

(二)课程论

陈鹤琴指出：“大自然、大社会，是我们的活教材。”②针对传统教育中由书本万能的旧观念形成的课程固定、教材呆板的死教育现象，陈鹤琴认为大自然、大社会才是活的书、直接的书，应该向大自然、大社会学习。

陈鹤琴认为，传统学前教育是书本主义的教育，是有违幼儿心理特征的、有损其身体健康的。他主张，必须使教育者和受教育者都认识到，书本知识是间接的，大自然、大社会才是活的书、直接的书。因此，活教育主张应抛弃“书本万能”的传统观念，让幼儿直接向自然、社会这种生动具体的“知识宝库”学习。

“活教育”的课程有如下特点：①以大自然、大社会为主要的教材，以课本为参考资料，这是直接的活知识，是直接的经验。②各科混合或互相关联。③不受时间的限制，没有分节的时间表，时间为功课所支配。④内容丰富。⑤生气勃勃。⑥儿童自己做的。⑦整个的，有目标的。⑧有意义的。⑨儿童了解的。“活教育”课程编制有两个原则：一是根据颁布的课程标准；二是根据当地实际环境的情形。

(三)方法论

“活教育”的方法，既是生活法，也是学习法，还是教学法。陈鹤琴将此概括为“做中教，做中学，做中求进步”③。“活教育”重视直接经验，强调以“做”为中心，

---

① 吕静、周谷平：《陈鹤琴教育论著选》，340页，北京，人民教育出版社，1994。

② 中国学前教育史编写组：《中国学前教育史资料选(全一册)》，175页，北京，人民教育出版社，1989。

③ 中国学前教育史编写组：《中国学前教育史资料选(全一册)》，175页，北京，人民教育出版社，1989。

主张在学校里的一切活动，“凡儿童自己能够做的，应当让他自己做”。做了就与事物发生直接的接触，就得到直接的经验，就知道做事的困难，就认识事物的性质。教师的责任是引发、供给、指导、欣赏。

陈鹤琴总结了“活教育”与“死教育”在教学上的不同：前者，儿童多在户外活动，教师领导学生自动研讨，是启发式、诱导式的，学生是自动的，教师是在教儿童；后者，儿童整天待在室内，教师只会照着课本呆讲，是注入式、填鸭式的，学生是被动的，教师是在教书。

实践是知识的最直接、最牢靠、最永恒的来源。陈鹤琴强调，教学中要鼓励儿童自己去做、去思考、去发现，这是激发主体性、培养儿童创造能力的有效途径。陈鹤琴说：儿童的世界，是儿童自己去探讨、去发现的。他自己所求来的知识，才是真知识；他自己所发现的世界，才是他的真世界。教师越俎代庖，是教学上的大忌。而通过儿童亲身实践培养其实际动手能力、发现问题的能力、创造能力等，正是现代学前教育的价值追求，也是现代学前教育方法论的精髓所在。

(四)教学原则

陈鹤琴根据“心理学具体化，教学法大众化”的指导思想，提出了“活教育”的 17 条教学原则。①凡是儿童自己能够做的，应当让他自己做；②凡是儿童自己能够想的，应当让他自己想；③你要儿童怎样做，就应当教儿童怎样学；④鼓励儿童去发现他自己的世界；⑤积极的鼓励，胜于消极的制裁；⑥大自然、大社会是我们的活教材；⑦比较教学法；⑧用比赛的方法来增进学习的效率；⑨积极的暗示，胜于消极的命令；⑩替代教学法；⑪注意环境，利用环境；⑫分组学习，共同研究；⑬教学游戏化；⑭教学故事化；⑮教师教教师；⑯儿童教儿童；⑰精密观察。以上 17 条教学原则可以综合概括为活动性原则、儿童主体性原则、教学法多样化原则、利用活教材原则、积极鼓励原则和教学相长的民主性原则等，其基本精神为当代心理学和教育科学研究所证实，尤其适用于学前教育。

“活教育”是陈鹤琴长期教育实践的总结，也是其理论探索的结果。它是陈鹤琴教育思想的精髓，对于中国现代的幼儿园课程改革起到了引领作用。

三、论幼儿的发展与教育

陈鹤琴从 1920 年冬开始，以其长子陈一鸣为对象，就儿童的动作、能力、情绪、言语、游戏、学习、美感等方面的发展，逐日对其身心发展变化和各种刺激反应进行周密的观察和实验，做了详细的文字记录和摄影记录，写成了《儿童心理之研究》一书。他在书中阐述了儿童心理发展的一般规律与年龄特征，揭示了儿童形成心理特征和道德品质、掌握知识与技能以及发展智力和体力的过程。他对儿童身心发展进行了缜密的研究，为我国儿童教育的科学化提供了坚实的基础。

(一)儿童期的意义

陈鹤琴认为儿童期的学习最迅速，习惯养成最易，发展也最快。他认为，儿童期包含两方面意思：一方面，儿童期是发展能力的时期；另一方面，儿童期具有可以发展的性质，即所谓可塑性或可教性。他认定儿童期是人生最重要的时期，应当把儿童期的教育当作整个教育的基础。

（二）儿童的心理特点与幼稚教育

陈鹤琴通过揭示儿童的心理特点提出了教育教学原则。他认为，儿童不是“小人”，儿童的心理与成人的心理不同，儿童期不仅作为成人之预备，亦具有其本身的价值，我们应当尊重儿童的人格，爱护他的烂漫天真。他认为儿童具有以下几个主要特点，若能根据儿童的心理施行教育，必有良好的效果。

1. 好动

陈鹤琴认为儿童是生来好动的，喜欢“听这样，看那样；推这样，攫那样；忽而玩这样，忽而弄那样；忽而立，忽而坐；忽而跳，忽而跑；忽而哭，忽而笑。没有一刻的工夫能象成人坐而默思的”。陈鹤琴经过研究，指出儿童还没有养成自制力，他的行动完全为冲动与感觉所支配。所以，儿童是好动的。

2. 好模仿

陈鹤琴指出：“这个模仿心，青年老年亦有的，不过儿童格外充分一些。儿童学习言语、风俗、技能等等，大大依赖这个模仿心。”① 为此，他对模仿动作的分类与发展进行了研究。他观察到自己的孩子在第 112 天时出现对笑声的模仿，以后逐渐出现模仿唱歌及模仿各种动作（摇手、敲桌、刷牙、读书、洗衣、扫地、浇水、贩卖）等。

3. 易受暗示

陈鹤琴首先认为儿童是易受暗示的。怎样发挥其教育作用呢？陈鹤琴认为，一是要利用暗示帮助儿童养成良好的举动、习惯等，如成人以身作则、讲故事及提出暗示性的问题等。二是要注意戏剧的暗示给儿童的影响，如戏剧中各种欺诈、抢掠的事情，会起到恶劣的暗示作用，必须禁止。在暗示的方法上，陈鹤琴指出可用语言、文字、图画及动作四种方法进行暗示，尤以动作暗示影响最大。

4. 好奇

陈鹤琴指出：“儿童凡对于一切新的东西就生出好奇心。一好奇，就要与新的东西相接近。一接近，那就晓得这个东西的性质了。假使儿童与新的境地相接触愈多，他的知识愈广。”这种好奇心在教育上极有价值，他认为“好奇心是儿童学问之门径”，是父母和教师“施教的钥匙”。

陈鹤琴指出好问、好奇对儿童来说是启迪知识的关键。正是通过提出问题、正确地解答问题，儿童才能获得新知识。成人对儿童的问题不应置之不答，更不能假作聪明去牵强附会。前者会影响儿童学习的积极性，后者会导致儿童走向错误的方向。

---

① 北京市教育科学研究所：《陈鹤琴教育文集》上卷，2 页，北京，北京出版社，1983。

5. 好游戏

陈鹤琴指出，“儿童好游戏乃是天然的。近世教育利用这种活泼的本能，以发展儿童之个性与造就社会之良好分子”，并进一步指出，“小孩子是生来好动的，以游戏为生命的。要知多运动，多强健；多游戏，多快乐；多经验，多学识，多思想”①。他对游戏做了深刻的研究，形成了他自己的游戏理论。

6. 喜欢成功

陈鹤琴说：“小孩子固然喜欢动作，但更是喜欢动作有成就的。”他指出了儿童喜欢追求成功的心理。“因为事情成功，一方面固然自己很有趣的，但是还有一方面可以得父母或教师的赞许。”②这种心理是很好的，成人应当利用这种心理去鼓励儿童做各种事情。

7. 喜欢合群

陈鹤琴认为：“凡人都喜欢群居的，幼小婴儿，离群独居，就要哭喊，两岁时就要与同伴游玩，到了五六岁，这个乐群心更加强了。”③他以自己的观察揭示了儿童乐群心的发展，指出儿童喜欢与同伴一起活动、一起游戏。

8. 喜欢野外生活

陈鹤琴认为小孩子都喜欢野外生活，“终日在家里就不十分高兴”。④ 他指出，到门外去就欢喜，不能到外边去看看、玩玩是许多小孩子哭闹的原因。因此，他主张让“他们在旷野里跑来跑去，看见野花就采采，看见池塘就抛石子入水以取乐。这种郊游于小孩的身体，知识，行为都有很好影响的”。他还告诫做父母或做教师的，要充分认识到小孩子大都喜欢野外生活。做父母的不要总怕身体疲劳、弄脏衣服或感染风寒等，不让儿童到外面去；做教师的则不要怕麻烦而使儿童失去与自然界接触的良好机会。

四、幼稚园的课程理论

(一)“整个教学法”与“五指活动”课程

陈鹤琴的幼稚园课程思想主要集中在南京鼓楼幼稚园的课程实验中提倡的“整个教学法”和进行“活教育”实验时总结的“五指活动”课程中。

1925—1928 年，陈鹤琴在南京鼓楼幼稚园开展以课程实验为主导的全面学前教育实验。实验最后总结出“单元教学法”，即“整个教学法”。其核心精神，便是改变分科教学形式，以自然和社会为中心，以儿童日常生活所见、所闻、所感、所经历的事物或事件为主题，以儿童活动为线索，综合进行课程组织。陈鹤琴认为，儿童的生活本来是连成一体的。过去按学科形式来设置课程，是不符合教学原理的，是

---

① 北京市教育科学研究所：《陈鹤琴教育文集》上卷，596 页，北京，北京出版社，1983。
② 北京市教育科学研究所：《陈鹤琴教育文集》上卷，598 页，北京，北京出版社，1983。
③ 北京市教育科学研究所：《陈鹤琴教育文集》上卷，600 页，北京，北京出版社，1983。
④ 北京市教育科学研究所：《陈鹤琴教育文集》上卷，598～599 页，北京，北京出版社，1983。

四分五裂的，是违反儿童的生活的，是违反儿童的心理的。他对整个教学法的解释是：

> 什么叫做“整个教学法”？整个教学法就是把儿童所应该学的东西整个地、有系统地去教儿童学。这种教学法是把各科功课打成一片，所学的功课是无规定时间学的；所用的教材是以故事或社会或自然为中心的，或是做出发点的；但是所用的故事或关于社会自然的材料，总以儿童的生活、儿童的心理为根据的……①

“活教育”实验的课程论，旨在打破传统的分科教学模式，采用综合编制或单元编制、活动中心编制来组织教学内容。为此，陈鹤琴提出将“五指活动”作为课程组织的依据。

第一，为儿童健康活动。通过身体活动、个人健康、公共卫生、安全教育等，发展儿童的心理与保障生理的健康，培养健全的身心。

第二，为儿童社会活动。通过公民、历史、地理、时事等活动，使儿童明了个人与社会的关系，要求儿童有兴趣、有能力参加社会服务活动，以此激发合作精神和爱国心。

第三，为儿童科学活动。通过生物、数学、物理及生产劳动，增加儿童的科学知识，激发科学兴趣，培养创造能力。

第四，为儿童艺术活动。包括音乐、美术、工艺、戏剧等，目的在于陶冶儿童的情感，启迪审美感，发展艺术欣赏力和创造力。

第五，为儿童文学活动。包括寓言、诗歌、谜语、演讲、辩论等，目的是培养儿童对文学的欣赏能力，尤其是对中国文学的认同与应用。

(二)课程组织

1. 课程组织原则

(1)计划性

陈鹤琴反对传统教学的绝对计划性，而生活化的教学方式又会因为教师准备不够，很难促进儿童的发展，达不到预期的教育目标。因此，他主张教学一定要有计划性，教师上课之前应该有所准备。

(2)弹性和灵活性

陈鹤琴主张教学在计划性下面要有一定的弹性和灵活性。“弹性”是针对课程适应不同儿童的发展需要而提出的。“灵活性”则从社会角度出发，是指课程应该满足社会需要。社会需要不仅有地域差异，也有时间上的不同。因而，应该允许各地在遵守国家统一的课程标准下根据实际情况灵活组织适合地方需要的课程。

---

① 北京市教育科学研究所：《陈鹤琴教育文集》下卷，106页，北京，北京出版社，1985。

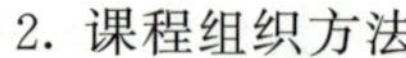

2. 课程组织方法

关于幼稚园课程的组织，陈鹤琴认为既要有目标，又要合于生活。具体做法就是：确定和计划学期的总体规划目标；制定每星期的预定课程表，拟定一星期要教导的中心。这个预定课程表是灵活的，教师可以根据儿童或者社会上临时发生的事情，随时改变课程内容，也可以把新内容作为预定课程的补充部分收纳进来。

五、学前教育研究方法

陈鹤琴是中国著名的学前教育专家，其在探索学前教育理论的过程中之所以取得了丰硕成果，是因为运用了多种不同的教育研究方法。

借助观察研究和调查研究，他了解并剖析了当时的幼稚教育现状，这为他后来进行中国化的幼稚教育研究奠定了基础。在儿童身心发展研究和家庭教育研究中，陈鹤琴借助了更多的颇具特色的方法来进行全面的研究，如观察法、调查法、比较法、实验法、个案研究法、行动研究等。借助这些方法，他实现了对中国儿童心理和教育以及家庭教育的研究，并出版了两本很有影响力的著作——《儿童心理之研究》和《家庭教育》。

1920年，陈鹤琴长子陈一鸣出生，陈鹤琴从此将其作为实验和研究儿童心理的对象。从陈一鸣出生的第二天开始，陈鹤琴对其身心发展进行了长达808天的连续观察和文字、摄影记录，这是现代中国学者最早运用观察实验、追踪记录的方法，以中国儿童为对象，有目的地、系统地对儿童身心发展规律进行个案研究的开端。

陈鹤琴对儿童绘画的个案追踪研究持续了将近10年，其间对431张画作的情况进行了注明，最后整理分析得出结论：儿童的绘画是随着其身心的发展而发展的，即儿童的绘画受生活经验和教育实践的影响。

陈鹤琴十分重视行动研究，在南京鼓楼幼稚园，他通过行动研究，完成了幼稚园课程实验，其研究成果成为1929年教育部颁布的《幼稚园课程暂行标准》的主要依据。此外，他还开展了幼稚师范教育的实验研究和"活教育"理论的实验研究，通过一系列的实验研究实现了学前教育理论的创新，提出了"活教育"理论、"五指活动"课程及整个教学法等。

第五节　张雪门的学前教育思想

张雪门是中国近现代著名学前教育家，与陈鹤琴有学前教育的"南陈北张"之称。张雪门提出了幼稚园行为课程理论，认为课程应该包含生活和实际行动两大要素，幼稚园课程应满足幼儿的整体性、个体性和直接性要求。他指出幼稚师范生要"实习三年"，并在实习场所、实习时间和实习内容上提出了新主张。

一、生平及教育活动

张雪门(1891—1973)(图 4-6)，浙江鄞县(今属宁波)人，中国学前教育家。在 20 世纪三四十年代，他与学前教育家陈鹤琴有“南陈北张”之称。

图 4-6　张雪门

张雪门年幼时就读于私塾，后毕业于浙江省立第四中学，1912 年就任鄞县私立星荫小学校长。1918 年，张雪门在宁波创办了第一所由中国人办的幼稚园——星荫幼稚园。1920 年，与人合办两年制的幼稚师范学校。同年，他应邀到北平任孔德学校小学部主任，并考察平津幼稚教育。1924 年，他前往北京大学教育系学习，其间，他得到了系主任高仁山的指导，对福禄培尔、蒙台梭利等国外学前教育家的思想进行研究，先后编译了《福禄培尔母亲游戏辑要》和《蒙台梭利及其教育》。1926 年，他还发表了其课程研究成果——《幼儿园第一季度课程》。

1928 年秋，张雪门被北平孔德学校聘为幼稚师范科主任，主持培养幼儿师资工作。1930 年秋，他应香山慈幼院院长熊希龄之聘，任北平幼稚师范学校校长。此后，张雪门开始了对幼稚园行为课程的研究。抗日战争爆发后，张雪门将北平幼稚师范学校迁往广西桂林，1944 年，迁至重庆。1946 年，他赴台湾创办儿童保育院。后因工作繁重，患上了严重的眼疾。1973 年，张雪门因脑病复发逝世，享年 83 岁。

二、论幼稚教育的目的

20 世纪 30 年代，在对当时学前教育进行广泛调查的基础上，根据教育目标的不同，张雪门将中国当时的幼稚教育分为四类。

(一)以培植士大夫为目的的幼稚教育

张雪门认为清末仿效日本创办的蒙养院就属于这一类。为了造就士大夫，这类蒙养院以“陈腐的学问，忠孝的道德，严格的管理，再加上劳心而不劳力的培养”对幼儿进行教育。在 1933 年发表的《我国三十年来幼稚教育的回顾》一文中，张雪门对这类日式蒙养院做了这样的描述：“他们将谈话、排板、唱歌、识字、积木等科目，一个时间一个时间规定在功课表上，不会混乱而且也不许混乱的，教师高高的坐在上面，蒙养生很端正的坐在下面。教师教一样，学生学一样，全部活动不脱教师的示范，儿童不能自己别出心裁，也不许其别出心裁。至于各种工具和材料，如果教师不给，儿童自然不能自由取用，且放置的地方很高，儿童虽欲取而不得……在这种教育底下……儿童是被动的，双方都充满了压迫的苦闷，所学的全是零零碎碎的知识技能，都是浮面的，虚伪的，日子稍久就立刻忘怀了。”①他指

① 中国学前教育史编写组:《中国学前教育史资料选(全一册)》，197～198 页，北京，人民教育出版社，1989。

出以培养士大夫为教育目的的蒙养院在管理、课程和教学上存在诸多弊端。

(二)以培养宗教信徒为目的的幼稚教育

张雪门认为外国教会在中国所办的幼稚园属于此类。教会幼稚园主要以培养宗教信徒为目的。他对教会幼稚园教育进行了深刻的批判。他指出教会幼稚园虽然有美丽的教室、小巧的设备，可儿童“所受的材料都是从西洋直接的翻译过来，是已经经过了多少教育者的匠心精选……教法，也是向西洋局部的摹拟。这种教育多半操于一知半解西洋传教士的太太们，利用国内教会出身年轻的女子”。① 张雪门认为这类幼稚园都以宗教为本位，以培养宗教信徒和帝国主义温顺的奴仆为目的，它们的保姆只为教会尽职，关心的是宗教而不是孩子，根本不顾儿童的天性，只是把儿童当作宗教信徒来培养。对此，张雪门抨击了这种奴化和洋化的教育，并尖锐地指出教会幼稚园作为帝国主义文化侵略的工具，所起的作用“消极的是在减弱中国民族的反抗，积极的是在制造各国的洋奴”。

(三)以发展儿童个性为目的的幼稚教育

张雪门认为，当时中国受意大利蒙台梭利和美国杜威教育思想影响的幼稚园就是以发展儿童个性为目标的。他指出，“我们的幼稚教育的目的，应完全以儿童为本位；成就儿童在该时期内心身的发展，并培养其获得经验的根本习惯，以适应环境”②。他认为这类幼稚园通过教具对儿童进行生活、感官、知识的训练，利用生活环境中的事物作为教学的素材，按照时令、季节、儿童的动机和需要设计、编制课程，并给儿童一定的思考机会，可以促使儿童个体的发展。后来，他逐渐认识到儿童本位的思想不适合当时中国的国情和时代的需要，认为幼稚教育就应该考虑社会、国家和民族的需要，而不仅仅注重儿童的个性本身。

(四)以改造中华民族为目的的幼稚教育

20 世纪 30 年代，随着日本帝国主义的入侵，民族危亡日益加深。张雪门逐渐意识到中国社会的贫、弱、愚、私“则在于国内封建的势力未曾铲除，而国际上帝国主义的侵略日益加甚”。要改变这种状况，应通过教育“培养国民生产的习惯与兴趣，团结的能力，客观的态度，自动的精神，并唤起民族的意识及反帝国主义的情绪”。③ 教育是改造国家的关键，教育可以唤起人民的民族意识，激发人民的反帝国主义情绪，因此，要加强对幼稚阶段儿童的教育。因为儿童是民族未来的栋梁，凡现时代中华民族应负的使命，儿童虽小，但绝不例外。他还提出了改造民族幼稚教育的 4 项具体目标：铲除民族的劣根性；唤起民族的自信心；养成劳动与客观的习惯态度；锻炼民族为争中华之自由平等而向帝国主义做奋斗之决心与实力。在此基础上，张雪门主张实施幼稚教育必须根据三条原则：一是中国的传统文化；二是国

---

① 中国学前教育史编写组：《中国学前教育史资料选(全一册)》，197～198 页，北京，人民教育出版社，1989。

② 张雪门著、戴自俺主编：《张雪门幼儿教育文集》上卷，337 页，北京，北京少年儿童出版社，1994。

③ 张雪门著、戴自俺主编：《张雪门幼儿教育文集》上卷，452 页，北京，北京少年儿童出版社，1994。

家民族的需要；三是儿童的心理发展。这样才能培养儿童的国家伦理观念、民主生活和科学头脑。他认为，要创造中国自己的幼稚教育，就应适应国家和民族的需要，并随着时代的发展而改变幼稚教育的目标、课程内容和组织方法。

三、论幼稚园课程

张雪门在幼稚教育实践的过程中，一直注重对幼稚园课程的研究，相继出版了《增订幼稚园行为课程》《中国幼稚园课程研究》等课程论著。

(一)对幼稚园课程的论述

关于课程的含义，张雪门指出："课程是经验；是人类的经验，用最经济的手段，按有组织的调制，用各种的方法，以引起孩子的反应和活动。"①他认为，这种经验不是零散无序、不讲效益、不计价值的自然经验，而是有目的、有计划、有组织地通过活动让儿童获得的有益经验。这种经验"对于人生(个人和社会)有极大的帮助，有特殊的价值，所以人类要想满足自己的需求、充实自己的生活，便不得不想学得这些经验……更传给了后人"②，"有了这一步经验，才能产生记忆、想象和思想种种的心理作用"③。他对课程本质提出了自己的看法，认为个体与环境接触产生了"兴趣、技能、知识、道德、体力、风俗、礼节"等经验，这些经验都包含在课程里。他进一步扩大了课程的范围，指出课程就是适合儿童生长的有价值的材料。这些材料包括儿童在各种活动中产生的直接经验，而不仅仅是"知识的载体"和前人的经验。

(二)论幼稚园行为课程

20 世纪 30 年代初，张雪门就开始对幼稚园行为课程进行研究。行为课程是张雪门学前教育思想的重要内容。

1. 行为课程的含义

关于行为课程的含义，张雪门在 1966 年出版的《增订幼稚园行为课程》一书中提出：生活就是教育，五六岁的孩子们在幼稚园生活的实践，就是行为课程。他认为，行为课程应该包含生活和实际行动两大要素。首先，这种课程完全根据于生活，它从生活而来，从生活而开展，也从生活而结束，不像一般的完全限于教材的活动，他认为，先有生活，才有材料的需要，行为课程应以儿童在幼稚园的生活为中心，融合在儿童的生活之中，使教育生活化；其次，行为课程要在生活中注意实际行动，并把生活和行动看作相互联系的整体。凡扫地、抹桌、熬糖以及养鸡、养蚕、种玉蜀黍等，能够让儿童实际行动的，都应该让他们实际去行动。至于游戏、唱歌等，虽然也可以给予儿童模仿和表演的机会，但并不能代表人类实际的行动。因此，教

---

① 张雪门著、戴自俺主编：《张雪门幼儿教育文集》上卷，24 页，北京，北京少年儿童出版社，1994。

② 张雪门著、戴自俺主编：《张雪门幼儿教育文集》上卷，338 页，北京，北京少年儿童出版社，1994。

③ 张雪门著、戴自俺主编：《张雪门幼儿教育文集》下卷，1088 页，北京，北京少年儿童出版社，1994。

师要在教育过程中注重儿童的实际行动，为儿童的生活创造条件，扩充儿童的生活经验，使儿童获得实际生活的能力。因为，儿童从行动中所得的知识，才是真实的知识；从行动中所发生的困难，才是真实的问题；从行动中所获得的胜利，才是真实的制取环境的能力。

2. 行为课程的目的

张雪门认为，幼稚教育应完全以儿童为本位，成就儿童在该时期内心身的发展，并培养其获得经验的根本习惯，以适应环境。他指出，幼稚园课程的目的在于联络孩子们的旧观念，以引起其新观念，更谋其旧经验的打破、新经验的建设。他认为，课程要注意社会生活的意义，但课程不可凭着成人主观的意见，因为儿童的需要和经验与成人的需要和经验不一样，儿童反映的是他自己环境里的社会，但绝不是成人的社会。① 因此，他主张，幼稚园行为课程的目标就是要满足儿童身心发展的需要，养成儿童的经验与习惯，培养儿童生活的能力与意识，以促进儿童身心全面发展。

1931 年之后，面对国家民族危亡的社会现实，张雪门又提出，课程目标不仅要促进儿童身心发展，而且要兼顾社会的需要。1933 年，张雪门将幼稚教育定为改造民族的幼稚教育，并拟定了 4 项课程目标，把儿童个体发展与社会需要结合起来，将儿童发展置于具体的社会环境之中。

3. 行为课程的内容

张雪门认为，幼稚园的课程是为促进儿童健康活泼发展而设计和准备的一系列活动，他把行为课程的内容表述为"教材"②，并把"教材"解释为，"教材不论是现成的，不论是创造的，其唯一的目的，实为充实儿童的生活，决非灌注儿童的熟料。因教材的目的在充实儿童的生活，所以对儿童是活动而非知识，虽然活动里面未始不含有知识，但决不是特殊地抽出来的死知识，且教材在儿童生活上的功能，是一种开始，而不是结果"。可见，他认为，儿童在幼稚园生活的经验都是教材。而且，教材的范围很大，并"不限于一首歌曲，一件手工"，包括"儿童从家到校，又从校到家，在家庭、道路、幼稚园所受的刺激，能够引起儿童生活的要求，扩充儿童生活的经验，潜移儿童生活的意识的"方方面面。③ 这种经验来源于儿童自身的个体发展、儿童与自然环境和社会环境的接触。根据这一认识，张雪门把课程的内容分为儿童自发的诸般活动、儿童的自然环境活动及儿童的社会环境活动。

4. 行为课程的组织

张雪门认为，幼稚园课程的组织有以下特点与要求。①整体性，由于幼稚生对自然和人事没有分明的界限，看宇宙间的一切都是整个的，因此，幼稚园的课程要

---

① 张雪门著、戴自俺主编：《张雪门幼儿教育文集》上卷，127 页，北京，北京少年儿童出版社，1994。

② 唐淑：《学前教育史》，130 页，北京，人民教育出版社，2009。

③ 张雪门著、戴自俺主编：《张雪门幼儿教育文集》上卷，394～395 页，北京，北京少年儿童出版社，1994。

注重整体性；②个体性，幼稚生时期满足个体的需要大于满足社会的需要，在编制课程时要注意儿童的需要和能力；③直接性，幼稚园的课程须根据儿童自己的直接经验，虽然这种经验不如传授的经验经济和整齐，但对于儿童而言意义更大。

20 世纪 70 年代，张雪门又提出了幼稚园课程组织的一些标准：课程须和儿童的生活联络；是有目的、有计划的活动；事前应有准备，应估量环境，应有相当的组织，且须有远大的目标；各种动作和材料，全须合于儿童的经验、能力和兴趣；动作中须使儿童有自由发展创作的机会；各种知识、技能、兴趣、习惯等全从儿童直接的经验中获得。[①] 此外，他在实践中带领学生一起编写拟订了全年的课程表——各月活动估量表。

5. 行为课程的实施

张雪门指出，行为课程不仅要有计划，而且要有实施，要注重行动。他认为，事怎样做必怎样学，怎样学必怎样教，做学教打成一片，才能完成行为课程。为了保证行为课程的实施效果，张雪门引进了设计教学法，对其进行了改进，拟订了行为课程计划，采用了单元教学。他指出，行为课程在实施中要注意选择和整理好教材、劳动与劳心相结合、在儿童生活中取材的课程须有远大客观的目标三项原则。对教师在行为课程实施中的各个阶段的要求如下。

第一，实施前的准备。主要包括“知识上的准备”“技术上的准备”“作业程序分析的准备”“工具、材料的准备”“集中心力的准备”。前四项是课程实施所必要的，属于“知”的部分；最后一项更为重要，属于“情”的部分。他认为只有教师专心准备，儿童行为才能得到良好展开。

第二，实施中的指导。在课程准备好之后，张雪门认为，在实施中成人要摒弃主观意识，给予儿童计划、知识、技术、兴趣、习惯和态度上的指导，注意他们遇到的困难和所犯的错误，并帮助他们。

第三，实施后的进展。张雪门认为，课程实施后仍然有后续的工作。具体分为：“对幼童行为应有检讨”，即行动结束后，教师要指导儿童探讨成功和失败的原因，并给予适当的评价；“对幼童行为应有继续的注意”，即教师要细心观察，注意儿童行为的继续性，自然地引导其进入下一个活动；“对幼童行为应有记录”，即教师要对儿童每天的重要行为进行记录，以作为参考；“对幼童行为经验应有估计”，即在每一个单元活动结束后，张雪门要求教师对儿童的经验进行估计，对照和分析儿童的实际行为和预定目标，确保课程实施的有效性。

四、论幼稚师范教育

张雪门十分重视幼稚师范教育，在长期的幼稚师范教育工作中形成了独特的理论。

---

① 张雪门著、戴自俺主编：《张雪门幼儿教育文集》下卷，776 页，北京，北京少年儿童出版社，1994。

(一)幼稚师范教育的重要性

张雪门认为，中国的学前教育要发展，幼稚园质量要提高，根本在于培养好的幼稚师资。幼稚师范教育影响着幼稚教育，若摒弃了师范教育而研究幼稚教育，无异于“清溪流者不清水源，整枝叶者不整树木，绝不是彻底的办法”。在任北平幼稚师范学校校长时，他提出了要培养为改造具有民族素质的新一代国民而献身的学前教育师资。

(二)论幼稚师范“有组织有系统”的实习

张雪门非常重视幼稚师范生的实践，主张理论和实际结合起来，并对幼稚师范生的实习做了独到的论述。

1. 实习的场所

张雪门认为，幼稚师范教育中应该突出实习的环节。在孔德学校时，他制定了“半日授课，半日实习”的实习制度。在北平幼稚师范学校时，他又把实习的场所扩大到乡村，为农民服务。他认为，幼稚师范生应该在中心幼稚园、平民幼稚园、婴儿教保园、小学 4 种单位实习。这 4 种实习单位对幼稚师范生的培养有着不同的作用。中心幼稚园是在幼稚师范学校中设立的，幼稚师范生可以在此获得教育幼儿的实际经验；平民幼稚园是幼稚师范生实践的重要场所，通过在实习中担任园长、教师等，可以获得独立从事幼稚园各种工作的能力；幼稚师范生通过在婴儿教保园的实习可以获得关于婴幼儿的身心特点及婴儿保教的知识；在小学的实习，可以帮助幼稚师范生了解幼儿在入小学前如何在知识、行为等方面做好各种准备。

2. 实习的时间

张雪门认为，幼稚师范生在三学年中，第一学年每周实习 9 学时，分 3 次进行。首先，参观本校中心幼稚园的园址、园舍、设备、教具等，了解教师的态度、技能、兴趣、习惯、仪表及教师对幼儿发生问题的处理等，使幼稚师范生对幼稚园有一个基本概念。其次，参观各类幼稚园，开阔幼稚师范生的眼界，并扩充其知识，研究适合中国国情的幼稚教育。最后是参与实习，每周有三个上午到中心幼稚园实习教育教学活动，以形成幼稚师范生的基本观念和教学能力。第二学年的实习时间由学生自己支配。第三学年的第一学期，一半时间在婴儿教保园实习，另一半时间到小学实习，使幼稚师范生确立为幼稚教育而献身的志向。

3. 实习的实施

关于实习的实施，张雪门认为可分为四个阶段。①参观。通过参观，让幼稚师范生了解幼稚园的设备、教学活动过程及整个设计工作等知识，应安排在第一学期。②见习。安排在第二学期，让学生参与整个设计活动。这一时期的指导教师应以幼稚园教师及实习的导师为主。见习的地点，也以自己的中心或附属幼稚园为宜。③试教。安排在第二学年，让学生实际负责幼稚园中的招生、编级、选材、组织课程指导活动、编制预算决算，以及处理一切教学上、教师业务上、幼稚园行政上的工作。④辅导。时间也是一个学年，内容包括家庭访问、亲职教育、社区调查等。

(三)实习理论的特点

张雪门的幼稚师范教育理论被称为“有组织有系统”的实习理论，是其“行为课程”思想在师范教育中的体现。从他提出的实习的场所、时间及实施等可以看出，其有关幼稚师范生实习的主张显示出新的特征。一是在空间上，它把幼稚师范生的实习场所从幼稚园扩大到婴儿教保园和小学，从校内扩大到校外，从城市扩大到农村；二是在时间上，它从只是集中在三年中的最后一个学期，增加到三年六个学期中均有实习；三是在内容上，它把幼稚师范生的实习从只实习幼稚教育扩展到包括婴儿保育、小学教育在内的多阶段教育，从只实习教育和教学扩展到包括行政管理、家政实习、缝纫烹饪、种菜等在内的各项工作。

第六节 张宗麟的学前教育思想

张宗麟曾师从陶行知、陈鹤琴等著名教育家，对幼稚园课程改革颇有建树。他指出了中国当时的幼稚教育被教会垄断和社会漠视的症结，拥护并践行陶行知提出的幼稚园下乡进厂运动。另外，张宗麟还对社会化的幼稚园课程、幼儿教师的专业化等提出了独到的看法。

一、生平及教育活动

张宗麟(1899—1976)(图 4-7)，浙江绍兴人。1921 年秋，考入南京高等师范学校教育科，师从陶行知、陈鹤琴等教育家。1925 年毕业后，协助陈鹤琴创办南京鼓楼幼稚园，成为中国第一个男性幼儿教师。1927 年，至晓庄协助陶行知培养乡村教师，先后兼任晓庄第二院(幼稚师范院)指导员、晓庄师范教导主任。1931 年，他到福建集美幼稚师范学校任教员，次年兼任集美乡村师范学校校长。后历任桂林师范专科学校教师、重庆教育学院教务长、湖北教育学院教育系主任等职。1937 年，张宗麟为国难教育社主编抗战课本，并以国难教育社代表的身份参加宋庆龄等人发起的营救“七君子”活动。

图 4-7 张宗麟

1942 年，张宗麟前往新四军淮南根据地，任江淮大学秘书长。1943 年 8 月，他来到延安。在边区，张宗麟曾任延安大学教育系副主任、北方大学文教学院院长、华北大学教研室主任。北平解放后，张宗麟任北京军管会教育接管部副部长，后任高等教育委员会秘书长。新中国成立后，历任教育部高等教育司副司长，高等教育部计划财务司副司长、司长等职。1976 年在上海逝世。张宗麟有关学前教育的主要著作已收入《张宗麟幼儿教育论集》。

二、论幼稚教育的地位和作用

关于幼稚教育的地位和作用，张宗麟在《幼稚教育概论》中指出，“各种儿童教育之发达，以幼稚教育为最迟，各种教育之收效，以幼稚教育为最难；髫龄稚子，能力薄弱，充其量而为之，不足当成人之一睐；于是社会上对于各种教育之轻视，亦以幼稚教育为最甚。然而静心默思，幼稚教育之重要，实为惊人”①。他认为，幼稚教育的重要性首先是由儿童对人生、对社会和国家的重要性决定的。幼稚儿童在人生中的重要性，表现在“在生理上，此期儿童最易蹈危险，正如初放之芽，最易被虫蚀；在心理上则所有影响最深，几乎一生不消”。② 因此，如果没有对儿童进行良好的教育，那么将影响其一生。幼稚教育对社会和国家的重要性表现在，无论是为国效劳之壮年人民还是为国家败类之壮年人民，“试问如此效果发源何处？莫不如童年时造成之”。他指出，“据人口调查，儿童自三岁至六岁死亡率最大……倘能有良好之保护与教育，使婴儿皆长为成人，更能各现其个性，则国家社会之进步，必速于今日”。同时，他又指出，“吾人爱国热忱，发于理智者少，而发于情感者多。然而永久的情感，非一时所能造成，必日浸月渐，然后根深蒂固，虔心不改。吾人倘以国民为必须爱国者，必须为社会服务者，则其教育当自最初级之教育开始，此教育为何？即幼稚教育也”。③ 由此可见，不论从儿童个人发展的角度，还是从国家、社会利益的角度，他都认为幼稚教育十分重要。

其次，张宗麟认为，幼稚教育对于整个学制而言亦十分重要，幼稚教育“为学制上一切教育之起点”，它不但是“小学教育之基础”，而且是“中学、大学教育之基础”，“非独小学生，即中学生大学生许多习惯、性情，亦可在幼稚园养成之，如研究的态度，对人的品性等，皆奠基于此”。④

此外，张宗麟还指出，“幼稚园与家庭之关系最为明显。为家庭托付儿童之第一个场所，最能与父母接触之第一种教育事业”，许多家庭因“父母各有职业，又有其他事务，不能负子女教育之责，于是托付于幼稚园”，又有许多“父母因学识关系，对于子女之教育，有时爱而不知教者甚多”，因此需要幼稚园的帮助。⑤ 因为幼稚园有专门的人才，可以使儿童接受良好的教育。幼稚园在担负教育儿童的责任的同时，还可以通过组织母亲会等形式对家长进行教育方法的辅导。

---

① 张沪：《张宗麟幼儿教育论集》，3页，长沙，湖南教育出版社，1985。
② 张沪：《张宗麟幼儿教育论集》，3～4页，长沙，湖南教育出版社，1985。
③ 张沪：《张宗麟幼儿教育论集》，4页，长沙，湖南教育出版社，1985。
④ 张沪：《张宗麟幼儿教育论集》，4～5页，长沙，湖南教育出版社，1985。
⑤ 张沪：《张宗麟幼儿教育论集》，5页，长沙，湖南教育出版社，1985。

三、论幼稚教育的服务对象和发展方向

(一)幼稚教育的服务对象

张宗麟认为，解决幼稚园为谁服务的方向性问题至关重要。他指出，“世界上第一个幼稚园是产生在穷乡的，世界上幼稚园的发达也在贫民窟里的”。但是在社会变迁的过程中，本为贫儿来的幼稚园，反被富人用了。中国的幼稚教育也一样，幼稚生也都是来源于比较富裕的家庭。他认为这极不合理，因为作为富人的太太们每天茶来伸手、饭来张口，有时间教自己的孩子；而穷人的母亲们，“每天不是进工厂做工，便是到田里去做活”，反而她们的孩子却与幼儿园无缘。若幼稚教育一直这样发展下去，“幼稚园将变为富贵孩子的乐园……这种幼稚教育必定渐归消灭”。为此，他指出，“幼稚园若是为着整个民族的教育之一，那末非转移方向，从都会转到乡村与工厂区去不可”。① 对此，张宗麟还对幼稚教育的服务对象做了细致的分析，认为农家妇，工厂的女工，失业的小贩、车夫及做短工的家庭中的母亲，由于忙于生计，没有时间照顾孩子，应该有人替她们照顾孩子。在这一思想的指导下，张宗麟极力拥护陶行知提出的幼稚园下乡进厂运动。1927 年 11 月，张宗麟与徐世璧、王荆璞一起协助陶行知创办了乡村幼稚园。

(二)幼稚教育的发展方向

1925 年 10 月，在对南京、苏州、杭州、宁波等地的幼稚园进行考察后，张宗麟指出了中国当时的幼稚教育被教会垄断和社会漠视的症结，并针对这些问题提出了四个补救办法。第一，“停办外人设立之幼稚师范及幼稚园”，政府应该依据国家教育法令限期停办外国人设立的幼稚师范学校及幼稚园。第二，“严定幼稚师范及幼稚园之标准”，他认为在停办外国人所设幼稚师范学校及幼稚园之后，为免除未来之弊端和培养独立国家之教育精神，要严定幼稚教育之标准。第三，“筹设幼稚师范并检定幼稚教师”，停办外国人所设幼稚师范学校后，筹设本国的幼稚师范学校，并使“从前受过非正式幼稚师范教育之幼稚园教师，皆须受国家检定，方许其从事职业”。第四，“鼓起社会之注意”②，他认为这是根本方法。张宗麟认为只有通过以上这些措施，才能根治当时中国幼稚教育之顽疾，充分发挥幼稚教育培养人才的奠基作用。

在揭露当时幼稚教育存在弊端的同时，张宗麟对幼稚教育的本质和发展方向进行了探讨。他指出，明日的幼稚教育“是普及的”“必定为某个集团(国家或其他)或某种思想训练幼稚儿童的”“是‘教’与‘养’并重的”“必定与家庭沟通的”“必定与小学联系的”“必定训练儿童有集团工作的精神，免去个人单独行动的散漫行为”“必定引用科学的养护法”“必定有它的一贯主张”。③ 他认为中国学前教育必定向普及方向发

① 张沪：《张宗麟幼儿教育论集》，398 页，长沙，湖南教育出版社，1985。

② 张沪：《张宗麟幼儿教育论集》，12、54 页，长沙，湖南教育出版社，1985。

③ 张沪：《张宗麟幼儿教育论集》，422～423 页，长沙，湖南教育出版社，1985。

展，有比较科学的指导思想，通过保教结合促进儿童的全面发展。

四、论幼稚园课程

幼稚园课程思想是张宗麟学前教育思想的重要组成部分。他曾参与南京鼓楼幼稚园和晓庄乡村幼稚园课程的试验研究，对幼稚园课程的本质、内容及编制方面提出了自己的见解。

(一)课程及其分类

关于幼稚园课程的含义，张宗麟指出，“幼稚园课程者，由广义的说之，乃幼稚生在幼稚园一切之活动也”，它包括“一切教材，科目，幼稚生之活动”。① 他认为幼稚园课程有两种。一种以儿童活动分类，包括五个方面：开始的活动，即幼稚生初入园时必须养成之习惯，如放手巾、认识教师和同学等；身体的活动，即健身之习惯与技能，如卫生习惯和走、跑、跳等；家庭的活动，即反映家事和家庭关系的娃娃家游戏、建筑游戏等；社会的活动，即培养公民必需的能力的各种纪念日活动和同伴交往等；技巧的活动，即自我表达的活动，如手工、图画、整理打扫等。另一种以学科分类，包括音乐、游戏、手工、自然等科目。但不管按照哪种分类，教师都不可拘泥于某时当教何课程，而应动静交替地安排好儿童每一日的活动。一般每日可安排一两次团体作业，除午餐、午睡外，不必有规定的时间表，但某时期如何作业，教师必须胸有成竹。

(二)社会化的幼稚园课程

在《幼稚园的社会》一书中，张宗麟提出了社会化的幼稚园课程的主张。他指出幼稚园的各种活动都应当具有社会性，因为教育的灵魂在于培养某种适应社会生活的人。为适应社会生活，幼稚园里不仅应该设置“历史、地理、家庭、职业、卫生、风俗人情，伟人事迹，各国人的生活等”②社会科目，而且幼稚园的一切活动，从广义上讲，都可以说是“社会”，都应具有社会性，即便是“自然”科目也绝不是纯粹去研究自然，也必定是与人生有密切关系的自然研究。为此，幼稚园的课程应是社会化的幼稚园课程。

张宗麟指出了幼稚园社会化课程设计的两个根据，即儿童社会与成人社会，这二者又是极不相同的。他认为，幼稚生年龄很小，社会经验少，只能通过直接而容易做的活动来了解社会，成人应该尊重儿童，并帮助儿童组织活动。他十分赞同达恩斯提出的“孩子可以领悟任何人生的、物质的、以及社会集团的、现代状况的一切，这种种领悟的能力，只有他自己的经验所能给予”③的观点。

张宗麟指出社会化课程主要包括7类活动。①关于生活卫生、家庭邻里、商店

---

① 张沪：《张宗麟幼儿教育论集》，31页，长沙，湖南教育出版社，1985。

② 张沪：《张宗麟幼儿教育论集》，271页，长沙，湖南教育出版社，1985。

③ 张沪：《张宗麟幼儿教育论集》，284页，长沙，湖南教育出版社，1985。

邮局以及其他公共设施和名胜古迹等方面的活动。②日常礼仪的演习。③节日和纪念日活动。④对身体的认识活动和基本卫生活动。⑤健康和清洁活动。⑥认识党旗、国旗等活动。⑦各种集会和社团活动。

为了使社会化课程能够更好地促进儿童社会性的发展，张宗麟强调在实施时要做到以下几点。①注重培养儿童互助与合作的精神。这两者是有区别的，互助是无条件的，其报酬不是当时的或直接的，而合作是有条件的。②培养儿童对他人的爱和怜的情感。张宗麟指出，爱是有生气的，是双方的，可以使被爱者产生力量、培养力量，如师生间的爱；怜是单方面的，如富人对乞丐的施舍。从教育观点看，前者比后者积极，但二者皆不是自私自利。③培养儿童有照顾他人的思想。张宗麟指出，儿童对别人的观念还不是很深切，在活动中往往只顾自己，因此，要注意教育儿童在活动中顾到别人。他认为在教育过程中还应该使儿童知道生活用品的来源，懂得尊重劳动者。

五、论幼稚园教师

(一)论幼稚园教师的任务和要求

张宗麟认为，由于幼稚生身心发展的特殊性，幼稚园教师的任务实际上要重于小学教师。具体包括养护儿童、发展儿童身体、养成儿童相当之习惯、养成儿童相当之知识与技能、与家庭联络并谋家庭教育改良之方、研究儿童。其中，养护儿童为幼稚园教师最重要的责任。

鉴于幼稚园的重要任务，张宗麟对幼稚园教师提出了以下具体的要求。第一，幼稚园教师对社会应有的态度。这包括要意识到幼稚园教师是社会上的一份正当职业，幼稚园教师是为大多数儿童谋幸福的，要对所有儿童一视同仁，要深入社会中去，帮助农家妇女、工厂女工以及其他需要帮助的母亲照顾孩子。第二，幼稚园教师要有新的本领。具体包括能说会讲、会算账、会组织合作社、会书写文件书信、会看文件、会做账房、会医小病、会做日常手工、会招待、懂得当地习俗等。

(二)论幼稚师范教育

1．论幼儿教师的专业化

随着各地幼稚园的增多，对专职教师的需求越发紧迫。张宗麟指出，当时仅有几所幼稚师范学校培养学生，无论从人数还是从实地施教的现状而论，都不能满足幼稚园对教师的需求。而普通师范生是注重小学教育的，在专业要求上与学前教育有着质的区别。而且“幼稚园里的游戏、音乐、手工、图画、诸科……不可直抄小学教学法的”。另外，“还有家庭的联络是幼稚教师最重要的职务，恐怕也是普通师范生难得做到的，此外如养护上也比小学里更具有繁重的责任”。[①] 因此，张宗麟特别

---

① 中国学前教育史编写组：《中国学前教育史资料选(全一册)》，204页，北京，人民教育出版社，1989。

强调，需要增设幼稚师范学校去培养更多专门的学前教育师资。他说："幼稚生在体力智力上都和到学龄的儿童不同，所以应该有不同的教育……应该有曾经受过幼稚师范教育的人才去任教师。"①

2. 幼稚师范教育的实施

为了使幼稚师范学校能够培养出健全的教师，张宗麟对幼稚师范学校的招收条件、学制、课程安排都提出了自己的看法。

对于幼稚师范学校的招收条件，他指出，由于"幼稚教师实在要万能的，所以于普通知识技能的修养，要非常充足……所以最低限度应收初中毕业生，倘若再提高，招收高中毕业生，那是更好了"。② 幼稚园教师并非全为女子，须有男子加入。

至于幼稚师范学校的学制，他认为应该以三年为限，学生应在三年期间修完所有课程。同时，由于幼稚师范课程的复杂性，可以请大学教育科毕业生教授普通教育学课程，至于"各种专门课程，则不如请富于有幼稚园经验的保姆担任，或者和有教育上高深学识的人士合任"。③

关于幼稚师范学校的课程安排，张宗麟认为应包含以下几个部分。①公民训练组：含本国史、本国地理、世界史地概要、社会学、最近世界概况，占15%。②普通科学组：含科学入门、应用科学、生物学、应用数学、簿记，占15%。③语文组：含国文、国语、英文(非必要)，占10%。④艺术组：含国画、手工、烹饪、家事学、音乐，占15%。⑤普通教育组：含教育学、教育心理、教育史、普通教学法，占10%。⑥专门教育组：含幼稚教育概论、儿童心理、儿童保育法、幼稚园各科教学法、幼稚园各科教材讨论、幼稚园实习、幼稚教育之历史及其最新趋势、小学低年级教学法，占35%。④

张宗麟还指出，要成为一名优秀的幼稚园教师，只靠在学校中几年的学习是不够的，还必须随时修养，不断进取。幼稚园教师还要加强品性上的修养，多读书读报，要与本地区幼稚教育团体联络，可利用假期集中学习，要正当处理家庭和事业的关系。

本章小结

中国近现代史上的一批思想家、教育家在献身教育的实践过程中，对如何对待儿童、如何实施学前教育进行了深入的思考，形成了这一时期的儿童教育思想和学前教育理论。蔡元培、鲁迅、陶行知、陈鹤琴、张雪门和张宗麟就是其中的杰出代表。蔡元培提出了"尚自然""展个性"的儿童教育原则；鲁迅强烈地批判了宗法制度

① 张沪：《张宗麟幼儿教育论集》，757页，长沙，湖南教育出版社，1985。

② 中国学前教育史编写组：《中国学前教育史资料选(全一册)》，209～210页，北京，人民教育出版社，1989。

③ 张沪：《张宗麟幼儿教育论集》，763页，长沙，湖南教育出版社，1985。

④ 张沪：《张宗麟幼儿教育论集》，56～57页，长沙，湖南教育出版社，1985。

下的传统儿童教育，呼唤“以儿童为本位”；针对传统“书本中心”的“死教育”，陶行知和陈鹤琴分别提出了“生活教育”和“活教育”理论；张雪门和张宗麟作为学前教育专家，他们均提出了自己的学前教育理论与主张。

关键术语

五育并举；尚自然、展个性；礼教“吃人”；儿童本位；生活即教育；社会即学校；教学做合一；幼稚园之新大陆；儿童六大解放；艺友制；活教育；整个教学法；五指活动；行为课程；实习三年；社会化的幼稚园课程

思考题

1. 评述蔡元培“尚自然”“展个性”的儿童教育原则。
2. 试述鲁迅的儿童教育思想。
3. 试述陶行知生活教育理论的主要内涵和现实意义。
4. 陶行知对学前教育的主要观点有哪些？说说其历史意义和现代价值。
5. 试论陈鹤琴“活教育”思想的内涵及现实意义。
6. 试述陈鹤琴的幼稚园课程思想及对当前中国幼儿园课程改革的重要启示。
7. 试述张雪门的幼稚园“行为课程”的内涵及实施。
8. 试述张雪门的幼稚师范教育理论及其对当前幼儿教师培养的启示。
9. 试述张宗麟社会化的幼稚园课程观。

实践活动建议

1. 借助网络、图书等搜集近现代教育家开展学前教育实践活动的视频和照片，就其中一位或几位教育家的学前教育思想和实践进行讨论。

2. 结合多位教育家的生平教育实践活动，以“追寻近现代教育家的教育初心，做新时代的大先生”为题展开讨论。

3. 以“近现代教育家的思想对推进新时代中国式现代化学前教育的启示”为题，展开讨论。

拓展阅读

1. 张勤，陈义新. 蔡元培近代儿童教育思想与现代家庭教育. 上海师范大学学报(哲学社会科学版)，2016(2).

2. 黄红春. 论鲁迅儿童教育思想及其当代意义. 南昌大学学报(人文社会科学版)，2005(5).

3. 邬春芹. 陶行知乡村学前教育实验述论. 教育文化论坛，2019(4).

4. 贾宏燕. 陈鹤琴学前教育现代化探索的价值取向与路径分析. 太原师范学院学报(社会科学版)，2014(5).

5. 王春燕. 张雪门幼稚园行为课程及其现代意义. 华东师范大学学报(教育科学版)，2008(4).

第三编　中国当代学前教育

第五章　社会主义革命和建设时期的学前教育

本章学习目标▶

1. 了解新中国成立初期社会主义学前教育制度创建及学前教育发展措施。

2. 把握新中国成立初期学习苏联学前教育的情况。

3. 了解社会主义革命与建设时期学前教育发展的情况。

4. 了解徐特立对于学前教育的意义和地位的论述，把握“经师人师合一”的内涵及要求。

第一节　新中国成立初期的学前教育

1949—1956年是新中国建立的初期，也是新中国学前教育体系创建的重要时期。1951年10月，政务院公布施行《关于改革学制的决定》，“幼儿园”成为新中国学前教育机构的名称。这一时期，国家还发布了一系列文件，确定了幼儿园的双重任务。在中国共产党的领导下，新中国的学前教育事业走上了有组织、有计划、有步骤的快速发展之路。

一、幼儿园制度的建立

(一)新中国学制中的幼儿园地位

1949年9月，中华人民共和国召开中国人民政治协商会议。按照这次会议通过的《中国人民政治协商会议共同纲领》的规定，中华人民共和国的文化教育是“民族的、科学的、大众的文化教育”。12月，第一次全国教育工作会议在北京召开，确定了全国教育工作总方针。会议确定建设新教育要以老解放区教育经验为基础，吸收旧教育的有益经验，特别要学习借鉴苏联教育建设的先进经验。教育必须为国家建设服务，学校必须向工农开门，教育发展采取普及与提高相结合的原则，为新中国学前教育的发展指明了方向。1951年10月，政务院公布了中华人民共和国第一个学制——《关于改革学制的决定》。《关于改革学制的决定》明确了新中国学制分为幼儿教育、初等教育、中等教育、高等教育、各级政治学校和政治训练班五个部分，幼儿教育是学制体系的第一环(图 5-1)。实施幼儿教育的组织为幼儿园，招收 3 足岁到 7 足岁的幼儿，使他们的身心在入小学前获得健全的发育。幼儿园将在有条件的城市首先建立，然后逐步推广。从此，“幼儿园”的名称正式取代“幼稚园”，中国学前教育事业走上了有组织、有计划、有步骤的发展道路。

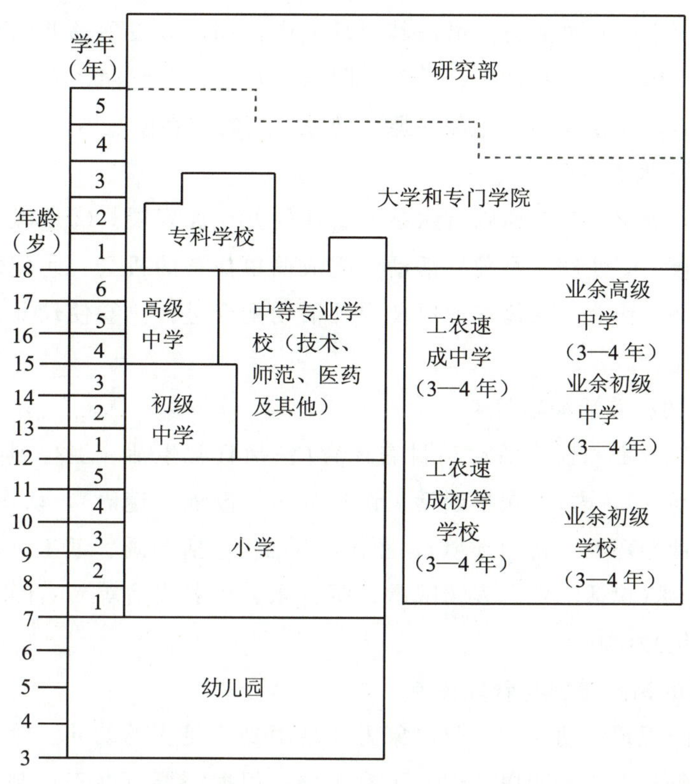

图 5-1　新中国成立初期的学制系统

(二)社会主义学前教育制度的确立

为了尽快推进中华人民共和国学前教育的发展，1952 年，教育部颁发了《幼儿园暂行规程(草案)》(以下简称《暂行规程》)及《幼儿园暂行教学纲要(草案)》(以下简称《暂行纲要》)两部学前教育纲领性文件。这两部法规充分吸收了老解放区的学前教育经验，同时还借鉴了苏联学前教育的经验。《暂行规程》的内容包括总则，学制，设置、领导，教养原则、教养活动项目，入园、结业，组织、编制、会议制度，经费、设备及附则，共计 8 章 43 条。《暂行纲要》的内容有：各班幼儿的年龄特点和教育要点；体育，语言，认识环境，图画、手工，音乐，计算共 6 科教育纲要。

《暂行规程》具体明确了新中国幼儿园的任务、培养目标、教养原则、教养活动项目、招收对象与管理体制等。

1. 幼儿园的双重任务

《暂行规程》规定，幼儿园的任务为：根据新民主主义教育方针教养幼儿，使他们的身心在入小学前获得健全的发育；同时，减轻母亲对幼儿的负担，以便母亲有时间参加政治生活、生产劳动、文化教育活动等。幼儿园应对幼儿进行初步的、全面发展的教养工作。

2. 幼儿园的培养目标

关于幼儿园的培养目标，《暂行规程》确定为四个方面。①培养幼儿基本的卫生习惯，注意其营养，锻炼其体格，保证幼儿身体的正常发育和健康。②培养幼儿正确运用感官和语言的基本能力，增进其对环境的认识，以发展幼儿的智力。③培养幼儿爱国思想、国民公德和诚实、勇敢、团结、友爱、守纪律、有礼貌等优良品质和习惯。④培养幼儿爱美的观念和兴趣，增进其想象力和创造力。

3. 幼儿园的教养原则

《暂行规程》规定，教养原则有六条。①使幼儿全面发展。②使教养内容和幼儿生活实际相结合。③使幼儿有独立活动、完成简单任务的机会。④使幼儿习惯于集体生活。⑤使必修作业、选修作业以及户外活动配合进行。⑥使幼儿家庭教育和幼儿园教育密切配合。

4. 幼儿园的教养活动项目

《暂行规程》规定，教养活动项目有体育(包括日常生活、卫生习惯、体操、游戏、舞蹈和律动等)，语言(包括谈话、讲述故事、歌谣、谜语)，认识环境(包括日常生活环境、社会环境、自然环境)，图画、手工(包括图画、纸工、泥工、其他材料作业等)，音乐(包括唱歌、表情唱歌、听音乐、乐器表演等)，计算(包括认识数目、心算、度量)六项。

5. 幼儿园的招收对象与管理体制

《暂行规程》规定，幼儿园招收对象为3足岁到7足岁的幼儿。管理上以整日制为原则，幼儿每日在园时间以8～12小时为准；根据需要可办寄宿制和季节性幼儿园，开学、放假比照小学，但为便利妇女工作，以不放寒暑假为原则；幼儿园园长应兼任教养员，教养员负责对幼儿的全面教养工作。此后一段时间，中国幼儿园教师在国家相关文献中更名为苏联式的“教养员”称呼。

二、推进学前教育发展的措施

(一)设立学前教育领导机构

1949年年底，教育部在初等教育司下设学前教育处，这是中国首次建立专门管理学前教育的中央一级机构，张逸园为第一任处长。1953年，为了科学地领导学前教育事业，教育部在学前教育处附设了学前教育研究室。

1950年12月，政务院文教委员会将学前教育分为托儿所(0～3岁)、幼儿园(3～7岁)两段，托儿所事业划归卫生部领导，幼儿园事业划归教育部领导。1956年2月，教育部、卫生部、内务部联合发布《关于托儿所幼儿园几个问题的联合通知》，进一步明确托儿所统一由卫生行政部门领导、幼儿园统一由教育行政部门领导的学前教育分工协作的管理体制。

1952年，教育部颁布的《暂行规程》规定，“市、县所办幼儿园的设立、变更、停办，由市、县人民政府教育行政部门决定”“群众所办幼儿园，分别由区、乡、镇、村、街人民代表会议决议，报请市、县人民政府教育行政部门备案”“机关、团体、学校、公营企业所办幼儿园的设立、变更、停办，由各该设立者报请上级核准，并报告所在市、县人民政府教育行政部门备案”。这一系列规定事实上明确了幼儿园管理以市、县教育行政部门管理为主的原则。

(二)改造旧有学前教育机构

据统计，1947年，全国有公立幼稚园824所、私立幼稚园477所，此外，还有外国人所办的学前教育机构。中华人民共和国成立后，教育部于1949年年底召开的第一次全国教育工作会议上，强调了对中国人创办的私立学校采取保护维持、加强领导、逐步改造的方针。根据这些方针，各地教育部门陆续接管了公立幼稚园，并将一批私立幼稚园改为公立。南京鼓楼幼稚园、重庆景德幼稚园等都是在当时由私立改为公立的。

1950年12月，政务院发布《关于处理接受美国津贴的文化教育救济机关及宗教团体的方针的决定》及《接受外国津贴及外资经营之文化教育机关及宗教团体登记条例》。翌年1月，教育部发出《关于处理接受美国津贴的教会学校及其他教育机关的指示》。这些文件要求各地必须收回外国人所办的学校。根据这些要求，从1951年起，外国人所办的学前教育机构陆续由中国接管。据统计，教育部门和妇联、内务部门共同协作，接收了帝国主义在华设立的孤儿院、慈幼院、育婴堂等200多所。

(三)引进苏联学前教育理论

新中国成立后，实施了向苏联“一边倒”的外交政策。为此，新中国学前教育界采取了多种途径向苏联学习。

第一，积极引进和翻译苏联教育学著作。1950年，教育部指定以苏联的《幼儿园教养员工作指南》以及苏联教育科学院凯洛夫撰写的《教育学》为学前教育教师的学习参考书。之后，苏罗金娜的《学前教育学》、查包洛塞兹的《幼儿心理学》、沙巴耶娃的《教育史》、维特罗金娜的《幼儿园音乐教学法》和萨古林娜的《幼儿园绘画教学法》等书又被陆续翻译，成为中国师范学校学前教育专业的教学参考书。

第二，聘请苏联学前教育专家来华指导。1950年9月，戈林娜来华，在北京师范大学教育系任教。(图5-2)后又被聘为教育部的学前教育顾问。她在中国举办了一系列讲学活动，详细介绍了苏联的学前教育经验，还在北京市六一幼儿院、北海幼儿园等指导实验研究。其后，苏联学前教育专家马努依连柯来华。(图5-3)

图 5-2　戈林娜与北京师范大学师生合影

图 5-3　马努依连柯在北京师范大学实验幼儿园(辅仁校区)参加六一联欢会

第三，以凯洛夫教育学等苏联教育理论为学前教育的指导。1950 年 12 月，人民出版社翻译出版了苏联教育家凯洛夫的《教育学》(1948 年版)。凯洛夫教育学依据马克思、恩格斯、列宁、斯大林的有关教育的思想，强调教育的阶级性和历史性，主张教育为政治服务，教师在教学过程中起主导的决定作用，以及有目的、有计划、有组织地实施全面发展的学前教育。凯洛夫教育学等对新中国学前教育产生了深远而持久的影响。

第四，设立实验园推动学习苏联学前教育的经验与理论。1950—1951 年，教育部先后指定北京市六一幼儿院、北海幼儿园、分司厅幼儿园和中央军委托儿所等为学习苏联的实验性幼儿园。在取得一定经验的基础上，1954 年 10 月，教育部学前教育处主持召开第一次学前教育经验交流会——北京、天津两市幼儿园教养员工作经验交流会。在会上，有关教师介绍经验，包括如何培养幼儿独立生活的能力，如何领导小、中、大各班创造性游戏的开展，如何为幼儿制作玩具以开展游戏，怎样引导幼儿讲述故事、复述故事等。苏联专家也在会上做了相关报告。

（四）大力开办学前教育机构

新中国成立后，依靠各种力量、采取多种途径创办了一批学前教育机构。在城镇，教育部门、工厂、机关、团体、部队和街道办为创建幼儿园付出了很大的努力。这些部门或创办了幼儿园，或在小学附设了幼儿园（班）。在农村，生产合作社采取多种形式发展学前教育，形式有临时托儿组、亲邻相帮、换工看娃、个别寄托等。比如，1952 年，陕西省由农业生产互助组办起了农忙托儿所 220 个，抱娃组 8827 个，入托幼儿 43971 名。在多方力量的推动下，新中国成立初期学前教育迅速发展。

表 5-1 1946—1956 年全国幼儿园发展情况统计

年份/年	幼儿园数/所				在园幼儿数/万人			
	合计	教育部门办	其他部门办	民办	合计	教育部门办	其他部门办	民办
1946	1301	824	—	477	13.0	9.3	—	3.7
1950	1799	1205	—	594	14.0	8.8	—	5.2
1951	4833	3238	—	1595	38.2	25.5	—	12.7
1952	6531	4540	315	1676	42.4	28.7	2.7	11.0
1953	5469	3875	458	1136	43.0	29.2	4.3	9.5
1954	6293	3868	1054	1371	48.4	29.7	7.9	10.8
1955	7129	3730	1617	1782	56.2	31.3	12.0	12.9
1956	18534	4538	2462	11534	108.1	39.2	18.5	50.4

注：私立幼儿园在 1954 年年底均收为公办。① 表中 1955—1956 年度的民办幼儿园是指由城镇街道和农村合作社创办的幼儿园，属于集体经济办幼儿园，与改革开放后的私立（经济体）幼儿园并非同一概念。其他部门办幼儿园则是指工厂、企事业单位、机关、学校、团体创办的幼儿园。

据表 5-1 可知，截至 1956 年，全国有幼儿园 18534 所，是 1946 年园数的 14 倍多；入园幼儿约有 108.1 万人，是 1946 年人数的 8 倍多。各类幼儿园中，民办幼儿园发展最快。1950 年，民办幼儿园仅有 594 所，在园幼儿 5.2 万人；1956 年，民办幼儿园有 11534 所，在园幼儿达到 50.4 万人。同时，其他部门创办的幼儿园也增长较快。1952 年，其他部门办的幼儿园开始出现，共有 315 所，在园幼儿 2.7 万人；1956 年，其他部门办的幼儿园有 2462 所，在园幼儿 18.5 万人。相对来讲，教育部门办的幼儿园增长较慢。1956 年，教育部门办幼儿园有 4538 所，占当

---

① 喻本伐：《中国幼儿教育史》，323 页，郑州，大象出版社，2000。

年全国幼儿园总数的近四分之一；在园幼儿 39.2 万人，占当年全国在园幼儿总数的超三分之一。

(五)学前教育师资的培养

新中国学前教育师资的培养主要采取正规师范教育与短期师资培训两种途径展开。在正规师范教育方面，1952 年 7 月，教育部颁布《师范学校暂行规程》(以下简称《规程》)，规定专门培养幼儿园教师的机构为幼儿师范学校，其他师范学校可以根据条件附设幼儿师范科、师范速成班和短期师资训练班。《规程》还对幼儿师范学校的学制、招收对象做出了详细的规定。1953 年 7 月，教育部颁发《幼儿师范学校教学计划(修订草案)》，规定了幼儿师范学校的教学时数、教学大纲、教材和课程安排。1955 年，教育部又决定由地方教育行政部门设立幼儿师范学校，负责培养学前教育师资。由此，中级和初级幼儿师范学校陆续增设。1956 年，全国已有幼儿师范学校 21 所，共 342 个班，在校学生 15199 人。具体见表 5-2。

表 5-2　1952—1956 年全国幼儿师范学校办理情况统计

年份/年		1952	1953	1954	1955	1956
校数/所		2	7	7	9	21
班数/个		47	151	191	204	342
在校学生数/人	初级	—	708	617	36	49
	中级	2100	6047	7852	9155	15150
	合计	2100	6755	8469	9191	15199

在短期师资培训方面，教育部门通过多种渠道、采用多种形式开展培训，以提高在职教师的水平。1954 年 6 月，教育部印发的《关于举办小学教师轮训班的指示》规定："小学教师轮训班的主要任务是将实际文化程度在高小毕业以上，但又不及初级师范毕业程度的小学教师(包括幼儿园教养员)给以一定期限的训练，使在主要学科方面能够达到初级师范毕业的水平。"①1956 年 2 月，《关于托儿所幼儿园几个问题的联合通知》指出，"应采取在职学习、轮训、夜校、函授、业务讲座、幼儿教育研究会及互相观摩等方式"培训幼儿园园长和教养员。

除以上两方面外，1952 年 7 月，教育部颁布《关于高等师范学校的规定(草案)》，对幼儿师范学校的师资培养做出了规定。该文件指出：高等师范学校设置的教育系得分设学前教育组，培养中等幼儿师范学校的专业课教师。随即，教育部整合国内高校的有关专业。1952 年，南京金陵大学(金陵女子文理学院已于 1951 年并入该校)、广东岭南大学、上海复旦大学的儿童福利组、托儿专修班与南京大学师范学院学前教育系(国立上海幼稚教育专科学校已于 1949 年 9 月并入该校)合并，组成

① 《中国教育年鉴》编辑部：《中国教育年鉴(1949～1981)》，120 页，北京，中国大百科全书出版社，1984。

南京师范学院学前教育系；北京燕京大学、辅仁大学的家政系与北京师范大学的学前教育专业合并，组成北京师范大学教育系学前教育专业。翌年，华西大学保育系与西南师范学院保育系合并，组成西南师范学院教育系学前教育专业；西北师范学院家政系改为甘肃师范大学教育系学前教育专业；长春的东北师范大学和武汉的华中师范学院教育系增设学前教育专业。这些举措为中华人民共和国成立初期高校学前教育专业的发展奠定了基础。

第二节　全面建设社会主义时期的学前教育

1956—1965 年是全面建设社会主义时期。这 10 年间，由于受到“左”倾思想的影响，我国学前教育的发展一波三折。一方面，这一时期学前教育在不断巩固发展；另一方面，“大跃进”期间出现了脱离实际的盲目推进“三天托儿化”现象。另外，这一时期学前教育思想领域还出现了错误的批判活动。

一、学前教育事业的发展

1958 年，党的八大二次会议通过了“鼓足干劲，力争上游，多快好省地建设社会主义”的总路线。之后，“大跃进”和农村人民公社化运动，使得以高指标、瞎指挥、浮夸风和共产风为主要标志的“左”倾思想泛滥。受之影响，1958 年 9 月，中共中央、国务院在《关于教育工作的指示》中提出：全国应在三年到五年的时间内基本完成学龄儿童大多数都能入托儿所、幼儿园的任务。根据这一指示，全国各地盲目开展“三天托儿化”“实行寄宿制、消灭三大差别”的办学活动，造成城乡幼儿园一哄而起，特别是农村幼儿园过快增加。1958 年，全国幼儿园数量比 1957 年增加了 41 倍多，1960 年又比 1959 年增加了 47.5%。

表 5-3　1957—1965 年全国幼儿园发展情况统计

年份/年	幼儿园数/所				在园幼儿数/万人			
	合计	教育部门办	其他部门办	民办	合计	教育部门办	其他部门办	民办
1957	16420	4367	3433	8620	108.8	39.0	25.9	43.9
1958	695297	4459	4833	686005	2950.1	44.9	36.9	2868.3
1959	532043	4587	6700	520756	2172.2	46.4	52.1	2071.7
1960	784905	10541	282643	491721	2933.1	81.1	1445.9	1406.1
1961	60307	7555	19247	33505	289.6	64.7	114.0	110.9
1962	17564	4386	4810	8368	144.6	47.6	49.2	47.8

续表

年份/年	幼儿园数/所				在园幼儿数/万人			
	合计	教育部门办	其他部门办	民办	合计	教育部门办	其他部门办	民办
1963	16577	4466	5841	6270	147.2	49.0	55.1	43.1
1964	17706	4438	5968	7300	158.9	50.8	58.4	49.7
1965	19226	4404	6260	8562	171.3	51.6	63.4	56.3

注：表中的民办幼儿园不是私立(经济体)幼儿园，而是由城镇街道和农村合作社创办的，属于集体经济办幼儿园。

经过过快的发展后，1961年1月，党的八届九中全会纠正“左”倾错误，决定对国民经济实行“调整、巩固、充实、提高”的方针。教育部则根据经济发展状况和师资等实际情况整顿学前教育事业。1961年的全国幼儿园数比1960年减少了92.3%，主要是农村幼儿园被大量裁撤。与1962年相比，1965年的全国幼儿园数和在园幼儿数分别增加了9.5%和18.5%，具体见表5-3。整顿期间，教育部还撤销了学前教育处，显示出学前教育的职能取向向为社会和家庭服务的方向转变。然而，学前教育失去了统一管理和领导的专职机构，这显然不利于学前教育的科学发展。

二、学前教育师资的培养

1956年5月，教育部正式颁发了《幼儿师范学校教学计划》。根据该文件规定，幼儿师范学校得设汉语、文学及儿童文学、数学、物理学、化学及矿物学、人体解剖生理学、达尔文主义基础、植物学、动物学、地理、中国历史、政治、幼儿心理学、幼儿教育学、幼儿卫生学、认识自然教学法、体育及体育教学法、音乐及音乐教学法、绘画手工及绘画手工教学法、教育实习等科目。同年6月，教育部又颁发了初级幼儿师范学校教学计划的草案。此外，教育部还在20世纪60年代组织高等师范学校和幼儿师范学校的教师编写了教学计划中规定的主要专业课的教材。

创办幼儿师范学校方面，受“左”倾思想的冲击，也呈现出起伏状况。1960年，全国幼儿师范学校共有89所，在校学生69278人，学校数和在校学生数较1957年增加了3倍多。之后，政府部门对幼儿师范学校做出调整。1961年，幼儿师范学校减至35所，在校学生数减至25848人；1963年减至19所，在校学生数减至5575人。具体见表5-4。从1963年开始，国内培养幼儿园教师的基地由以初级幼儿师范学校为主转为以中级幼儿师范学校为主，学前教育师资的水平得到了一定的提高。

表 5-4 1957—1965 年全国幼儿师范学校情况统计①

<table>
<tr><td colspan="2">年份/年</td><td>1957</td><td>1958</td><td>1959</td><td>1960</td><td>1961</td><td>1962</td><td>1963</td><td>1964</td><td>1965</td></tr>
<tr><td colspan="2">学校数/所</td><td>20</td><td>29</td><td>44</td><td>89</td><td>35</td><td>22</td><td>19</td><td>19</td><td>19</td></tr>
<tr><td colspan="2">班级数/个</td><td>336</td><td>500</td><td>860</td><td>—</td><td>620</td><td>257</td><td>135</td><td>—</td><td>—</td></tr>
<tr><td rowspan="3">在校学生数/人</td><td>初级</td><td>99</td><td>14887</td><td>19045</td><td>40249</td><td>—</td><td>305</td><td>—</td><td>—</td><td>—</td></tr>
<tr><td>中级</td><td>15188</td><td>9037</td><td>23713</td><td>29029</td><td>—</td><td>10350</td><td>5575</td><td>4643</td><td>5267</td></tr>
<tr><td>合计</td><td>15287</td><td>23924</td><td>42758</td><td>69278</td><td>25848</td><td>10655</td><td>5575</td><td>4643</td><td>5267</td></tr>
</table>

三、学前教育管理的加强

1956 年 11 月，教育部颁发《关于组织幼儿教育义务视导员进行指导工作的办法》(以下简称《办法》)，要求各地组织有经验的幼儿园园长和教师担任义务视导员，对幼儿园工作进行监督和检查，并及时向教育行政部门汇报。《办法》的推行对于提高幼儿园保教质量大有帮助。1956 年 11 月，教育部颁发《关于幼儿园幼儿的作息制度和各项活动的规定》，指出各幼儿园应根据所在地区季节气候的变化及本园的具体情况拟订合理的作息时间表，并规定了各班每天的睡眠、户外活动、早操及作业的时间和每周作业次数。此外，还明确了幼儿园的各项活动。卫生部则规定了幼儿园卫生保健制度。通过这些规定，国家加强了对幼儿园教养工作的科学管理。

1957 年 2 月，毛泽东同志在《关于正确处理人民内部矛盾的问题》的报告中提出了社会主义全面发展教育方针。根据这一教育方针，教育部明确要求幼教机构结合幼儿特点实施德、智、体全面发展的教育，加强对幼儿的集体教育和劳动教育。(图 5-4、图 5-5)

20 世纪 60 年代初，在"调整、巩固、充实、提高"方针的指引下，地方教育行政部门也采取了一些管理措施保证幼儿园的生活和教育。1962 年，江苏省常州市制定了《幼儿园工作条例》，上海市制定了《幼儿园工作条例 30 条》和《幼儿园品德教育提纲》等。

图 5-4 幼儿园教师指导幼儿在田间观察

图 5-5 幼儿园的劳动教育

① 唐淑、钟昭华：《中国学前教育史》，320 页，北京，人民教育出版社，1993。

四、学前教育思想领域的错误批判

1956年后，中国学前教育界出现过三次产生较大影响的错误。这三次批判活动严重干扰了学前教育理论的研究和科学保教活动的推进。

第一次为1958年对《幼儿园教育工作指南(初稿)》(以下简称《指南》)的批判。《指南》是教育部委托北京师范大学拟定的，它吸取了苏联的《幼儿园教养员工作指南》的精神和老区的学前教育的实践经验，体现了《暂行规程》和《暂行纲要》的理念和要求，对指导幼儿园工作、提高保教质量起到了很重要的作用。这场批判使当时中国的学前教育理论教学及实践工作中出现了大量的成人化、形式化的错误倾向，并延续到“文化大革命”期间。

第二次为在反右派运动中对一批有真才实学、坚持实事求是的科学态度的知识分子的批判。这次批判违背了党的“百花齐放、百家争鸣”的方针，广大教育学界人士的积极性严重受挫，幼儿研究的发展严重受挫。

第三次为1963年对“母爱教育”的批判。1962年9月，党的八届十中全会提出无产阶级同资产阶级的矛盾仍是社会主义的主要矛盾，强调“千万不要忘记阶级斗争”。在这种阶级斗争扩大化的背景下，1963年5月，宣传南京师范学院附属小学优秀老师斯霞开展的“母爱教育”活动的文章——《育苗人》和《斯霞和孩子》被否定，斯霞的“母爱教育”活动受到批判。同年10月，《人民教育》发表《我们必须和资产阶级教育思想划清界限》《从用“童心”爱“童心”说起》《谁说教育战线无战事?》三篇文章，认为讲“母爱”“童心”是在抹杀教育的阶级性，不要无产阶级方向，不要阶级教育。这场批判活动迅速蔓延到学前教育领域，对幼儿园教师热爱幼儿的基础性师德要求产生了干扰作用。

第三节　“文化大革命”时期的学前教育

1966年5月至1976年10月，中国发生了“文化大革命”。总体上看，学前教育在这场运动中备受冲击，幼儿教育机构锐减，学前教育体制被破坏，幼儿园原有的比较科学的教育秩序被打破，教养活动政治化和成人化，幼儿师范学校纷纷关闭。在“文化大革命”后期，一些地方克服重重困难，在对学前教育事业的坚守中摸索出自己的经验。

一、学前教育体制的破坏

“文化大革命”十年间，极左路线占据主导地位，中国学前教育事业遭到破坏。“文化大革命”否定了新中国成立十七年来学前教育领域取得的成就。

极左路线歪曲了20世纪50年代提出的全面发展教育方针。体育方面，把科学、合理的种种体育设施和措施当作资产阶级生活方式的体现，致使幼儿园取消了合理的生活制度、科学的生活管理。智育方面，把传播知识、发展智力批判为智育第一，致使幼儿生活贫乏。德育方面，以极左的政治口号代替幼儿园的日常行为规范。美育方面，把美育视作传播资产阶级思想的表现。

极左路线还攻击了中华人民共和国成立十余年建立的学前教育管理制度，认为园内各项工作应由全体教职工轮流担任，并停办了培养幼儿师资的幼儿师范学校。

在上述错误思想的引导下，“文化大革命”期间我国学前教育体制被破坏，各地的幼儿园已无正常秩序可言，教养活动充满着政治化和成人化倾向。

二、学前教育机构的锐减

由于极左路线的破坏，“文化大革命”初期，学前教育机构数量一度锐减，许多幼儿园园舍、场地被占用，不少人员被调离，幼儿园解散。直至20世纪70年代初，随着“工业学大庆”和“农业学大寨”运动以及计划生育工作的开展，全国各地的幼儿园才逐渐恢复，数量有所增加，但增加速度比较慢。比如，1973年的幼儿园数量为4.55万所，比1965年增加了1.4倍，但有9个省、区、市仍比1965年少，其中贵州减少60%，辽宁减少43%，云南和新疆减少41%，黑龙江减少35%，四川减少29%，湖北减少21.5%，内蒙古减少17.5%，北京减少6%。①

幼儿师范学校的锐减更为严重。全国大多数幼儿师范学校被关闭，仅剩下一所浙江幼儿师范学校举办短期培训班。这样，正规的中级学前教育师资的培养中断了十年之久。高校学前教育专业办理方面也很惨淡，当时，只有南京师范学院保留了学前教育系的全部人员，即便如此，这些人员也于20世纪70年代被派往工厂和农村培训学前教育师资。（图5-6）

图5-6　陈鹤琴与南京师范学院学前教育系师生调查农村托幼情况

① 唐淑、钟昭华：《中国学前教育史》，330页，北京，人民教育出版社，1993。

表 5-5　1973—1976 年全国幼儿园发展情况统计

年份/年	幼儿园数/所			在园幼儿数/万人		
	合计	教育部门办	民办及其他部门办	合计	教育部门办	民办及其他部门办
1973	45528	4812	40716	245.0	63.3	181.7
1974	40267	3900	36367	263.8	56.5	207.3
1975	171749	7108	164641	620.0	69.4	550.6
1976	442660	11938	430712	1395.5	96.8	1298.7

注：表中的民办幼儿园性质与表 5-3 同。

不过，“文化大革命”期间，特别是后期，一些学前教育工作者在重重困难中，仍然本着对学前教育事业的热忱，努力维持着幼儿园的正常工作制度和教育秩序，并抓住各种机遇发展学前教育事业。比如，1975 年，邓小平力促整顿，经济形势逐渐好转后，幼儿园的发展出现了一个小高潮。1975 年，全国有幼儿园 17.17 万所，较 1974 年的 4.03 万所增加了 3.3 倍；1976 年为 44.27 万所，比 1975 年增加了 1.6 倍。具体见表 5-5。同时，一些地区还积累了些许办园经验。比如，江苏省如东县将计划生育、妇幼保健、托幼工作三者结合，既促进了生产，又使三项工作在全国名列前茅，该县 1972 年的幼儿入园率达到 80%。江苏省常州市总结推广了“厂园挂钩”的经验，既解决了中、小型工厂职工子女入园困难的问题，又解决了长期以来街道幼儿园的经费困难问题。该市还把 1958 年创办的 22 所民办幼儿园全部改为直属集体所有制幼儿园，从根本上解决了民办教师工资和福利问题，使民办幼儿园得到了巩固和发展。

第四节　徐特立的学前教育思想

徐特立是无产阶级革命家、教育家，长期从事教育工作。徐特立强调要从政治的高度看待学前教育的价值，把学前教育为新民主主义革命和社会主义建设服务的功能放在首要地位，指出学前教育是社会主义教育事业“基础的基础”，强调“认真搞好幼儿教育是共产主义事业中最光荣的任务”，要求幼儿教师要加强学前教育研究，努力提高政治思想和业务水平，成为“经师人师合一”的大先生。

一、生平及教育活动

徐特立(1877—1968)(图 5-7)，原名懋恂，字师陶，出生于湖南省善化县(今长沙县)，4 岁时丧母。他读过 6 年私塾，18 岁时开蒙馆，20 岁时决定“破产读书”，并制订了“十年破产读书”计划，为以后从事教育工作打下了扎实的知识基础。

1905 年，徐特立考入宁乡驻省中学师范速成班学习，结业后创办了梨江高等小学堂等，后又受聘于周氏女塾，并兼任修业学校、明德学堂、长沙府中学堂等的教师，还开办了平民夜校。1909 年，他在修业学校向师生痛陈帝国主义的罪恶和清政府的奴颜婢膝，愤然断指写下血书，激发了青年学生的爱国情怀。1910 年，徐特立到日本考察教育 2 个月，返回长沙后任周南女校校长，还创办了《周南教育》周刊。

图 5-7　徐特立

1912 年 3 月，徐特立创办了湖南省第一所县办正规中等师范学校——长沙县立师范学校（后更名为湖南省长沙师范学校、湖南省幼儿师范学校，现已升格为长沙师范学院），并亲任校长。1913 年年底，他开始任教于湖南公立第一师范学校。1914 年，他出版了我国近现代教育史上第一部教学论专著——《小学各科教授法》。1919 年 7 月至 1924 年 7 月，徐特立赴法国勤工俭学，先后撰写了《法国小学状况》《欧洲义务教育现状》等系列文章，向国内介绍欧洲国家现代教育经验。1924 年夏，徐特立回国后创办了长沙女子师范学校并担任校长，同时兼任长沙县立师范学校、湖南省立第一女子师范学校的校长。

1927 年 4 月，徐特立毅然加入中国共产党并参加了“八一”南昌起义。1930 年年底，他从苏联回到中央苏区，后担任中华苏维埃共和国临时中央政府教育人民委员部副部长、代部长等职，为苏区教育事业做出了突出的贡献。1934 年 10 月，参加长征。到达陕北后，徐特立先后担任中华苏维埃共和国中央政府驻西北办事处教育部部长、陕甘宁边区政府教育厅厅长、延安自然科学院院长等职务，具体负责发展边区的教育工作。1937 年，徐特立 60 岁寿辰之际，毛泽东在写的祝寿信中高度评价他“革命第一，工作第一，他人第一”的高贵品质。1947 年，徐特立 70 岁寿辰之际，中共中央在贺信中写道：“你的道路，代表了中国革命知识分子的最优秀传统。……你对自己是学而不厌，你对别人是诲人不倦，这个品质使你成为中国杰出的革命教育家。”

新中国成立后，徐特立担任中央人民政府委员会委员、中共中央宣传部副部长、全国人民代表大会常务委员会委员等职，虽然年事已高，但仍通过多种方式关心指导新中国的教育工作，在多方面提出了许多精辟见解。1968 年 11 月 28 日因病在北京逝世。中共中央在悼词中评价徐特立：“他的一生是光荣的一生，革命的一生，伟大的一生！”①

徐特立一生从事教育工作，为中国现代教育事业发展做出了重要贡献，不愧为伟大的人民教育家。

---

① 长沙师范学校，陈志明执笔：《徐特立传》，208 页，长沙，湖南人民出版社，1984。

二、学前教育的意义：共产主义事业中最光荣的任务

徐特立作为无产阶级教育家，从培养革命后代和建设新社会的目标出发，十分重视幼小儿童的教育问题。他说“我们的儿童目前是新民主主义革命的参加者，将来是社会主义建设的主人翁。”①他指出，幼小儿童将是社会主义建设事业中的主力军，学前教育对于社会主义建设事业有着重大的意义。

1963年，徐特立特别为湖南省幼儿师范学校校庆题词：认真搞好幼儿教育是共产主义事业中最光荣的任务。(图5-8)他鼓励广大青年学生要努力学好科学知识文化，练好育人本领，不忘初心，不负韶华，搞好学前教育工作。徐特立所指“共产主义事业中最光荣的任务”，可以从以下几个方面进行阐述。

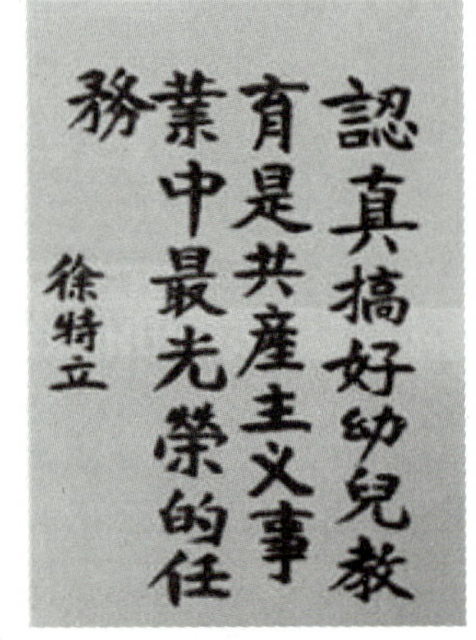

图5-8　1963年徐特立为湖南省幼儿师范学校校庆题词

第一，学前教育是我国社会主义事业的重要组成部分，它有着解放妇女、推进男女平等的政治和经济功能，搞好学前教育工作，意义重大。第二，在社会主义社会，学前教育的对象是全体适龄儿童，实现学前教育全面普及是国家的目标和方向，针对新中国之初我国经济条件还比较落后的状况，需要探索诸如“两条腿走路”等路径不断推进这一目标的实现。第三，新中国的学前教育要自觉践行“为党育人”“为国育才”目标，为培养“又红又专”的有社会主义觉悟的有文化的劳动者打好坚实的基础，搞好这一工作是“党之大计”“国之大计”。而我国学前教育事业起步晚，经验不足，学前教育机构条件设施还比较差，城乡发展差距大，对于苏联和欧美等外国的学前教育理论和实践经验，需要加以中国化、时代化发展，走出一条有中国特色的学前教育发展之路。

可见，在徐特立看来，搞好学前教育对于新中国来说，其任务是艰巨而光荣的，党和政府需要把学前教育作为一项重要工作抓好落实，师范院校要创造条件培养出一大批学前教育的“大先生”来践行这一“光荣任务”。

三、学前教育的地位：“基础的基础”

在长期的革命生涯中，徐特立深感国家要强盛，必须高度重视教育，而教育要从启蒙开始，从基础教育开始。他在《对于边区儿童的我见》一文中指出：“文化落后的损失不只是限于现在的成年和青年，而且贻害及将来的新社会。今日的儿童转眼即青年，稍不注意就难补救了。”②新中国成立后，他在《给湖南省幼儿师范学校的一

① 中央教育科学研究所：《徐特立教育文集》，87页，北京，人民教育出版社，1986。

② 中央教育科学研究所：《徐特立教育文集》，87页，北京，人民教育出版社，1986。

封信》中指出："幼儿教育是社会主义建设事业中一项极其重要的工作。……幼儿教育是教好后一代的基础的基础，它关系到进入青少年时期德育、智育、体育的健康发展。"①从上述言论可见，徐特立对于学前教育事业高度重视，认为学前教育在教育体系中具有"基础的基础"的地位。这是因为一方面，学前教育事业是社会主义建设事业中一项基础性的重要工作；另一方面，学前教育的重要性不仅事关适龄儿童身心健康，更为重要的是它为儿童未来全面发展打下坚实的基础。由于学前教育居于"基础的基础"地位，徐特立强调要高度重视学前教育工作，应"分配有经验的、有学识的、有能力的干部去领导这一工作"，应提高幼儿教师的学识能力。②

四、学前教育的目标：保证儿童身心平均发育

徐特立认为社会主义的建设者和接班人必须是全面发展的人才，所以需要实施德智体诸方面全面发展的教育，使学生具有良好的思想品德、扎实的文化科学技术知识、健康的身体和劳动素养。对此，1940 年，时任陕甘宁边区政府教育厅厅长的徐特立为陕甘宁边区第一保育院题词"保证儿童身心平均发育"③，强调作为"基础的基础"的学前教育必须促进儿童全面和谐发展。

(一)把德育置于教育的首要地位

徐特立一生的教育实践都贯穿着德育领先的思想，他十分重视对青年一代的思想教育。徐特立指出，教育工作"不仅是传授知识，更重要的是教人，教育后一代成长为具有共产主义思想品质的人"④。他强调品德教育对儿童全面发展有其基础性的地位，儿童的"习惯好坏是在成长过程所接触的环境中逐渐模仿形成的"⑤。这一现象要求必须高度重视德育，营造良好的环境，使儿童从小养成良好的行为习惯和道德品质。

(二)科学实施智育

对于智育的实施，徐特立认为要以儿童的身心特征为依据，根据儿童年龄的大小予以科学安排。他主张智育宜采取直观教育方法，让孩子们观察具体的事物，要求对儿童从小进行手脑并用的教育，使知识与行动、用脑与用手统一起来。他还重视儿童在娱乐中学习，指出"让孩子们得到自由的活动""要充分发展儿童自动的能力和创造性"。他说："小孩玩泥，要是不妨害公物，教员是不干涉的。"⑥"对于儿童，必须用种种游艺，……去引导他们来观察和了解新的问题，新的事物，新的现象和运动。"⑦

---

① 中央教育科学研究所：《徐特立教育文集》，307 页，北京，人民教育出版社，1986。

② 中央教育科学研究所：《徐特立教育文集》，87 页，北京，人民教育出版社，1986。

③ 《徐特立年谱》编纂委员会：《徐特立年谱》，185 页，北京，人民出版社，2017。

④ 中央教育科学研究所：《徐特立教育文集》，318 页，北京，人民教育出版社，1986。

⑤ 武衡、谈天民、戴永增：《徐特立文存》第四卷，439 页，广州，广东教育出版社，1995。

⑥ 湖南省长沙师范学校：《徐特立文集》，39 页，长沙，湖南人民出版社，1980。

⑦ 吉多智、李国光、戴永增：《徐特立教育学》，227 页，广州，广东人民出版社，1990。

(三)抓好体育和劳动教育

徐特立指出，体育是全面发展教育的重要内容，身体锻炼能使人心情舒畅，保持健康的心态、旺盛的斗志和不屈不挠的精神。他要求学校要抓好体育，要保证学生有健康的身体。在体育教学方法方面，他提出应该灵活多样，注意符合儿童的年龄和身心特点，让学生充分活动等。

徐特立认为劳动教育有重要的价值，他说："儿童参加生产，相当程度上从劳动中锻炼了身体，并获得技术的基础，同时得到自然和社会两方面的知识。"他指出教育脱离劳动会"把儿童变成寄生虫"，教育应"以劳动为本位，与生产紧密的联系着"①。"真正的知识还得从用中学。"②学生要想做科学家，"那就不能只在书本子里去发现，只有从改造事物的劳动中去发现"③。关于劳动教育的实施，一是强调将劳动教育渗透到各门课程的学习中，二是将工农业的内容作为教材的重要组成部分，三是让学生动手劳动参与办学建校等。

五、学前教育的原则：造就"一定立场、一定方向又无限生动发展的人格"

徐特立说："道德思想造成一定的意识形态就是人格。我们也要造成一定立场、一定方向又无限生动发展的人格。"④造就"一定立场、一定方向又无限生动发展的人格"可视为徐特立关于学前教育的基本原则。

(一)为儿童打好"一定立场、一定方向"的基础

徐特立认为，教育首先就是要塑造人，因而，需要在幼童时期就打下其行为习惯和世界观的基础。他指出，"在学习普通知识当中，要特别注意培养辩证唯物论的世界观、共产主义的方向""如果观点不解决，方向就会错误"⑤。可见，他强调学前教育的基本原则是奠定儿童正确的"立场"和"方向"的基础，绝对不能使儿童在政治思想立场及人生方向上出现偏向和错误。基于这一原则，徐特立认为教育的基本内容应包括热爱党、热爱社会主义教育，革命理想教育，爱祖国、爱人民、爱劳动、爱科学、爱护公共财物的"五爱"教育，集体主义教育，艰苦奋斗教育和实事求是教育等方面。⑥

(二)造就儿童"无限生动发展的人格"

徐特立一向重视儿童的个性发展，早在20世纪20年代在欧洲考察时，就表示喜欢法国的教育能够"给小孩以充分的活动"。为此，在强调为儿童发展打好立场和

---

① 武衡、谈天民、戴永增：《徐特立文存》第一卷，118页，广州，广东教育出版社，1995。
② 武衡、谈天民、戴永增：《徐特立文存》第四卷，407页，广州，广东教育出版社，1995。
③ 武衡、谈天民、戴永增：《徐特立文存》第四卷，412页，广州，广东教育出版社，1995。
④ 武衡、谈天民、戴永增：《徐特立文存》第三卷，84页，广州，广东教育出版社，1995。
⑤ 吉多智、李国光、戴永增：《徐特立教育学》，271、229页，广州，广东人民出版社，1990。
⑥ 张启华：《徐特立德育思想初探》，载《教育研究》，1995(1)。

方向基础的同时，徐特立指出每一个儿童的成长应该是有鲜明个性的，是无限生动发展的。他说，“教育儿童者不可不谋其个性之发达”①，儿童的“个人主义要不得，个性是非常重要的”②。他指出儿童的发展是个性与社会性的统一。

基于造就儿童“无限生动发展的人格”，徐特立强调要培养具有“自动能力”的儿童，养成儿童“自动的能力与习惯”。他批判了传统课堂教学注入式的硬性灌输，反对教师在教学中扼杀孩子自觉主动的“天性”的错误做法。他说，小孩“规矩是很好的，但需要唱和跳”③，“一切纪律只是自觉的遵守，不是受到无理的外力压迫而遵守”④。他强调要给儿童以充分活动的时间，提供多种多样活动的机会，塑造儿童健康、活泼、生动的人格。对此，他强调要研究儿童，以全面深入了解儿童。他说，“我以为对保育工作和儿童教育工作，应该进行科学的研究”⑤。他反对以“教者为本位”，不顾儿童身心特点的做法。

六、幼儿教师的素养：“经师人师合一”

要践行好“光荣任务”，把儿童培养成为堪当民族大任的一代新人，徐特立特别强调教师首先应具有高尚的情操，是一个时代的“模范人物”，能为人师表。同时，教师还应该学识渊博，是“一个有学问的人”。总之，教师必须具备“经师人师合一”的素养。1951 年，他在《各科教学法讲座》中指出：“教师是有两种人格的，一种是‘经师’……一种是人师，人师就是教行为，就是怎样做人的问题。经师是教学问的……我们的教学是要采取人师和经师二者合一的，每个教科学知识的人，他就是一个模范人物，同时也是一个有学问的人。”⑥他要求广大教师要努力承担起“经师”与“人师”的双重责任，既教学生科学文化知识，又以共产主义精神和优秀传统文化教育学生，教师自己还应该是一个“身教主义者”。他从以下几个方面阐述了幼儿教师的素养要求及其培养。

（一）高尚的道德品质

徐特立认为，要当好一名幼儿教师，良好的道德品质是第一位的。他指出：“做好这个工作，首先要求搞幼儿教育工作的同志自身要有高尚的共产主义的道德修养……”⑦“一般总是先进分子。”⑧正因为如此，徐特立强调，只有具备良好的政治思想品质和道德修养，才满足做一名优秀幼儿教师的条件。

---

① 吉多智、李国光、戴永增：《徐特立教育学》，282 页，广州，广东人民出版社，1990。
② 吉多智、李国光、戴永增：《徐特立教育学》，123 页，广州，广东人民出版社，1990。
③ 吉多智、李国光、戴永增：《徐特立教育学》，278 页，广州，广东人民出版社，1990。
④ 中央教育科学研究所：《徐特立教育文集》，148 页，北京，人民教育出版社，1986。
⑤ 中央教育科学研究所：《徐特立教育文集》，87 页，北京，人民教育出版社，1986。
⑥ 中央教育科学研究所：《徐特立教育文集》，242～243 页，北京，人民教育出版社，1986。
⑦ 中央教育科学研究所：《徐特立教育文集》，307 页，北京，人民教育出版社，1986。
⑧ 中央教育科学研究所：《徐特立教育文集》，311 页，北京，人民教育出版社，1986。

(二)高度的责任感

徐特立强调，一名幼儿教师，要以高度责任感来热爱幼教、热爱儿童、热爱这一工作，要“热爱自己的专业，专心致志，钻研业务，对培养好幼儿具有高度的责任感”①，要“以关心国家利益的精神教育儿童”。正是基于高度的责任感，徐特立强调热爱学生不是一味纵容学生，必须对学生有严格要求。对于儿童存在的问题和表现出的错误，则需要“从培养他们的自信心、自尊心中去批评他们的坏处”“去克服他们的坏处”“用教育批评的方式和他谈话，采取同志的态度帮助他教育他”②。他反复强调“教师应该严格”，反对对学生“放松自流”。

(三)高水平的学识能力

徐特立指出，幼儿教师必须是一个“有学问”的人，需要不断地提高教育教学水平。他强调要做好幼教工作，教师一定要通过钻研业务，使自己具有渊博的知识和较强的教学能力。他指出如果教师既不熟悉业务，也不刻苦钻研，那就会误人子弟，不能为国家输送合格人才，影响党和国家的事业。

(四)幼儿教师的培养

徐特立认为，幼儿教师要具有“经师人师合一”的素养。这是一个长期学习与实践涵养的过程，其中，师范教育发挥着十分重要的作用。对此，他高度重视幼儿教师的培养工作，认为师范教育除了一般通识教育、学科知识技能教育外，一是务必把思想品质的教育放在首要地位，二是要重视教育学、心理学、教学法等教育科学知识的学习，三是要重视教育实习。

本章小结

随着中华人民共和国的成立，中国学前教育事业发生了根本性的变化，获得了前所未有的发展。中华人民共和国成立之初，确立了学前教育面向工农、解放妇女生产力、为社会主义革命和建设服务的方针，明确了对全体幼儿实施全面发展教育的任务；确立了由中央到地方的学前教育管理体制，深入学习苏联的学前教育，大力发展多种类型、多种形式的学前教育机构。社会主义革命和建设时期，进一步加强了学前教育的领导，但由于受到“左”倾思想的影响，学前教育事业发展大起大落。“文化大革命”时期，“左”倾路线甚嚣尘上，学前教育备受冲击。徐特立指出社会主义学前教育是“基础的基础”和“最光荣的任务”，要求幼儿教师勇当“经师人师合一”的大先生。徐特立的学前教育思想对于新时代推进学前教育高质量发展有重要的意义。

---

① 中央教育科学研究所:《徐特立教育文集》，307 页，北京，人民教育出版社，1986。

② 中央教育科学研究所:《徐特立教育文集》，134、243 页，北京，人民教育出版社，1986。

关键术语

幼儿园制度；幼儿园的双重任务；“三天托儿化”；《幼儿园教育工作指南(初稿)》；“母爱教育”；民办幼儿园；最光荣的任务；身心平均发育；经师人师合一

思考题

1. 新中国成立初期，在中国共产党领导下，我国确立的学前教育制度主要体现在哪些方面？

2. 新中国成立初期，我国为发展学前教育事业采取了哪些措施？

3. 在社会主义革命和建设时期，我国学前教育经历了哪些曲折？

4. “文化大革命”给我国学前教育带来了哪些消极影响？应吸取什么样的教训？

5. 谈谈对徐特立“认真搞好幼儿教育是共产主义事业中最光荣的任务”内涵的理解。

实践活动建议

1. 走访中华人民共和国成立初期开办的幼儿园，了解其70余年来的创园办园史，感受新中国学前教育的巨大变化。

2. 组织学生访问退休老园长、老教师，或请退休老园长、老教师进校讲座，让学生感受他们在艰苦条件下的创造性工作及取得的成绩，培养学生献身学前教育事业的志向。

3. 结合参观访问，讨论如何通过学习与实践涵养“经师人师合一”素养，践行“最光荣的任务”。

拓展阅读

1. 张逸园. 新中国幼儿教育的基本情况和方针任务. 人民教育，1952(2).

2. 张逸园. 三年来的幼儿教育概况. 人民教育，1953(1).

3. 张逸园. 我对幼儿教育工作的几点意见. 人民教育，1954(12).

4. 卢乐珍. 苏联幼儿教育专家戈林娜同志对我的启发. 江苏教育，1953(13).

5. 田景正，刘璐，周芳芳. 论新中国初期苏联学前教育中国化的探索. 生活教育，2015(19).

第六章 改革开放以来的学前教育

本章学习目标

1. 把握改革开放以来中国发展学前教育事业的举措。

2. 全面了解在中国共产党领导下改革开放以来我国学前教育事业所取得的巨大成就。

第一节 新时期的学前教育

党的十一届三中全会以来，中国开启了改革开放和建设有中国特色的社会主义的新时期，学前教育事业蒸蒸日上。按照面向现代化、面向世界、面向未来的时代要求，学前教育在改革发展中逐步走向规范化和科学化，普及水平不断提高。

一、新时期发展学前教育的举措

(一)学前教育法规的颁布

随着改革开放政策的推进，中国政府制定出面向现代化的新时期教育方针。1983 年，邓小平在北京景山学校题词：教育要面向现代化，面向世界，面向未来。邓小平的题词为新时期教育事业的发展指明了方向，成为新时期中国教育工作的基本指导方针。1986 年 4 月，全国人民代表大会通过的《中华人民共和国义务教育法》提出要“培养有理想、有道德、有文化、有纪律的社会主义建设人才”，即“四有”新人的教育方针。新时期教育方针的提出为学前教育法规的颁布指明了方向，对学前教育规范性、科学化的办学提出了要求。

1. 管理性法规

此时期颁布的管理性法规包括针对城乡学前教育管理的法规和一般性法规。

在城市方面，为了适合城市学前教育工作的特点，1979 年 11 月，教育部颁发了《城市幼儿园工作条例(试行草案)》。共 6 章 30 条，包括总则，卫生保健和体育锻炼，游戏和作业，思想品德教育，教养员、保育员和其他工作人员，组织、编制及设备。1980 年 11 月，卫生部颁发《城市托儿所工作条例(试行草案)》。共 5 章 28 条，包括总则、婴幼儿的卫生保健工作、婴幼儿的教养工作、组织编制及工作人员职责、房屋和设备。

为了规范管理和科学推进农村学前教育事业，基于农村学前教育的现状，1983 年 9 月，教育部印发《关于发展农村学前教育的几点意见》，提出五点意见。①要求农村创造条件，有计划地发展学前教育，可首先发展学前一年教育(即学前班)，同时逐步创造条件接受 3 至 5 岁的幼儿入园(班)。②建设一支稳定、合格的幼儿教师队伍。③全面贯彻教育方针，努力提高保教质量。④通过统筹、自筹经费和集资等办法，改善办园条件。⑤加强对农村学前教育工作的领导和管理。该文件的颁布促使农村学前班成为此后一段时间农村学前教育发展的增长点。1986 年 6 月，国家教育委员会颁发《关于进一步办好幼儿学前班的意见》，再次指出举办学前班是发展农村学前教育的一条重要途径，并就管理学前班提出五点意见。①反对以创收为办班目的，以及学前教育小学化的做法。②规定须按《幼儿园教育纲要(试行草案)》确定各项教育活动内容，绝不允许搬用小学一年级课本。③学前班教师须在任职前接受一定时间的专业培训，并加强在职进修。④设有学前班的学校须专辟幼儿活动室，须添置必要的设施、教具、玩具、读物等。⑤教育行政部门须定期检查学前班的办理情况，并负指导责任。这一文件对规范农村学前班的办理具有重要的意义。

一般性法规主要有《幼儿园工作规程(试行)》和《幼儿园管理条例》。其中，《幼儿园工作规程(试行)》(以下简称《规程》)由国家教育委员会于 1989 年 6 月发布，试行七年后，又于 1996 年 6 月修订并正式颁发。《规程》最初有 10 章 60 条，包括总则，幼儿园的招生、编班，幼儿园的卫生保健，幼儿园的教育，幼儿园的园舍、设备，幼儿园的工作人员，幼儿园的经费，幼儿园与幼儿家庭，幼儿园的管理工作和附则。经过修订后，《规程》增至 10 章 62 条。修改之处主要有以下方面。第一，明确幼儿园"是基础教育的有机组成部分，是学校教育制度的基础阶段"，改变了试行版中幼儿园"属学校教育的预备阶段"的提法，进一步强调学前教育在基础教育中的独立地位。第二，规定幼儿园的任务之一是"为家长参加工作、学习提供便利条件"，改变了长期以来强调为"工作"而从不提为"学习"提供方便的做法。第三，增加了禁止体罚的条款，体现了尊重和保护幼儿人格的重要意义。第四，增加了与社区相联系的内容，使得幼儿园从家园共育扩展为幼儿园、家庭和社区的共育。[①]《规程》成为幼儿园开展保教工作的基本依据和规范，对于幼儿园开展各项工作起着指导作用。

《幼儿园管理条例》由国家教育委员会于 1989 年 9 月颁布。共 6 章 32 条，包括总则、举办幼儿园的基本条件和审批程序、幼儿园的保育和教育工作、幼儿园的行政事务、奖励与处罚及附则。该文件以"条例"形式颁布，其法规性质非常明显，可

---

① 中国学前教育研究会：《中华人民共和国幼儿教育重要文献汇编》，420～430 页，北京，北京师范大学出版社，1999。

以说是新中国成立以来经国务院批准的第一部学前教育法规，对加强学前教育事业的领导和管理起到了重要作用。

2. 保教工作法规

在保育方面，1980年10月，卫生部与教育部联合发布《托儿所、幼儿园卫生保健制度(草案)》的通知，指出这个制度适合城市，广大农村特别是牧区、山区可根据情况研究执行。后经修订，该制度于1985年12月由卫生部正式颁发，共分生活制度，婴幼儿的饮食，体格锻炼制度，健康检查制度，卫生消毒及隔离制度，预防疾病制度，安全制度，卫生保健登记、统计制度，家长联系制度，体弱儿管理制度，五官保健制度，健康教育制度，为托儿所、幼儿园的保育工作提供了指南。

教育方面有两部重要法规。一部是教育部于1981年10月颁布的《幼儿园教育纲要(试行草案)》(以下简称《纲要》)。这部法规是在1952年颁布的《幼儿园暂行教学纲要(草案)》的基础上修订而成的。《纲要》的内容分为年龄特点与教育任务、教育内容与要求、教育手段及注意事项三部分。与1952年的《幼儿园暂行教学纲要(草案)》相比，《纲要》有五点积极的变化。第一，将"教学"改为"教育"，体现了幼儿园根据幼儿的年龄特点，突出其主要工作是"教育"而不仅仅是"教学"。第二，吸取了国内外幼儿生理学、心理学理论，特别是关于幼儿大脑的研究成果，作为第一部分，统帅其后的教育任务、教育内容等章节，使《纲要》的科学依据更加明显。第三，将教育内容扩展为生活卫生习惯、体育活动、思想品德、常识、语言、计算、美术、音乐8项，加强了对幼儿习惯和品德的培养。第四，强调教育任务、内容、要求应通过游戏、体育活动、上课、观察、劳动、娱乐和日常生活等教育手段来完成，以防止学前教育小学化和成人化。第五，指明幼儿园要主动争取社会和家庭的支持，以大教育观增强幼儿园教育和积极效应。《纲要》使幼儿园工作有章可循，起到了拨乱反正、提高幼儿园保教工作质量的重要作用。

另一部是卫生部妇幼卫生局于1981年6月颁发的《三岁前小儿教养大纲(草案)》(以下简称《大纲》)。《大纲》根据三岁前小儿身心发展的特点，规定托儿所教养工作的主要任务为："培养小儿在德、智、体、美方面得到发展，为造就体魄健壮、智力发达、品德良好的社会主义新一代打下基础。"《大纲》包括三岁前小儿集体教养原则、小儿神经心理发育的主要标志、通过生活环节进行教育、语言的发展、动作的发展、认识能力的培养，与成人和小朋友相互关系的培养等内容。

3. 其他方面的法规

其他方面的法规主要有以下几部。

一是《幼儿园教玩具配备目录》，1986年3月由国家教育委员会印发。该文件要求各类幼儿园必须根据办园规模选配体育器械、角色游戏、结构游戏、沙水、计算、美工、音乐、语言常识、劳动工具及活动室专用设备10类教玩具。二是《全日制、寄宿制幼儿园编制标准(试行)》，1987年3月由劳动人事部、国家教育委员会联合颁发。该文件规定了班级的规模、教职工与幼儿的比例、主要教职工的配置比例等。三是《托儿所、幼儿园建筑设计规范》，1987 年 9 月由城乡建设环境保护部、国家教育委员会联合发布。该文件共 4 章 61 条及 2 个附录，包括总则、基地和总平面、建筑设计、建筑设备各项内容。四是《城市幼儿园建筑面积定额(试行)》，1988 年 7 月由国家教育委员会、建设部共同印发。该文件共 4 章 19 条及 2 个附件，包括总则、园舍建筑面积定额、用地面积定额及附则。这些文件为各地托幼机构开展硬件的建设提供了依据。上述文件的颁布表明，学前教育的教育性功能已开始受到国家和社会的重视。

(二)新的学前教育管理体制的形成

1978 年，教育部恢复了学前教育处，托儿所则仍归卫生部管理。1979 年 7 月，教育部、卫生部、劳动总局、全国总工会和全国妇联五部门联合召开了全国托幼工作会议，决定设立“托幼工作领导小组”，以加强领导力量。第一任托幼工作领导小组组长为时任国务院副总理的陈慕华。会后，中共中央、国务院转发了《全国托幼工作会议纪要》，要求各省(市)成立地方托幼工作领导小组，使全国托幼工作领导小组的精神在基层得到落实。1982 年，精简机构，国务院的托幼工作领导小组被撤销，地方的相应机构也被裁撤。

1987 年 10 月，国家教育委员会、卫生部等九个部门联合颁发了《关于明确幼儿教育事业领导管理职责分工的请示》，确定了学前教育事业“地方负责、分级管理”和“有关部门分工负责”的领导体制，并明确了教育、卫生、计划、财政、劳动人事、城乡建设环境保护和轻工、纺织、商业各部门的职责分工。文件还规定幼儿园的行政领导由主办单位负责。在此背景下，各省(区、市)的教育厅(局)陆续恢复或新成立了学前教育行政领导机构和教研机构，配备了专职或兼职的学前教育行政干部和教研人员。

二、学前教育事业的稳步发展

(一)学前教育机构的稳步发展

随着新时期经济的发展和经济体制改革的推进，各级政府动员和依靠了社会各方面的力量，多途径、多形式地促进着学前教育事业的发展。

据表 6-1 可知，1985—1990 年，幼儿园数稳定在 17 万余所，在园幼儿数的增长较为明显，1989 年为 1847.66 万人，比 1977 年的总人数增长了一倍多。步入 20 世纪 90 年代，在园幼儿数继续增长，1990 年为 1972.22 万人，1995 年增至 2711.21 万人。1997 年开始，中国幼儿园数和在园幼儿数每年略有下降，这与实行计划生育政策、人口出生率下降有关，还与办园规模收缩分不开。在各类学前教育机构中，教育部门办幼儿园增长较快。而对于其他部门(包括工矿企业、机关学校、团体等部门)创办的幼儿园来说，1992 年后，由于经济体制的改革，工矿企业与办学脱钩，出现关、停、转、并幼儿园的情况，因此幼儿园数量逐渐减少。

表 6-1 1977—1999 年全国幼儿园发展情况统计

年份/年	幼儿园数/万所				在园幼儿数/万人			
	合计	教育部门办	其他部门办	民办	合计	教育部门办	其他部门办	民办
1977	26.19	0.60	25.59		869.80	70.90	825.90	
1978	16.40	0.70	15.70		787.70	87.10	700.60	
1979	16.56	0.50	1.98	14.08	879.23	84.20	146.11	648.92
1980	17.04	0.75	2.13	14.16	1150.77	131.27	155.73	863.77
1981	13.03	0.60	2.27	10.16	1056.21	134.09	171.71	750.41
1982	12.21	0.63	2.52	9.06	1113.10	151.10	218.20	743.80
1983	13.63	1.32	2.97	9.34	1140.30	191.80	226.60	721.90
1984	16.65	1.00	3.05	12.60	1294.74	207.01	250.25	837.48
1985	17.23	1.12	2.98	13.13	1479.69	253.51	269.86	956.32
1986	17.34	1.10	2.74	13.50	1628.98	278.84	290.08	1060.06
1987	17.68	1.01	3.29	13.38	1807.84	326.22	323.09	1158.53
1988	17.18	1.01	2.78	13.39	1836.53	374.96	302.88	1158.69
1989	17.26	1.12	2.81	13.33	1847.66	378.89	323.81	1144.96
1990	17.23	1.28	2.81	13.14	1972.22	442.26	339.87	1190.09
1991	16.44	1.77	2.78	11.89	2209.28	568.45	353.17	1287.66
1992	17.25	2.09	2.82	12.34	2428.19	666.20	371.90	1390.09
1993	16.52	1.79	2.79	11.94	2552.51	757.86	370.69	1423.96
1994	17.47	2.06	2.33	13.08	2630.25	814.61	326.17	1489.47
1995	18.05	2.16	2.32	13.57	2711.21	879.66	329.63	1501.92
1996	18.73	2.52	2.19	14.02	2666.31	914.75	310.15	1441.41
1997	18.25	3.07	2.04	13.14	2518.97	941.54	294.52	1282.91
1998	18.14	3.17	1.92	13.05	2403.03	922.63	291.31	1189.09
1999	18.11	3.57	1.74	12.80	2326.26	924.66	272.97	1128.63

注：随着计划经济向社会主义市场经济逐步推进，此时期民办幼儿园性质已发生了变化，即由改革开放前的集体经济性质向个体私有性质转变。

(二)不同类型、不同规格学前教育机构的发展变化

1. 公办及民办幼儿园的发展

此时期发展学前教育依然采取公办与民办并举的两条腿走路的方针。公办幼儿园主要指由教育部门及其他部门主办的幼儿园，其发展较快。据表 6-2 可知，1979

年为2.48万所，1999年增至5.31万所。随着经济体制改革的深入推进，此时期民办幼儿园逐步减少，私立幼儿园开始出现，且其所占比例不断加大。此时期学前教育发展处于“公办幼儿园为主体的多元格局”与“集体办园突出的多元格局”交织及私立幼儿园开始发展的时期。①

表6-2　1979—1999年全国公办幼儿园和民办幼儿园的比较

年份/年	幼儿园数/万所			在园幼儿数/万人		
	合计	公办幼儿园	民办幼儿园	合计	公办幼儿园	民办幼儿园
1979	16.56	2.48	14.08	879.23	230.31	648.92
1989	17.26	3.93	13.33	1847.66	702.70	1144.96
1999	18.11	5.31	12.80	2326.26	1197.63	1128.63

2. 示范性幼儿园的建设与作用发挥

为了在全面贯彻教育方针、探索教育发展规律、总结推广经验等方面发挥示范作用，并担负起辅导一般幼儿园的任务，1979年，《全国托幼工作会议纪要》规定，“教育部门应负责幼儿教育的业务领导……办好示范性幼儿园”。此后，在民办(私立)幼儿园开始发展的背景下，教育部颁布的多个文件都提到要加强示范性幼儿园建设，以发挥其区域性示范引领的作用，带动学前教育事业整体健康发展。1989年，《幼儿园管理条例》和《幼儿园工作规程(试行)》的颁布，为示范性幼儿园建设提供了基本标准。一些省市据此制定了《示范性幼儿园标准》，从办园条件、保教队伍、园务管理、保教质量等多个方面对示范性幼儿园建设提出了具体要求。至20世纪末，很多省市纷纷创建省级及市县级示范性幼儿园，基本建成了以省级示范幼儿园为龙头，教办园为主体，包括省、市、县区三级的示范性幼儿园网络。各级各类示范性幼儿园不仅加强了自身建设，提高了师资水平，促进了保教质量的不断提升，而且通过多种方式发挥了各个方面的示范、辐射作用，有力地推进了区域学前教育的发展。

3. 农村学前教育事业的发展

1979年以后，农村学前教育也稳步发展。据表6-3可知，1984年，在园幼儿数为833.42万人，1995年增至1624.89万人，增长近一倍。同时，在城乡学前教育事业发展中，农村学前教育还占有较大的比重。据表6-1和表6-3可知，1989年，农村幼儿园数量为11.99万所，占全国总数(17.26万所)的69.5%；农村在园幼儿数为1118.33万人，占全国总数(1847.66万人)的60.5%。农村幼儿园的壮大为满足农村地区的需要、提高农村人口的素质起到了重要作用。但是，农村幼儿园的“硬件”和“软件”均较差，这是亟待解决的问题。

① 中国学前教育发展战略研究课题组：《中国学前教育发展战略研究》，22页，北京，教育科学出版社，2010。

表 6-3 1979—1999 年全国农村学前教育事业发展统计

年份/年	幼儿园数/所	在园幼儿数/万人	年份/年	幼儿园数/所	在园幼儿数/万人
1979	139153	627.88	1990	119399	1217.28
1980	143376	879.00	1991	111016	1356.90
1981	100424	747.90	1992	115171	1474.24
1982	91809	755.54	1993	104901	1534.95
1983	98928	1221.03	1994	103073	1575.18
1984	122103	833.42	1995	106665	1624.89
1985	121944	923.98	1996	110428	1577.04
1986	130252	1046.48	1997	107348	1453.01
1987	128155	1130.25	1998	104252	1340.16
1988	124119	1150.90	1999	101896	1259.15
1989	119944	1118.33	—	—	—

(三)幼儿园教师培养培训

1. 幼儿园教师的培养

为了推进学前教育事业科学化发展，1978 年 10 月，教育部发布《关于加强和发展师范教育的意见》，指出今后要办好师范学校，为学前教育培养骨干。1980 年 8 月，教育部又发布了《关于办好中等师范教育的意见》，专门提出将积极办好幼儿师范教育。在此背景下，幼儿师范学校迅速增加。1979 年，全国设立了幼儿师范学校 22 所，1989 年增至 63 所，1994 年又增至 67 所。随着幼儿师范学校的不断增多，为了保证幼儿师范学校的培养质量，1980 年，国家教育委员会颁发修订后的《中等师范学校规程(试行草案)》，对幼儿师范学校的办学方针、任务、学制、办学条件、领导管理等问题进行了规范。同年 10 月，又颁行了《幼儿师范学校教学计划(试行草案)》，重新规范了幼儿师范学校的课程设置，突出了专业知识和技能的核心地位。1995 年，国家教育委员会颁发了《三年制中等幼儿师范学校教学方案(试行)》，对幼儿师范学校的教学进行了进一步的规范，将课程分设必修、选修、教育实践和课外活动四类，对每类课程的课时都做出了具体的规定。

20 世纪 80 年代开始，幼儿园师资培养还有另一种途径，即在职业高中设立幼师专业，以弥补幼儿师范学校和普通师范学校附设幼师班的不足。这种幼师专业招收初中毕业生，学制 2 至 3 年，学生毕业后自谋出路。对此，国家教育委员会于 1988 年 10 月发布《关于进一步办好职业高中幼师专业的意见》，对于职业高中幼师专业的任务、培养目标、教学计划、课程设置、见习和实习等方面提出了指导意见，对于保障质量起到了重要作用。

通过上述途径，新时期以来，我国幼儿师资队伍迅速壮大。据表 6-4 可知，

1981 年，全国幼儿园教师、园长总数为 43.09 万人，1989 年增至 76.24 万人。幼儿园教师的学历层次也逐渐提高。1981 年，中师、高中以上毕业者为 15.64 万人，1989 年增至 39.66 万人，人数增长 1 倍多。

表 6-4　1981—1990 年全国幼儿园教师、园长学历概况

年份/年	幼儿园数/万所	园长及教师数/万人	中师、高中以上毕业者		中师、高中肄业者及初中、初师毕业者		初中、初师肄业及以下者		受过专业训练一年以上者	
			人数/万人	比例/%	人数/万人	比例/%	人数/万人	比例/%	人数/万人	比例/%
1981	13.03	43.09	15.64	36.3%	17.82	41.4%	9.63	22.3%	3.23	7.5%
1982	12.21	44.74	17.33	38.7%	18.52	41.4%	8.89	19.9%	3.94	8.8%
1983	13.63	46.50	18.66	40.1%	19.14	41.2%	8.70	18.7%	5.16	11.1%
1984	16.65	52.70	22.56	42.8%	21.82	41.4%	8.30	15.7%	6.74	12.8%
1985	17.23	58.95	25.78	43.7%	25.54	43.3%	7.63	12.9%	10.05	17.0%
1986	17.34	64.85	28.41	43.8%	28.70	44.3%	7.74	11.9%	12.07	18.6%
1987	17.68	70.00	32.08	45.8%	30.44	43.5%	7.48	10.7%	14.27	20.4%
1988	17.18	72.04	35.62	49.4%	29.85	41.4%	6.57	9.1%	16.50	22.9%
1989	17.26	76.24	39.66	52.0%	30.40	39.9%	6.18	8.1%	19.78	25.9%
1990	17.23	80.48	43.56	54.1%	31.03	38.6%	5.89	7.3%	22.10	27.5%

为了培养高层次的学前教育人才，1978 年后，北京师范大学，南京师范学院(1984 年改为南京师范大学)，西北师范大学，西南师范学院(1985 年改为西南师范大学，2005 年与西南农业大学合并组建西南大学)，东北师范大学五校逐步恢复招收学前教育专业学生。华东师范大学、华中师范大学、华南师范大学、湖南师范大学等校增设了学前教育专业。截至 1987 年，全国高等师范学校设学前教育专业者已达 22 个。1985 年，上海市还设立了上海幼儿师范专科学校，试行幼师(三年制)和幼专(两年制)的新的幼师培养模式。通过这些途径，新时期以来，特别是 20 世纪 90 年代以来，中国学前教育师资不仅队伍上逐步壮大，而且学历上也不断提升。据表 6-5 可知，1991 年，全国幼儿园教师学历为本专科者为 1.77 万人，1999 年增至 7.05 万人，增加近 3 倍。中国幼儿园的专业师资力量逐渐增强。另外，国内高校还开始培养学前教育专业的硕士和博士研究生。率先培养硕士研究生的学校为北京师范大学和南京师范大学。1994 年，南京师范大学设立了全国第一个学前教育学博士点。从此，中国学前教育专业人才培养提供了更高的层次，进入了新的发展阶段。

表 6-5 1991—1999 年全国幼儿园教师学历概况

(单位：万人)

年份	总计	师范学院本专科毕业	中师毕业	职业高中幼教专业毕业	初中、初师肄业及以下者		总计中取得“专业合格证书”者
					高中毕业以上	初中毕业以下	
1991 年	65.14	1.77	19.44	6.84	18.42	18.67	6.84
1992 年	81.50	1.71	21.59	8.73	24.41	25.06	8.34
1993 年	83.57	1.97	23.24	9.63	24.50	24.23	9.56
1994 年	86.16	2.33	25.48	10.78	24.83	22.74	10.48
1995 年	87.70	2.01	23.13	16.90	24.10	21.56	12.34
1996 年	88.84	2.90	31.45	12.38	22.70	19.41	12.33
1997 年	88.44	4.01	33.65	13.07	21.43	16.28	11.35
1998 年	87.54	5.37	35.70	13.67	19.28	13.52	10.42
1999 年	87.24	7.06	37.99	13.94	17.37	10.88	10.05

2. 职后师资培养

“文化大革命”结束后，全国学前教育师资水平参差不齐的情况严重，专业化水平低。1981 年，全国 43.09 万幼儿园教师、园长中仅有 3.23 万人接受过一年以上的专业训练，初中、初师肄业及以下者有 9.63 万人，占当年全国幼儿园教师、园长总数的 22.3%(见表 6-4)。针对这些情况，1983 年，教育部印发《关于加强小学在职教师进修工作的意见》，提出各地要制定培训学前教育师资的规划。1986 年，国家教育委员会要求不具备国家规定的合格学历的幼儿园教师参加“教材教法合格证书”和“专业合格证书”的考试。在这种情况下，教育部门及其他部门采取了短期培训、脱产进修、函授、刊授、广播等形式，以提升幼儿园教师的文化和业务水平。中国学前教育师资水平逐步提高。1987 年，全国取得专业合格证书者有 5765 人，1999 年增至 100549 人。

1996 年 1 月，国家教育委员会颁布《关于开展幼儿园园长岗位培训工作的意见》。要求全国所有在职园长(副园长)都应接受一次岗位培训，必须达到国家规定的任职要求，做到持证上岗，并争取用五年左右的时间轮训一遍。培训的内容包括建设有中国特色社会主义理论，党和国家的教育方针、政策、法规，幼儿教育的基本理论，幼儿园管理，国内外幼儿教育改革动向等。由此，全国职后师资培训不断加强。

三、学前教育研究团体的重建

1977 年 8 月，邓小平在科学和教育工作座谈会上指出：教育“需要有一个机构，统一规划，统一调度，统一安排，统一指导协作”。据此，1978 年 10 月，经国务院批准，中央教育科学研究所恢复重建，并下设了“学前教育研究室”，这是中国第一个国家级的学前教育研究机构。该室的研究任务为：探索对 3 至 6 岁儿童进行体、智、德、美全面发展教育及学前教育事业发展等方面的规律；研究具有中国特色的社会主义学前教育体系的基础理论问题；为决策部门制定和修订学前教育方针、任务，为幼儿园教育纲要、教材、教法的编写等提供科学依据；编写有关学前教育科学研究书籍。尔后，辽宁等 7 个省(市)也设立了学前教育研究机构，一些高等师范院校(包括教育学院)和幼儿师范学校相继成立了学前教育研究室。1979 年 3 月至 4 月，在第一次全国教育科学规划会议期间，与会学前教育界代表呼吁在中国教育学会下设二级分会——全国幼儿教育研究会。同年 11 月，中国教育学会幼儿教育研究会在南京成立，陈鹤琴被推举为名誉理事长，左淑东为首任理事长。1992 年，全国幼儿教育研究会晋升为国家一级学会，更名为“中国学前教育研究会”。该会以组织学前教育科学研究队伍、探索学前教育规律、推动学前教育改革、研究解决学前教育的理论和实际问题、发展和繁荣学前教育、建立具有中国特色的社会主义学前教育科学体系为宗旨。这一学术团体设有学术委员会，并分设有学前儿童健康教育专委会、幼儿园课程与教学专委会、学前教育事业发展与管理研究专委会、家庭与社会教育专委会、游戏与玩具专委会、教师发展专委会、学前教育基础理论专委会、0—3 岁儿童托育专业专委会、学前教育评价专委会。与此同时，各省市的教育学会也纷纷下设了学前教育专业研究会，或独立设置了省级学前教育学会。

国家及地方学前教育研究团体的重建为开展多个层次学前教育研究和学前教育的国际交流提供了条件。

第二节　21 世纪的学前教育

21 世纪以来，中国学前教育被视为社会公益事业和重大民生工程，党和政府高度重视，通过颁布相关政策及实施三期“学前教育三年行动计划”等，取得了举世瞩目的成就，普及程度大幅提高，普惠性学前教育大力推进。进入新时代，中国学前教育迎来了改革与发展的大好机遇，具备了许多前所未有的有利条件。学前教育将以中国式现代化进一步向普及普惠安全优质发展，不断满足人民群众对高质量学前教育的需求。

一、学前教育事业发展的重要法规

(一)《关于幼儿教育改革与发展的指导意见》

进入 21 世纪，国家经济体制改革进一步深入，而与社会转型相适应的学前教育事业发展体制尚未建立，学前教育发展面临新的困难和挑战。据此，为推动学前教育改革和进一步的发展，国务院办公厅于 2003 年 1 月转发教育部等部门颁发的《关于幼儿教育改革与发展的指导意见》，明确学前教育的发展路向和各级政府在学前教育事业发展中的责任。《关于幼儿教育改革与发展的指导意见》涉及的主要问题包括以下几个方面。

第一，强调推进学前教育事业发展走“以社会力量兴办幼儿园为主体”“公办与民办、正规与非正规教育相结合”的路子，同时，在学前教育质量上则“以公办幼儿园为骨干和示范”。因而，要求加强示范性幼儿园建设，发挥好示范性幼儿园带动本地区学前教育事业的整体发展和教育质量的提高的作用；要求“形成以省、地、县、乡各级示范性幼儿园为中心，覆盖各级各类幼儿园的指导和服务网络”。

第二，关于幼儿教师，一方面要求各级政府认真执行《中华人民共和国教师法》，保障幼儿教师的合法权益；另一方面，要求实行幼儿园园长、教师资格准入制度，建立促进教师专业水平和素质不断提高的机制，提高教师队伍的素质和水平。

第三，强调各级政府应落实相关的责任。包括完善“地方负责、分级管理”的学前教育管理体制，政府要加大对学前教育的投入，做到逐年增长，并首次明确各级政府应建立学前教育督导制度。

(二)《国家中长期教育改革和发展规划纲要(2010—2020年)》

2010年7月，《国家中长期教育改革和发展规划纲要(2010—2020年)》(以下简称《规划纲要》)发布。《规划纲要》是21世纪第二个十年教育全面改革发展的蓝图和指南针，是国家级综合性教育改革与发展的重要文件。《规划纲要》首次对学前教育采用专章进行论述，体现了党和国家对学前教育前所未有的重视程度。

《规划纲要》指出学前教育的发展任务有三大方面。一是基本普及学前教育。提出到2020年，普及学前一年教育，基本普及学前两年教育，有条件的地区普及学前三年教育。二是基于学前教育发展过于依赖社会力量而导致一些问题的现状，提出明确政府职责。三是强调重点发展农村学前教育，努力提高农村学前教育普及程度，着力保证留守儿童入园，并把推进农村学前教育作为“重大项目和改革试点”来抓。

总之，《规划纲要》在学前教育的普及、政府在学前教育发展中的责任和发展农村学前教育方面描绘出了一幅崭新的蓝图。

(三)《国务院关于当前发展学前教育的若干意见》

为了全面贯彻落实《规划纲要》，解决社会中“入园难”等学前教育发展中遇到的诸多问题，2010年11月《国务院关于当前发展学前教育的若干意见》(以下简称《意见》)颁布。由国务院颁布专项学前教育文件，这在历史上是第一次，说明国家已把发展学前教育提升到教育和社会事业发展的战略高度。《意见》包括10个方面的主要内容，故又被称为学前教育“国十条”。

“国十条”的主要内容包括以下方面。一是重新界定了学前教育的性质，特别指出学前教育是重要的社会公益事业和重大民生工程，因此，学前教育必须坚持公益性和普惠性。对此，要求各级政府将学前教育经费列入财政预算，中央财政设立专项经费，实施学前教育三年行动计划，有效缓解"入园难"问题。二是为提供"广覆盖、保基本"、布局合理的学前教育公共服务，要求采取多种形式扩大学前教育资源。三是强调要加快建设一支师德高尚、热爱儿童、业务精良、结构合理的幼儿教师队伍。

《意见》提出了构建"广覆盖、保基本"学前教育公共服务体系的具体有效要求和措施，显示出国家对学前教育事业作用的认识提到了新的高度。这是学前教育发展史上一个重要的里程碑，标志着"学前教育春天"的来临。

(四)《幼儿园工作规程》

《幼儿园工作规程》是我国规范幼儿园管理的规章，对加强各类幼儿园的规范管理发挥了重要作用。随着经济社会的发展，学前教育改革发展的大环境发生了巨大变化。从学前教育发展自身看，一是事业规模不断扩大，普及程度大幅提高；二是学前教育结构发生了巨大变化，2015 年，我国民办幼儿园有 14.64 万所，占比达 65.44%。在此背景下，为加强幼儿园的科学管理，规范办园行为，提高保育和教育质量，促进幼儿身心健康发展，教育部于 2015 年 12 月通过了《幼儿园工作规程》(以下简称新《规程》)，于 2016 年 3 月正式实施。

新《规程》全文共有十一章，包括总则，幼儿入园和编班，幼儿园的安全，幼儿园的卫生保健，幼儿园的教育，幼儿园的园舍、设备，幼儿园的教职工，幼儿园的经费，幼儿园、家庭和社区，幼儿园的管理，附则。新《规程》要求幼儿园要贯彻国家的教育方针，促进幼儿身心健康成长。与 1996 年的《规程》相比，新《规程》有了一些明显变化。这些变化主要有：将幼儿园教育定位为"基础教育的重要组成部分"；为强化安全管理意识与责任，专设"幼儿园的安全"一章，明确要求幼儿园要建立健全设备设施、食品药物以及与幼儿活动相关的各项安全防护和检查制度，建立安全责任制和应急预案，对与幼儿身心健康相关的一系列卫生保健制度的建立也做了明确规定等；凸显幼儿的主体地位，如要求"根据幼儿活动的需要绿化、美化园地""有条件的幼儿园应当优先扩大幼儿游戏和活动空间"；提升了对幼儿的保护要求，如要求幼儿园教职工应当具有良好品德，身心健康，患传染病期间应暂停在幼儿园的工作，有犯罪、吸毒记录和精神病史者不得在幼儿园工作；强调幼儿园应当结合幼儿年龄特点和接受能力开展反家庭暴力教育，若发现家暴情况应及时报案；明确幼儿园应进一步加强民主管理，强化家长委员会的职能作用，向幼儿家长提供科学育儿指导；建立教研制度，研究解决保教工作中的实际问题等。

《规程》对于新时代进一步提高各类幼儿园的办园水平和保教质量，推进幼儿园管理的规范化与科学化，促进学前教育健康可持续发展具有重要的现实意义。

(五)《中共中央 国务院关于学前教育深化改革规范发展的若干意见》

党的十八大以来，我国学前教育事业快速发展，资源迅速扩大，普及水平大幅提高，管理制度不断完善，"入园难"问题得到有效缓解。但由于底子薄、欠账多，学前教育仍是整个教育体系的短板，发展不平衡、不充分问题突出，“入园难”“入园贵”问题依然存在。根据党的十九大的精神要求，为进一步完善学前教育公共服务体系，切实办好新时代学前教育，更好地实现幼有所育，2018 年 11 月，《中共中央 国务院关于学前教育深化改革规范发展的若干意见》(以下简称《意见》)发布。《意见》明确了学前教育工作的指导思想、基本原则、到 2020 年的短期发展目标和到 2035 年的中长期发展目标。

《意见》强调应以习近平新时代中国特色社会主义思想为指导，全面贯彻党的十九大精神和党的教育方针，认真落实立德树人根本任务，遵循学前教育规律，牢牢把握学前教育正确发展方向，完善学前教育体制机制，健全学前教育政策保障体系，推进学前教育普及普惠安全优质发展，满足人民群众对幼有所育的美好期盼，为培养德智体美劳全面发展的社会主义建设者和接班人奠定坚实基础。

《意见》要求牢牢抓住推进学前教育发展的四个基本原则，即坚持党的领导、坚持政府主导、坚持改革创新、坚持规范管理。在发展目标上，短期目标要求到 2020 年，全国学前三年毛入园率达到 85%，普惠性幼儿园覆盖率达到 80%；中长期目标要求到 2035 年，全面普及学前三年教育，为幼儿提供更加充裕、更加普惠、更加优质的学前教育。

《意见》指出要科学规划布局、调整办园结构、拓宽途径扩大资源供给、鼓励社会力量办园、健全经费投入长效机制、大力加强幼儿园教师队伍建设、提高幼儿园保教质量等。同时，《意见》要求规范发展民办园，做到对民办幼儿园稳妥实施分类管理、遏制民办幼儿园的过度逐利行为、分类治理无证办园等。

《意见》进一步明确了学前教育的公益普惠属性，为新时代学前教育发展指明了目标方向、发展路径和保障条件，对于新时代学前教育普及普惠安全优质发展有着极为重要的意义。

(六)《国务院办公厅关于促进 3 岁以下婴幼儿照护服务发展的指导意见》

3 岁以下婴幼儿照护服务是生命全周期服务管理的重要内容，能很好支撑婴幼儿健康成长，事关千家万户。对此，2019 年 4 月，《国务院办公厅关于 3 岁以下婴幼儿照护服务发展的指导意见》(以下简称《照护服务意见》)发布。

《照护服务意见》强调要坚持以人民为中心的发展思想，建立完善促进婴幼儿照护服务发展的政策法规体系、标准规范体系和服务供给体系，多种形式开展婴幼儿照护服务，逐步满足人民群众的需求，促进婴幼儿在身体发育、动作、语言、认知、情感与社会性等方面的全面发展。其基本原则是为家庭提供科学养育指导，对有照护困难的家庭或婴幼儿提供必要的服务，优先支持普惠性婴幼儿照护服务机构。

在发展目标上，《照护服务意见》提出到 2020 年，初步建立婴幼儿照护服务的政策法规体系和标准规范体系，建成一批具有示范效应的婴幼儿照护服务机构；到 2025 年，婴幼儿照护服务的政策法规体系和标准规范体系基本健全，基本形成多元化、多样化、覆盖城乡的婴幼儿照护服务体系，婴幼儿照护服务水平明显提升，人民群众的婴幼儿照护服务需求得到进一步满足。

《照护服务意见》颁布以来，全国各地对婴幼儿照护服务加大了政策和资金支持力度，一些高等院校和职业院校纷纷开设婴幼儿照护相关专业，组织力量培训婴幼儿照护服务人员，多地建设了一批开展婴幼儿照护优质服务示范单位，婴幼儿照护发展取得了较好成果。《照护服务意见》的颁布，对全面落实“幼有所育”，促进学前教育更加充分发展，以满足人民群众的需要，使广大婴幼儿得到更好的照护服务和教育有着重要的开局意义。

二、学前教育事业的发展及结构的变化

(一)21 世纪以来学前教育事业的发展概况

表 6-6 2000—2021 年全国学前教育事业发展情况

年份/年	幼儿园数/万所	在园幼儿数/万人	园长及教师数/万人
2000	17.58	2244.18	94.64
2001	11.17	2021.84	63.01
2002	11.18	2036.02	65.93
2003	11.64	2003.91	70.91
2004	11.79	2089.40	75.96
2005	12.44	2179.03	83.61
2006	13.05	2263.85	89.82
2007	12.90	2348.83	95.19
2008	13.37	2474.96	103.20
2009	13.82	2657.81	112.78
2010	15.04	2976.67	130.53
2011	16.68	3424.45	149.60
2012	18.13	3685.76	167.75
2013	19.86	3894.69	188.51
2014	20.99	4050.71	208.03
2015	22.37	4264.83	230.31
2016	23.98	4413.86	249.88
2017	25.50	4600.14	271.21
2018	26.67	4656.42	287.35
2019	28.12	4713.88	306.68
2020	29.17	4818.26	322.18
2021	29.48	4805.21	338.73

从表6-6可以看出，进入21世纪，随着中国普及义务教育任务的完成，学前教育进一步得到政府和社会的重视，学前教育事业不断发展，学前教育事业状况逐年改善。从幼儿园数量来看，2001年全国为11.17万所，2021年达到29.48万所，20年间共增加18.31万所，年均增长率为4.97%。从在园幼儿数量来看，2001年全国为2021.84万人，2021年达到4805.21万人，20年间共增加2783.37万人，年均增长率为4.42%。从园长及教师数量来看，2001年全国为63.01万人，2021年达到338.73万人，20年间共增加275.72万人，年均增长率为8.77%。

(二)民办幼儿园由快速发展到规范发展

表6-7 2000—2021年全国民办幼儿园发展情况

年份/年	幼儿园数/万所	民办幼儿园数/万所	民办幼儿园所占比例/%
2000	17.58	4.43	25.20
2001	11.17	4.45	39.84
2002	11.18	4.84	43.29
2003	11.64	5.55	47.68
2004	11.79	6.22	52.76
2005	12.44	6.88	55.31
2006	13.05	7.54	57.78
2007	12.90	7.76	60.16
2008	13.37	8.31	62.15
2009	13.82	8.93	64.62
2010	15.04	10.23	68.02
2011	16.68	11.54	69.18
2012	18.13	12.46	68.73
2013	19.86	13.35	67.22
2014	20.99	13.93	66.36
2015	22.37	14.64	65.44
2016	23.98	15.42	64.30
2017	25.50	16.04	62.90
2018	26.67	16.58	62.17
2019	28.12	17.32	61.59
2020	29.17	16.80	57.59
2021	29.48	16.67	56.55

此时期的民办幼儿园主要指私立幼儿园，民办幼儿园的发展情况反映出此时期中国学前教育发展中体制改革与发展情况。21世纪以来，民办学前教育显示出前所未有的发展态势。2002年12月《中华人民共和国民办教育促进法》的通过和2003年

1 月《关于幼儿教育改革与发展的指导意见》的发布加速了民办学前教育的发展。从表 6-7 可以看出，全国民办幼儿园 2000 年为 4.43 万所，占幼儿园总数的 25.20%。2004 年，民办幼儿园为 6.22 万所，占幼儿园总数的 52.76%，已在数量上超过政府财政部门、国有及集体企业等其他各种途径办理的幼儿园数量之和。2010 年，民办幼儿园达到 10.23 万所，占幼儿园总数的 68.02%。民办幼儿园发展的数据表明，在 21 世纪的第一个 10 年里，中国“以社会力量兴办幼儿园为主体”的格局业已形成。学前教育事业的结构发生了根本性的转变。

2010 年以来，国家对学前教育结构的政策历经了从“大力支持民办园、鼓励多种形式办学”到“支持发展普惠性民办幼儿园”，再到“大力发展公办园”和“规范发展民办园”的调整。2010 年《国家中长期教育改革和发展规划纲要（2010—2020 年）》及《国务院关于当前发展学前教育的若干意见》均提出要积极扶持民办幼儿园，大力发展公办园，同时提出要努力建设学前教育公共服务体系，引导民办幼儿园提供普惠性服务。2018 年 11 月，《中共中央 国务院关于学前教育深化改革规范发展的若干意见》则明确要求大力发展公办园，强调要规范发展民办园，遏制民办幼儿园的过度逐利行为。

在此背景下，从 2013 年开始，我国民办幼儿园虽数量依然保持不断上升趋势，但占比逐步下降。2013 年我国民办幼儿园数量为 13.35 万所，2019 年上升为 17.32 万所。但从民办幼儿园占比看，2013 年占比 67.22%，2019 年下降为 61.59%。民办幼儿园数量不断上升体现了近年来其在不断推进学前教育普及方面做出的重要贡献；而民办幼儿园所占比例有所下降则是近年来我国各级政府加大了财政投入，大力发展公办园，同时对于民办幼儿园采取规范发展，努力打造学前教育公共服务体系的结果。

（三）农村学前教育事业的推进

农村学前教育作为我国学前教育事业的重要组成部分，一直是我国学前教育事业发展的难点。农村学前教育的发展情况还凸显出城乡学前教育发展的均衡状况。

表 6-8 2000—2021 年全国农村幼儿园发展情况

年份/年	农村幼儿园数/万所	农村在园幼儿数/万人	农村幼儿园园长及教师数/万人
2000	9.35	1162.88	37.15
2001	5.30	1045.45	14.73
2002	4.91	1004.90	14.25
2003	5.06	940.40	15.23
2004	5.43	996.62	17.77
2005	6.02	1016.92	20.52
2006	6.47	1047.84	23.02

续表

年份/年	农村幼儿园数/万所	农村在园幼儿数/万人	农村幼儿园园长及教师数/万人
2007	6.13	1033.12	23.01
2008	6.43	1067.36	25.33
2009	6.64	—	28.11
2010	7.16	1214.03	33.34
2011	11.32	2277.3	76.00
2012	12.36	2435.0	85.87
2013	13.73	2577.1	99.63
2014	14.40	2644.8	110.28
2015	15.47	2775.0	124.95
2016	16.56	2822.8	134.54
2017	17.60	2893.2	145.05
2018	18.29	2882.8	152.55
2019	19.16	—	160.64
2020	19.67	—	166.24
2021	19.52	2687.39	171.23

注：2011 年之前，《中国教育统计年鉴》在“城乡”区分上划为“城市”“县镇”“农村”三类。而从 2011 年开始，《中国教育统计年鉴》则采用新的区分法，即划为“城区(含城乡接合部)”“镇区(含镇乡接合部)”“乡村”三类地区。考虑到我国城市化发展的实际情况，表 6-8 中 2011—2021 年的农村学前教育数据为“乡村”和“镇区(含镇乡接合部)”的数据的总和。

表 6-8 显示，2002 年，中国农村幼儿园为 4.91 万所，2010 年为 7.16 万所，8 年增加 2.25 万所，年平均增加 0.28 万所。通过比较，农村学前教育的发展速度远低于全国学前教育的整体发展速度。因此，《国家中长期教育改革和发展规划纲要(2010—2020 年)》强调未来 10 年重点是发展农村学前教育，要求把推进农村学前教育确定为教育发展的“重大项目和改革试点”。在此背景下，农村学前教育得到了较快的发展。2011 年，我国农村幼儿园有 11.32 万所，2020 年达到 19.67 万所，9 年间增加了 8.35 万所，年平均增加 0.93 万所。从在园幼儿数量上看，2011 年至 2017 年，农村幼儿在园数量逐年增长。从师资上看，农村幼儿园园长及教师数量快速增加，2011 年为 76.00 万人，2021 年达 171.23 万人，年平均增加 9.5 万人。教师数量的快速增加，为提高农村学前教育质量提供了必要保障。同时，也要看到，随着城市化进程的加快，农村幼儿出现了加速向城市流动的趋势。这增加了农村学前教育事业发展的难度和复杂性。对此，《中共中央 国务院关于学前教育深化改革规范发展的若干意见》要求大力发展农村学前教育，每个乡镇原则上至少办好一所公办中心园，大村独立建园或设分园，小村联合办园，人口分散地区根据实际情况可举办

流动幼儿园、季节班等。总的来说，进入新时代，国家更加注重城乡教育的均衡发展，在乡村振兴的背景下，我国农村学前教育必将在普及普惠安全优质发展中取得喜人的成就。

三、幼儿园课程改革

(一)《幼儿园教育指导纲要(试行)》

伴随着21世纪中国基础教育领域课程改革，2001年7月，教育部颁发了《幼儿园教育指导纲要(试行)》(以下简称《纲要》)。《纲要》是21世纪中国对幼儿园课程改革的顶层设计，凸显出新的理念和价值取向，标志着中国学前教育课程改革进入了一个崭新的阶段。

《纲要》由总则、教育内容与要求、组织与实施、教育评价四个部分组成。

总则是幼儿园实施教育工作的基本要求。这些要求包括幼儿园应“深入实施素质教育”，其根本任务是为“幼儿一生的发展打好基础”。为此，幼儿园应与家庭、社区密切合作，创设健康、丰富的生活和活动环境来帮助幼儿学习，以游戏为基本活动。幼儿园的工作应保教并重，促进每个幼儿富有个性的发展。

在教育内容与要求方面，一个重要的改变是将幼儿的学习内容划分为健康、语言、社会、科学和艺术五个领域，并同时强调“各领域的内容相互渗透，从不同的角度促进幼儿情感、态度、能力、知识、技能等方面的发展”。在教育目标的表述上，多使用“体验”“感受”“喜欢”“乐意”等词汇，突出了发展幼儿情感、兴趣、态度、个性等方面的价值取向。《纲要》还从两个方面进行了特别提示。一是教师应根据不同领域的教与学的特点设计教学活动。比如，社会领域具有潜移默化的特点，故应重视儿童平时生活的点点滴滴；科学领域知识多属于程序性知识，因而应重视儿童通过活动进行自我建构。二是指出了一些必须克服的不科学做法，如健康领域严禁不顾儿童身体特点而进行训练或比赛，艺术领域避免过分强调技能训练而忽视情感体验等。

在教育评价方面，《纲要》提出了新的观念。比如，评价是为了幼儿的发展、教师的反思成长和教育质量的提高；评价应采用发展性、合作性、标准的多元性及多角度、多主体、多方法、重视过程、重视差异、重视质性研究等原则和方式。

(二)《3—6岁儿童学习与发展指南》

进入21世纪的第二个10年，中国教育步入了以质量为核心的新的发展时期。对于学前教育，2010年，《国务院关于当前发展学前教育的若干意见》就提出要“保障适龄儿童接受基本的、有质量的学前教育”。在此背景下，针对学前教育领域的“小学化”倾向，以及社会上实际表现出的儿童观、教育观、发展观的混乱和一些违背科学的做法，2012年10月，教育部颁发了《3—6岁儿童学习与发展指南》(以下简称《指南》)。

从教育理念上看,《指南》是《纲要》的深化和进一步具体化。《指南》极为重视幼儿生活对于其自身的发展价值,因而,《指南》特别强调幼儿园、家庭和社会作为幼儿生活的现场和引导幼儿生活的主体在幼儿学习与发展中的作用。从这个意义上看,《指南》是关于幼儿园、家庭和社会如何引导幼儿学习和发展的"指南"。

针对社会上一些违背科学的做法,《指南》提出了5条基本原则。一是关注幼儿学习与发展的整体性,指出"不应片面追求某一方面或几方面的发展"。二是尊重幼儿发展的个体差异,指出切忌用一把"尺子"衡量所有幼儿。三是理解幼儿的学习方式和特点,指出"幼儿的学习是以直接经验为基础,在游戏和日常生活中进行的。要珍视游戏和生活的独特价值""严禁'拔苗助长'式的超前教育和强化训练"。四是重视幼儿的学习品质,认为幼儿在活动过程中表现出的积极态度和良好行为倾向是终身学习与发展所必需的宝贵品质,坚决反对忽视幼儿学习品质培养,单纯追求知识技能学习的做法。五是要求幼儿教师和家长了解3～6岁幼儿学习与发展的基本规律和特点,建立对幼儿发展的合理期望,实施科学的保育和教育,让幼儿度过快乐而有意义的童年。

在操作上,《指南》提出了幼儿学习与发展的目标体系及针对性的教育建议,引导成人用正确的观念、方法支持幼儿的学习与发展。《指南》从"健康""语言""社会""科学""艺术"五个领域分别描述了幼儿的学习与发展。每个领域按照幼儿学习与发展最基本、最重要的内容划分为若干个子领域。每个子领域下列出若干目标,每一个目标均列出各年龄段典型表现和教育建议,供教师和家长参考。

四、学前教育三年行动计划的实施

实施三年行动计划是国务院部署的促进学前教育事业发展的一项重大决策。为了加快发展学前教育、有效缓解"入园难"问题,根据《国务院关于当前发展学前教育的若干意见》的要求,2011年开始,根据教育部的部署,各省(区、市)编制并实施了学前教育三年行动计划。同时,地方各级政府普遍建立了由政府分管领导牵头的学前教育联席会议制度或三年行动计划领导小组,国家于2011年成立了教育部学前教育三年行动计划推进工作领导小组。这种为促进学前教育事业发展的政府专项行动,在中国学前教育史上是第一次。

2011年以来,学前教育三年行动计划共实施了三期。第一期(2011—2013年),行动计划以扩大教育资源为主,缓解"入园难"的问题。第二期(2014—2016年),行动计划的目标是进一步解决"入园难"问题,坚持公益普惠,进一步优化学前教育资源配置,初步建成以公办园和普惠性民办园为主体的学前教育服务网络,显著提升幼儿园办园水平和保教质量。第三期(2017—2020年),行动计划的目标是基本建成广覆盖、保基本、有质量的学前教育公共服务体系,使全国学前三年毛入园率达到85%,普惠性幼儿园覆盖率(公办园和普惠性民办园在园幼儿数占在园幼儿总数的比例)达到80%左右，同时，强调逐步理顺管理体制和办园体制，进一步加强师资力量，基本消除“小学化”现象等，在全国范围普及“有质量”的学前教育。

在学前教育三年行动计划的实施过程中，国家启动实施了一系列重大项目，如通过加快乡镇中心幼儿园建设以发展乡村学前教育，实施多轮幼儿教师国家级培训计划，为公办幼儿园核定并落实幼儿教师编制等。据统计，第一期学前教育三年行动计划实施之后，各地新建、改扩建幼儿园9万多所，新增园位500多万个。学前教育的“入园难”“入园贵”问题得到明显缓解。至2020年，全国学前教育毛入园率达到85.2%，普惠性幼儿园占比80.24%，学前教育的“入园难”“入园贵”问题得到进一步解决，广覆盖、保基本、有质量的学前教育公共服务体系基本建成。

五、学前教育师资培养培训工作

(一)学前教育师资培养机构升格与扩充

随着教师专业化发展的需要，2001年《国务院关于基础教育改革与发展的决定》要求推进师范教育结构调整。至2004年，全国范围内已经基本上完成了从三级师范向二级师范的过渡，并加快了向一级师范过渡的发展趋势。在此背景下，2005年《教育部关于规范小学和幼儿园教师培养工作的通知》(以下简称《通知》)发布。《通知》要求各省级教育行政部门要加强对幼儿园教师培养的统筹管理，逐步将幼儿园教师的培养纳入高等教育层次，积极支持普通本科院校举办学前教育专业，不断提高人才培养质量。随着学前教育事业的进一步发展，2012年，教育部等部门联合发布《关于加强幼儿园教师队伍建设的意见》，进一步强调重点建设一批幼儿师范高等专科学校，办好高等师范院校学前教育专业。2018年，《中共中央　国务院关于全面深化新时代教师队伍建设改革的意见》中再次强调要“办好一批幼儿师范专科学校和若干所幼儿师范学院，支持师范院校设立学前教育专业”。以上文件为我国学前教育师资培养提出了要求并提供了政策保障。

21世纪以来，经过20余年的发展，我国以专科—本科层次为主体的幼儿园教师培养体系逐步形成。全国各地原有中专层次的幼儿师范学校，纷纷升格为幼儿师范专科学校。同时，一些幼儿师范专科学校经过发展已经升格为本科层次的师范学院，一些师范院校也纷纷开设学前教育专业，甚至组建学前教育学院。比如，湖南省的长沙师范学校在升格为专科层次的学校后再次升格为以培养学前教育专业人才为主体的本科师范学院；浙江幼儿师范学校并入浙江师范大学，成立浙江师范大学杭州幼儿师范学院(后更名为浙江师范大学儿童发展与教育学院)；北京市幼儿师范学校并入首都师范大学，成立首都师范大学学前教育学院。至2019年，全国已有505所高校设置学前教育专业，本、专科招生规模超过20万人。[①] 在高职院校的

① 中华人民共和国中央人民政府：《幼有所育，根本之策在普惠——国务院关于学前教育事业改革和发展情况报告的解读》，http://www.gov.cn/xinwen/2019-09/01/content_5426202.htm，2022-07-04。

学前教育专业点上，2018年总数已超过500个。① 此后每年都有所增加。2019年，教育部又批准新设了86个高职学前教育专业点。②

(二)幼儿园教师资格制度的推行

幼儿园教师资格制度是国家对幼儿园教师实行的一种法定的职业许可制度，它规定了从事幼儿园教师职业必须具备的基本条件。从学前教育发展角度看，实施幼儿园教师资格制度为幼儿园教师专业发展提供了制度保障，有利于形成幼儿园教师队伍建设的良性循环，也为提高幼儿园教师社会地位创造了有利的外部环境。

1995年，依据《中华人民共和国教师法》的规定，国务院颁布实施《教师资格条例》(以下简称《条例》)，要求中国公民在各级各类学校和其他教育机构中专门从事教育教学工作，应当依法取得教师资格。《条例》的教师资格分类中包括了幼儿园教师在内的7个类型的教师资格。自此，中国开始实施幼儿园教师资格制度。此后，为进一步完善教师资格制度，教育部于2000年颁布了《〈教师资格条例〉实施办法》，同时要求各省制定实施细则。2013年8月，为进一步规范教师资格证考试和注册制度，教育部印发了包含幼儿园教师资格要求的《中小学教师资格考试暂行办法》和《中小学教师资格定期注册暂行办法》。

根据以上文件要求，申请幼儿园教师资格者应当具备中华人民共和国公民身份，并在思想品德、学历、教育教学能力、身体素质等方面达到相应的要求。同时，还要通过相应笔试、面试考查合格后，方能取得幼儿园教师资格。

实施幼儿园教师资格制度有力地推进了中国幼儿园教师专业化发展。一方面，幼儿园教师资格制度以法律形式解释了幼儿园教师的职业归属，明确了幼儿园教师职业的专业性和不可替代性，有利于全社会形成尊师重教的良好风气，进而提高幼儿园教师的社会地位；另一方面，幼儿园教师资格制度的实施使幼儿园教师管理逐渐科学化、规范化，有力地保障了幼儿园教师队伍的整体素质。

(三)幼儿园教师国培项目的实施

长期以来，幼儿园教师的职后培训实施以地方为主、幼儿园为主和教师自费为主，致使幼儿教师专业发展长期处于低水平状态。根据《国家中长期教育改革和发展规划纲要(2010—2020年)》和《国务院关于当前发展学前教育的若干意见》的“三年内对1万名幼儿园园长和骨干教师进行国家级培训。各地五年内对幼儿园园长和教师进行一轮全员专业培训”等规划要求，2012年，教育部等部门联合发布《关于加强幼儿园教师队伍建设的意见》，指出要“实行幼儿园教师5年一周期不少于360学时的全员培训制度，培训经费纳入同级财政预算。幼儿园按照年度公用经费总额的5%安排教师培训经费”“扩大实施幼儿园教师国家级培训计划”。以上国家级文件的

---

① 成军：《把好高职院校学前教育专业质量关》，载《中国教育报》，2018-04-10。

② 中华人民共和国教育部：《教育部关于公布2019年高等职业教育专业设置备案和审批结果的通知》，http://www.moe.gov.cn/srcsite/A07/moe_953/201901/t20190121_367541.html，2022-07-04。

规定表明，财政性幼儿园教师培训将成为幼儿园教师培训的重要形式。

2011 年 9 月，财政部、教育部联合颁布《关于加大财政投入支持学前教育发展的通知》和《关于实施幼儿教师国家级培训计划的通知》两个重要文件，要求财政部支持“实施幼儿教师国家级培训计划”，并决定从 2011 年起，实施“幼儿教师国家级培训计划”，所需经费由中央财政安排专项资金支持。培训项目主要有农村幼儿教师短期集中培训、置换脱产研修、农村幼儿园“转岗教师”培训等。

2011 年至 2013 年，由中央财政投入资金对全国所有的中西部地区的农村幼儿园教师实施“幼儿教师国家级培训计划”，培训计划中确定的对象均培训了一轮以上。2015 年开始，教育部与财政部连续几年开展了“中西部项目”“幼师国培项目”的培训，通过送教下乡、教师网络研修、网络研修与园本研修整合、教师工作坊研修、乡村教师访名校培训等方式，使一大批幼儿园教师，特别是中西部农村幼儿园教师和园长的专业素质得到了较快提升。值得指出的是，该轮“幼儿教师国家级培训计划”的实施还带动了东部地区及中西部地区的各级地方政府的财政性幼儿园教师培训。在大面积整体地提高全国幼儿园教师素质的同时，培训计划还对如何科学有效地开展培训工作进行了多方面的探索，积累了有益的经验。

六、幼儿园教师专业标准及道德要求的颁布实施

(一)《幼儿园教师专业标准(试行)》

为了贯彻实施《国家中长期教育改革和发展规划纲要(2010—2020 年)》和《国务院关于当前发展学前教育的若干意见》中关于促进幼儿园教师的专业发展的要求，2012 年 2 月，教育部颁布了《幼儿园教师专业标准(试行)》(以下简称《专业标准》)。

《专业标准》对幼儿园教师进行了专业性的界定，指出幼儿园教师是“履行幼儿园教育教学工作职责的专业人员”，因而“需要经过严格的培养与培训，具有良好的职业道德，掌握系统的专业知识和专业技能”。文件描述了《专业标准》的重要地位，即《专业标准》是“国家对合格幼儿园教师专业素质的基本要求”，是“幼儿园教师实施保教行为的基本规范”，是“引领幼儿园教师专业发展的基本准则”，是“幼儿园教师培养、准入、培训、考核等工作的重要依据”。《专业标准》具体确定了幼儿园教师专业标准包含专业理念与师德、专业知识和专业能力 3 个维度，涉及 14 个领域，共 62 项要求；提出了师德为先、幼儿为本、能力为重和终身学习 4 个基本理念。

《专业标准》具有以下 5 个突出特点。一是对幼儿园教师的师德与专业态度提出了特别要求；二是要求幼儿园教师高度重视幼儿的生命与健康；三是充分体现了幼儿园保教结合的基本特点；四是强调幼儿园教师必须具备教育教学实践能力；五是重视幼儿园教师的反思与自主专业发展能力。

《专业标准》的颁布实施使幼儿园教师的培养培训、任用和专业发展有了明确的导向和具体的要求，对于幼儿园教师素质的提升和幼儿园工作质量的保障所起到的

作用是不言而喻的。

(二)《学前教育专业师范生教师职业能力标准(试行)》

为进一步加强学前教育师范类专业建设，提高学前教育师范类专业人才培养质量，从源头上提升学前教师队伍育人的能力水平，教育部办公厅于2021年4月印发了《学前教育专业师范生教师职业能力标准(试行)》(以下简称《能力标准》)。

《能力标准》提出了学前教育师范类专业的四大能力标准，即师德践行能力、保育和教育实践能力、综合育人能力和自主发展能力。师德践行能力包括遵守师德规范、涵养教育情怀两方面，强调知行合一，从知、情、意、行等方面引导师范生贯彻党的教育方针，努力成为“四有”好老师；保育和教育实践能力包括掌握专业知识与技能、开展环境创设、组织一日生活、开展游戏活动和实施教育活动五个方面，对师范生教育教学实践所需的基本能力提出了要求；综合育人能力从育德意识、育人实践、班级管理、心理健康以及家园协同几个方面强调“育人为本”“立德树人”的能力要求；自主发展能力从注重专业成长、主动交流合作两方面，突出终身学习、自主发展，以及在学习共同体中不断提升专业水平的意识和能力。

《能力标准》着眼于新时代幼儿园教师培养目标，可以说是2012年《幼儿园教师专业标准(试行)》的深化，对入职前的学前教育专业毕业生的职业能力提出了具体要求，为师范院校更好地培养幼儿园教师提供了指南。

(三)幼儿园教师职业行为准则与违规处理

教师是人类灵魂的工程师，是培养德智体美劳全面发展的社会主义建设者和接班人的关键。为了落实新时代广大教师立德树人根本任务，进一步增强幼儿园教师的责任感、使命感、荣誉感，规范职业行为，明确师德底线，引导广大教师努力成为有理想信念、有道德情操、有扎实学识、有仁爱之心的好老师，教育部于2018年11月颁发了《新时代幼儿园教师职业行为十项准则》(以下简称《十项准则》)和《幼儿园教师违反职业道德行为处理办法》(以下简称《处理办法》)。

《十项准则》从坚定政治方向、自觉爱国守法、传播优秀文化、潜心培幼育人、加强安全防范、关心爱护幼儿、遵循幼教规律、秉持公平诚信、坚守廉洁自律、规范保教行为这10个方面对新时代的幼儿园教师提出了要求，是幼儿园教师职业行为的基本规范。《处理办法》列出了对幼儿园教师11个方面的违反职业道德行为的处理办法，同时对幼儿园举办者及主管部门不履行或不正确履行师德师风建设管理职责的行为做出了详细的处理规定。

《十项准则》和《处理办法》出台的目的在于进一步加强幼儿园教师的师德师风建设，是建设政治素质过硬、业务能力强、育人水平高的教师队伍的重要举措，为教师严格自我约束、规范职业行为、加强自我修养提供了基本遵循，为提高新时代幼儿园教师队伍的总体素养和保障教师、幼儿的合法权益提供了制度和政策保障，有着重要意义。

本章小结

改革开放以来，我国学前教育事业重新步入健康发展的轨道。根据教育“三个面向”的要求，学前教育不断向规范化和科学化迈进。党和国家前后颁布了一系列关于事业发展、课程实施、教师专业标准及职业能力的政策法规，推进了办园体制改革，实施了三期学前教育三年行动计划，建设了学前教育公共服务体系。总体上，改革开放以来，我国学前教育事业快速发展，取得了巨大的历史性成就，走出了中国特色社会主义学前教育的发展之路，积累了宝贵的历史经验。进入新时代，党和政府及社会各界对于学前教育更加重视，学前教育的发展展示出更加美好的前景。

关键术语

《幼儿园工作规程》；《幼儿园教育纲要(试行草案)》；地方负责、分级管理；私立幼儿园；示范性幼儿园；农村学前教育；中国学前教育研究会；课程改革；《幼儿园教育指导纲要(试行)》；《国务院关于当前发展学前教育的若干意见》；《3—6岁儿童学习与发展指南》；学前教育三年行动计划；幼儿园教师资格制度；《幼儿园教师专业标准(试行)》；《学前教育专业师范生教师职业能力标准(试行)》

思考题

1. 谈谈改革开放以来，我国学前教育事业取得的巨大成就。

2. 改革开放以来，我国学前教育课程改革取得了哪些进展？

3. 试述《幼儿园教师专业标准(试行)》颁布的历史意义。

4. 改革开放以来，在中国共产党领导下，我国形成的中国特色社会主义学前教育体现在哪些方面？

实践活动建议

1. 走访当地公办幼儿园、民办幼儿园等不同类型的幼儿园，实地了解改革开放以来不同类型幼儿园在设施设备、玩教具、课程建设及师资队伍等各个方面的新变化及发展中面临的问题。

2. 组织学生对自己所在社区的留守幼儿(农村地区)和流动幼儿(城市地区)接受学前教育的情况进行调查，关注城市化进程给学前教育带来的机遇与问题。

3. 考察当地几所幼儿园的园史，以“党和国家推进‘幼有所育’‘幼有善育’”为题进行讨论。

4. 结合国家近几年颁布的有关法规文件，就新时代学前教育高质量发展的方向和路径展开讨论。

5. 请退休老园长、老教师进校座谈幼儿园教师的“教育初心”。

拓展阅读

1. 虞永平，张斌. 改革开放40年我国学前教育的成就与展望. 中国教育学刊，2018(12).

2. 李琳. 改革开放40年学前教育事业发展中政府责任边界的演变与启示. 中国教育学刊，2019(1).

3. 曾晓东，刘莉. 从单位福利到多元供给——改革开放四十年学前教育事业的发展与改革. 教育经济评论，2018(6).

4. 田景正. 改革开放40年我国学前教育课程改革的考察. 教育科学研究，2019(5).

下卷

外国学前教育史

第四编　外国古代学前教育

第七章　古代东方国家的学前教育

本章学习目标▶

1. 了解古代埃及、古代希伯来、古代印度学前教育的情况。
2. 理解原始社会与奴隶社会学前教育的主要区别及其原因。

第一节　古代埃及的学前教育

古代埃及位于非洲北部的尼罗河流域，大约在公元前 3500 年进入奴隶社会，在公元前 3100 年左右建立奴隶制国家，分别经历了早期王国时期、古王国时期、中王国时期和新王国时期。在早期王国时期，专制统治机构开始形成。因地处尼罗河流域，这里气候温暖，雨量充沛，土地肥沃，凭借着优越的自然环境和强大王权的统治，其农业和畜牧业发达。农业和畜牧业的发展又促进了科学文化知识的发展。在农业生产和实践中，人们在预防河水泛滥和进行灌溉时积累了天文学和水利学的知识，在测量土地和建造庙宇、房舍的过程中创立了数学和几何学，在进行海外贸易和军事作战中开始了对航海学和地理学的研究，在制作木乃伊和预防、医治疾病的过程中积累了医学知识。这些知识不仅是奴隶主阶级为维护其统治需要的，也是普通职业家庭子弟要掌握的。古代埃及的教育与其政治、经济、文化、科学等的发展是紧密相连的。文化科学知识的传授和对统治阶级地位的维护以及文字的出现，又促使古代埃及的教育得到了较大的发展。

为适应社会经济发展要求和统治需要，古代埃及相继建立了不同类型的学校。据文献记载，为了教育皇子、皇孙和贵族子弟，在公元前 2500 年左右，古代埃及建立了宫廷学校。随着王权的加强，为培养官吏，在公元前 2000 年左右，古代埃及建立了专门的职官学校。同时，建立寺庙学校用于培养僧侣，建立文士学校用于培养一般文秘人员。古代埃及虽然建立了不同类型的各种学校，但这些学校都是为统治阶级服务的，有明显的等级性。

一、家庭教育

在学校诞生以前，古代埃及的教育都由家庭负责，家庭是教育子女的重要场所。4岁以前的幼儿由母亲教养，4岁以后，女孩跟母亲学做家务或干农活，男孩则子承父业，由父亲传授生产知识技能、宗教歌曲、初步的社交礼仪等各类知识，在生产生活的过程中进行。据史料记载："他们从儿童期就被父亲或亲属传授各种生活需要的实际知识能力，谈到读和写，埃及人至多只对他们进行肤浅的教授，并且不是所有埃及儿童都学习它们……只有以读写为职业的人才学习它们。"①可见，一般家庭的子女是享受不到文化教育的。古代埃及的僧侣、文士、建筑师等都通过家庭教育的方式培养后代，书写和计算知识是这些家庭教授的内容。在古代埃及，家庭在学校教育产生后仍担负着教育子女的任务。

古代埃及注重家庭成员之间的相互帮助与合作，强调社会责任和从属感，要求个体在日常的行为中注重家族的荣誉。为此，家庭在承担一般儿童生产生活技能教育的同时，注重培养儿童的良好社会行为，培养儿童的宗教信仰、伦理道德、融洽相处和服从社会等意识。

二、宫廷学校

古王国时期，埃及政治强盛，经济繁荣，法老(即皇帝)、贵族、僧侣居于统治地位，占有大量的土地，过着奢华的生活。为教育皇子、皇孙和贵族子弟，使其具备一定的知识才能，以维护其统治地位，古代埃及在宫廷中设立了学校，这是人类历史上有文字记载的最古老的学校。皇室子弟除了年幼时专有乳母、奶娘、保姆等精心喂养外，稍一懂事，就要进入宫廷学校。这类学校里聚集了埃及的文人学者，他们传授给皇室子弟书写、计算、天文等基础知识，以及军事知识、司法知识、思想控制等统治经验。此外，儿童从小还要被灌输敬畏日神、忠诚国君的思想，还要模仿成人试行宫廷的习俗和礼仪，以便养成未来统治者应具备的言行举止。学生完成学业后还要到政府部门去接受一段时间的业务锻炼，然后再被分派到各个政府部门担任官吏。这类宫廷学校的教育十分严格，经常对儿童进行惩戒和鞭打。

中王国时期，中央集权进一步加强，国力强盛，古代埃及又恢复了对外扩张政策。同时，随着农业和手工业的发展，古代埃及出现了铜匠、织工等，商业和海上运输业也得到了发展。政治的繁荣、国力的强盛以及经济的发展，使得古代埃及需要大批的官吏，宫廷学校难以满足这种需求。于是，政府开设职官学校，招收贵族和官员的子弟，让他们在现职官吏的教导下，既受一定的基础训练，又受充分的业务训练，从而造就所需要的职官。

古代埃及政治强盛、经济繁荣，但其学前教育仍处于萌芽阶段，尽管表现出了对于学前教育的关注，但教育内容简单、教育方法单一。

---

① 曹孚等:《外国古代教育史》，17页，北京，人民教育出版社，1981。

第二节　古代希伯来的学前教育

古代希伯来位于现在的西亚地区，为现代犹太人祖先的居住地。希伯来人原住于幼发拉底河畔的吾珥，公元前18世纪末西迁至迦南，即今叙利亚至约旦一带。公元前1600年，迦南发生特大饥荒，迫使希伯来人逃荒到埃及。四百多年后，其首领摩西带领全体希伯来人重返迦南，其间摩西创立了犹太教。公元前11世纪，统一的希伯来王国建立，但不久后，分裂为北方的以色列和南方的犹太国。公元前722年，以色列被亚述所灭；公元前586年，犹太国被新巴比伦吞灭。尼布甲尼撒二世(新巴比伦国王)将犹太国的国王、贵族及一般居民掳至巴比伦，史称这批人为“巴比伦囚徒”。直到公元前538年，希伯来人才得以重返家园。虽然返回故乡，但其国家早已不是独立国家。此后几百年间，希伯来人历经了波斯人、希腊人、罗马人的统治。公元70年起，罗马人遣散了希伯来人(即犹太人)。希伯来人从此失去了自己的故土，开始了一千多年的流浪。从希伯来的历史来看，古代希伯来人长期处于动荡不安的社会环境里，能维系他们灵魂的便是犹太教。故古代希伯来人重视教育，以宗教神学为教育核心，以增强其民族凝聚力。其宗教教育无论从方法上还是从内容上而言，都对以后的基督教教育产生了极大的影响。中世纪基督教的形成、发展与犹太教密切相关。

一、育儿习俗

希伯来人将孩子看作上帝的恩赐。他们盼望生孩子，尤其渴望生儿子，因为儿子长大后，可以增加财富，扩大家族的规模，并能继承祖传遗产。

按照希伯来的习俗，婴儿出生后要用盐水擦洗。希伯来人认为这样做可以使孩子健壮结实。希伯来人还习惯将婴儿置于襁褓之中。男婴出生后的第八天必须行割礼。孩子一般由母亲哺乳，三岁时才断奶。①

家庭组织形式盛行以父权为主的家长制。妻为夫之财产，受丈夫的严格约束；子女亦须听命于父亲，父训就是法律。希伯来人一般以家庭为子女受教育的场所，父亲既是家庭的祭司，又是子女的教师，子女的一切言行举止必须听命于他。

二、教育内容

希伯来人的教育以家庭教育为主，教育的内容十分广泛，有民族传说、宗教信仰和祖先的训诫。对男孩传授职业技能，对女孩则教导如何成为一名贤妻良母。希伯来人在巴比伦流放期间建立了犹太会堂。公元前538年，他们从巴比伦流放地回

① 朱维之：《希伯来文化》，108～112页，杭州，浙江人民出版社，1988。

到故乡后，受巴比伦先进文化的影响以及为满足实际需要，在犹太会堂内设立了融幼儿学校与小学为一体的学校。儿童在这里读书、写字和理解一些简单的法律知识。

不管是家庭教育还是后期的学校教育，由于希伯来人视信神为天经地义，故教育仍以培养宗教信仰为最重要的目标。《圣经》是每个犹太教徒必须诵记的宗教经典，也是希伯来人从小就开始学习的教育经典及核心内容。《圣经》中记载的著名的先知以赛亚主张婴儿自断奶时就应开始受教育。犹太哲学家斐诺(Philo，公元前20—公元50)甚至要求婴儿在襁褓中就应知道上帝是宇宙间唯一的神和创造者。家长主要以可视为上帝意旨代表的《圣经》去教导子女。这种经典学习并不重知识的传授，而重宗教信仰和宗教感情的陶冶，是道德的而非理性的训练。

三、教育方法

在早期的家庭教育中，儿童享有较高的地位。教育上较注重引导、启发儿童提问和观察事物，注重父子之间的亲密感情和说服感化。但到后期学校教育阶段，教育旨在传授律法知识和宗教理论，在具体教学过程中，教师有时会采取引导或儿童间互帮互学、相互竞赛的形式进行，但总体上仍注重死记硬背律法条文和《圣经》章句，只重字义，不求甚解。其教学方法可归纳为以下几点。

(一)强调背诵、记忆

教学的最高目的在于使学生丝毫不漏地掌握《圣经》。因此，枯燥、单调的重复朗读、背诵便是唯一的教学方法。

(二)主张体罚

希伯来人认为儿童生来愚蠢无知，年轻人本性向往堕落。所以，为了让儿童专心学习《圣经》，培养良好习惯，他们主张体罚，对儿童严加管教和施加约束。有关体罚的字句在《圣经》中比比皆是。

(三)理论与实践相结合

道德训练中，不仅要求学生对律法知识有精深的造诣，而且还要求他们躬行实践，将学到的东西运用在自己的一举一动、一言一行之中。

古代希伯来的教育以教育儿童接受“上帝”为开端。它首先教授给儿童的是抽象、普遍的真理，而非具体、可见的知识。它要求儿童从一开始就要服从、信奉、敬畏上帝，而不是学习其他简单、初步的知识。古代希伯来人的早期教育内容狭窄，宗教贯穿于一切知识之中、凌驾于一切之上。

第三节　古代印度的学前教育

古代印度与古代埃及、古代巴比伦、中国并称为“四大文明古国”。但实际上，有别于其他三个文明古国，古代印度只是一个地理概念，并不是一个统一的国家，而是今天的南亚次大陆地区许多建立在部落制基础上的小王国。公元前2500年至公元前1500年，位于该地区的达罗毗荼人创造了哈拉巴文化。公元前1500年左右，哈拉巴文化衰落，位于葱岭(今帕米尔高原)的中亚地区的游牧民族雅利安人(欧罗巴人种)征服了土著，在印度创立了更为持久的文明——吠陀文明。吠陀文明带有明显的原始文化色彩。然而，它很快就加速发展，并进入了高水平的成熟期——婆罗门教文明。吠陀文明和婆罗门教文明是前后相承的一个整体，产生了被今日印度人民视为自身文明之源的成果——吠陀经典、历史史诗、梵文、种姓制度……许多有形的和无形的东西一直延续到今天。

古代印度的教育以保持种姓压迫和进行宗教培养为核心，但在婆罗门教时期和佛教兴起时期，学前教育在形式和内容上各具特色。

一、婆罗门的学前教育

从公元前1000年到公元前600年，古代印度逐渐形成了一套严格的等级制度，即种姓制度。它把从事不同分工的人群划分成4个等级(种姓)：第一等级是婆罗门，即僧侣；第二等级是刹帝利，即武士；第三等级是吠舍，即农民和从事手工商业的平民；第四等级是首陀罗，即被征服者或奴隶。前两种为高级种姓，且当时的教育事业完全掌握在婆罗门手中，能接受教育的也主要是高级种姓的子弟。

在婆罗门家庭里，儿童3～5岁时，经过剃度礼，开始在家庭里接受教育。儿童的学习内容主要是婆罗门教的经典——《吠陀经》。吠陀意译为“明”，即知识、启示。《吠陀经》是印度最古老的文献材料，主要文体是赞美诗、祈祷文和咒语，是印度人世代口口相传、长年累月结集而成的。婆罗门教传统上认为吠陀是天启的，祭祀是万能的，婆罗门种姓是至上的。吠陀先是由主(梵)传授给这个宇宙而创造的，然后通过古代的先知将永恒的真理传递给世人，再以师徒相传的方式小心谨慎地流传下来。所以，它是一种人类直接听闻上天启示的经验，而非由任何凡人的思想所完成。

古代印度实行家长制，为保证种姓的世袭和尊严，婆罗门家庭里父亲必须在家里细心指导子女记诵《吠陀经》。学习《吠陀经》极其困难，为避免亵渎主或神灵，儿童在学习过程中禁止抄写笔录，不准提问，只能死记硬背，直至烂熟于心。而《吠陀经》由梵文写成，词义晦涩难懂，其学习的艰巨性骤然增加。儿童一般要经过10年学习，方能掌握4部《吠陀经》中的一部。婆罗门家庭的教育从儿童幼年开始，母亲要负责对儿童身体的养护，传授生活知识，帮助儿童建立行为规范和了解风俗习惯。

刹帝利、吠舍种姓的子弟虽也有学习《吠陀经》的任务，但学习的时间和数量远远低于婆罗门种姓的子弟。他们花费较多时间跟随父辈学习有关军事、农作、手工等方面的实际知识。至于首陀罗种姓的子弟，则毫无受教育的权利，奴隶主视他们为畜生，只把他们当作会说话的工具而已。

二、佛教的学前教育

佛教教育在印度教育史上具有重要的地位，其学前教育有家庭教育和寺院教育之分。公元前6世纪至公元前5世纪，婆罗门教式微，且难以维系社会制度。反婆罗门教思潮之一的佛教应运而生，并逐渐取代婆罗门教成为印度的国教。

佛教为古代印度的迦毗罗卫国(今尼泊尔境内)王子乔达摩·悉达多(即释迦牟尼，约公元前566—前486)所创。它在产生时主要代表了印度四个种姓中属刹帝利和吠舍种姓的一部分人的思想观念，在很大程度上反映了他们的政治、经济利益和主张。佛教(特别是早期佛教)反对婆罗门教的种姓观念，认为人的高低贵贱并不是由人的出身决定的，而是由人的行为决定的。出身卑贱的人一样能成为贤人。佛教在这里明显主张一种平等的观念，即反对婆罗门教的四种姓不平等理论。不过，客观地说，佛教反对种姓间的不平等是有一定限度的，它主要强调人无论种姓高低，都毫无例外地有权利加入佛教组织，修习佛法。它的种姓平等理论的出发点是把佛教的影响扩展到社会的各个阶层中去。

佛教的学前教育一般在家庭里进行，在信仰、公德意识的养成方面和行为习惯的培养方面，使儿童通过耳濡目染初步了解有关知识和内容。例如，父母要求儿童从小定期参加宗教仪式，吟诵简单经文；教导儿童积德行善；要求儿童早起、生活俭朴、乐于吃苦，为成为一名在家佛教徒做准备。

若有家长想令子女终生为僧为尼，可在儿童八岁时送其入寺院或尼庵专心修行。也有五六岁儿童就申请入寺院或尼庵学习的。寺院、尼庵中的学习无疑偏重佛教经典、教义，儿童不仅需要天天背诵反省，而且需要外出化缘，训练道德品质和言行举止。

古代印度的学前教育是与种姓制度和宗教神学密切相关的，其中婆罗门教的学前教育是以保持种姓压迫和培养婆罗门宗教意识为核心任务的，而佛教的学前教育主要以信奉佛祖、修行守规为基本特征。

本章小结

人类由原始社会进入文明时代，是从古代东方国家开始的。进入阶级社会后，人类社会的社会结构、家庭结构、生产关系发生了巨大变化。与此相对应，学前教育在教育性质、教育内容、教育方法等方面与原始社会有了根本的不同。主要表现为：学前教育具有阶级性、等级性；由公育转变为以家庭教育为主；流行父权制，父亲在家庭里有绝对的权威；教育，尤其是对特权阶层子弟的教育开始和生产劳动、社会生活脱节；教育的宗教色彩浓厚。

关键术语

古代埃及家庭教育；古代埃及宫廷教育；希伯来育儿习俗；婆罗门学前教育；佛教学前教育

思考题

1. 简述古代埃及与古代希伯来学前教育的基本情况，分析其异同。
2. 分析古代印度婆罗门教与佛教学前教育的不同之处。

实践活动建议

借助网络、图书等搜集古代东方国家教育活动的相关图片，讨论其学前教育的实施情况。

拓展阅读

1. 马骥雄. 古代印度的教育. 杭州大学学报，1985(2).
2. 李立坚. 试论古代埃及教育的发展及其特征. 太原教育学院学报，2002(4).

第八章　古代希腊、罗马的学前教育

本章学习目标

1. 把握斯巴达、雅典的学前教育模式及其成因。
2. 了解古代罗马学前教育的有关情况。
3. 把握柏拉图的学前教育思想及历史地位。
4. 了解亚里士多德的灵魂论及学前教育观点。
5. 了解昆体良的儿童早期教育及家庭教育观点。

第一节　古代希腊、罗马的学前教育概况

古代希腊是西方文明的开端。古代希腊位于欧洲南部，地中海的东北部，包括今巴尔干半岛南部、小亚细亚半岛西岸和爱琴海中的许多小岛。公元前 8 世纪，古代希腊进入奴隶社会。希波战争以后，希腊取得了最终的胜利，其经济生活高度繁荣，产生了光辉灿烂的希腊文化。公元前 338 年，马其顿击败希腊联军，统治希腊，标志着古代希腊历史的结束、希腊化时代的开始。古代希腊文化包括哲学思想、历史、建筑、科学、文学、戏剧、雕塑等多个方面，对后世有深远的影响。这一文明遗产在古代希腊灭亡后，被罗马人破坏性地延续下去，从而成为整个西方文明的精神源泉。

古代希腊到公元前 7 世纪以后，就逐渐形成了两种有代表性的教育，一种是斯巴达的教育，另一种是雅典的教育。古代希腊教育对近代欧美教育产生了重大影响。

一、斯巴达的学前教育

斯巴达是公元前 8 世纪左右建立的古代希腊最大的奴隶制城邦国之一，位于拉哥尼亚(Laconian)平原的南部、欧罗塔斯河(the Eurotas River)的西岸。斯巴达人是多利安人的一支，本属外来民族，征服了当地居民之后，便实行残酷、严格的军事

化管理。在斯巴达的境内，居民分为三类：第一类是斯巴达人，即统治者，属于正式公民，不到3万人。第二类是希洛人，即被征服的奴隶，属于被统治者，有25万人之多。第三类是庇里阿西人，属于无政治地位的自由民。为数不多的斯巴达人要统治人数远远超过自己的奴隶和自由民，不得不实行全民皆兵的军事化管理。这样的社会状况决定了斯巴达教育具有重视军事体育训练及相应的性格训练而忽视文化教育的特色。

斯巴达的教育权完全掌握在斯巴达人(即统治者)手中，他们将儿童视为国家所有，而不是父母可以生杀予夺的私有物品，并将对年青一代的教育看成国家的职责。婴儿出生时就要接受生命的考验，父母用烈酒为他擦洗，国家还要派出专人如长老检查他的体质是否健康(图8-1)。凡是经受不住考验或被长老认为是虚弱的就被抛在弃婴场。7岁以前婴幼儿暂由父母抚养与教养。具体实施主要由母亲负责，她培养儿童从小不哭闹、听话顺从、不怕孤独和黑暗的习惯；儿童稍大些时，要求他们不计较食物的好坏，不挑剔衣服的颜色与款式。儿童从小通过艰难生活、身体训练的种种考验，提高适应性，并经常被父母带到公共场所去观赏和聆听关于英雄事迹的演出和讲解，学习英雄们的献身精神。

图8-1　斯巴达长老检视婴儿

7岁的男孩进入国家的训练所，从此，他们就要经受心魄和筋骨的双重磨炼，以形成坚韧、勇猛、凶顽、残暴、机警和服从的品质。训练的主要形式是格斗。天刚发白，他们便开始在竞技场上搏斗。此外，任何一个儿童每年都必须经受一次严厉的鞭笞，只有那些咬紧牙关、面无惧色的人才能成为合格者。除了军事体育训练之外，音乐和舞蹈也是斯巴达人的教育方式。他们认为，音乐可以陶冶敬神尚武的情操，舞蹈可以协调身体活动的节奏。男孩还要经常接受奴隶主的道德教育，文化知识不被重视。

斯巴达对女孩也采取同样的军事和体育训练方式。当男孩在军营里接受训练时，女孩就在家中或附近的村落接受专门的训练，如竞走、掷铁饼、投标枪、格斗等。对女孩来说，这样的训练还有两个重要意义：一是必要时承担保卫国家之责；二是经过训练，女孩往往身体强壮，这样的女子结婚后才能生育出健壮的孩子。因此，斯巴达的妇女作为国家的“保姆”，也具有坚毅的性格。

二、雅典的学前教育

雅典位于巴尔干半岛南端，公元前8世纪已是古代希腊的一个强大城邦。它拥有优良的海港、丰富的自然资源，其农工商业发达，与埃及等国接触频繁，吸收了先进的东方文化并促进了其科学文化的发展。虽然与斯巴达一样，雅典也是奴隶制城邦国家，但由于地理环境、传统等不同，雅典形成了自身特点。伴随着工商业的发展，公元前6世纪末，通过经商发迹的新兴工商贵族战胜了保守的农业贵族，确立了奴隶制度下的民主政体。雅典全体公民——包括奴隶主及有公民权的平民——都有参加公民大会的权利，决定国家一切重要事务。农民和手工业者尽管没有公民权，但他们享有人身自由，比奴隶相对自由。民主政治制度下的社会环境较为宽松，使得雅典的哲学、文学、艺术等得到了迅速的发展。雅典教育的目的不仅仅是培养军人，而且包括培养多才多艺、能言善辩、善于处理工商事务的政治家和商人，简言之，即培养身心和谐发展的公民。教育的内容广泛多样，方法也较灵活。

雅典的儿童出生后，也要经过严格的挑选，由父亲决定是否抚养，凡残疾或不健康者则弃置野外任其死去，或交给奴隶抚养，并被视为奴隶的后代，只有健壮者才会被留下来由家庭养育。雅典儿童7岁以前在家中接受教育。一般来讲，母亲是孩子天然的教师，但在雅典上层社会的母亲不亲自哺育孩子，而是聘用身体健壮的斯巴达保姆来负责。父母也不对孩子的教育负责，而是雇用年长的女奴隶担任家庭教师，负责儿童的饮食起居、健康及对儿童的教育等。

在学前家庭教育中，雅典人比较重视玩具的作用，儿童享有许多玩具，如皮球、铁环、陀螺、玩具车、拨浪鼓等。听摇篮曲，唱歌，听寓言、童话或神话故事都是重要的学前教育内容，其中，包括《伊索寓言》在内的故事更是深受儿童喜爱，长盛不衰。礼貌行为习惯的培养等在雅典儿童的教育中也占有一席之地。7岁以前，男女儿童在家庭中接受同样的教育。7岁后，女孩仍留在家中过着幽居的生活，男孩则进入文法学校、弦琴学校、体操学校等各类学校学习，获得促进智、德、体、美和谐发展的教育。

三、罗马的学前教育

古代罗马从公元前9世纪初在意大利半岛(即亚平宁半岛)中部逐渐兴起，是欧洲第二个典型的奴隶制国家。古代罗马的历史一般可以分为三个时期：公元前753—前509年为王政时期；公元前509—前27年为共和时期；公元前27—公元476年为帝国时期。王政时期，古代罗马尚处在从氏族社会向奴隶社会的过渡期，国家规模较小，文化发展缓慢，缺少文史资料，教育概况难以稽考。下面，我们着重探讨共和时期及帝国时期的学前教育。

(一)共和时期的学前教育

在共和早期，罗马主要以农业经济为主，与邻邦的战争频繁，因此，这个时期教育的目标是培养农夫及军人。一般认为，罗马文化是希腊文化的继续，在学前教育上同样有所反映。儿童被抚养和教育的主要场所是家庭，父亲的地位至高无上。例如，公元前451年至公元前450年颁布的罗马第一部成文法《十二铜表法》的第四条“父亲的权利”中规定：子女乃父母的私有财产，父亲对子女——包括除婚嫁外的成年儿女——有生杀予夺之权；尤其对残疾儿童，出生后应“立即灭绝”。[①]

与斯巴达家庭一样，在罗马的家庭中，母亲承担抚育子女(7岁以前)的义务。与雅典家庭教育一般交由保姆或奴隶进行不同，即使在罗马最显赫的家庭里，母亲也以自己能待在家里尽抚养孩子的义务为一种荣誉，不愿假手他人。

在教育内容上，罗马家庭注重德行、礼貌的培养及宗教色彩的知识的教授，母亲教育儿童敬畏神明、孝敬父母、忠于国家、遵纪守法，有的儿童还会学习简单的希腊语，为7岁后进入学校学习做准备。教授过程中经常采取格言、歌谣、游戏的形式进行。

在对希腊文化和教育的吸收与消化的过程中，罗马的学前教育也形成了自己的特点。除父母须承担教育子女的任务外，每个家族都要选出一位品行端正的长辈主管儿童教育。在其指导下，孩子们的学习、工作、娱乐都得到适当安排。

(二)帝国时期的学前教育

公元前27年，罗马进入帝国时期，并发展为称雄西方世界的军事大帝国。为了有效地统治这样一个幅员辽阔、情况异常复杂的帝国，罗马贵族建立起庞大、繁杂的行政系统和官僚制度。为了适应帝国统治的需要，教育沦为了忠实执行统治者意志的工具。

在学前教育上，对不同阶级的儿童则分别灌输不同的思想意识。帝国皇帝专门开办了教育皇子皇孙的宫廷学校，培养国王的接班人。

贵族子弟就被培养成维护统治的官吏。到公元1世纪末，处于帝国鼎盛时期的罗马社会风气骄奢淫逸，达官贵人醉生梦死，上层家庭的主妇亦抛弃亲自教养孩子的传统，而将婴幼儿交给侍女或奴隶照管。儿童从小耳闻目睹的是靡靡之音、放荡的举止、穷奢极欲的场面及荒唐的故事，幼稚的心灵被毒害。

对平民的后代则不惜用严酷的方式将其训练成唯唯诺诺、循规蹈矩的顺民。

另外，在公元325年，基督教成为罗马国教，得到广泛传播。其教义中宣扬婴儿是具有灵魂的人，应该受到保护。此观点有力地改变了以往杀婴或弃婴的陋习。公元400年，罗马尼森宗教会议上决定，基督教会建立收养弃婴与孤儿的机构——“乡村之家”，这是历史上第一个收养遗弃儿童的福利机构。此后，遍及全球开设的育婴堂、孤儿院等皆出于此。但与此同时，基督教教义中的原罪论、赎罪论、禁欲主义等则对当时及欧洲中世纪的学前教育产生了消极的影响。

古代希腊、罗马的学前教育都是在家庭中进行的，国家或家庭采取“优选法”以保证新生儿拥有良好的体质。轻视任何形式的体力劳动和劳动教育。教育成为奴隶主阶级及其子女的一种享受和特权，儿童从小就接受道德行为的熏陶，被灌输剥削阶级的思想意识。总体上，古代希腊、罗马的学前教育还处在萌芽状态。

---

① [美]E. P. 克伯雷：《外国教育史料》，任宝祥、任钟印主译，29页，武汉，华中师范大学出版社，1991。

第二节　古代希腊、罗马的学前教育思想

古代希腊的柏拉图从其理念论及维护和谐安宁社会的要求出发，非常重视早期教育，提出了一系列极有价值的学前教育思想；亚里士多德以儿童的心理(灵魂)为基础，率先对儿童的教育进行了分期，在教育内容和方法上开启了自然主义教育的先河。古代罗马的昆体良则基于长期的儿童雄辩术教育的实践，并针对当时早期教育存在的问题，提出了极有现实意义的主张。

一、柏拉图的学前教育思想

(一)生平及教育活动

柏拉图(Plato，公元前427—前347)(图8-2)原名亚里斯托克利斯(Aristokles)，后因身躯强壮和前额宽广，改名为柏拉图(在希腊语中，Platus一词有"平坦、宽阔"的意思)，是古代希腊伟大的思想家、哲学家、教育家，也是西方教育史上第一个提出比较完整的学前教育思想体系的人。

图8-2　柏拉图

柏拉图出生于雅典的名门望族，曾祖父德罗皮德(Dropides)是雅典的大行政官梭伦(Solon)的"朋友兼亲戚"。[①] 他从小受到了传统、完备的教育。柏拉图早年喜爱文学，写过诗歌和悲剧，并且对政治感兴趣，20岁左右同苏格拉底交往后，醉心于哲学研究。

公元前399年，苏格拉底受审并被判死刑，使柏拉图对现存的政体完全失望。他开始认识到，只有用哲学指导国家，哲学家成为统治者时，国家统治才能走向正义。从此，他把哲学和政治联系起来，用哲学指导政治，以期在现实的世界上建立理想的城邦。随后，柏拉图开始了他的游历生涯，相继到麦加拉、埃及、居勒尼、南意大利和西西里等地。柏拉图在游历中考察了各地的政治、法律、宗教等制度，研究了天文学、数学、音乐等理论以及各种哲学流派的学说。正是在这样广博的知识基础上，柏拉图形成了自己的理论。公元前387年，自西西里返回雅典之后，柏拉图在以希腊英雄阿加德米(Academus)命名的运动场附近创立了学园，这是西方最早的高等教育机构，后世的高等学术机构(Academy)也因此得名。

柏拉图的代表作《理想国》大约写于公元前370年。他在此书中构筑了一个从优生优育到成人教育的系统教育体系，学前教育是其中的重要组成部分。他的学前教育思想吸收了斯巴达和雅典的经验。

---

① [英]A. E. 泰勒：《柏拉图——生平及其著作》，谢随知、苗力田、徐鹏译，8页，济南，山东人民出版社，1996。

(二)哲学及政治学思想

1. 哲学思想

在欧洲哲学史上，柏拉图是客观唯心主义的鼻祖，建立了一个完整的客观唯心主义的世界观体系。柏拉图的本体论即“理念论”，既是其哲学基石，也是其教育学说的理论基础。柏拉图认为，世界的本源是“善”。他把世界分成现实世界和理念世界，认为现实世界中的一切个别的、可感觉的事物都不具有真理性，只有理念才具有真理性；现实世界只不过是理念世界的反映，但可能是虚幻的、歪曲的、黯淡的、不完全的反映。要把握真理，就必须超越现实世界，走向理念世界。柏拉图的所谓理念其实就是共相、概念和普遍的真理。

柏拉图的认识论又称“灵魂回忆说”。他认为灵魂进入肉体前居住在理念世界中，对理念早已有了认识，此后由于被肉体玷污，原有的理念知识暂时忘却了，为了重新获得那些原有的知识，就必须经过“学习”(诱发剂)将其重新“回忆”起来。柏拉图把回忆心中固有知识的过程看成一种教育和启发的过程。教育即不断启发人内心固有的知识的过程。

2. 社会政治观

在社会政治立场上，柏拉图对雅典的奴隶主民主政治不满，认为这种政治的最大缺点是搅乱了长幼尊卑的秩序；而只有把社会划分为等级，才能维持社会的安定统一。于是，柏拉图又提出了一套上帝造人，把人分为金质、银质、铜铁质三等的理论。他认为金质的人理性发达，只有他们才能认识最高的理念——善，并根据“善”来治理社会，从而达到天下太平，这一部分人应理所当然地成为上层统治者。银质的人意志刚强、勇敢，适合担当卫国者。至于铜铁质的人则以贪欲为特征，只宜成为工农商各业的劳动者，他们应习惯于克制欲望，服从于前两种人的领导。要实现理想国的政治理想，就要求这三部分人各安其位；只有通过教育，才能使人们形成各安其位或守法的观念。在柏拉图那里，教育是被当作实现理想国的重要手段而予以重视的。此外，柏拉图在《理想国》中还设想通过一种筛选的教育机制来发现及区分三等人，并将金质、银质、铜铁质之人分别培养成哲学家，军人，工匠、农夫、商人等。但这种筛选机制在人 20 岁左右(及以后)才发挥效能。① 对所有处于学前期的自由民的儿童，柏拉图主张实施相同的教育，在此时期较为强调的是守法观念的培养，以便为成年后各安其位奠定基础。

(三)优生优育

柏拉图是西方历史上最早论述优生优育问题的思想家。在《理想国》一书中，柏拉图提出了一些大胆的甚至惊世骇俗的思想。他主张人们没有私人家庭生活，一定年龄内，男女集体生活在一起，用一种现代看起来不可思议的方式——由国家分配或抽签决定的方式进行婚配，好男配好女，同时必须遵守优生优育原则。男、女婚龄分别限定为 25～55 岁及 20～40 岁；妇女怀孕期间要注重精神因素对胎儿的影响；

① ［古希腊］柏拉图：《理想国》，郭斌和，张竹明译，305 页，北京，商务印书馆，1986。

婴儿生下后由指定官员进行审视，不良孱弱的婴儿则予以抛弃。① 理想国内所有出生的子女，都属于国家。所以，子女不识父母、父母不知子女是很正常的事情。

柏拉图还主张一个国家的人口应当适当，国家应注意调节人口的数量。为了调节人口数量，国家在干预国民的婚配时，要考虑每次结婚人数，以人口的多少为准则。

(四)早期教育的目的和意义

从柏拉图优生优育的观点中，我们隐约看到其教育目的是从国家层面上保证儿童长大后成为国民中的优秀分子，确保国民身体素质良好。柏拉图非常重视儿童的早期教育。他认为：

> 凡事开头最重要。特别是生物。在幼小柔嫩的阶段，最容易接受陶冶，你要把它塑成什么型式，就能塑成什么型式。
>
> 先入为主，早年接受的见解总是根深蒂固不容易更改的。
>
> 一个人从小所受的教育把他往哪里引导，却能决定他后来往哪里走。②
>
> 我所谓教育就是指对儿童适当的习惯所给予善端的培养。③

他的这些主张，阐明了学前教育对人的一生以及国家都有根本性的积极意义。

(五)学前教育阶段的划分及教育内容

柏拉图认为婴儿一出生，不分男女，都应被送到养育院，从出生到3岁由国家挑选的“优秀”保姆加以照顾，同时，由最优秀的女公民对儿童的培养及教育情况进行监督。3～6岁的儿童应被送到附设在神庙的儿童游戏场，由那里的教师给儿童讲故事，带领他们做游戏、唱歌等。

教育内容上，柏拉图对于做游戏、讲故事、体育和音乐非常重视。他认为儿童的天性是需要游戏的，游戏不仅仅是玩耍和娱乐，也是一种道德教育过程。他甚至认为儿童的游戏关系到政体的稳定，因此，必须对儿童游戏的内容进行很好的安排，使游戏的内容与法律和社会秩序一致。儿童游戏的内容、方式以及所用的玩具等不应该轻易地变更，以免儿童产生“喜新厌旧”、追求新异的心理，无法养成固定的行为习惯。

柏拉图认为通过讲故事可以发展儿童的想象力，但故事本身一定要精选。因为幼年时所有的影响根深蒂固，为了培养美德，儿童最初听到的应该是最优美、高尚的故事，它们可陶冶孩子们的心灵，远远胜过以双手去矫正他们的身体。只有通过审核的故事才可以由保姆讲给儿童听。而类似希腊神话中，马拉诺斯、克罗诺斯和

---

① [古希腊]柏拉图：《理想国》，郭斌和、张竹明译，190～195页，北京，商务印书馆，1986。

② [古希腊]柏拉图：《理想国》，郭斌和、张竹明译，71、73、140页，北京，商务印书馆，1986。

③ [古希腊]柏拉图：《柏拉图论教育》，郑晓沧译，49页，北京，人民教育出版社，1958。

宙斯这些天神彼此陷害的故事，就不宜讲给儿童听。

柏拉图吸取了雅典教育经验，倡导和谐发展。所谓和谐的教育应当是“用体操来训练身体，用音乐来陶冶心灵”①。柏拉图强调体育锻炼一定要使儿童的身体得到和谐平衡的发展。他认为应通过身体锻炼来使四肢都健全发达。这里的“音乐”的含义较为宽泛，不仅指弹琴奏乐，也包括诗歌、文学等富有陶冶功能的内容。因此，要选择欢快、令人兴奋的音乐内容教授给儿童，以培养儿童积极向上的精神，养成良好的行为习惯。柏拉图指出，体育与音乐教育必须结合。一生专门从事体育运动而忽略音乐文艺对心灵影响的人，往往四肢发达、头脑简单，变得粗野暴虐；反之，又不免过度软弱柔顺、精神萎靡。另外，体育和音乐能使人情绪中的爱智和激情两部分张弛得宜，配合适当，达到和谐，故应予以重视。

二、亚里士多德的学前教育思想

(一)生平及教育活动

亚里士多德（Aristotle，公元前 384—前 322)(图 8-3)，是古希腊博学的思想家、科学家、教育家，百科全书式的学者。黑格尔称之为“人类的导师”。

图 8-3 亚里士多德

他出生于色雷斯的斯塔基拉，此地是希腊的一个殖民地，与正在兴起的马其顿相邻。他的父亲是马其顿国王腓力二世的宫廷御医，因此，他家庭环境优越，从小就受到了良好的贵族教育。17 岁时，他赴雅典，在柏拉图创办的阿加德米学园就读。柏拉图去世后，他离开雅典周游各地。

公元前 343 年，亚里士多德又被马其顿国王召唤回到故乡，担任起当时年仅 13 岁还是王子的亚历山大的老师。根据古希腊著名传记作家普鲁塔克的记载，亚里士多德对这位未来的世界领袖灌输了道德、政治以及哲学的教育。经过其潜心教诲，终于造就了一位有雄才大略、创建丰功伟业的君主。

公元前 335 年，亚里士多德回到雅典，并在那里建立了自己的学校——吕克昂(Lyceum)学园。在此期间，亚里士多德边讲课，边撰写了多部哲学、政治学、伦理学和自然科学等著作。

亚历山大去世后，雅典人开始奋起反对马其顿的统治。由于和亚历山大的关系非同寻常，亚里士多德被指控不敬神而逃出雅典避难。他的吕克昂学园转交他人掌管。

---

① [古希腊]柏拉图:《理想国》，郭斌和、张竹明译，70 页，北京，商务印书馆，1986。

亚里士多德一生涉足了众多的科学领域，建树颇丰，所著的《政治学》和《伦理学》集中阐述了他的教育思想。

(二)教育的基本原理

亚里士多德认为，理性的发展是教育的最终目的，主张国家应对奴隶主子弟进行公共教育，使他们的身体、德行和智慧得以和谐发展。

1. 灵魂论

亚里士多德吸收并发展了柏拉图的有关思想，构建了他的灵魂论。他提出，人的灵魂由三部分组成。①植物部分(植物灵魂)，即身体的生理部分；②动物性部分(动物灵魂，也称非理性灵魂)，指本能、欲望和情感；③理性部分(理性灵魂)，即真正的人性部分，如思维、理解、判断。人人都具备这三种灵魂，且从出生到成人依次呈现出植物灵魂、动物灵魂、理性灵魂，即儿童出生前后主要是身体的发育、生长，稍大一点时就表现出他的本能需求及情感需要，长大成人后才有思维、理解、判断等能力的出现。人的发展是一个从低级到高级的过程。对应着灵魂的上述三个部分，亚里士多德主张相应进行三种教育：体育、德育和智育。三者是相互联系的，低级的部分应服从高级的部分，即体育应服从德育，德育应服从智育。教育的目的在于发展灵魂的高级部分，即理性部分和意志部分。他主张针对人的不同阶段进行十分恰当的教育和训练，通过体育、德育和智育三部分的教育，使人得到和谐的发展。

2. 论儿童的年龄分期

在西方教育史上，亚里士多德根据自己对儿童发展的认识，第一次提出教育应适应天性(人的自然发展)的原则，第一次提出对年龄阶段的划分，并探讨了对各个年龄段儿童教育的具体要求、组织、内容和方法。

亚里士多德将儿童的自然生长发育时期按每7年为一自然阶段，共划分为3个时期：0～7岁(乳齿更换)为第一时期，即学前期；7～14岁(开始“发情”)为第二时期；14～21岁(身体成熟)为第三时期。和柏拉图相比较，亚里士多德的思想更为进步，他将教育与心理学联系起来，更多地注意到儿童身心发展的阶段性，并努力根据这种心理学的考察来安排教育工作。

(三)论学前教育

1. 优生优育

亚里士多德认为，应该注意婚配问题。首先是年龄适中，因为“太年老的人和太年轻的人所生的儿童身心都有缺陷”①。其次应实施计划生育。他指出，“各家繁殖的子嗣应有一定的限数，倘使新娠的胎婴已经超过这个限数，正当的解决方法应在

---

① 华东师范大学教育系、杭州大学教育系：《西方古代教育论著选》，104页，北京，人民教育出版社，1985。

胚胎尚无感觉和生命之前，施行人工流产”①。

孕妇应当注重保健，亚里士多德倡导已婚夫妇要经常学习生育知识。孕妇要注意自己的身体，经常运动，但不宜过于劳累，要保持宁静的情绪，而且孕妇的食物要有营养。婴儿刚出生，其身体的发育先于心灵的发展，须以乳类为食料，同时注意保护四肢，进行耐寒等适合的身体或体质训练。

2. 教育内容及教育方法

亚里士多德认为对于0～5岁儿童的教育，应以顺应自然、注重身体发育为主。不应要求儿童进行课业学习或工作，以免妨碍其发育。他说：“从婴孩期末到五岁止的儿童期内，为避免对他们身心的发育有所妨碍，不可教他们任何功课，或从事任何强迫的劳作。”②应鼓励儿童游戏，但要避免鄙俗的游戏，对给儿童讲解的故事或神话要加以选择，同时在游戏过程中要避免使儿童过于疲劳。

亚里士多德认为，决定儿童道德品质的构成有3个因素：一是天性；二是习惯；三是理智。其中，习惯是最重要的。5～7岁，亚里士多德认为这一阶段教育的主要内容便是培养良好习惯。在教育的方法上，习惯的养成主要通过行动。例如，只有通过勇敢行动的反复练习，才能培养出勇敢的道德品质。再如，在音乐教学中，他经常安排儿童登台演奏，现场体验，熟练技术，养成音乐学习习惯等。

亚里士多德还强调环境对习惯养成的作用。7岁前的儿童都应住在家里，不得接触任何下流的事物，凡能引致邪恶和恶毒性情的各种表演都应加以慎防，不能让儿童耳濡目染。立法者要负责在全城邦杜绝一切秽亵的语言，应该规定儿童可以看哪些戏剧。

此外，在5～7岁，亚里士多德认为儿童可以旁观成人正在从事的各种工作，要注意不使学习负担过重，以免妨碍身体发育，同时仍应有充分的活动，保持身体灵活。

三、昆体良的学前教育思想

(一)生平及教育活动

昆体良(Marcus Fabius Quintilianus，约公元35—95)(图8-4)是公元1世纪罗马教育家。他出生在西班牙(当时属罗马帝国的版图)，少年时随父亲到罗马求学，受过雄辩术教育。公元70年被任命为一所国立拉丁语修辞学校的主持人，从事教育工作20年左右，并兼操律师业务，用实践的经验完善教学内容。由于在雄辩术方面的造诣以及在办学上的卓越成就，公元78年，当罗马设立由国家支付薪金的雄辩术讲座时，他成了该讲座的第一位教师。

昆体良退休后，专门从事著述。经过两年多的努力，完成了《雄辩术原理》(公元

① [古希腊]亚里士多德：《政治学》，吴寿彭译，400页，北京，商务印书馆，1997。

② [古希腊]亚里士多德：《政治学》，吴寿彭译，402页，北京，商务印书馆，1997。

96年问世)。这部著作既是他自己约20年教育教学工作经验的总结，又是古代希腊、罗马教育经验的集大成者。《雄辩术原理》堪称西方第一部系统的教育学论著。

图8-4 昆体良

(二)论儿童早期教育

在昆体良看来，每个儿童都应当早点开始学习，早期阶段的光阴不要浪费掉。他说："七岁以前的收获无论怎样微小，为什么就要轻视它呢？诚然，七岁以前学习的东西无论怎么少，但有了这个基础，到了七岁就可以学些程度更深的东西，否则到了七岁还只能从最简单的东西学起。"昆体良的教育理论和实践都以培养雄辩家为宗旨，他认为对未来雄辩家的培养和教育是伴随着婴儿的出生而开始的。昆体良还从儿童心理和生理方面来强调学前教育的必要性。他指出，越是年纪小，头脑就越易接受小事情。"儿童时期的记忆甚至更加牢固，正因为如此，就更没有借口浪费早期年龄的光阴。"①这种及早施教的思想，突破了当时一般人只注重中、高等教育的狭隘界限，是非常难能可贵的。

在强调及早施教的同时，昆体良告诫人们要注意两点。第一，不要让儿童厌恶学习，视学习为苦差事。第二，要使最初的教育成为一种娱乐。为此，儿童的学习须劳逸结合，对经常回答问题的儿童给予赞扬，激发他们学习的兴趣和意愿。昆体良还建议将游戏活动运用到教育中。他说："我不会因学生爱好游戏而感到不高兴，那是天性活泼的标志；那种总是迟钝麻木、没精打彩(采)的、甚至对那个年龄所应有的激动也漠然无动于衷的学生，我是不指望他能热心学习的。"②将发展智力和培养德行寓于游戏中，使它既是一种娱乐活动，也是一种学习活动，更是一种教育活动。

在有关儿童早期教育的论述中，昆体良在历史上第一次提出了双语教育问题，并主张教儿童认识字母、书写和阅读。所谓"双语"是指希腊语和拉丁语。由于罗马的文化发源于希腊，故学习希腊语甚有必要。在语言学习的具体方法上，他主张先难后易，即让儿童先学习希腊语，在奠定一定基础后，紧接着学习罗马通用语言——拉丁语，然后，对两种语言的学习再齐头并进。当儿童开始认识字母时，应同时教之以形状和名称。当儿童开始摹写字母时，可将字母尽可能正确地刻在木板上，指导儿童用铁笔沿着笔画的沟纹书写，这样就可以避免出现差错。

(三)论学前家庭教育

昆体良赞同学前教育在家庭里进行，通过营造良好的家庭环境影响儿童。因此，对儿童的教育者——父母、保姆、家庭教师(教仆)，必须给予严格要求。

关于儿童的父母，昆体良认为他们的教育水平越高越好。不过，即使父母本身

① [古罗马]昆体良：《昆体良教育论著选》，任钟印选译，15页，北京，人民教育出版社，1989。
② [古罗马]昆体良：《昆体良教育论著选》，任钟印选译，27页，北京，人民教育出版社，1989。

没有受到良好教育，也不要因此就减少对儿童的注意。正因为他们自己的学识匮乏，他们应该在对儿童的成长有益的各种方面更加勤勉。

关于保姆，昆体良主张要慎选保姆。如果可能，她最好是受过教育的妇女。特别应注意的是她的道德。同时，保姆的语言也必须正确，因为她会在习惯和言语方面影响婴儿。这就如同纯白的羊毛一旦染上颜色，其色经久不变一样，若自幼养成坏习惯，是难以改好的。

关于家庭教师，昆体良主张他们应受过良好的教育，或至少应认识到自己在教育上的不足，而不是自以为是，误人子弟。在当时一般不重视家庭教育和家庭教育中存在严重缺陷的背景下，昆体良力陈良好家教环境的重要性，显然是可贵的。

本章小结

古代希腊学前教育中形成了斯巴达教育及雅典教育两种不同的教育模式，前者注重军事体育训练及相应的性格训练，后者注重和谐发展教育。但总体上，古代希腊尤重幼儿的体质，对新生儿实行优存劣汰；母亲在学前教育中发挥着重要作用。古代罗马的学前教育大多在家庭中进行，父母承担着重要的教育职责；注重法律及道德教育。这一时期，教育家柏拉图、亚里士多德、昆体良的学前教育思想最有代表性。柏拉图和亚里士多德对优生优育、身心和谐发展的教育、游戏、学前教育阶段的划分及学前教学等进行了论述，这在学前教育史上具有开创性的意义。昆体良对早期教育的内容和方法有着精辟独到的见解。

关键术语

斯巴达军事学前教育；雅典和谐学前教育；新生儿“优选法”；乡村之家；《理想国》；优生优育；教材及游戏的政治性；灵魂论；培养雄辩家的教育；家庭教师；双语教育

思考题

1. 试比较古代斯巴达及雅典的学前教育模式的异同及其成因。
2. 试述古代罗马学前教育的主要特点。
3. 试述柏拉图、亚里士多德、昆体良关于学前教育的主要观点及历史贡献。

实践活动建议

借助网络、图书等搜集有关古代希腊、罗马教育活动及教育家的影视材料和图片，拟定相关主题，就其中一位或几位教育家的学前教育思想和实践进行讨论。

拓展阅读

1. 神彦飞. 古雅典和谐教育的内涵及其启示. 山东师范大学学报(人文社会科学版)，2007(4).

2. 李江源. 斯巴达教育初析. 教育评论，1991(4).

3. 姬庆红. 父亲即教师——古罗马父亲在教育中的角色探析. 佳木斯大学社会科学学报，2012(5).

4. 胥秋. 柏拉图教育思想探析——兼论苏格拉底、柏拉图、亚里斯多德的师承关系. 煤炭高等教育，2013(5).

5. 吴长法. 一种被淡忘的教育理念：以逻辑服人——昆体良《雄辩术原理》中的哲学思想. 学术界，2016(5).

第九章　中世纪至文艺复兴时期的学前教育

本章学习目标▶

1. 把握欧洲中世纪的两种主要儿童观及其成因。
2. 把握基督教会学前教育、宫廷早期教育及骑士早期教育的内容与特点。
3. 了解人文主义学前教育观及其历史进步性。
4. 理解夸美纽斯的教育适应自然原则及其历史意义。
5. 把握夸美纽斯的学前教育思想。

第一节　西欧中世纪的学前教育

公元 476 年，西罗马帝国灭亡，西欧从此进入了封建社会。5 世纪末至 14 世纪文艺复兴之前的这段历史被称为中世纪。由于战争的破坏、占领者文化的落后及其对古代希腊、罗马文化遗产的排斥，西欧的文化水平大幅度下降，宗教和僧侣垄断了政治、经济和文化。同时，西欧的封建贵族和教会内部逐渐形成了一个严格的等级结构。在上述背景下，中世纪的西欧教育烙上了浓厚的宗教性和明显的等级性。学前教育也是如此。

一、中世纪的儿童观

(一)原罪论的儿童观

中世纪，基督教会的宗教成为维护欧洲封建社会形态的精神支柱。教会在思想意识上大力提倡原罪说及禁欲主义等。为了让人们相信原罪说、禁欲主义的荒唐说教，为了使上帝的神话成为人们的信仰，基督教鼓吹儿童是带有“原罪”来到人世的，故生来性恶，人人必须历经苦难生活的磨炼，不断赎罪，才能净化灵魂。人人应当听从教会的训诫，常年敬畏上帝，实行禁欲。在中世纪，教会兴办孤儿院，收留弃婴的原因之一就是帮助儿童赎罪。

以性恶论及禁欲主义为依据，教会对崇尚和谐发展的雅典文化教育持敌视态度。教会学校中，宗教居于所有学科之上，儿童从小就要盲信、盲从圣书和教师的权威，不允许有任何自主性和独立意识的流露。教会要求摧残肉体以使灵魂得救，声称“不可不管教孩童，你要用杖打他”，应当从幼年起就抑制儿童嬉笑欢闹、游戏娱乐的愿望，并采取严厉措施来制止这类表现。儿童烂漫的童年被扼杀，戒尺、棍棒成了中世纪学校不可缺少的工具。对儿童的约束与惩戒就成了中世纪学前教育的重要特征。教育中体罚盛行，体育完全被取消了。

(二)预成论的儿童观

由于中世纪自然科学的落后和成人的自我中心，以及人们不愿对儿童的特点给予更多关注等，人们沿袭了一种源自古代预成论的儿童观。预成论认为：当妇女受孕时，一个极小的、完全成形的人就被植于精子或卵子中，人在创造的一瞬间就形成了。(图 9-1)儿童是作为一个已经制造好了的小型成年人降生到世界上来的，儿童与成人的区别仅是身体的大小及知识的多少的不同而已。因此在社会上，儿童被看成小大人，一旦能行走和说话，就可以加入成人社会，玩同样的游戏，穿同样的服饰。例如，小男孩被要求穿骑士服，佩带宝剑，装束犹如成年男子；小女孩被要求浓妆艳抹，穿拖地长裙，打扮得像贵妇人。他们被要求有与成人同样的行为举止。按照预成论的观点，儿童与成人不应有重要区别，从幼儿开始，儿童的身体和个性已经成人化了。在这一观点的影响下，欧洲 14 世纪以前的绘画，总是不变地以成人的身体比例和面部特点来画儿童肖像(图 9-2)。

图 9-1 反映预成论的绘画：一个精子中完全成形了的人。哈特苏克绘于 1694 年

图 9-2 欧洲 12 世纪的绘画：幼儿被当成缩小了尺寸的成人描绘

图 9-3 18 世纪德国小学采用体罚来管理学生，反映了欧洲中世纪体罚学生的遗风

显然，预成论否认儿童与成人在身心特点上的差异，也否认儿童身心发展的节律性、阶段性。受预成论的影响，人们无论是在社会教育还是家庭教育中，都忽视

儿童的身心特点，忽视儿童的爱好及需要，对儿童的要求整齐划一，方法简单粗暴。（图 9-3）

二、基督教会的学前教育

基督教会的学前教育是西欧中世纪儿童必须接受的早期教育。中世纪时期的教育中，基督教会居于独尊地位，不允许一般的世俗学校存在。教堂是唯一的知识源地，教士是掌握知识之人。因为一切知识都来自“神启”，一切真理都来自《圣经》，所以教育的主要目的就是使受教育者虔信上帝、熟读《圣经》，以求做一个合格的基督徒，教育方法则简单、粗暴，以体罚为主。在基督教世界里，学前教育的主要措施大致如下。

(一)接受“洗礼”

“洗礼”为基督教的重要仪式。儿童出生后的第一件事，就是要参加神父主持的“洗礼”或“浸礼”。

(二)形成宗教意识

当儿童稍能懂事时，父母就向他们灌输诸如儿童生下来就是一个犯有原罪的人，人生来就要准备经受无穷的苦难，使儿童学会如何忍耐服从、逆来顺受。

(三)参加圣事礼仪

儿童要随父母参加教会组织的各项圣事活动，这些活动将伴随终生。比如，参加主日的祈祷、读经、唱诗等。有时也欣赏教会音乐，以陶冶其宗教情感和增强对上帝的信仰。

(四)过宗教节日

儿童跟随家长到教堂或在家里过各种宗教节日，如圣诞节、万圣节、复活节等，从中萌生对宗教的好感。

三、封建贵族的学前教育

西欧封建贵族的学前教育一般分为两类。

(一)王室宫廷的早期教育

这是一类专为王室儿童实施的宫廷教育，进行宫廷学校学习的只是皇室儿童和极少数机要大臣的子弟。公元 476 年，西罗马帝国灭亡之后，约经过 3 个世纪的征战兼并，西欧出现了一个强大的法兰克王国加洛林王朝。法兰克人原属游牧民族，英勇善战，但文化素质甚低，即使在上层王室贵族中，习文识字者也不甚多。随着疆域扩展，政务繁多，单凭勇猛和武力已不足取时，最高统治者不得不着手培养人才。所以中世纪时期，有些封建君主也重视教育并从对王室儿童的学前教育抓起。比如，8 世纪后期的查理曼大帝时期，为了培育王室的后代，王宫内专门开设了一所教育王室儿童(包括幼儿在内)的学校。有些宫廷教师经过摸索，并吸取了古代(如苏格拉底等人)的教学经验，在教学中采用问答法。下面是查理曼的儿子与教师阿尔琴的一段对话。

问：太阳是什么？
答：宇宙的光辉，天空的美丽，白昼的光荣，时间的分配人。
问：月亮是什么？
答：夜的眼，露的施者，风暴的先知。
问：星是什么？
答：天顶的图画，水手的导航者，夜的装饰。
问：雨是什么？
答：地球之库，果实之母。
问：雾是什么？
答：白昼的夜，视力的劳作。
问：风是什么？
答：空气的骚动，水的动乱，土的干涸。①

通过以上的问答，儿童学到不少未来统治者必需的有关自然和社会的知识以及某些粗浅的哲理。这种教法堪称中世纪儿童教育中少有的亮点。总体上，宫廷学校的学习科目和当时的教会学校一样，主要学习“七艺”，教育内容是未来统治者必需的有关自然和社会的知识以及某些粗浅的哲理。

(二)骑士的早期教育

欧洲封建贵族阶层中，位于最低等级的是骑士。骑士既需保卫和扩张封建庄园，还要进行竞技格斗，以示对教会和封建主的无限忠诚。骑士教育是集封建思想意识熏陶与军事体育训练于一体的一种特殊形式的家庭教育。一名骑士的训练和养成要经历 3 个阶段：①出生到 7 岁为家庭教育阶段；②7～14 岁为侍童教育阶段，即贵族之家按其等级将男孩送入更高一级贵族的家中充当侍童，侍奉主人和贵妇；③14～21 岁为侍从教育阶段，重点是学习“骑士七技”②。这是除王室儿童外，每个封建贵族子弟都必须接受或经历的必修课。

在第一阶段，教育都是在自己的家里完成的，父母扮演教师角色。首先，宗教意识的熏陶占有重要地位。因为训练骑士的首要标准就是虔敬上帝，听命于教会，甘为宗教而献身，树立这些观念必须从幼年抓起。母亲从儿童懂事起便开始灌输宗

① [美]E. P. 克伯雷：《外国教育史料》，任宝祥、任钟印主译，101 页，武汉，华中师范大学出版社，1991。

② 骑士七技：骑马，游泳，投枪，击剑，打猎，弈棋，吟诗。

教神学的初步观念。随着儿童年龄的增长，父母还安排他们参加一些宗教仪式和节日活动，加深他们对宗教的情感。其次，在道德品质教育方面，父母以身作则对封建主忠心耿耿，教育孩子从小树立“忠君爱国”之心，以便成年后能坚定地效命于国王和上一级封建主。此外，还要儿童仿效雅士贵妇，懂得礼节，谈吐文雅，举止得体。最后，为了能够纵横厮杀、克敌制胜，骑士必须具有健壮的体魄，而从小的养护是关键所在。母亲十分注重儿童的合理饮食、适宜锻炼，注重培养儿童良好的作息制度和生活习惯等。虽然骑士有接受教育的机会和条件，但在早期阶段的教育中，由于轻视对文化知识的学习，许多骑士目不识丁，更有甚者在成人后，仍不会签自己的名字。

西欧中世纪的学前教育，不论是宫廷教育还是骑士教育，都带有鲜明的宗教性和等级性，反映了在基督教至尊的背景下，畏神禁欲的教育特色以及为封建统治阶级服务的性质。它导致对儿童严苛，忽视儿童的身心特点，人们只按照儿童所处的社会地位实施不同的教育。

第二节　文艺复兴时期的学前教育

在中世纪基督教神学的严密禁锢下，古代希腊、罗马的文化被埋没了近千年。在14—16世纪，欧洲大地上掀起了搜集、整理、研究古代希腊、罗马文化的热潮，把欧洲的学术文化思想推向了繁荣，这就是欧洲历史上著名的“文艺复兴”。“文艺复兴”一是指古代希腊、罗马文化的复兴；二是指人类精神的觉醒，反抗中世纪的精神桎梏，追求人的个性圆满发展。其实质是新兴资产阶级在意识形态领域掀起的一场反封建、反教会的思想文化解放运动。

一、文艺复兴时期教育观念的转变

（一）教育以人为中心，注重人的全面发展

人文主义对人的赞颂与中世纪对人的贬抑形成了鲜明的对比。中世纪神学认为，上帝是全知全能的，而人是卑微的，人具有天生的原罪，人只有靠上帝的恩惠才能得救。鉴于此，人们学习一切知识的目的都是为神服务，相信“科学是宗教的奴仆”，教育的目的是培养僧职人员。而文艺复兴时期的人文主义则是对这种观念的反叛，其核心是提倡人道，肯定人的价值、地位和尊严，要求教育以人为中心，重视人的因素，并要求通过多方面的教育，发展人身心的各种能力，使之成为身心协调发展的完人。

这时，新兴市民阶层（近代资产阶级的前身）所要培养的人已不再是僧侣和宗教人员，也不再是参与奴隶主政治的雄辩家，而主要是社会、政治、文化、商业方面

的积极活动家乃至冒险家。因此，要求人的全面发展，要求热爱儿童、相信儿童，把他们培育成为体魄健康、知识广博、多才多艺、富于进取精神、善于处理公私事务的人。“我们要造就的不是一个心灵，不是一个躯体，而是整个人，心灵和躯体是不能分开的。”

(二)教育内容全面，注重人的和谐发展

为了满足新兴资产阶级把年青一代培养成他们所需人才的要求，人文主义教育家们提出应对教学内容加以扩充。中世纪以来，学校的教学内容只限于“七艺”(文法、修辞学、辩证法、算术、几何、天文学和音乐理论)，且前“三艺”渗透着神学的性质，而后“四艺”向来不受重视。随着政治斗争的激化、生产力的发展、新航海的发现，再加上科学的发展，学校的教学内容应该相应地加以扩充。人文主义教育家们要求学校注重体育，以培育儿童和青年健康的身体；注重美育，以发展他们的审美能力；注重广泛的科学知识的传授，以促使他们具有丰富的才能；注重德育，以培养服务于他们的地位、名誉等的品质，如勇敢、意志、克制、爱国心等。

(三)主张启发，注重儿童的主动性和积极性

人文主义教育注重观察，强调直观，提倡参观、访问，要求尊重和爱护儿童，反对体罚和侮辱儿童。针对教会学校宣扬的人生来有罪的谬说和普遍流行体罚儿童的状况，人文主义教育家们宣传要热爱儿童，指出儿童个性和谐发展的必要性。他们提倡构建亲密的师生关系，尊重儿童的自尊心，强烈反对对儿童实施体罚，反对抑制儿童才能的教学方法。他们要求父母、教师以身作则，重视培养儿童独立自主的精神，建议用激发儿童的荣誉心、竞争心替代用体罚作为推动儿童学习的手段。还提出用本族语言进行教学。这些新的方法逐步在实践中推广，后来夸美纽斯对此进行了总结，形成了系统的教学原则和方法。

文艺复兴时期的人文主义教育，无疑带有新兴资产阶级的局限性。这种教育主要服务于上层阶级的子弟，而其内容仍以古典主义教育为主，同时也没有彻底摆脱宗教的影响。虽然如此，文艺复兴时期的教育仍具有极大的反封建的意义，也为后来的宗教改革时期新教教派的教育改革准备了条件。

(四)教育对象范围扩大，平民子女开始接受教育

文艺复兴时期随着各种世俗学校的开办，教育对象的范围也得到了扩大。一些人文主义者创办的学校中，不仅有贵族子弟，也有平民子女。主张教育改革的路德派教育的领导人路德甚至主张普及教育，提出了实行义务教育的主张。加尔文派新教教育的领导人加尔文也提出了普及教育的主张，要求国家开办公立学校，实行免费教育，使所有儿童都有机会受到教育。

二、文艺复兴时期的学前教育观

(一)文艺复兴时期的儿童观

文艺复兴的基本精神是"人文主义"，提倡以人为中心，反对以神为中心；崇尚现实、崇拜人生，反对来世观念；主张个性解放、自由、幸福，尊重人的价值，反对压抑、禁欲主义；宣扬个人是生活的创造者和享受者。因此，人文主义教育家和思想家反对把儿童看成带有"原罪"的有待赎罪的羔羊，认为儿童是自然的人，应该得到成人的细心关怀和照顾(图 9-4)；提倡儿童身心和谐发展，重视儿童个性的发展，把儿童看作发展中的人，尊重儿童的人格，并极力反对摧残和压抑儿童身心的做法。

图 9-4　甜美的儿童
(文艺复兴时期的绘画)

在教育原则和教育方法方面，强调环境的陶冶作用，主张建立优美的校舍；强调尊重儿童的天性，尊重儿童身心发展的特征和个别差异；强调父母、教师应该注意自身的言行，为儿童树立表率；主张教学时运用直观教具，向大自然学习，从而激发儿童的兴趣和积极性；反对压抑儿童的个性，主张减少甚至取消体罚；强调体育和游戏的重要意义。

(二)人文主义教育家对儿童教育的论述

1. 伊拉斯谟的儿童教育观

伊拉斯谟(Erasmus，1466—1536)出生于尼德兰，他的教育思想体现在《愚人颂》《基督教君主的教育》《论童蒙的自由教育》等著作中。他认为社会的一切罪恶全部源于无知，所以，只有通过教育才能给人以知识，养成人的善良行为和高尚思想。教育的目的是培养"善良"的人，这一目的的实现应融合在道德教育中。教育的任务就是在年轻人头脑中播下虔诚的种子，使他们热爱并认真学习自由学科，习惯于基本礼仪，并为生活做好准备。在教学方法上，伊拉斯谟特别注意培养儿童的记忆力，主张采用直观教具进行教学。

针对"原罪论"观念，伊拉斯谟提出了儿童的性善说，认为这种善良的禀赋只有通过持续不断的教育才能得以巩固和发展，所以对儿童的教育应从襁褓时期开始。他重视幼儿期良好环境的重要性，认为应该让儿童和品德优良、谦虚谨慎的孩子交朋友，避开品行不良的人，以免受到不良影响。他还强调儿童身心的均衡发展，首要重视的是体育，但也要重视德育和智育，在智育方面特别重视对拉丁文、希腊文的学习。可见，伊拉斯谟的许多教育观点继承了昆体良等先人的思想，同时对后来的夸美纽斯等人的思想也有重要影响。

2. 蒙田的儿童教育观

法国人文主义者、思想家、散文作家及教育家蒙田(Montaigne，1533—1592)

出生于新贵族家庭，受过良好的教育，从事过多年的法律工作。其享誉世界的文学名著《蒙田随笔》中有一些篇章专门论述了儿童教育问题。

蒙田提出教育就是要通过体育和智育培养全面发展的绅士，这两者“好像两匹马配合起来合力拉车一般”。他重视早期教育，认为儿童的教育是人一生中最重要的事情；此外，还倡导教育应顺应儿童的天性，把儿童培养成具有自然精神的绅士。蒙田崇尚博学，但反对死记硬背，主张深入理解所学的知识，“不要孩子多背诵功课，而是要他行动。他应该在行动中复习功课”。

《论儿童教育》一书中随处都流露了蒙田对德行的敬仰。在所有的德行中，蒙田特别提到谦逊、不固执己见、勇于承认自己的错误、正直等品德。在德育方法上，蒙田反对娇生惯养，主张严格要求，并分析了溺爱子女的恶果，强调父母和教师要为孩子做出榜样，使孩子自然地接受道德影响。蒙田揭露了当时儿童教育中的弊端，尽管他没有写下系统的教育专著，但他的散文中那充满智慧的教育观念对后世教育理论的发展做出了铺石垫路的贡献。

3. 康帕内拉的儿童教育观

意大利的思想家及早期空想社会主义的代表人康帕内拉(Tommaso Campanella，1568—1639)在代表作《太阳城》中描述了一个立足于科学和社会平等的共产主义的国家。在教育方面，他主张国家办教育，并普及教育，倡导男女平等等。

康帕内拉为了使儿童“以后成为最优秀的人物”，大力提倡优生和胎教，对男女的婚配原则、结婚的最佳年龄、妇女受孕的合适时机以及受孕双方的准备工作都做了详细的探讨。他主张将新生儿送到公共育儿室，由母亲们对其进行抚养、照料。自出生至两岁为哺乳期，幼儿一断奶就应被送到国立托儿所；2～3岁的幼儿就在房屋周围游戏，并学习读念字母；7岁以后儿童开始锻炼体力，同时学习科学知识、各种手工技术，且教师观察他们的兴趣，为其确定今后的发展方向；8岁的儿童开始学习系统的科学文化知识；为保卫“太阳城”，儿童还要学习军事知识。

文艺复兴时期的人文主义思想家们批判了基督教会性恶论的儿童观，反对“原罪说”，认为儿童应当得到成人的关心和爱护，他们重新提出了儿童身心全面发展的教育理想，重视教育培养人的作用。虽然缺乏系统的理论论述和实践尝试，但这些思想为近代学前教育的发展奠定了坚实的基础。

第三节　夸美纽斯的学前教育思想

夸美纽斯(Johann Aoms Comenius，1592—1670)是17世纪捷克著名的教育家。基于民主主义和科学主义思想，夸美纽斯提出了性善的儿童观、把一切知识教给一切人的泛智教育思想以及“教育适应自然”的教育主导性原则，冲破了中世纪以来宗教教育和经院主义的藩篱。他主张以母育学校实施学前教育，在胎教、德智体及游戏、玩具和劳动教育等方面提出了极有价值的观点。

一、生平及教育活动

夸美纽斯(图 9-5)是 17 世纪捷克教育理论家和实践家，是西方近代教育理论的重要奠基者之一。

图 9-5 夸美纽斯

夸美纽斯 1592 年出生于捷克的一个磨坊主家庭，父亲是“捷克兄弟会”会员。在“捷克兄弟会”的影响下，他从幼年起就受到爱国主义及新教思想的熏陶。12 岁时，夸美纽斯失去双亲，兄弟会资助他完成了中等教育和高等教育。离开大学后，夸美纽斯担任兄弟会牧师，1618 年，他又担任富尔内克城牧师，同时兼任当地兄弟会学校校长。这期间，他用业余时间攻读了很多哲学和教育学著作，全身心地投入教育事业中。

1618 年，欧洲爆发了“三十年战争”(1618—1648 年)，捷克沦陷，新教派更是惨遭迫害。在战争中，夸美纽斯的藏书和手稿付之一炬，同时他的妻子、孩子死于战争带来的瘟疫。在身心遭受巨大摧残的痛苦情况下，1623 年，夸美纽斯写成《世界迷宫与心的天堂》，揭露封建贵族的罪恶和天主教会的黑暗统治，强烈谴责大国欺凌弱国的恶劣行为，在书中号召人们团结抵抗，在迷宫中找出一条光明之路。

1628 年，夸美纽斯随同“捷克兄弟会”到波兰的黎撒避难。此时期，他先后撰写了《母育学校》(1630 年写成，1633 年正式出版)，《大教学论》(1632 年)等著作。《母育学校》提出家庭是人生的第一所学校，母亲应该承担起教导自己孩子的责任，该书是历史上第一本学前教育专著。《大教学论》是夸美纽斯教育思想的代表作，是近代第一部教育学著作，是他留给人类的宝贵教育理论财富。

1641 年，夸美纽斯应邀赴英国讨论泛智工作并建立了一所泛智学校，但英国发生的内战使他的泛智工作停滞不前。1642 年，他应瑞典政府之聘去瑞典从事编写教科书和语言教学法参考书的工作。但是，从瑞典得到对祖国的援助的希望没有达成。1650 年，他又应邀去匈牙利担任常年教育顾问，办起了一所泛智学校。其间，他又写了一系列教育论著，如《论天赋才能的培养》《泛智学校》《组织良好的学校的准则》《世界图解》等。

1654 年，夸美纽斯重返黎撒。1656 年，因波兰与瑞典发生战争，夸美纽斯所有图书及手稿再次被焚烧，包括《泛智论》著作的手稿，夸美纽斯不得已又转赴荷兰的阿姆斯特丹避难。在此期间，他继续为兄弟会流亡者争取同情与援助的活动，并在那里整理了《夸美纽斯教育论著全集》。在晚年，夸美纽斯继续坚持他的教育研究工作及教育论著的整理工作。他毕生的巨著《关于改进人类事物的总建议》共有7卷，主要论述了人类实施全面性的改良计划，使人类能够获得真正和平、幸福的生活。

1670年11月15日，夸美纽斯在阿姆斯特丹逝世，享年78岁。他一生为祖国复兴、民族解放、捷克兄弟会生存而努力奋斗，为改革旧教育、建立新的教育科学体系而辛勤劳动。他是一位具有资产阶级民主主义、爱国主义精神的教育家，也是一位追求真理和人类进步事业的社会改良家。

二、主要教育观点

(一)泛智教育思想

“泛智”思想是夸美纽斯教育理论的核心，是他从事教育实践和研究教育理论的出发点和归宿。所谓“泛智”，是指所有人通过教育获得广泛、全面的认识，并使智慧得到普遍的发展。也就是说，夸美纽斯主张把一切知识教给一切人。

1. 教育内容——“一切知识”

夸美纽斯把教学称为“周全的教育”，通过这种“周全的教育”，使学习者在知识、德行、虔信三方面得到发展。“周全”并不是指各门知识的凌乱堆积，而是指学习一切最重要的事物的原则、原因与用途。夸美纽斯认为，“泛智”就是从所有个别科学中形成一种统一的、包罗万象的科学的科学和艺术的艺术。夸美纽斯认为泛智教育有以下3个方面的内容：认识事物、行动训练和语言优美。

认识事物，即学习“一切知识领域中的精粹的总和”，包括自然科学知识、社会生活及历史知识。他要求人们掌握知识的精华，通过自我思考形成智慧，并在头脑中生根。人要懂得百科全书式的知识，掌握一切必须熟悉的东西，理解一切事物的原因，懂得一切事物的真正有益的运用。行动训练，即知行结合，就是在认识事物时必须从事实践活动。这一观点是针对当时经院教学远离实际、学用脱节的弊端而提出的。他希望培养出有活力的、精干而又勤奋的，并且可以胜任一切工作的人。夸美纽斯认为学生在学习并掌握知识的过程中，还必须能够使用优美的语言来表达自我的知行，即“使学生的语言完善到这样的程度，使它达到令人满意的能言善辩的地步”。夸美纽斯不仅要求人们能用一种语言完美地表达，甚至还要求人们使用拉丁语、希腊语、希伯来语。

2. 教育对象——“一切人”

泛智教育不仅要求学习“一切知识”，而且要求将知识教给“一切人”。在夸美纽斯看来，人人都应该有接受教育的机会，学习一切最重要的知识，并且这种教育应该在学校里面进行。夸美纽斯指出：“在那些被摒于学校以外的人们里面，也许就有极优秀的才智之士，他们这样被糟蹋，被埋没，真是教会与国家的大损失。”①因此，他要求学校必须向所有人开放，不管阶级、性别、富贵贫贱，不分男女，一切儿童

① [捷克]夸美纽斯：《大教学论》，傅任敢译，57页，北京，人民教育出版社，1957。

都应该进学校读书。

(二)教育的作用

夸美纽斯十分重视教育的作用，认为教育的最终目的是为永生做准备，教育的现实目的是给人以知识、德行和虔信，培养具有广博知识以及献身祖国的人。首先，夸美纽斯十分重视教育对社会改良的作用，把教育看成改造社会、建设国家的手段。他认为，教会与国家的改良在于青年得到合适的教导。他希望通过教育改变社会道德普遍堕落的现象，减少黑暗与倾轧，营造光明与未来。其次，他高度评价教育对人的发展的作用。他认为，假设要形成一个人，那便是由教育去形成，人的天赋发展关键在于教育。他反对以“智力迟钝”为借口拒绝儿童接受教育的做法，提出“只有受过教育后，人才能成为一个人”，这与他的人道主义思想密切相连。在他看来，上帝在人心中播下 3 颗种子，即知识、德行、虔信，只有通过教育才能去发展它们。这种教育应当是一种合适的教育，这种合适的教育就是使不同的人受到不同的教育，最后达到相同的结果。因此，教育的直接目的就是为现世的人生服务，培养具有完全知识、完美德行和坚定信仰的人。

(三)教育适应自然原则

“教育适应自然”的原则是夸美纽斯和谐教育思想的集中体现，也是夸美纽斯教育思想中根本性的指导原则。夸美纽斯指出，人的成长也是一个自然的过程，教育也要适应这一自然过程。夸美纽斯的教育适应自然原则至少包含以下几层含义。

首先，教育适应自然意味着教导的严谨秩序应当以自然为借鉴，并且必须是不受任何障碍阻挡的。夸美纽斯认为，教师开展积极有效的教育活动时必须借鉴和寻求自然中的秩序，要像园丁、画家和建筑师那样将求教目光投向大自然。因此，他尝试从自然发展的秩序中寻求教育活动的内部规律，并有意识地将寻求的结果用以指导教育实践。

其次，教育适应自然意味着一个人在自然的领导下能够钻研万物的知识，意味着教育工作有规律可循，教育须以自然为师。他主张教育环境自然化，教育方法适应儿童身心自然发展，教学工作遵从自然秩序。一个教育者如果想要遵从自然的话，就不应该采取任何强制的力量。若看到受教育者有什么做得不顺利的地方，可以指望并等待这些发生着的缺点利用比较成熟的力量去矫正。

最后，教育适应自然意味着教育要顺应儿童的天性。这就要求教育要以自然为方向，步自然的后尘，向自然学习，向实际事物学习。因此，夸美纽斯十分强调关注儿童的现实生活，强调实践在教学中的重要作用，要求教师着眼于实际事物，采取轻松愉快的方式开展教育活动。

从教育的自然适应性以及普及教育的思想出发，夸美纽斯提出了前后衔接的单一的学校制度体系。他根据人的身心发展特点和理解能力的发展规律，划分了人受教育的年龄阶段，在教育领域中首次引进“胎儿教育”“终身教育”“公立学校”的概念，打破了从前传统学校体系的封闭性和终极性，并建立了统一的学校制度。夸美纽斯按照年龄将人的受教育过程划分为 4 个时期，不同的时期对应不同的学校。1～6 岁为婴儿期，在母育学校接受教育；6～12 岁为儿童期，在国语学校接受教育；12～18 岁为少年期，在拉丁语学校接受教育；18～24 岁为青年期，读大学及旅游是他们的主要任务。

三、儿童观及学前教育的意义

(一)儿童观

夸美纽斯将儿童比作“上帝的种子”，生而具有发展的根基，提倡尊敬儿童；夸美纽斯把儿童比作一面镜子，在镜子里面，可以注视谦虚、有礼、亲切、和睦以及其他品德；夸美纽斯将儿童比作嫩芽，呼吁父母承担起教育孩子的责任。他指出，人比其他动物更高尚，父母只注意子女身体的养护和外表的修饰是远远不够的，更要注意他的灵魂，要以教育去滋补、抚爱和照管儿童的心智，真正做到既养又教。夸美纽斯从国家和社会的角度指出，儿童不仅是世界的未来的居民，而且他们中的大多数将成为最聪慧的各种人才，所以，应把儿童看作国家和社会的未来和希望，给予关怀、爱护与教养。

(二)学前教育的意义

夸美纽斯认为早期教育有着极为重要的意义。他在其著作中声称，“任何人在幼年时代播下什么样的种子，那他老年就要收获那样的果实”“如果要造就一个人，就必须由教育去完成”。他指出既然上帝把儿童赐给了父母，那么父母就要承担起儿童童年时期的教育责任，要以教育滋养儿童的灵魂，抚爱和照顾他们的心智，不能像对待动物一般只注意身体的养护和外表的修饰。因而，夸美纽斯呼吁父母对儿童施以包括虔信、德行、知识和体育在内的全面训练，把他们培养成忠实的、能够智慧地管理自己各项事务的、有才能的人。

四、论母育学校

(一)母育学校的性质与任务

在夸美纽斯倡导的学制系统中，第一所学校是“母育学校”。夸美纽斯指出，家庭是每个孩子出生后最初的学校，“我们也应当把一个人在人生的旅途中所当具备的一切知识的种子播植到他的身上”。[①] 他主张儿童在 6 岁以前入母育学校，每个家庭应该设立这种学校，母亲就是教师。母育学校是夸美纽斯构筑的前后衔接而统一的学制系统的第一阶段。在这个阶段，他把奠定儿童体力、道德和智力发展的基础作为主要任务，即奠定儿童体力、道德和智力的初步基础，通过感觉器官的训练和发展，使儿童获得对自然界、社会生活和家庭生活的初步认识。

---

① [捷克]夸美纽斯：《大教学论》，傅任敢译，218 页，北京，人民教育出版社，1957。

(二)母育学校的教育内容

1. 胎教

夸美纽斯强调孕妇应注意身心健康而不致影响胎儿。如果孕妇不注意控制自己的情感，经常处于突然的、过度的愤怒、怨恨、伤感、恐慌等不良的情绪中，她就可能生育一个怯弱的、易动感情的、沮丧的婴儿，严重的甚至生育死胎或极其虚弱的孩子。夸美纽斯甚至提出建立“婚姻指导委员会”及“产前诊所”来为准备结婚的青年男女及孕妇提供咨询，以便养育健康的婴儿。①

2. 体育与游戏

夸美纽斯特别重视锻炼和娱乐对儿童身心发展的重要性。他主张不要让儿童习惯于用药，因为药品和食物按性质来说是对立的。重要的是应该使儿童生活有规律并保持愉快的心情。夸美纽斯认为游戏是儿童最适合的活动方式。游戏不仅有益于儿童的身体健康，而且能够发展肢体活动和智力的敏捷性。因此，父母应积极行动起来，帮助和指导儿童开展游戏活动，甚至直接参与游戏。夸美纽斯对玩具提出了详细的意见，他认为真的工具对儿童来说很危险，指出家长可以做些仿制性的玩具，如小的铁刀、木剑、小锄头、小车、滑板等。他还指出成人可以指导儿童使用未成型的材料开展游戏活动，如使用泥土、木片、木块或石头搭小房子等。

3. 德育与劳动教育

德育方面，夸美纽斯则强调培养儿童的文明礼貌行为和良好的生活习惯，重视节俭和勤劳品质的形成。他认为，人在出生的头几年就应当奠定良好德行的基础，如果不先进行道德教育，那就是一种非常缺乏判断的表现。在德育方法上，他认为应充分重视榜样、教导、示范、训练、惩罚、表扬等方法的作用。夸美纽斯坚决反对溺爱和放纵儿童，反对成人容忍儿童在毫无纪律约束下的为所欲为。他指出，儿童的任性实际上并不是因为儿童缺乏理智，而是成人愚蠢造成的不良后果。因此，他要求自幼培养儿童的纪律观念，但又不要过于严厉，强调父母、导师应以身作则，用自身的道德行为影响儿童，使他们从小便对道德榜样及其行为产生深刻印象。同时，他还注意到了环境对儿童道德的影响，提出儿童应避免不良社交，以免沾染恶习。关于劳动教育，夸美纽斯强调应常常让儿童有事可做，主张从小培养儿童的劳动习惯，使其逐步获得劳动技能。儿童4～6岁时，应当从事手工劳动，包括各种建筑活动等。

4. 智育

夸美纽斯接受了弗兰西斯·培根的唯物主义感觉论的影响，认为感觉是知识的主要源泉，因此，他十分重视训练儿童的“体外感觉”及分辨外界事物的能力。夸美纽斯第一次为6岁以下儿童的智育制定了广泛而详细的教学大纲。他认为儿童智力教育的主要任务如下。第一，发展儿童的外部感觉和观察力，并积累关于周围自然、人类社会和家庭生活的初步观念；第二，发展语言和思维；第三，训练手的初步技能，即对儿童进行“能、知、行”三方面的教育，为入学后的教育打下基础。为此，

① 吴式颖、任钟印：《外国教育思想通史》第五卷，269页，长沙，湖南教育出版社，2002。

母育学校制订的智育计划包括自然、光学、天文学、地理学、年代学、历史学、家务、政治学、辩证法、算术、几何学、音乐、语言等学科。夸美纽斯相信，通过这种启蒙性质的教育，就可以为儿童奠定各门科学知识的初步的基础。

(三)母育学校的教材及指导书

夸美纽斯在《母育学校》里详尽阐述了父母的教育指导问题和儿童读物问题。他认为，要想帮助父母或保姆有效地教育好孩子，必须为他们编写一部手册。手册应包括以下内容：父母及保姆的教育责任；儿童所学各科教学大纲；教学方法，主要是指出教授每一科目的最佳时间以及所应采用的最佳言语和姿态。

夸美纽斯认为，应当为儿童编写一本可直接供其观赏的图画书。他已意识到，在幼儿阶段，教育的主要手段是感官的知觉，而视觉又是最主要的一种，所以应当把各门学问中最重要的事物以图像形式传授给儿童。1658 年，夸美纽斯的《世界图解》正式出版。《世界图解》是历史上第一部对儿童进行启蒙教育的看图识字课本。这本学前儿童读物共有 150 课，共有插图 187 幅，反映了 17 世纪欧洲社会生活图景，也充分体现了夸美纽斯的泛智论教育思想。书中的内容正好和《母育学校》中提出的广泛的教学大纲的内容相对应，两者可以配套使用。(图 9-6、图 9-7)

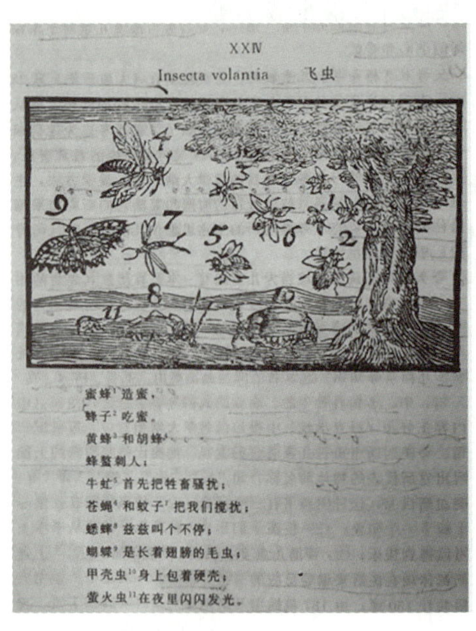

XXIV

Insecta volantia　飞虫

蜜蜂[1]造蜜，
蜂子[2]吃蜜，
黄蜂[3]和胡蜂[4]
蜂螫刺人；
牛虻[5]首先把牲畜骚扰；
苍蝇[6]和蚊子[7]把我们搅扰；
蟋蟀[8]兹兹叫个不停；
蝴蝶[9]是长着翅膀的毛虫；
甲壳虫[10]身上包着硬壳；
萤火虫[11]在夜里闪闪发光。

图 9-6　《世界图解》第 24 课：飞虫

图 9-7　《世界图解》第 59 课：织布

五、历史地位及影响

夸美纽斯是 17 世纪捷克的资产阶级民主教育家，西方近代教育理论的奠基人之一。夸美纽斯对教育的作用、教师的作用和人接受教育的广泛可能性持有深刻信念并做了深入论证。夸美纽斯第一次提出了一个任务明确、互相衔接的完整的学制系统，并为各级学校拟定了百科全书式的教育内容和课程系统，为近代单一制学校和普通学校课程的设置奠定了基础，并第一次把学前教育纳入这一学制中。班级授课理论的出现成为近代教育的一个重要标志。他的《母育学校》是西方教育史上第一本学前教育专著，他首次深入研究了家庭条件下学前教育的完整体系，确定了其目的、内容和基本方法，并撰写了供母育学校使用的课本《世界图解》。其理论和实践贡献对于近现代学前教育产生了重要影响。

本章小结

在基督教至尊的中世纪，原罪论及预成论的儿童观流行，在学前教育上，则表现为对儿童身心特点的无知和对他们的尊严的无视，儿童成为被屠宰的“羔羊”。文艺复兴时期，在人文主义精神的指导下，教育以人为中心，否定禁欲主义，淡化宗教神学。原罪论、预成论的儿童观被批判，和谐发展被重新提出，在学前教育上，开始研究、探讨儿童的身心特征。这一时期最具代表性的教育家夸美纽斯在西方教育史上第一次系统论述了家庭背景下的学前教育，做出了重要贡献。

关键术语

原罪论；预成论；基督教学前教育；骑士教育；人文主义教育；《大教学论》；泛智论；教育适应自然；母育学校；《世界图解》

思考题

1. 西欧中世纪主流儿童观是什么？分析其成因。
2. 讨论西方和中国古代学前教育的异同及其成因。
3. 夸美纽斯的教育适应自然原则对我们现今的学前教育工作有何启示？
4. 评述夸美纽斯对学前教育的贡献。

实践活动建议

1. 从继承、变革与创新的角度，比较夸美纽斯的学前教育思想与古代希腊、罗马及中世纪的学前教育思想。

2. 观看纪录片《稚齿之担：中世纪儿童》(*Too Much*，*Too Young*：*Children of the Middle Ages*)，以中世纪的儿童生活为主题进行讨论。

拓展阅读

1. 任哲，王凌皓，次春雷. 基督教禁欲传统对西欧中世纪教育的影响研究. 科学与无神论，2021(1).

2. 刘黎明. 文艺复兴时期的自由教育思想探析. 贵州大学学报(社会科学版)，2016(6).

3. 杨佳，杨汉麟. 夸美纽斯和他的《世界图解》. 教育研究与实验，2019(1).

第五编　外国近现代学前教育实践

第十章　外国近现代学前教育(上)

本章学习目标▶

1. 了解近代西方公共学前教育机构产生的背景。
2. 了解幼儿学校运动及幼儿园运动。
3. 把握幼儿学校与幼儿园的办理特点。
4. 把握近现代英国、法国、德国学前教育的发展脉络及特点。

第一节　英国学前教育

英国是世界上率先建立资本主义制度和进行工业革命的国家，因而，公共学前教育在英国较早受到社会和政府的重视。英国的近现代学前教育发展历经了幼儿学校运动、幼儿园运动、保育学校运动等几个重要时期。第二次世界大战以来，英国谋求学前教育的普及以及学前教育向4岁以下儿童延伸，并取得了比较好的效果。

一、近代英国学前教育

(一)英国政府有关贫民幼儿救济和保育政策

近代英国公共学前教育是机器大工业的产物。工业生产的迅速发展吸引资本家雇用大量廉价女工和童工，造成幼儿无人照顾、智力落后、道德堕落及死亡率上升等严重的社会问题。这种状况引起了慈善家、热心人士及教会人士的深思和探索，他们着手建立慈善幼儿学校，保护和教育贫苦幼儿，各方人士掀起了幼儿运动。迫于工人阶级争取生存权和受教育权斗争的压力，也出于对幼儿保育和教育在缓解社会矛盾、维护社会稳定等社会功能上的认识，英国政府出台了一些与幼儿保育和教育相关的政策。1697年，政府颁布《国内贫民救济法》，提出设置“纺织学校”和“贫穷儿童劳动学校”的计划。“纺织学校”计划规定：对年收入不足40先令家庭中的6～14岁儿童实施免费义务教育，4～6岁儿童可以自由入学。“贫穷儿童劳动学校”

计划规定：在每个教区设立"劳动学校"，教区内所有受救济贫民的3～14岁儿童必须进入该学校。计划提出对3～7岁幼儿实施保护和有组织的教育的要求，促进了学前教育的发展。但这时政策的主旨是保护幼儿生命和健康，缺乏教育意图。

(二)幼儿学校运动

1. 欧文及幼儿学校的创办

罗伯特·欧文(Robert Owen，1771—1858)(图10-1)是19世纪英国空想社会主义思想家和教育家。1800年，欧文接任苏格兰新拉纳克一家大型纺织厂的经理，并开始在那里实施其社会改革及教育实验。他在推行一系列改善工人劳动和生活条件的措施的同时，非常重视教育，又为工人及其子女创办了一系列教育设施。1816年，为1～6岁儿童创办了幼儿学校，该学校与儿童初等学校、工人夜校、工人夜间俱乐部等合并为"性格形成学院"。欧文一生著述颇丰，主要有：《新社会观》(又称《论人类性格的形成》，1813年)，《致新拉纳克郡报告》(1820年)，《新道德世界书》(1842—1844年)和《自传》(1857—1858年)。

图10-1 欧文

欧文幼儿教育的理论基础是性格形成学说，即环境决定人的性格。他认为："人可以经过教育而养成任何一种情感和习惯，或任何一种性格。"①欧文创办英国第一所幼儿学校，开启了近代真正意义上的公共学前教育先河。他注重学校环境的影响，在学校周围建立了游戏场，开设了宽阔的娱乐房间，在幼儿教室内布置了以动物为主的图画、地图和采集的自然界实物。幼儿学校开设舞蹈、音乐和军训课程，并以"对整个人类表现出宽宏仁爱精神"的原理为指导。"对于幼儿和年龄较小的儿童，除用明显的示意动作、实物或模型或图画施教而外，还用亲昵的谈话循循诱导。"②要求幼儿教师热爱儿童、对儿童有无限耐心、热情温顺，绝不能在言语和行动上对儿童进行威胁或辱骂。

总之，欧文注视着英国工业革命时期劳动阶级的悲惨生活和工作条件，以及贫穷、饥饿和愚昧对儿童生命、健康和道德的摧残。他从人道主义立场出发，基于环境决定性格理论，特别注重学前教育。他的幼儿学校是集体主义保育思想和实践的源泉。

2. 怀尔德斯平及幼儿学校运动

怀尔德斯平(Samuel Wilderspin，1792—1866)(图10-2)是英国19世纪幼儿学校的积极创办者，他倡导的"幼儿学校运动"推动了幼儿学校在英国的普及，并促进了世界学前教育的开展。1820年，他在斯平托地区开办幼儿学校并形成了独具特色的办学体系。

---

① [英]欧文：《欧文选集》第一卷，柯象峰、何光来、秦果显译，68页，北京，商务印书馆，1979。

② [英]欧文：《欧文选集》第三卷，马清槐、吴忆萱、黄惟新译，227页，北京，商务印书馆，1984。

图 10-2 怀尔德斯平

怀尔德斯平幼儿学校以贫民和工人的幼儿为主要招收对象，以保障幼儿的健康和安全为目的。学校智育目标是贫困儿童的“知识改善”，为此，学校开设与初等学校一样的国语、算术、自然、社会、音乐和宗教课程。在智育方法上，学校重视实物教学并设计了“阶梯教室”“教学柱”“算术架”“调换架”等教具及设备辅助教学(图 10-3 至图 10-5)；自编“发展课文”等教材，以促进学生思考、讨论，学会比较和判断事物，从而获得独立求知的能力。怀尔德斯平把上述教学法总结为“开发教学方法”，即激发好奇心，通过感觉教学，从已知到未知，让学生独立思考，把教学和娱乐结合起来。学校德育目标是预防贫困儿童道德堕落，消除虚伪、残酷和粗暴等不道德行为，培养爱怜之心和服从父母、正直、勤勉、节制等德行。在德育原则上主张“爱”，在方法上强调“欣赏”。此外，怀尔德斯平对教师提出了很高要求，认为教师要有“受人欢迎的风采”“生气勃勃的气质”“很大的忍耐性、温顺、坚忍、冷静”“关于人性的知识”。他还号召教师研究幼儿心理状态。

图 10-3 为提高教学效率，怀尔德斯平发明了进行集体教学的阶梯教室

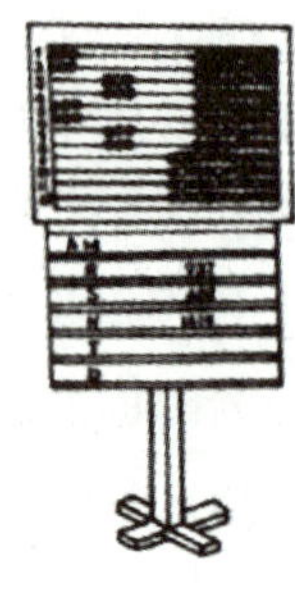

图 10-4 怀尔德斯平发明的供幼儿使用的算术架

图 10-5 怀尔德斯平发明的供幼儿体育锻炼或娱乐的旋转秋千

怀尔德斯平幼儿学校继承了欧文幼儿学校在德育、体育及游戏等方面的特色，并有所发展。但幼儿学校过于注重智育内容，教学过程重视记忆而忽略儿童理解能力的做法也违背了幼儿身心发展规律。怀尔德斯平一生致力于贫民学前教育，其理论和实践对英国以及欧美各国幼儿学校运动产生了广泛影响。

3. 学前教育国库补助政策

1833 年，英国开始实施教育国库补助政策，政府每年从国库中拨款 2 万英镑作为对初等学校的建筑补助金。但直到 1840 年，幼儿学校才开始从这项政策中受益。同年 8 月，枢密院教育委员会视学官首次发出关于幼儿学校检查项目的训令，并提出包括学校设备、娱乐和身体联系、劳动、艺术模仿、学习音标、自然常识、阶梯教室教学和纪律等方面的共 34 项补助项目。[①] 项目倾向于对读、写、算和阶梯教室

① 杨汉麟、周采：《外国幼儿教育史(修订本)》，210 页，南宁，广西教育出版社，1993。

教学等训练的检查，但补助金额十分有限。英国政府通过国库补助、对幼儿学校进行检查和对教员进行考试的方式，加强了对幼儿学校的监督和控制，开辟了国家管理学前教育制度的道路。

(三)福禄培尔幼儿园对英国学前教育的影响

1. 幼儿园引入与发展

1851年，德国流亡政治家洛安格夫妇(Johannes and Bertha Ronge)将福禄培尔幼儿园引入英国。幼儿园初期以在伦敦居住的德国人子女为招生对象，用德语进行教学。从1854年开始，幼儿园开始招收英国儿童并改用英语教学，其目的是有意识地在英国人中推广福禄培尔学前教育思想。同年，洛安格夫人在伦敦教育博览会上发表关于福禄培尔幼儿园的演讲并获得了巨大反响。从此，英国幼儿学校开始受到福禄培尔学前教育思想的渗透和影响。1861年，洛安格夫妇返回德国。同年，英国公布的《修订教育法》开始推行"计件付酬制度"，即初等学校读、写、算学力测验的优劣决定了国库补助额的多少。该政策导致父母、教师和儿童对智力测验热衷不已，英国幼儿学校发展和福禄培尔教育思想传播进入停滞状态。1870年《初等教育法》颁布，使学力测验作为指挥棒的影响逐渐淡化，福禄培尔学前教育思想再次得到发展。1873年和1874年，"曼彻斯特福禄培尔协会""伦敦福禄培尔协会"相继成立，使幼儿园运动在英国获得了较快发展。

2. 福禄培尔幼儿园对英国学前教育的影响

福禄培尔幼儿园实施以歌谣、游戏、恩物、自然研究等为主的教育活动，"学前"特性明显，科学性强，兼具保育和教育功能，迎合了中上层阶级为子女提供良好教育的需求。福禄培尔幼儿园的引入，使英国学前教育呈现出双轨并存的局面：一轨是以工人阶级和贫困阶层子女为对象的幼儿学校；另一轨是以中上层阶级子女为对象的幼儿园。学前教育两种制度并存，满足了不同社会背景家庭子女的需要，但也反映了教育的不平等。此外，福禄培尔幼儿园思想逐渐渗透到英国本土幼儿学校中，使得幼儿学校逐渐增加了游戏时间，减少了读、写、算训练。

(四)19世纪英国学前教育的发展

1.《初等教育法》颁布

1870年，英国国会颁布《初等教育法》(也称《福斯特法案》)，标志着国民教育制度正式形成。法案第74条第一款规定：各学区有权实施5～12岁儿童的强迫教育。从5岁开始进行义务初等教育的制度由此确立，幼儿学校也被正式纳入初等教育系统。法案保障了5岁以上儿童基本入学，但由于政府允许当时已进入幼儿学校的5岁以下儿童享受免费义务教育，因此大量5岁以下儿童进入幼儿学校。这不仅使学校经费面临困难，也不利于儿童成长。《初等教育法》的颁布，加剧了英国幼儿学校小学化，也给世人留下了学前教育事实上没有得到认可的印象。

2. 幼儿保育、教育政策的发展

19世纪70年代后，受福禄培尔运动的影响，英国政府在政策层面进一步加强了对学前教育的重视。学前教育中除了读、写、算等传统的学力测验科目外，增加了实物、自然以及和日常生活有关的课业；采用幼儿园的恩物和作业，注意手和眼的正确训练。后续对幼儿教师的资格也做了说明。

由此可见，英国学前公共教育经历了自下而上的发展路线，政府有关贫民幼儿救济和保育政策也是被动出现的产物。但随着幼儿保育和教育政策对社会的积极影响越来越明显，政府也增强了对学前教育的关注。

二、现代英国学前教育

(一)20世纪上半叶的学前教育

1. 保育学校出现

为了给被排斥在校门外的幼儿以接受照顾和教育的机会，保育学校(nursery school)应运而生。它作为一种新颖的幼儿保育机构，掀开了英国学前教育史的新篇章。

1913年，玛格丽特·麦克米伦(Margaret McMillan，1860—1931)及拉歇尔·麦克米伦(Rachel McMillan，1859—1917)创办了英国第一所保育学校。保育学校有两个目标：一是增进幼儿身体健康；二是培养幼儿健康精神。“对所有的儿童，我们必须象(像)对待自己的孩子一样，要象(像)教育我们自己的孩子那样去教育他们”成为保育学校活动的基本精神和指导思想。①

玛格丽特认为，人是一个有机统一体，各种情感的发展都取决于身体健康和免于疾病与饥饿；只有把保障儿童从出生起的身体健康看作人类基本职责和社会工作时，教育的其他目标才能取得成功。② 为此，保育学校采取的措施有：①注重校舍环境设置。②配备医务人员协助工作。③注重幼儿生活细节并安排有规律的园内活动。为实现保育学校的第二个目标，玛格丽特采取的方法有：①注重活动教育，倡导感觉训练、运动神经的控制训练以及蒙台梭利“实际生活训练”启发下的家政活动训练。②重视艺术教育。③注重儿童年龄差异，对不同年龄儿童给予差别指导。

该校招生面向所有5岁以下儿童，特别是贫民和工人的幼儿，以为幼儿提供适宜的生长环境及增进幼儿身体健康为首要目的。其办学特点是：融合欧文、裴斯泰洛齐、福禄培尔及蒙台梭利的教育方法，注重幼儿的手工教育、言语教育、感觉训练、家政活动训练及自由游戏；反对一切拘谨的形式主义教学；在郊外开设，注意采光、通风及环境的布置。

玛格丽特保育学校作为欧洲新教育运动中的重要一员，其实践充分吸收了科学的学前教育观和儿童观，引起了公众及英国政府对学前教育的关注。1923年，在玛

---

① [日]日本世界教育史研究会编、梅根悟主编：《世界幼儿教育史(下册)》，张举、梁忠义、刘翠荣等译，46页，长春，吉林人民出版社，1986。

② 吴式颖、任钟印：《外国教育思想通史》第九卷，98页，长沙，湖南教育出版社，2002。

格丽特等人的努力下，英国“保育学校联盟”成立，致力于扩大和普及保育运动。

2.《费舍教育法》颁布

为适应国内政治和经济发展需要，进一步完善公共教育制度，并为儿童和青少年提供更多的教育和指导，时任教育委员会主席的费舍主持起草了一项议案。英国国会于 1918 年 8 月 8 日通过该议案，即《1918 年教育法》，通称《费舍教育法》。该项法令的目的是在英国建立完整的国家教育行政系统，初步确立一个包括幼儿教育、初等教育、中等教育和各职业教育在内的学制。法令要求将小学分为 5～7 岁(幼儿部)和 7～11 岁两个阶段，正式承认保育学校属于国民学校制度的一部分，并把保育学校的设立和援助委托给地方教育行政部门处理。法令规定除伙食费和医疗费外，保育学校实行免费入学，并决定对 13 所保育学校实行国库补助。但受到第一次世界大战后经济危机的影响，有关扶持保育学校的规定执行得并不尽如人意。

3.《哈多报告》发表

1933 年，英国教育部咨询委员会主席哈多(Henry Hadow)主持发表了《关于幼儿学校以及保育学校的报告》，即《哈多报告》，该报告成为推动学前教育理论和实践发展的重要文献。该报告建议成立以 7 岁以下幼儿为对象的独立幼儿学校，取消以 5 岁以下幼儿为对象的保育学校和以 5 岁以上幼儿为对象的少年学校；建议将保育学校作为“公共学校制度中理想的附属机构”，增设保育学校、幼儿学校以及幼儿部附设的保育班，充分发挥保育学校对城市儿童发展的重要作用；积极主张教师的教育自由；认为幼儿课程应由“包括体育、野外生活、休息以及游戏在内的自然性活动”和“包括绘画、舞蹈与唱歌、手工在内的表现训练”两个领域构成，并采用课题讲授、个人作业及小组作业相结合的教育方法。

《哈多报告》立足于儿童中心主义，集欧文、裴斯泰洛齐、蒙台梭利、麦克米伦及艾萨克斯等人的学前教育理论之大成，被认为是英国学前教育史上具有划时代意义的文献。① 但受 1929 年经济危机余波的影响，《哈多报告》的执行暂时被搁置。

(二)第二次世界大战后的学前教育

重建并支持传统的家庭生活成为战后英国社会政策的重中之重，大量的社会组织如全国孕妇和儿童委员会、社会医学协会和全国教师工会等都认为学前教育机构将对重建家庭生活起到积极作用。② 包括心理学工作者以及教育工作者等在内的社会各界人士都纷纷呼吁关注学前教育。在这种背景下，政府加强了对学前教育的重视。

1.《巴特勒法案》

1944 年，英国议会通过了以当时教育委员会主席巴特勒命名的教育改革法令，

---

① 中央教育科学研究所比较教育研究室：《世界学前教育研究》，7 页，贵阳，贵州人民出版社，1989。

② K. Scheiwe，H. Willekens，*Childcare and Preschool Development in Europe*，Basingstoke，Palgrave Macmillan，2009，p. 113.

即《巴特勒法案》。《巴特勒法案》规定初等教育分为3个阶段：2～5岁儿童进保育学校；5～7岁儿童进幼儿学校；7～12岁儿童进初等学校。若学校类型是适合5～11岁儿童的初等学校，则可在校内附设保育班，招收3～5岁儿童。法案规定国家教育部门和地方教育当局负责管辖保育学校和保育班，并对其提供经费资助。自此，学前教育处于国家和地方双重管辖之下。但法案未能将保育学校和幼儿学校连贯起来而形成制度，幼儿学校教育仍包含在初等教育中。

2.《普洛登报告书》及《教育白皮书》

1967年，教育咨询委员会委员长普洛登女士发表了题为"关于向初等教育所有领域和中等教育过渡问题"的咨询报告，即《普洛登报告书》。报告第九章《为义务教育前的幼儿提供教育设施》首先介绍了英国学前教育的现状，然后提出了对未来学前教育形式的建议，接着对学前教育所需的校舍及其他设施提出了建议，最后提出了对学前教育的13项建议。建议要求设立"教育优先地区"，大力发展学前教育；学前教育以20人为一组划为一个"保育集体"，1～3个保育集体构成一个"保育中心"；在保育集体中，每60人配备1名有资格的教师，每10人配备1名保育助手等。

1972年12月，英国教育科学大臣撒切尔夫人发表了《教育白皮书》，提出将"扩大学前教育"定为内阁将要实行的四项教育政策之一。《教育白皮书》采纳了普洛登的建议，并计划于10年内实现幼儿全部免费教育和扩大5岁以下儿童教育。为此，提出以下要求。第一，政府、地方教育当局、教师、家长以及社会各界人士通力合作；第二，充分发挥幼儿游戏班的作用；第三，采取优先发展贫困地区保育设施的政策；第四，确保有相当数量的教师队伍；第五，政府为政策实施提供必要的经费援助。

总的来说，这一时期英国学前教育发展缓慢。至1978年，3岁幼儿接受保育、教育的人数占该年龄组的15%，4岁幼儿占53%，半日制保育学校和保育班约占全部保育设施的四分之三。①

3. 幼儿凭证计划的实施

为使学前教育经费在中央、地方政府和家长之间得到合理担负，1995年，英国教育和就业大臣谢泼德公布了7.3亿英镑的"幼儿凭证计划"(The Nursery Voucher Scheme)。计划规定发给家长1100英镑的凭证用以支付学前教育费用，使每个愿意进入学前教育机构的4岁儿童都能接受3个月的高质量学前教育。家长把凭证交给自己选择的学校，学校把凭证交给地方当局，地方当局再把凭证上交教育部，教育部根据凭证的数额进行拨款。凭证计划给予家长较大的选择范围，家长能自由选择公立、私立或民办学校。这有利于推动学前教育机构之间的竞争，从而提升幼儿教育质量。但凭证计划的有效性只限于4岁以上儿童，因此，4岁以下儿童的教育并未得到保障。

---

① 中央教育科学研究所比较教育研究室：《世界学前教育研究》，15～16页，贵阳，贵州人民出版社，1989。

4. 学前教育机构的类型

英国学前教育机构种类繁多，形成了以地方公立为主、社会团体和私人为补充的多元发展格局。具体来说，英国学前教育机构的主要类型包括以下几种。

保育学校和保育班。保育学校是英国主要学前教育机构，招收2～5岁儿童，接受地方教育当局领导。保育班规模较小，附设于小学中。

日托中心。由社会福利部门负责，招收社会救济部门送来的及劳动妇女家庭无人照顾的幼儿。主要提供全日制的保育服务。

学前游戏小组。由卫生保健部门负责，主要在农村地区及没有幼儿学校和幼儿班的地方开设。目的在于为儿童提供游戏伙伴、游戏时间和空间，为父母提供交流和学习机会。

家庭保育。一般主妇可以在自己家招收3个5岁以下的儿童进行保育，但承担保育任务的家庭需符合健康和安全标准，并经由地方社会服务部批准注册。

第二节　法国学前教育

近代法国学前教育发展历经了奥柏林编织学校、托儿所运动、母育学校时期。1881年，《费里法案》确定将托儿所等幼教机构统一改为"母育学校"，明确将学前教育纳入学制系统。20世纪下半期以来，法国学前教育在发展中发挥着教育作用、补偿作用、诊断治疗作用和与小学衔接作用四重功能，并在幼小衔接上开展了学前教育与小学教育合为一体的独到尝试。

一、近代法国学前教育

自奥柏林创办编织学校后，法国出现了众多托儿所。19世纪30年代起，法国学前教育机构开始由教育部管辖，政府把托儿所视为公共教育体系的一个重要组成部分，有力地推动了近代学前教育的发展。

(一)奥柏林与近代学前教育机构的产生

奥柏林(Johann Friedrich Oberlin，1740—1826)是法国新教派的一名牧师。自1767年担任布鲁德堡教区的牧师后，奥柏林积极通过经济、社会及教育方面的改革活动，改善该地区居民的生活和教养水平。他对教育方面的改革尤为重视，在教区内举办成人教育讲座，设立小型图书馆，增设学校。

1770年，奥柏林创设了以3岁以上幼儿为招生对象的编织学校。编织学校设有两名指导教师，一名提供手工技术指导，另一名提供文化和游戏方面的指导。此外，奥柏林还在学校里挑选了一些年龄大的女孩担任"助教"。学校教育内容包括标准法语、宗教赞美歌、格言、采集和观察植物、绘画、地理、缝纫和编织等。学校通过教授正确的语法，使孩子们理解法语的赞美歌和说教；通过手工的传授，培养孩子们的勤劳精神和初步的劳动技能。学校开放时间为每周2次，功能以教育为主。

奥柏林将编织学校作为发展教区的社会经济以及增进居民福利的重要手段，因此，编织学校具有重要地位。在这一点上，奥柏林的学前教育思想和实践是具有新意的。一般的幼儿教育史，也都把奥柏林的编织学校看作近代幼儿教育设施史开端的象征。①

(二)托儿所运动

1. 托儿所的出现及发展

法国托儿所的诞生和发展有着深厚的历史基础。受工业革命及经济危机的影响，法国失业人士开始增多，资本家为获取更多的利润，雇用了大量廉价妇女和童工，贫民和工人阶级处于水深火热之中，罢工和暴动频发。出于对贫苦农民、工人及儿童的同情，更出于稳定社会的需要，保育2岁以上儿童的"托儿所"诞生了。

1801年，法国著名妇女社会活动家及慈善家帕斯特莱侯爵夫人同上流社会有慈善精神的妇女们一起，在巴黎成立了"育儿院"。"育儿院"共收容贫民和工人的12名婴儿，由1名保姆和1名家庭女佣照顾。1826年，帕斯特莱侯爵夫人以自己组织的、具有慈善精神的上层阶级妇女组织——妇女会为基础，在贫民救济会的支持下，开办了收容80个孩子的"托儿所"，开启了法国托儿所的历史。

由于法国资产阶级革命历程最为曲折，资产阶级与封建势力在各方面包括教育领域进行了激烈斗争；因此，法国的学前教育事业也一直伴随着政府官员的参与和支持。巴黎第12区区长柯夏(J. Cochin，1789—1841)就是其中之一，被称为"具有慈善精神和明了的教育想象力的法律家"。柯夏曾协助帕斯特莱侯爵夫人领导托儿所运动，亲自到英国幼儿学校进行考察，并创办了"模范托儿所"。他于1853年著成《托儿所纲要》，为法国托儿所的创立和发展提供了理论支撑。

2. 国家对托儿所的管理

法国是最早把学前教育纳入国民教育体制的国家。1832年，法国《基佐法案》颁布后，政府将托儿所视为初等教育的基础，要求公共教育部给予财政资助。1835年，公共教育部颁发《关于在各县设立初等教育的特别视学官的规定》，提出视学官对托儿所具有视察和监督的权力，这成为国家正式管理托儿所的开端。② 1836年，公共教育大臣布雷向行政当局发出"传阅文件"和"备忘录"，明确托儿所与其他初等学校一样受各级教育委员会领导。此后，托儿所成为公共教育机构。1837年，政府公布《托儿所管理条例》，明确规定了托儿所的性质、内容、教育方法和管理等。该条例也作为世界上第一个有关托儿所教育的敕令而被载入史册。

---

① [日]日本世界教育史研究会编、梅根悟主编：《世界幼儿教育史(上册)》，刘翠荣、梁忠义、吴自强等译，65页，长春，吉林人民出版社，1986。

② 杨汉麟：《外国幼儿教育史》，127页，北京，人民教育出版社，2011。

3. 婴儿托儿所

在托儿所向普及化方向发展的同时，1844 年 11 月 14 日，巴黎第一区助理马尔波(Firman Marbeau)创设了“婴儿托儿所”(crèche)，旨在保护 2 岁以下幼儿的生命和健康。当时，法国正处于产业革命发展时期，各地正好需要婴儿托儿所。因此，马尔波的学前教育事业受到了政府和社会各界的支持，凭借《关于婴儿托儿所》小册子，马尔波也获得了法国学会授予的“蒙琼奖”。婴儿托儿所在法国得到了顺利发展，数量不断增加，甚至对欧美国家也产生了影响。

(三)近代学前教育制度的确立

1881 年，《费里法案》确立了免费、义务、世俗化的现代公立教育制度三原则。同年，政府发布政令，将托儿所等幼教机构统一改为“母育学校”(Maternal School)。政令指出：母育学校是初等教育的设施，以实施“母性养护及早期教育为宗旨”，对全体儿童实施德、智、体全面发展的教育。母育学校招收 2～6 岁儿童，并根据儿童的年龄和理解力发展程度编成 2～4 岁和 5～6 岁两个组。母育学校的保育内容包括初步的道德教育，日常生活知识，唱歌、绘画、书法、初步阅读、语言练习、儿童故事、博物和地理的基础概念，手工作业训练，按年龄阶段进行的身体锻炼。母育学校设施完备，涵盖保育室、游艺室和游戏场；教学用具丰富，包括玩具、木块、地球仪、挂图和连环画等。《费里法案》将母育学校纳入公共教育系统，使其由看护性质的慈善机构，转变为承担看管和教育任务的国民教育事业。[①]《费里法案》的颁布，使法国近现代学前教育制度基本确定[②]，对法国近现代学前教育影响深远。1886 年 10 月，政府《戈博莱法案》规定：凡拥有 2000 名以上居民的乡镇，都要建立一所母育学校，免费招收 2～6 岁儿童；母育学校实施初等教育第一阶段的任务，肩负保育和教育的双重任务；母育学校教师同小学教师一样，均由省师范学校培养。至此，政府明确将学前教育纳入学制系统，具有现代意义的学前教育体系正式建立。

二、现代法国学前教育

(一)20 世纪上半叶的学前教育

19 世纪末 20 世纪初，法兰西第三共和国进入帝国主义阶段。除在教育领导体制上沿袭 19 世纪初拿破仑时期确立的中央集权制外，政府也在教育上进行了一些改革，以适应帝国主义政治和经济竞争的需要。此外，20 世纪欧洲新教育思潮和民主化思潮，对法国政府的学前教育政策改革也产生了一定影响。

20 世纪上半期，学前教育已是初等教育的一个组成部分。1901 年，75.4 万儿

---

① 周采：《比较学前教育》，97～98 页，北京，人民教育出版社，2010。

② 冯晓霞：《世界教育大系·幼儿教育》，86 页，长春，吉林教育出版社，2000。

童已经得到社会上6000余所学前教育机构的教育和照顾。但由于1903年60%的私立和教会保育机构关闭，法国学前教育陷入危机。1938年至1939年，法国学前教育入学儿童已不足40万人(约占6岁以下儿童的16%)。第二次世界大战前，学前教育入学儿童只有29万人。①

这一时期，法国在学前教育机构的管理方面已形成制度。母育学校由教育部或地方当局管辖，实行免费制。公立母育学校由国家和地方自治团体开办并支付经费，私立母育学校多由慈善团体、商会和私人开办。附设于农村小学的幼儿班由母育学校的女视学官负责监督。为数不多的私立幼儿园则由小学的督学官负责监督。

(二)20世纪下半叶的学前教育

1. 学前教育进展

20世纪儿童心理科学的进步和儿童研究成果的丰富，使人们认识到学前儿童具有强大的心理和生理发展能力。因此，学前教育从着眼于满足社会需要转向着眼于对儿童早期智力的开发。第二次世界大战后，使儿童接受学前教育成为人们的普遍需求，法国政府也相应出台了一些教育改革法令。其中，1947年出台的《朗之万——瓦隆计划》提出，所有儿童，不论其家庭、社会和种族出身如何，在最大限度发展其个性上均具有平等的权利。虽然该法案因当时的经济、政治影响而被搁置，但对战后法国教育的改革方向产生了影响。

为使幼小更好地衔接，法国从1957年10月1日起，将儿童入学年龄由原来的6岁提前至5岁9个月。1969年，为进一步促进儿童全面发展，母育学校在政府的指令下进行了学习计划和教育方法上的改革。改革后的母育学校课程分为基础知识课、启蒙教育课和教育科目三类，其目的是将各科目有机联系起来，使儿童统一、协调和整体地认知世界，掌握和运用知识。此次改革也是当时重视智育这一世界风潮的反映。

自20世纪70年代起，出于人们对学前教育宗旨和作用的新认识以及政府对学前教育的重视，法国学前教育快速发展。1975年7月，法国政府出台的《哈比教育法》规定：学前教育的目标是启发儿童个性；消除儿童由于出身和家庭条件不同而造成的成功机会不平等；早期发现和诊治儿童的智力缺陷和身体残疾；帮助儿童顺利完成学前教育向小学教育的过渡。因此，法国学前教育实际上发挥着四重作用，即教育作用、补偿作用、诊断治疗作用和与小学衔接作用。教育作用随着脑科学、儿童心理科学、教育科学和学习理论的发展而越发成为学前教育的主要目标；补偿作用是20世纪70年代依据大量调查研究而被人们认识的；诊断治疗作用可以通过学前教育的教学艺术、技术和方法而发挥；学前教育作为基础教育的第一阶段，还起着与小学衔接的作用。1976年12月，政府颁布关于母育学校的法令，指出母育学

① K. Scheiwe, H. Willekens, *Childcare and Preschool Development in Europe*, Basingstoke, Palgrave Macmillan, 2009, p. 65.

校在普通教育中的重要意义，要求全面发展城市和农村的学前教育，所有5岁儿童进入母育学校和小学幼儿班，并对母育学校的教学内容、方法和管理提出了一系列要求。

20世纪80年代以来，法国学前教育适龄儿童入学率不断提高。1985年，法国2～5岁儿童教育普及率达81.6%，居世界第2位；公立学前教育机构学生入学比例达87%，居资本主义国家第1位；4岁和5岁儿童入学率均达100%。① 法国政府继续积极采取各种措施，如开展教师培训、改进教学方法、增加投资、改善办学条件、开展幼儿研究等完善学前教育。1989年，政府颁布《教育指导法》，特别对学前教育公平做了明确和有力的规定。该法第2条和第4条规定每个儿童均可根据其家庭要求，自3岁起进入幼儿学校或儿童班；同时，为优先照顾那些处于不利家庭、文化和社会地位的儿童，他们可自2岁起进入幼儿学校或幼儿班。② 这一政策有效地促进了学前教育的发展，至20世纪80年代末，法国已有250万儿童进入学前教育机构。③

20世纪90年代，法国学前教育改革中加强了与初等教育的衔接。1990年，政府颁布政令，决定把学前教育与小学教育合为一体，2～11岁儿童教育被分为三个连续的学习阶段。这三个阶段是：①初步学习阶段(2～5岁)，包括母育学校的小班和中班；②基础学习阶段(5～8岁)，包括母育学校大班和小学前2年；③深入学习阶段(8～11岁)，包括小学后3年。

为进一步保障幼小衔接，2005年政府颁布的教育法重新规定学前教育的使命是“掌握学习基础知识的工具和方法，为孩子在小学学习核心知识做好准备，教会他们社会生活的基本原则”。④ 如今，儿童何时入园引起了法国许多心理学家、语言学家及其他社会各界人士的争论，也成为政府关心的主要议题。此外，2007年政府发布的关于初等教育调查报告显示，学前教育机构在儿童语言习得方面并未对儿童进入初等学校提供准备。因此，学前教育质量问题引起人们关注。法国政府也依据学前教育出现的问题及国际学前教育发展经验，不断对本国学前教育进行着改革。

2. 学前教育机构的类型

法国学前教育机构主要有托儿所、母育学校、幼儿班、流动车、保育室和日间托儿所等。

托儿所。是法国学前教育中最古老的一种形式。主要招收2～5岁儿童，在对儿童进行保育的同时，通过学前教育课程对儿童进行文明礼貌等方面的教育。

---

① 中央教育科学研究所比较教育研究室：《世界学前教育研究》，25页，贵阳，贵州人民出版社，1989。

② 沙莉、庞丽娟：《明确学前教育性质，切实保障学前教育地位——法国免费学前教育法律研究及其对我国的启示》，载《学前教育研究》，2010(9)。

③ K. Scheiwe，H. Willekens，*Childcare and Preschool Development in Europe*，Basingstoke，Palgrave Macmillan，2009，p. 67.

④ 周琴、苟顺明：《法国学前教育均衡发展的保障措施及启示》，载《比较教育研究》，2012(5)。

母育学校。也称“幼儿学校”，是法国学前教育机构的主要形式。主要招收2～6岁儿童，对他们进行身体、道德和智力方面的关怀和教育。母育学校一般按年龄分为3个班：2～4岁为小班；4～5岁为中班；5～6岁为大班。

幼儿班。多数作为初等学校的附属班，主要招收3～5岁儿童，为儿童进入小学做好身心方面的准备。

流动车。主要为偏远地区的儿童实行送教上门服务。

保育室和日间托儿所。主要为劳动妇女的子女提供保育和教育。

3. 学前教育师资培养

法国历来重视对师资的培养。早在1886年，政府把学前教育纳入正规国民教育体系之时，就通过立法规定幼儿教师与小学教师的要求与待遇相同，均由省级师范学校通过相同的方式培养，统称“初等教育教师”。1989年，政府颁布《教育发展方向指导法》，规定建立专门化的教师教育机构——教师教育大学院，将幼儿教师和中小学教师的选拔与培养纳入统一轨道。教师教育大学院实行“3＋2”培养模式，要求教师在获得学士学位的基础上，到教师教育大学院进行为期2年的教育专业训练，最后通过考试和相关考核获得资格证书。从2010—2011学年开始，法国又实施“硕士化”教师教育制度，要求申请者必须拥有硕士学位并通过教师入职考试，才能获取幼儿教师身份。①

终身教育的倡导，使职前教育仅仅成为教师生涯中接受专业教育和培训的开始。为保证高质量的学前教育，法国政府也为幼儿教师提供了终身学习、不断提高的在职培训机会。20世纪70年代以后，教育部规定，每个初等教育教师从工作的第5年起到退休前5年止，有权带薪接受累计时间为1年(36周)的继续教育，以进一步提升教师的教育教学能力。培训分为长期(4～12个月)、中期(1～2个月)和短期(1个月以内)。各省制订进修计划后，主要由本省师范学校负责实施。

第三节　德国学前教育

巴乌利美保育所是德国最早的学前教育设施，弗利托娜幼儿学校运动有力推动了近代德国各邦学前教育的发展。1840年，福禄培尔“幼儿园”(kindergarten)的创建标志着科学学前教育机构的诞生，为世界科学学前教育的发展做出了卓越的贡献。20世纪的德国逐步把学前教育视为青少年福利事业，形成了重视学前儿童家庭教育的独特传统，社会上出现了多种形式的学前儿童家庭教育援助项目。

① 周琴、苟顺明：《法国学前教育均衡发展的保障措施及启示》，载《比较教育研究》，2012(5)。

一、近代德国学前教育

(一)保育所和托儿学校

19世纪初，德国处于封建割据时期，政治、经济和文化相对落后。此时在英国掀起的为工人阶级儿童开办幼儿学校的运动，对德国产生了一定影响。在德国早期的学前教育设施中，被称为“巴乌利美设施”的保育所最具代表性。

1. 保育所的出现

巴乌利美(1769—1820)侯爵夫人从1799年就开始整顿救贫制度，为贫民开设医院、孤儿院、工人宿舍等大规模救济设施。1802年，受法国帕斯特莱夫人在巴黎创办“育儿院”的启发，巴乌利美在多特蒙德设立了“保育所”，作为其救济设施的一部分。巴乌利美保育所为母亲从事农业劳动并已断奶的1～5岁儿童提供保育服务。因此，保育所是一种农忙时开办的季节性托儿机构，保育时间较长。保育所的主要任务是保护儿童生命和健康，有专门的保育人员为儿童梳洗，儿童饮食营养丰富，自由户外游戏也受到鼓励。虽然教育处于从属地位，但保育所还是为儿童开设了语言课程，有关礼仪、勤劳等社会道德的训育课程和有关生活规律的教养课程。巴乌利美保育所是巴乌利美出于女性自觉的人道主义而建立的，它作为德国最早的幼儿保护和教育设施，书写了德国学前教育设施史上光辉的第一页。到19世纪中期，产业革命浪潮席卷德国，社会、经济的发展以及由此带来的农村面貌变化，使得农忙期托儿机构大量产生。

2. 托儿学校的产生

1819年8月，学前教育家、《柏林工农周刊杂志》编辑瓦德切克(Friedrich Wozzeck，1762—1823)设立了柏林最早的“托儿学校”。托儿学校以城市劳动者的子女为对象，目的是为幼儿提供充分营养、细心照料、良好管理和整洁环境。最初，托儿学校收容了12名9个月到2岁的婴幼儿，但出于满足更多家庭的迫切需要，托儿学校迅速发展和扩大。招生年龄放宽到13岁，并开始实行夜间保育。托儿学校的性质也由单纯的托儿机构，转变成大规模的贫民教育设施。1821年，普鲁士国王把这种设施命名为“瓦德切克设施”，由年长儿童学校、托儿学校和保姆养成学校构成。托儿学校与以前的保育所不同，是常设性托儿机构，但由于它没有作为一所纯粹的学前教育机构发展下去，最后与普通孤儿院无异。

(二)弗利托娜幼儿学校运动

弗利托娜(Theodor Fliedner，1800—1864)是阿尔萨斯州的威尔特城新教派牧师。1823—1832年，她借征集献款的机会，参观了英国和荷兰的许多幼儿学校。1835年5月，她在自己的教区建立了奥柏林式的、以贫儿为对象的编织学校，一年之后改名为“幼儿学校”。幼儿学校房屋宽敞并有很好的游戏场，共招收贫穷工人的幼儿40人。幼儿学校设定了从上午8点到下午5点的详细时间表，但弗利托娜认为,“这个时间表不能象(像)在普通的初等学校里那样被严格遵守,也不是应该严格遵守的东西”,而应该“按照气候、孩子们的心情、在孩子身上表现出的特别需要和要求、季节等来安排时间”。[①] 幼儿学校的教学内容包括宗教、道德、读、写、算、唱歌、图画、军事活动、直观练习和手工劳动等。这些内容作为正规课程,主要以“游戏式的教学”教给孩子。弗利托娜幼儿学校的最终目的是通过幼儿教师的宗教教化和道德教化,实现贫民和工人子女的宗教教化和道德教化。弗利托娜幼儿学校影响广泛,一时形成弗利托娜幼儿学校运动,积极推动了德国各邦学前教育的发展。

(三)福禄培尔幼儿园运动

1. 福禄培尔幼儿园的产生与发展

1837 年,福禄培尔在德国勃兰根堡开办了一个旨在发展幼儿本能和自我活动的教育机构,并于 1840 年将该机构正式命名为“幼儿园”。福禄培尔幼儿园的创立使学前教育的目的由“看管”转向“教育”,标志着真正的学前教育机构的诞生。19 世纪三四十年代至 19 世纪末是德国工业革命时代。在这一时期,工人阶级政党逐渐壮大,福禄培尔幼儿园也在这种形势下发展起来。

1848 年欧洲革命失败后,德国政府进入镇压一切自由主义运动的反动时代。普鲁士政府认为,福禄培尔幼儿园运动与革命的、反政府的运动和自由主义运动纠缠在一起,因此对幼儿园进行查封,直至 1860 年才取消禁令。幼儿园禁令解除后,德国各地相继成立福禄培尔幼儿园运动团体,把福禄培尔幼儿园推广到各处。1860 年,以马伦霍尔兹·别劳夫人为名誉会长的“柏林福禄培尔主义幼儿园促进妇女协会”成立,协会成立第二年就经营起 4 个幼儿园和 1 个幼儿园女教员养成所。1863 年,依据福禄培尔思想对学前教育进行全面改革,别劳夫人又在柏林成立了“家庭教育和民众教育协会”。协会发展迅速,并开展了设立幼儿园、女教员养成所、保姆培养学校、儿童游戏场和学童园等多项工作。1874 年,上述两个协会合并成立“柏林福禄培尔协会”,进一步推进了福禄培尔幼儿园运动。

2. 别劳夫人的历史贡献

别劳夫人是一位家世显赫的侯爵夫人。1849 年与时年 67 岁的福禄培尔结识,此后走上了追随福禄培尔宣传、推广幼儿园运动的艰辛道路。别劳夫人是福禄培尔幼儿园运动的领袖,为支持德国福禄培尔幼儿园的普及、推动福禄培尔教育方法的实施和向国外宣传福禄培尔幼儿园做出了突出贡献。

福禄培尔幼儿园遭普鲁士政府查封时,别劳夫人曾为撤销幼儿园禁令而奔走努力。福禄培尔去世后,她一方面在国内积极组建各种福禄培尔协会,宣传福禄培尔思想,并用这些思想指导幼儿园实践;另一方面,她在向国外宣传福禄培尔幼儿园上做出了重要贡献。1850 年,她利用参加教育博览会的机会到伦敦讲演宣传;

---

① [日]日本世界教育史研究会编、梅根悟主编:《世界幼儿教育史(上册)》,刘翠荣、梁忠义、吴自强等译,167 页,长春,吉林人民出版社,1986。

1851 年，她奔赴巴黎，耗时 3 年宣传并实践福禄培尔教育方法；1858 年，她应邀访问比利时、荷兰，在那里播种了幼儿园发展的种子；1860 年，她遍访瑞士多个城市；1871 年，她走访意大利，把福禄培尔幼儿园带到了那里。人们对别劳夫人给予了高度评价。

(四)德国各邦学前教育政策

近代德国各邦学前教育政策的总倾向是“控制但不援助”，即对托儿所加强控制但不给予实质性支持。具体表现在以下方面。第一，将学前教育机构视为私人慈善机构，鼓励其设立并加强监督管理；第二，加强对幼儿学校中贫民子女的宗教和道德教育，将其作为维持社会秩序的一种手段；第三，学前教育的主要内容是保育和游戏，以维持身体健康。

1838 年，普鲁士政府批准了为援助柏林托儿所设立的“中央基金”，但政府不予拨款，而是规定通过市民捐助等其他途径筹措资金；1839 年，拜恩以内务部的名义制定了代表当时德国各邦托儿所教育的详细教育法规，规定将托儿所视为私人慈善机构，鼓励其设立并加强监督管理，还对教育目的、教学形式及内容做了具体规定。德国这种政策倾向与英、法等国的“控制且援助”政策形成了鲜明对比。尽管如此，各邦托儿所数量还是大幅增加。

二、现代德国学前教育

(一)第二次世界大战以前的学前教育

20 世纪初，德国幼儿园向着多轨的方向发展。第一次世界大战以后，德国废除了君主制，建立了魏玛共和国，开始对学前教育进行整顿。1922 年，德国政府出台《青少年福利法》，提出建立包括幼儿园、托儿所以及其他幼儿保护机构在内的“白天幼儿之家”；训练修女担任看护工作；加强幼儿教师培训。法案保障了儿童应有的受教育权及家庭在学前教育中的优先地位，使得这一时期幼儿园得到快速发展。法案把学前教育视为青少年福利事业，并划归青少年福利部门管辖的做法，基本上确定了现代德国学前教育的基调。此后，该法案几经修改，但其主流方向并未改变。这一时期，政府还在颁布的幼儿园条例中指出：凡招收 2～5 岁儿童的学前教育机构均称幼儿园；所有幼儿园均由地方教育当局监督，并受教育和卫生两个部门管辖；儿童教养须经儿童局许可；凡在家得不到正常教养者，应由儿童局遣送入学或入园；幼儿园教育是对家庭教育的补充，国家在青少年福利救济机构(主要是教会和慈善机构)不能给予救济时，方可进行干预。1933 年，德国进入纳粹统治时期。法西斯政府加强了对学前教育的控制。

(二)第二次世界大战后的学前教育

1. 学前教育的进展

第二次世界大战后的德国分成德意志联邦共和国(以下简称联邦德国)与德意志

民主共和国(以下简称民主德国)，二者在教育上也走上了不同的道路。民主德国的学前教育被纳入统一的学校教育系统，成为公立教育制度的一个重要组成部分；联邦德国的学前教育基本恢复了魏玛共和国时期的教育制度。

第二次世界大战后，为尽快着手教育事业的恢复与重建，联邦德国制定了一系列教育政策。1960 年，联邦德国教师联合会发表《不莱梅计划》，建议广泛建立幼儿园，使各阶层儿童都得到良好的早期教育。[①] 1971 年，联邦德国和各州政府共同委任“德国教育审议会”提出《教育结构计划》，主张把幼儿园列入学校教育系统，称为“初步教育领域”；10 年内创造条件扩大幼儿园容量，争取做到凡家长愿意，所有 3 岁和 4 岁儿童都能上幼儿园；早期教育不仅要使儿童学会读、写、算技能，更要为儿童创造有利的激发智力和情感发展的环境。20 世纪 70 年代开始，联邦德国出现了经济衰退，各级教育机构合格毕业生人数超过就业系统需求，教育恢复了保守立场，提出《教育结构计划》的德国教育审议会也于 1975 年解散。1990 年德国统一。同年，政府发布的《儿童与青少年福利法》明确规定，幼儿园是为儿童提供教育和保育并帮助其发展成为有责任感的社会公民的机构。为扩大学前教育对象、提高学前教育质量，1993 年德国联邦议会规定，从 1996 年起，3～6 岁儿童入园将获法律保障。[②] 2008 年 12 月，德国颁布了《3 岁以下儿童幼儿园和托儿所促进法》，对《社会法第八部》多个条款进行了修改，并颁布了《扩大幼儿园教育联邦经济资助法》。2011 年 12 月，政府又对《社会法第八部儿童与青少年辅助法》进行了修订，对幼儿入园的权利、学前机构设立和运营的审批、当地的审核、机构申报和备案义务、取消运营资格等做了规定。[③]

2. 学前教育机构的类型

德国学前教育机构包括幼儿园和托儿所两种类型。托儿所主要对 3 岁以前的幼儿实行保育，幼儿园则招收 3～5 岁幼儿。幼儿园既有政府开办的公立幼儿园，也有教会团体、慈善机构以及民间团体开办的私立幼儿园。幼儿园主要有三种类型：招收 3～5 岁正常儿童的普通幼儿园；招收 3～5 岁特殊儿童的特殊儿童幼儿园；专门招收到了入学年龄，但由于语言能力或其他能力发展水平较低而不能直接进入小学学习的儿童的学校附属幼儿园。

3. 学前教育师资的培养

德国幼儿教师按身份可分为两类：国家认可的社会教育工作者及教育专业人员。除幼儿教师外，还有作为教育辅助人员的保育员。德国对幼儿教师的培养是通过多种途径实现的，主要包括大学、技术学院和培训学院 3 个层次，技术学院承担了幼儿教师培养的主要任务。

---

① 李其龙、孙祖复：《战后德国教育研究》，24～25 页，南昌，江西教育出版社，1995。

② 李生兰：《比较学前教育》，108 页，上海，华东师范大学出版社，2000。

③ 潘孟秋：《德国学前教育立法简况》，载《基础教育参考》，2013(13)。

大学。主要培养社会教育工作者，为期 4 年。前 3 年主要学习学前教育基本理论，并进行深入的专题研究；最后 1 年参加学前教育实践。招收十年级毕业生或接受两年职业训练的同等学力者。毕业生大多数在较大的日间学前教育机构中执教或担任领导。

技术学院。主要培养幼儿教师，为期 3 年，其中 1 年用于实习。招收职业学校的毕业生或其他中等学校的毕业生。前 2 年，学生接受专业理论培训；第 3 年，进入实习阶段。毕业生须通过国家考试，并根据州相关规定接受实践能力考核，通过后获得“国家认可幼儿教师证书”。

培训学院。主要培训学前教育机构的保育员，为期 1～3 年。招收完成十年级学习或接受一定职业训练的同等学力者。

此外，德国各州都设有社会教育学进修学院，定期公布各种进修课程，幼儿教师可以根据各自情况报名参加各类培训班。

4. 德国学前儿童家庭教育援助项目

政府和各类机构为帮助家长更好地实现学前教育，开展了多种家庭教育援助项目，主要有以下几个方面。

家庭社会教育援助项目。该项目通过专门社会工作者为处于贫困境地的家庭提供咨询服务，以实现处境不利家庭的自救。

家庭互助项目。它由父母自发组织，通过在家庭之间构筑涵盖儿童中心、游戏小组、急救中心等机构的家庭互助网，实现家庭教育的互帮互助。

临时保姆项目。主要为职业女性家庭提供儿童保育服务，但该项目收取费用。

补贴家庭教育基金。联邦政府依据家庭的经济条件和子女数量，为特殊困难家庭发放教育津贴。① 2005 年 1 月开始施行的《日间护理扩充法》通过连续 5 年分别拨款 15 亿欧元的方式，为 20%的 3 岁以下幼儿提供保育场所。政府也承诺在 2003—2007 年为全日制儿童保育项目以及个别儿童保育项目提供 40 亿欧元的资助。

本章小结

英国、法国、德国是西方较早出现社会学前教育机构的国家。英国的幼儿学校、德国的幼儿园对于推动欧美乃至世界的学前教育运动起到了不可替代的作用。伴随着近代资本主义经济发展的需要及学前教育公平的社会呼声，英国、法国率先出台并实施公共学前教育制度。20 世纪下半期以来，英国、法国、德国学前教育得到了较快发展，学前教育科学化进程不断加快，政府给予了学前教育进一步的重视，学前教育法制化特征明显，学前教育师资专业化程度大大提高。

关键术语

幼儿学校运动；国库补助；《初等教育法》；保育学校；幼儿凭证计划；编织学

① 周采：《比较学前教育》，88～89 页，北京，人民教育出版社，2010。

校；母育学校；福禄培尔；别劳夫人；幼儿园运动；《青少年福利法》；技术学院；学前儿童家庭教育援助项目

思考题

1. 评述欧文幼儿学校在世界学前教育史上的地位及影响。

2. 简述近现代英国学前教育的发展情况。

3. 评述法国近现代学前教育发展进程中的几次重要改革。

4. 简述德国学前儿童家庭教育援助项目的特色及启示。

5. 试比较近代史上幼儿学校、幼儿园、母育学校在设施及教育活动开展上的异同。

实践活动建议

1. 从网络上搜索有关英国、法国、德国三国学前教育的图片和视频，深入了解三国学前教育机构的特点。

2. 查阅相关资料，讨论近现代西方学前教育运动中重要人物的历史贡献。

拓展阅读

1. 聂晨. 破解不均衡不充分：福利主义视角下英国学前教育政策的发展及其启示. 学前教育研究，2020(3).

2. 张雁，张梦琦. 法国学前教育的实践理据与价值负载——新《母育学校教学大纲》透视. 比较教育研究，2019(1).

3. 张姝玥，顾高燕. 德国学前教育质量评价体系框架、特点及经验. 比较教育研究，2020(7).

第十一章　外国近现代学前教育(下)

本章学习目标▶

1. 把握近现代美国学前教育的发展脉络及对世界的影响。
2. 了解苏联社会主义学前教育的发展成就，把握其基本特征。
3. 把握近现代日本学前教育的发展情况及特点。

第一节　美国学前教育

近代美国学前教育直接移植了欧洲模式，出现了幼儿学校运动和幼儿园运动。公立幼儿园运动，特别是进步主义幼儿园运动的出现标志着美国化学前教育发展的开端。20世纪下半期以来，伴随反贫困和苏美争霸的需要，美国掀起了开端计划和智力开发运动等，对世界学前教育发展产生了深刻影响。

一、近代美国学前教育

19世纪，美国学前教育主要从欧洲直接引进英国幼儿学校和德国福禄培尔幼儿园的教育理论与方法，并将其直接应用于实践之中。

(一)幼儿学校的兴衰

1824年，欧文在美国印第安纳州建立了“新和谐村”，从事创办共产主义公社的活动，其中包括设有幼儿学校的教育机构。在他的影响下，美国许多州都建立了幼儿学校。它与初等学校相衔接，强调幼儿的健康保护和户外活动，经费来源以收费为主，教育对象主要是上层家庭的儿童。由于教育当局无暇顾及学前教育，加上幼儿在家庭接受教育的传统深入人心，幼儿学校不久就销声匿迹了。尽管幼儿学校存在的时间不长，但是它在美国民众中传播了重视幼儿教育的思想观念，为后来的公共学前教育的兴起做了铺垫。

(二)幼儿园的传入与发展

随着美国资本主义经济飞速发展，到 19 世纪末，美国工业生产值已经跃居世界首位。同时，美国领土不断扩大，欧洲移民蜂拥而至。为同化各国移民，保证社会的统一安定，美国政府日益重视公共学前教育事业。

1855 年，德国移民舒尔茨夫人在威斯康星州的维特镇开设了一所德语幼儿园，这是美国最早的幼儿园。舒尔茨夫人用福禄培尔的教育方法，指导孩子们进行游戏、唱歌和作业，对当时的美国学前教育产生了很大影响。到 1870 年为止，美国大约有 10 所德语幼儿园。①

1860 年，美国妇女伊丽莎白·皮博迪在波士顿开设了美国第一所英语幼儿园，她因此被尊为美国幼儿园的真正奠基人。因深感自身理论和经验的不足，1867 年，皮博迪亲赴欧洲系统学习福禄培尔的教育方法。回国后她进一步致力于福禄培尔教育思想的宣传，还帮助创办了美国第一所幼儿园教师培训所，对美国初期幼儿园运动的开展做出了很大贡献。

工业革命后，随着美国贫富分化的加剧，慈善幼儿园应运而生。1870 年，纽约市的卡勒吉·赛因德开设“慈善幼儿园”，这是社会福利的慈善团体最早设立的幼儿园，目的是为贫困的低收入阶层的子女提供教育，一般免收学费。此后，波琳·阿加欣·肖在波士顿开办了两所慈善幼儿园。1889 年，波琳·阿加欣·肖资助组织了慈善幼儿园网，开展了免费幼儿园运动，幼儿教育成为面对一般国民、谋求社会改良的一种贫民救济事业。

同一时期，教会幼儿园出现在美国。最早建立教会幼儿园的是 1877 年美国俄亥俄州托利多的特雷尼梯教会。② 1912 年，全美已有教会幼儿园 108 所。教会幼儿园本着人道主义精神，将学前教育作为教区内的一项事业，同时进行宗教教育和传教活动，幼儿教育成为积极促进社会改良和改善平民福利状况的手段，因此，很快为美国社会各界所接受，逐渐普及全国各地。

各类幼儿园的出现和幼儿园数量的增加，促进了幼儿园协会的诞生。1870 年，美国第一个幼儿园协会在密尔沃基成立。1897 年，美国幼儿园协会总数已超过 400 个。这些幼儿园协会成立的共同目的如下。第一，为年轻的母亲提供解决有关幼儿教育的实际问题的指导和建议。第二，促进幼儿园的成立和幼儿园教育运动的开展。第三，在具体实践中培养现代社会所需的博爱精神。

这一时期，全美各地的幼儿园协会都把对母亲的教育提上了日程，全国各地出现了母亲教室，1897 年组建了全国母亲联合会，给全国众多的年轻母亲带来了深刻的教育影响。1868 年，波士顿出现了美国第一所幼儿师范学校，随后幼儿教师培训

---

① 周采、杨汉麟：《外国学前教育史》，123 页，北京，北京师范大学出版社，1999。

② [日]日本世界教育史研究会编、梅根悟主编：《世界幼儿教育史(上册)》，刘翠荣、梁忠义、吴自强等译，300 页，长春，吉林人民出版社，1986。

机构在全国多数城市都设立起来。

(三)公立幼儿园运动

19世纪30年代，以新英格兰为中心，美国兴起了一场公立学校运动。哈里斯(Willian Harris，1835—1909)则是其中的公立幼儿园运动的积极发起者之一。他在向圣路易斯市的教育委员会提交的报告中指出，要把学前教育作为学校教育制度的组成部分。1873年，哈里斯和布洛(Susan Blow，1843—1916)在圣路易斯市的德斯皮尔斯学校(Des Peres School)内共同创办了美国第一所公立幼儿园，并附属于德斯皮尔斯学校。先河既开，于是，作为公立幼儿园制度一部分的幼儿园得到越来越多的认可。1901年，全美的公立学校已达到2996所。

美国公立幼儿园运动使美国学前教育进入一个新的发展时期，幼儿园逐步发展成公立教育系统的一部分，也促进了美国学前教育的普及。同时，公立幼儿园运动还促进了美国幼儿园的本土化发展，为后来的进步主义幼儿园运动奠定了基础。

二、现代美国学前教育

20世纪初，美国学前教育改革的呼声日渐高涨。进步主义教育运动的出现，使人们突破了传统的禁锢，学前教育思想在辩论交锋中取得了全新突破。20世纪下半期，顺应民主化潮流，美国政府在普及学前教育的同时采取了一系列措施为低收入阶层的子女提供援助，推行“教育机会均等”运动。

(一)20世纪上半叶的学前教育

1. 进步主义幼儿园运动

19世纪末，福禄培尔思想在美国幼儿园中占绝对统治地位，恩物和作业成为所有幼儿园的主要教学手段，并逐步趋向形式主义。美国进步主义幼儿园运动以心理学家霍尔的复演论、杜威的儿童教育理论等为依据，批判当时的福禄培尔思想，努力加强教育与社会生活的密切联系。19世纪80年代，进步主义幼儿园运动的先驱者布莱恩(Anna Bryan，1858—1901)公开批评福禄培尔式幼儿园的种种缺陷，号召教师不要盲从福禄培尔的方法，并在自己幼儿园里开始试验用新的方法来教幼儿。另一位进步主义幼儿园运动的领导人希尔(Patty Hill，1868—1946)坚决排除福禄培尔恩物的形式主义影响，设计了一组大型积木玩具——希尔积木，为促进幼儿的自由创造性游戏做出了重要贡献。①

进步主义幼儿园运动一方面坚持反对传统的福禄培尔主义，试图从根本上否定恩物的理论象征主义；另一方面，又充分肯定福禄培尔理论中合理的部分，强调对幼儿个性等问题进行科学、实证研究。由于在实践中积极突破闭关自守的局面，美国幼儿园逐渐发展成与小学紧密结合的新型机构。

---

① [日]日本世界教育史研究会编、梅根悟主编：《世界幼儿教育史(下册)》，张举、梁忠义、刘翠荣等译，73页，长春，吉林人民出版社，1986。

2. 蒙台梭利的短暂热潮

1910年，蒙台梭利教育方法连同她设计的教具一起传入美国。1912年和1915年，蒙台梭利本人先后两次访美，宣传她的学说，很快在美国引起了强烈的反响。1912年出版的《蒙台梭利方法》初版为5000册，仅在4天之内就被抢购一空，在短短的5个月内又再版6次。数百名美国教育工作者阅读该书后奔赴罗马，去拜访这位教育家。1913年，美国蒙台梭利教育协会成立。但同年，在国际幼儿园联盟第20次大会上，蒙台梭利教育方法遭到进步主义教育阵营的尖锐批判，克伯屈等人指斥其脱离幼儿生活实际和生活体验，此后“蒙台梭利热”急剧降温。尽管如此，蒙台梭利教育方法对美国学前教育界仍有影响。许多幼儿园保教人员开始认真检查自己的工作，对幼儿自由和自发活动也给予了很大关注和积极探讨。

3. 保育学校的传入及发展

1913年，英国麦克米伦姐妹创办保育学校以后，美国受其启发，于1915年开设了第一所保育学校，这是芝加哥大学教授夫人团体自发地以集体经营的形式开设的。1919年，美国第一所公立常设保育学校成立。1929年，“全国保育协会”成立，保育学校迅速发展到全国各地。初期的保育学校多为教研实习或研究性质的实验学校。20世纪30年代，美国经济大萧条大大刺激了保育学校的发展，全国设立的保育学校有600多所。第二次世界大战期间，为确保妇女投入军事产业中来，联邦政府根据1941年的《拉纳姆法案》成立了战时紧急保育学校。[①] 战后联邦政府停止了对公立保育学校的经济援助。与此同时，私立保育学校急速发展起来，占据了绝对优势。

除了幼儿园、保育学校、蒙台梭利学校外，美国还有一种托儿所(日托所)幼教机构。它是为进入幼儿园之前的幼儿设置的，作为母亲福利的辅助手段，为儿童提供身体方面的照顾，以保育为主，教育因素很少。由于妇女自由运动的呼吁，托儿所中的教育因素逐渐增加。

(二)20世纪下半叶的学前教育

1. 学前教育机会均等运动

第二次世界大战后，美国工业飞速发展，贫富差距越来越大，广大黑人及少数民族裔的子女往往被排斥在学前教育之外，他们在进入义务教育阶段时处于明显不利地位。教育机会均等运动即在此形势下开展。

1964年，美国政府宣布“向贫困宣战”，提出要使贫困儿童获得与富裕儿童同等的受教育的机会。1966年，美国提出了“为所有5岁儿童和贫困且没有文化教育条件的所有4岁儿童扩大公共教育”的提案，得到了社会各界的强烈反响。

1965年秋，美国开始在全国范围内实行“开端计划”，这是为实现学前教育机会

---

① [日]日本世界教育史研究会编、梅根悟主编：《世界幼儿教育史(下册)》，张举、梁忠义、刘翠荣等译，85页，长春，吉林人民出版社，1986。

均等目标而实行的一项重要计划。具体内容是：由联邦政府拨款将贫困而缺乏文化条件的家庭中4～5岁的幼儿免费收容到特设的公立学前班，进行为期数月至1年的保育，以消除他们与其他儿童入学前形成的差异，实现“教育机会均等”。“开端计划”实施后，其效果引起了争议。1969年，俄亥俄大学中心研究所公布了一份评价报告，认为短期效果甚微，长期来看，儿童仅在认知方面有所发展，但在情绪方面则不然。这迫使美国政府不得不对开端计划进行调整。不可否认的是，开端计划的实施大大促进了美国学前教育的发展。

2. 幼儿智力开发运动

20世纪50年代末，世界处于技术革新时期，加之受到苏联“人造卫星上天”的冲击，美国开始反省本国教育的失误。结构主义教育理论倡导者布鲁纳主张，只要学科教材适合儿童发展的阶段，并按照儿童理解的方式加以组织和表达，则任何学科都可以用某种方式有效地教给处在任何发展阶段的任何儿童。这种主张对学前教育的智力开发和科学教育产生了深远的影响。

1963年，美国科学促进协会在科学工作者和教师共同协助下出版了适用于幼儿园和小学低年级的《科学教育新闻》，主张在学习科学的过程中，为使儿童获得一定的基础技能和能力，提供一些经验是十分必要的。① 1969年开播的广播电视节目“芝麻街”主要面向学前儿童，通过每天1小时的幼儿节目，向幼儿进行启蒙教育，开发其智力。

在智力开发运动中，各种旨在促进幼儿智力发展的学前教育研究计划和学前教育实验不断出现。比较有代表性的有佩里学前教育研究计划和皮亚杰理论的学前教育实验。前者是20世纪60年代由海伊斯科普教育基金会组织、由魏卡特领导、探讨学前教育成效的一项长期跟踪研究计划，后者包括将皮亚杰认知发展理论应用于学前教育实践的一系列教育实验。这些方案付诸实践后，大都宣称取得了一定成效。

3. 蒙台梭利运动的复兴与发展

20世纪50年代后期，在转向重视幼儿智力开发的同时，蒙台梭利教育在美国重新得到重视。1958年，冉布什女士在康涅狄克州克林威治城建立“菲特比学校”，这是美国重新恢复的第一所蒙台梭利学校。1960年，美国蒙台梭利教育协会重新成立。② 进入20世纪80年代以后，蒙台梭利教育更加深入人心，并由学前教育领域逐渐向中小学、向公立学校扩展。1989年，蒙台梭利教学法已被60个地区的110所公立学校采用。蒙台梭利的感官训练方法、对早期教育的认识以及对智力发展的看法都重新得到了肯定。

4. 对学前教育管理的加强

20世纪60年代以前，美国学前教育机构主要有幼儿园、托儿所和保育学校3

---

① [日]日本世界教育史研究会编、梅根悟主编：《世界幼儿教育史(下册)》，张举、梁忠义、刘翠荣等译，224～225页，长春，吉林人民出版社，1986。

② 周采、杨汉麟：《外国学前教育史》，242页，北京，北京师范大学出版社，1999。

大类；后来，逐步发展成两种类型，即幼儿园和保育学校。幼儿园分公立和私立两种，招收 4～5 岁的儿童，教育计划比较灵活，其基本原则是从做中学，也包括一些学科的内容，为儿童准备上小学提供经验。保育学校是幼儿园的向下延伸，一般以 3～4 岁儿童为对象，具有托儿所和学校的双重性质，包括这样几种类型：各级公立学校附设的；由民间团体或个人举办的独立的；“开端计划”背景下由联邦政府主办的。其中，“开端计划”主要为贫苦家庭的儿童提供补偿教育。

1969 年，美国设立了“儿童发展局”，进一步强化政府对学前教育的领导和统筹职责。许多州专门设立了学前教育协调员或顾问，负责各州学前教育事宜，包括学前教育规划、资金分配、对幼儿师资的管理、对学前教育质量的评估等。当地政府的卫生局和教育局等部门负责督管学前教育机构，对防火、卫生、教师资质等各项目都有明确的标准，但对课程设计本身不做硬性规定，以便给教师留有更大的设计空间。

美国政府加强了立法，继 1979 年国会通过《儿童保育法》之后，1988 年国会又通过了《中小学改善修正案》和《家庭援助法案》。前者提出了公平教育计划；后者则规定，凡接受政府津贴的家庭，由政府发给幼儿入托费。20 世纪 90 年代，国会又通过了《儿童早期教育法》《儿童保育和发展固定拨款法》《先行计划法案》，有力推动了学前教育的改革和发展。

5. 课程模式的多元化

美国学前教育普遍受到福禄培尔、蒙台梭利等教育家和进步主义、结构主义等教育流派的影响，形成了多元化、综合化的学前教育课程模式。典型的课程模式包括海伊斯科普认知取向课程模式、班克街模式、发展适宜性课程模式等。海伊斯科普认知取向课程模式发端于 1962 年的佩里学前教育研究计划，以皮亚杰的理论为基础，主张从实际出发设计课程，通过工作以形成儿童良好的心智。班克街模式继承了由杜威首创的进步主义教育传统，认为儿童的发展包括身体的、智力的、社会的、情感的和审美的各个方面，各个方面的发展相互关联、不可分离。发展适宜性课程模式把适应儿童的发展作为决定课程质量诸因素中的重要因素，强调课程的“儿童年龄适宜性”“个体适宜性”“文化适宜性”，反映了课程发展的综合趋势。

20 世纪 80 年代以来，美国开始了以整体性、综合性为特点的教育改革运动。“K-12”(即幼儿园至高中)成为美国教育文献中普遍的提法。各种学前教育方案都强调教育与保育的统一，强调学前教育面向全体儿童，关注多元文化背景中的儿童，将儿童的社会性发展、认知发展、情感发展和身体发展确定为学前教育的基础目标，注重对儿童进行社会教育。

1989 年，美国构想了《美国 2000 年教育目标法》，1994 年获得国会通过，成为正式法律，这是美国学前教育标准化运动的重要标志。根据《美国 2000 年教育目标法》，美国学前教育标准应该包括内容标准和执行标准。内容标准必须指明学生应该学习而且能够掌握的内容是什么，执行标准是关于内容标准执行情况或完成程度的评估标准。为了最终核定学前教育的国家标准，该法案还提出了10条评判标准。全国性学前教育标准的制定，指明了学前课程发展必须遵循的共同标准和方向，有助于统一美国各州学前教育的水准。

第二节　俄国—苏联—俄罗斯学前教育

公共学前教育在沙俄时期已经开始出现。苏联十分重视学前教育事业，要求公共学前教育机构要承担好解放妇女和对儿童进行共产主义教育的任务。在这一方针的要求下，苏联的社会主义学前教育取得了巨大的成就，形成了遍布全国的学前教育机构网。同时，苏联学前教育在长期的发展改革中也形成了不同于西方的发展和管理模式，对其他社会主义国家学前教育产生了重要影响。

一、沙皇俄国的学前教育

18世纪下半期，俄国的封建农奴制开始解体，市民阶层对文化、教育的需求加大，西欧的资产阶级启蒙运动波及俄国。俄国女皇叶卡捷琳娜二世实行了一些开明政策，儿童慈善机构和教育机构从无到有地发展起来。

(一)儿童慈善机构

俄国女皇叶卡捷琳娜二世邀请法国教育家来俄国，帮助拟定俄国国民教育组织草案，她启用教育家别茨考伊从事改革教育机构的活动。1763年，别茨考伊请求为“弃子孤儿”开设教养院，并在教养院内为贫穷的产妇附设一所医院。奏折获得沙皇批准。1763年，莫斯科开办了俄国第一所教养院和产科医院，别茨考伊被任命为教养院的院长。教养院主要依靠以各种方法募集的慈善经费来维持工作。别茨考伊编著的《从初生到少年期的儿童教育论文选集》集中反映了他的教育主张。他企图通过教育改善社会，禁止体罚，重视德育和体育，主张依据儿童的爱好来进行智育。别茨考伊将教养院的儿童分为2～7岁、7～11岁、11～14岁三个年龄阶段。2岁以前的儿童由保育员照管，2岁以后就转入“公共活动室”，用适龄的游戏和劳动来教育这些儿童。

19世纪上半期，俄国社会上的一些进步人士组成各种慈善团体，试图帮助农民、乞丐、孤儿等贫困人民。1837年，彼得堡一所名为“劳动妇女救济院”的慈善机构开办了一个收容所，为外出谋生的母亲照顾孩子。1841年，彼得堡有6所孤儿院，共收容920名儿童。教养院和孤儿院事业一起，促进了社会弃婴和孤儿的收容问题的解决。

(二)幼儿园的引进

19世纪60年代，俄国出现了以废除农奴制为核心的社会改革运动。各阶层人士在要求沙皇政府改革政治和经济的同时，也主张改革文化教育。与此同时，福禄培尔幼儿园运动波及俄国，这两种运动推动了俄国学前教育的发展。1860 年，第一所幼儿园在俄国设立。1869 年，俄国最早的学前教育刊物《幼儿园》在彼得堡发行。1870 年，在彼得堡、基辅等地福禄培尔协会成立，开展了普及福禄培尔的教育理论和幼儿园的运动。1871 年，在彼得堡创立的福禄培尔学院成为俄国最早的学前教育师资培训机构。1913 年，俄国开始根据蒙台梭利体系创办幼儿园，1914 年起，开始出版宣传蒙台梭利体系的书籍。

19 世纪末，俄国政府继续推广孤儿院。1891 年开设农村孤儿院，各教区在 19 世纪后半期也开始设立孤儿院和平民幼儿园等慈善机构。1845 年，第一个乳婴期儿童托儿所在彼得堡开办。根据 1914 年的统计，全俄学前教育机构有 177 所，机构内儿童有 4550 人，其中，大部分是昂贵的私立教育机构。

19 世纪后半期，俄国涌现出奥多耶夫斯基、乌申斯基等一批学前教育活动家。乌申斯基编写的教科书《祖国语言》《儿童世界》在 50 多年里一直是俄国广大儿童的初级读本，对俄国学前教育产生了重要影响。由于沙皇俄国对学前教育始终未产生足够的重视，俄国学前教育的发展落后于当时的西欧国家。

二、苏联的学前教育

1917 年俄国爆发十月革命，苏维埃社会主义共和国联盟(简称苏联)成立，第一个无产阶级专政的社会主义国家诞生。苏联非常重视公共学前教育，强调学前教育机构对学前儿童进行教育的优越性。儿童从年幼时期开始，就在集体中通过集体被培养成社会主义的新公民。可以说，苏联在世界上首先开创了“儿童的时代”①。

(一)第二次世界大战以前苏联的学前教育

1. 学前教育制度的确立

苏维埃政权的建立，为彻底改造俄国教育与建立新的社会主义教育体制创造了条件。1918 年，苏联公布了《统一劳动学校规程》和《统一劳动学校基本原则》(又称《统一劳动学校宣言》)，将学前教育的体系作为构成整个学校制度的要素之一。1919 年，第八次苏联共产党代表大会通过的党纲规定，为了改善社会的教育、解放妇女，应该建立托儿所—幼儿园等学前教育设施网。同时，阐明了苏联学前教育的目的、方向和社会主义社会的学前教育的性质，要求采取使儿童的集体主义教育和解放妇女紧密结合的社会的学前教育原则。苏联学前教育的这一职能，构成了它与西方许多经济发达国家学前教育的本质差别。

此后，苏联发展学前教育设施网的工作初见成效，工会、工厂企业和各个机关内建立起一批幼儿园。

---

① [日]日本世界教育史研究会编、梅根悟主编:《世界幼儿教育史(下册)》，张举、梁忠义、刘翠荣等译，141 页，长春，吉林人民出版社，1986。

1926 年至 1929 年，苏联进入社会主义工业化时期，企业向三班工作制过渡，企业附设的学前教育设施增加了两班工作制和三班工作制。工人住宅区的幼儿园还设立了从早晨到傍晚托管孩子 12 小时的日班和寄宿制班，以适应社会工业化时期参加工作的母亲的需求。学前教育设施的组织和保育时间开始变得多样化。

1928 年第一个五年计划开始实施。苏联的社会主义建设取得了飞跃发展，学前教育设施也得到爆发性的增长。与 1928 年相比，1932 年苏联城市的学前教育设施增长至原来的 5 倍，而农村更是激增至 27 倍。为此，1938 年，教育人民委员会制定了《幼儿园规程》和《幼儿园教养员工作指南》，统一了学前教育指导思想和工作方法。《幼儿园规程》规定了幼儿园的教育目的、教育任务、组织形式、基本类型、对儿童的营养和幼儿园房舍的要求；《幼儿园教养员工作指南》根据《幼儿园规程》的规定，将幼儿园工作的任务、内容和方式等进一步具体化。1944 年，教育人民委员会制定了《幼儿园规则》，对幼儿园的教育对象、幼儿园的性质和任务、幼儿园教育的内容和方式以及幼儿园的开设等问题一一做了规定。这个规则的制定表明学前教育制度至此已基本确立，具有苏联特色的学前教育制度基本形成。

2. 学前教育师资的培养

随着苏联学前教育机构的大规模建立，教师不足的问题更加尖锐。1918 年，学前教育学院在彼得堡建立。这是由十月革命前的福禄培尔学院改组而成的，是世界上第一所培养具有高等教育水平的学前教育教师的高等学府。该校在培养学前教育教师的同时，还具有学前教育理论研究中心的功能。1919 年，在克鲁普斯卡娅的倡导下，共产主义教育研究所在莫斯科成立，其中设有学前教育讲座。之后，第二莫斯科大学也设立了学前教育系，培养学前教育干部和教师研究人员。与此同时，苏联深入开展了对学前教育内容和方法的研究。1919 年至 1928 年，莫斯科举行了四次全俄学前教育代表大会，讨论了各个时期学前教育在组织上、理论上及实践上的课题，对推动苏联学前教育的发展起到了重要的作用。

(二)第二次世界大战以后苏联的学前教育

1. 托幼一元化的发展

第二次世界大战期间，苏联新设置了很多幼儿园，以适应学前教育的需要。由于在儿童稀少的农村地区设置独立的托儿所和幼儿园不经济且有实际困难，所以，有些地方将两者合起来，不按年龄编班，进行混合保育，办成了“幼儿综合园”，但是保教质量不容乐观。由于托儿所和幼儿园在教育管理上分别属于保健人民委员部(卫生部)和教育人民委员部(教育部)，管理上出现了一定的混乱，要消除这种不合理的现象，就得将托儿所和幼儿园合并起来统一管理。于是，托儿所和幼儿园的一体化成为第二次世界大战后苏联学前教育改革的首要目标。

1959 年 5 月 21 日，苏联公布了关于改革学前教育制度的决定——《关于进一步发展学前儿童设施及改善学前儿童的教育和保健工作的措施》。这个决定规定创设统一的学前教育设施“托儿所—幼儿园”，开始实行新的学前教育制度。新设的学前教育机构托儿所—幼儿园以2岁为界限，未满2岁的婴幼儿由保育员负责，2岁以上的幼儿由教养员负责。合并的托儿所—幼儿园的指导权和监督权统一于联邦共和国的教育部，卫生部则在儿童的保健方面负主要责任。1959年以后，托儿所—幼儿园逐渐成为苏联学前教育机构中的主要类型。[①] 1973年，最高苏维埃会议第六次会议通过《关于苏联及各加盟共和国的国民教育立法的基础》，根据这个基本法，上述三种学前儿童设施作为苏维埃教育制度第一阶段的构成要素，具有了正式的地位。

2.《幼儿园教育大纲》的制订

1947年至1950年，苏联教育科学研究院的研究小组进行了对幼儿园教学方法论的研究。教育部根据其研究结果，确认将教学作为学前教育的手段之一，决定于1951年开始在幼儿园引进教学，开始第二次学前教育改革。1962年，苏联公布了全新的综合、统一的《幼儿园教育大纲》，为出生后2个月至6周岁的儿童按年龄阶段安排教学内容，将原来面向婴幼儿(0～3岁)和学前儿童(3～7岁)的互相分离的教育内容系统化、一元化。1970年和1978年，苏联根据教育学和儿童心理学的最新研究成果，两次修改《幼儿园教育大纲》，以适应小学改革的情况，加强幼小衔接，强调智力开发。这个大纲可谓世界上第一个综合的婴幼儿教育大纲，它对苏联托幼机构产生了深远影响。

3.《学前教育构想》的提出

1989年6月，苏联国家教育委员会批准和公布了《学前教育构想》，标志着学前教育的第三次改革的开始。这轮改革开始纠正偏重智力的发展趋势，强调儿童个性的全面发展，提出了新的“个性定向式教育策略”。当时，苏联幼儿园教育实践中占主导地位的是教学—训导型教学模式。该模式主张用知识、技能和技巧武装儿童，成人与儿童相互作用的口号是：“请你像我这样做!”儿童往往被视为接受某种教育体系影响的客体。而“个性定向式教育策略”强调教学的目的是促进儿童个性的形成，教师与儿童交往时应遵循“不平行、不在上，而在一起的原则”，以保证儿童的心理安全感，形成个性的萌芽。

这一时期，苏联学前教育机构主要有4种类型：托儿所、托儿所—幼儿园、特殊幼儿园和学校幼儿园。其中，最广泛的是托儿所—幼儿园，招收从出生到7岁的儿童。

(三)苏联学前教育的特征

1. 国家统一领导的学前教育管理体制

1917年，苏联建立了学前教育局，专门管理学前教育事务。这种国家统一领导的管理体制成为苏联学前教育最鲜明的特点。首先，明确了学前教育在教育体系中

---

① 周采、杨汉麟：《外国学前教育史》，268页，北京，北京师范大学出版社，1999。

的地位，将学前教育纳入整个学校体系中，国家和集体负担学前教育的经费开销。其次，明确了学前教育的目的和任务，将“为了改善社会的教育、解放妇女，应该建立托儿所—幼儿园等学前教育设施网”写入党纲。最后，制定了系列政策法规，强调政治与教育的结合。政府颁发了各种法令，制定了《幼儿园规程》《幼儿园教育大纲》，对偏离上述情况的如儿童学、欧美学前教育理论的资产阶级立场等给予严厉的批判。国家对学前教育进行统一管理，不允许开设私立园。尽管国家根据学前教育研究的进展不断修订相关政策，以适应发展的需要，但是这种过于集中的领导体制缺少灵活性，地方当局和幼儿园缺少自主权，幼儿园还是供不应求。

2. 教育和保育紧密结合

苏联的学前教育机构从一开始就担负着解放妇女劳动力、保护和教育儿童的双重目的。为了让母亲从烦琐的家庭事务中解放出来，投入社会主义建设中，苏联把发展托儿所和幼儿园放在同等重要的地位。不论是托儿所还是幼儿园，儿童一年到头都可以入托，全年入托不间断，儿童的在园时间明显长于欧美国家，每天入托时间甚至长达 12 小时。教育工作者利用每一个生活环节对儿童进行文明卫生习惯和良好道德品质的教育，教育和保育密切结合在一起。

3. 教学—训导型教学模式①

苏联学前教育长期采用教学—训导型教学模式。20 世纪 50 年代，在乌索娃领导的科研团体的研究支持下，苏联将系统的、有组织的作业教学正式引入幼儿园，希望通过幼儿园教学使儿童养成在小学生活和学习需要的某些技能和习惯，适应小学的要求。教学—训导型教学模式由此生成。这种模式偏重面向全体儿童的教学活动，强调教师的主导作用，并使儿童听话。教育者不得不完成教学大纲，以满足领导和监察机关的要求。教学的目的在于用知识、技能和技巧武装儿童，儿童游戏受到成人的严格规定，其时间和形式都受到成人的限制。1969 年，苏联小学学制由 4 年改为 3 年以后，苏联学前教育界开展了新的实验，探讨将小学语文和数学教学的一半内容下放到幼儿园 6 岁班的可行性。实验结果促使幼儿园适应小学的变化和要求，学前儿童特有的活动如游戏和艺术创作活动受到排挤，教学—训导型教学模式进一步得到巩固。针对教学—训导型教学模式带来的诸如儿童主动性没有得到很好发挥、游戏活动时间不足等问题，1989 年《学前教育构想》进行了大力改革。

4. 分科教学

受凯洛夫教育思想的影响，苏联学前教育批判杜威的实用主义教育，强调教给幼儿系统的知识。与此相适应，苏联幼儿园实行分科教学。苏联 1938 年制定的《幼

---

① 黄人颂：《学前教育学参考资料》，129 页，北京，人民教育出版社，1991。

儿园教养员工作指南》规定，幼儿园教养活动项目包括组织儿童的生活与教育儿童的品行，体育，游戏，国语，认识环境，绘画，泥工及其他使用材料的作业，音乐教育，计算(大班为计算及度量)以及季节性的儿童工作(小班为季节性的儿童工作，中班为儿童冬季的游戏、观察和工作，大班为按照季节布置儿童的观察活动、作业、游戏)，教学分科目进行。课程的组织采用纵向的发展序列，每一科目都具有自己的体系，按照儿童的年龄大小提出要求，进行编排。然后，教师制订严密的学科工作计划，即每一科目要通过什么作业、什么活动、按照什么途径来达到什么目的。分科教学与教学—训导型教学模式相适应，强调教师在教育过程中的主导地位和作用。通过系统传授、分科作业，帮助儿童获得系统化的知识。

三、俄罗斯的学前教育

1991年年末，苏联解体，俄罗斯迅速走上了私有化的道路。这种状况给俄罗斯的文化和教育事业带来了巨大的冲击。引入市场机制以后，教育机构出现了非国有化，教育民主化、人道化和非意识形态化等明显变化。学前教育的福利性质逐步向市场化演变。

(一)俄罗斯的学前教育大纲

1992年7月，俄罗斯出台了教育领域的根本大法《俄罗斯联邦教育法》。1996年，经过修改的《俄罗斯联邦教育法》生效。《俄罗斯联邦教育法》指出，“教育的目的是造就独立的、自由的、有文化的、有道德的人”。俄罗斯学前教育的目标是：“保证儿童免受一切生理和心理的伤害；满足儿童情绪交往的需求；保证儿童创造性才能和兴趣的发展；对儿童发展中的缺陷矫治予以帮助；保证儿童与个人特点相适应的发展权利；保证儿童的充分发展与家庭相互作用。”上述目标改变了苏联时期关注儿童的集体主义精神的目标导向，学前教育的性质和目标发生了改变。

1994年至1995年，俄罗斯联邦教育部学前教育司研制了学前教育标准草案，提出了改革学前儿童教育目标、教学模式和改善儿童发展环境的要求。主要内容有以下几个方面。①教育大纲的目标：激发儿童的求知欲；发展其能力和创造性想象；发展儿童的交往能力；保护和加强儿童的身心健康，为儿童个性和创造力的发展创设条件；向儿童介绍人类共同的价值；与家庭相互作用，以保证儿童的充分发展。②幼儿园教育教学活动的组织形式。大纲应规定活动的3种组织形式：作为专门的教学组织形式的作业；非严格规定的活动；儿童自由活动。大纲应体现儿童单独活动和共同活动的最优组合。大纲的编排应考虑学前儿童特殊的活动形式(游戏、建筑、美工、音乐、戏剧表演活动等)。③大纲应考虑到儿童的个性特征，考虑到儿童的年龄特征。①

---

① 周采：《比较学前教育》，122页，北京，人民教育出版社，2010。

《俄罗斯联邦教育法》还规定，学前教育机构可以在国家标准大纲的指导下，结合本地、本机构的具体情况制定具体的新大纲。以往那种统一大纲、统一教材和统一上课的局面得以改变，教育内容变得丰富、灵活又富有特色。学前教育朝着市场化、民主化推进。

(二)俄罗斯的学前教育体制

俄罗斯政府致力于建构适应并促进市场经济发展的新教育体制和办学制度。首先，改变了国家对教育机构实行统一管理的僵化模式，把权力层层下放，赋予地方更多的自主权，确立了中央(联邦)、共和国、地区分级管理学前教育的新的教育领导体制。其次，充分考虑和尊重民族、地区文化和经济发展的差异性，在保证俄罗斯教育政策的统一性的前提下，把学前教育办理权交给教育机构。管理模式由过去的行政命令向依靠经济、政策、法律和市场调节等方式发展。最后，俄罗斯还改变了苏联的学前教育机构的封闭式的管理模式，使家长、社会团体和企业等可以参加幼儿园教育委员会的工作，与学前教育机构一起制订教育计划，选择教育内容，共同实施管理，从而满足不同层次的教育需求。《俄罗斯联邦教育法》要求定期对教育机构进行评估鉴定、资格认证，为学前教育的运行与发展提供了法律依据。

(三)俄罗斯的学前教育机构及教育教学

俄罗斯学前教育机构的设置越来越多样化。主要有 4 种形式：托儿所(招收 0～3 岁儿童)、幼儿园(招收 4～6 岁儿童)、托儿所—幼儿园、家庭托儿所(祖母在家照看孩子)。大多数由政府组建，少数由企事业单位兴办，企事业单位创办的学前教育机构的设施比政府创办的学前教育机构的设施优越得多。各种私立幼儿园的教养方式相差不大。

学前教育机构开始实行新的收费制度。从 1990 年开始，所有的托儿所、托儿所—幼儿园和幼儿园均采用收费制。对于那些总收入在国家规定的标准以下的家庭，则给予免除费用的照顾。此外，对于那些有 4 个以上孩子的家庭，每个孩子只需交付一般费用的 50%。

俄罗斯学前教育机构不再以上课为基本形式，而是利用游戏及合作教育等发展儿童的积极性，促使儿童的个性充分发展。一日活动主要由游戏活动、教学活动、特殊活动、交往活动和自由活动五个方面构成，比苏联时期更注重儿童体育，个性定向式的教育模式成为一种趋势。教师注意挖掘儿童自身的潜力和积极性，鼓励儿童创造性地对待活动。同时，教师以故事、情节游戏、角色游戏和儿童的即兴表演等方法进行教学，努力创造充分激发儿童情绪的环境，从而克服僵化的“填鸭式”教学。

(四)俄罗斯的幼小衔接

苏联时期曾有两次试图解决幼小衔接问题的尝试：第一次是 20 世纪 50 年代把有组织的作业教学引入幼儿园；第二次是 20 世纪 80 年代的教育改革中，将幼儿园

6～7岁预备班作为零点班纳入小学学制。这两次对幼小衔接的探讨，都把重点放在了使学前教育去适应小学的要求和变化上。其结果强化了教学—训导型教学模式在学前教育领域的应用，贬低了学前教育自身的教育价值。

20世纪90年代，随着俄罗斯教育机构和教育大纲的多元化发展，幼小衔接的问题被重新提出。新的幼小衔接的特点在于：提出了加强幼小衔接的双边措施，即幼儿园和小学共同努力，统一规划两个阶段的教育目标、内容、方法；反对以牺牲学前利益来换取入学后学习上的短暂效益的做法，以成人与儿童及儿童同伴之间的对话交往来代替幼儿园作业课，取消幼儿园有严格规定的教学；丰富小学的教养内容，帮助儿童做好入学准备，即儿童身体、智力、个性发展的“一般准备”和儿童阅读、计算等初步技能掌握的“专门准备”，挖掘儿童专门的活动类型，如有规则的游戏、各种儿童艺术创造活动等在做入学准备方面的潜力。

在解决幼小衔接问题上，俄罗斯努力纠正苏联时期幼儿园的教学扩大化倾向，重视学前教育自身的教育价值，寻找更科学、更有效地促进儿童一般发展的教学内容、方法和形式，其做法值得肯定，但上述措施的有效性还有待教育实践的进一步验证。

第三节　日本学前教育

日本是亚洲率先进入近代化的国家。通过实施《幼儿园保育及设备规程》《幼儿园令》等法规，学前教育获得了飞速的发展。第二次世界大战后，日本进行了教育民主化改革，通过一系列幼儿园振兴计划的实施，普及了三年学前教育，同时不断推进幼儿园的课程改革，加强了学前教育的科学化、国际化、现代化，大大提高了学前教育质量。

一、第二次世界大战以前的日本学前教育

明治维新以前，日本还没有出现社会学前教育机构和设施。虽然德川时代的佐藤信渊在其著作《垂统秘录》中曾提倡为4～7岁的儿童开辟游戏场，使之变成“小儿游乐之堂”，但仅限于设想，未能实现。明治维新之后，明治政府广泛学习西方教育，提出“富国强民”“殖产兴业”“文明开化”三大政策，开启了日本近代教育史上第一次教育改革。中国有学者将1872—1898年这个阶段称为日本学前教育的初创期。①

(一)学前教育机构的产生和发展

1. 幼儿园的创办

1872年8月，明治政府颁布了《学制令》，标志着日本近代学制的诞生。《学制

① 李永连：《日本学前教育》，1页，北京，人民教育出版社，1991。

令》中第 22 条规定，幼稚小学可招收 6 岁以下的男女儿童，实施入小学前的教育。1876 年，东京女子师范学校附属幼儿园成立。这是日本创办的第一所公共学前教育机构。这所国立幼儿园直属文部省管辖，首批招收 3～6 岁的幼儿 75 人，按年龄分班，园舍为设备完善的西洋式建筑，监事(相当于园长)关信三精通英语。关信三翻译了《幼儿园记》，这本书成为日本当时关于幼儿园教育的重要著作。东京女子师范学校附属幼儿园以“发掘学龄前儿童的天赋知觉，启迪其固有的心智，滋补其健全的体魄，使其通晓交际情谊，具备良好的言谈举止”为目的，教育观念和方法完全受德国教育家福禄培尔的影响，成为后来日本各地幼儿园仿效的样板。1877 年，东京女子师范学校附属幼儿园制定了幼儿园规则，给日本各地幼儿园以巨大的影响。

东京女子师范学校附属幼儿园主要接纳上层阶级的子女作为教育的对象，学费昂贵。加上当时人们并没有完全意识到幼儿园的必要性，因此，幼儿园难以在全社会普及。到 1881 年，日本全国幼儿园总数不过 7 所。

2. 简易幼儿园的出现

为了能以少量经费设置和经营幼儿园，促进幼儿园的普及，文部省于 1880 年发表了关于幼儿园发展新思路，认为幼儿园的办园方向应该以接纳所有幼儿为本。1882 年，文部省发出建立简易幼儿园的示谕。1884 年，文部省发出禁止未满学龄的儿童入学的通知。这两个通令的发布使简易幼儿园迅速发展。1883 年，幼儿园增加到 13 所；1885 年，增加到 30 所。1892 年，东京女子师范学校附属幼儿园建立了一个分园，以社会低收入阶层的子女为对象，并延长了保育时间。该园被视为日本第一所为贫穷阶层设立的公共保育机构。这一时期，基督教会也为日本的学前教育做出了贡献。1886 年，金泽市开设了一所以基督教为信条的私立幼儿园，10 年后全国基督系统的幼儿园发展到 11 所，还有一所保姆培训所成立。

简易幼儿园只需在小学校内附设，办园从简，这种幼儿园的优越性逐渐被人们认识，加上幼儿教育的必要性日益受到重视，幼儿园开始得到普及。1926 年，私立幼儿园的数量超过了公立幼儿园。公立幼儿园有 372 所，私立幼儿园则达到 692 所。1925 年，日本有 957 所学前教育机构，收容幼儿 83000 人。5 岁幼儿入园率达 4.4%。

3. 托儿所的产生

托儿所的发展与当时日本国内政局不稳、工人阶级队伍觉醒和日益壮大有密切关系。甲午中日战争及日俄战争之后，广大农民被迫背井离乡，大批农民流入城市，形成了处于日本社会最底层的无产阶级。以这些劳苦大众的孩子为对象的托儿所，旨在为儿童提供良好的环境，施以教育，缓解社会矛盾。1893 年，日本第一个常设托儿所“新潟静修学校幼儿保育会”在新潟市开设。内务省对发展这类托儿所表示关注。1900 年，东京市成立了二叶幼儿园，1915 年改称“二叶保育园”，该园正式成为专门为低收入的贫苦家庭子女服务的社会保育机构，对后来的托儿所产生了重要影响。最初托儿所是维持最低生存条件的一种社会保护机构，招收0岁至学龄前的婴幼儿，收费低廉，每天的保育时间为11～12小时，其目的是保护母亲和儿童。第一次世界大战以后，日本出现了公立托儿所，如1919年在大阪市成立的公立营鹤町第一托儿所。1920年，内务部设置了社会局，将托儿所的工作作为儿童保护工作之一，列为其行政工作的一个部分。各府县、市镇村也以救济科、救护科等名称成立了部局，把托幼事业作为社会事业来掌管。这样，日本学前教育机构的二元制(幼儿园和托儿所)初见端倪。

(二)学前教育思想的发展

日本初期的学前教育受到德国教育家福禄培尔的很大影响。较早介绍福禄培尔思想的是东京师范学校校长中村正直等。1876年11月24日，日本《新闻杂报》上刊登了中村正直编译的《福禄培尔幼儿园理论摘要》。随后，关信三积极宣传，推动了福禄培尔思想的传播。1879年，关信三编写了《幼儿园20例游戏》，将福禄培尔的20种恩物进行图解说明，并建议幼儿园每天花3～4小时将这20种游戏逐一教给儿童。这本书在日本作为幼儿教育法的基础被广泛应用。从明治中期起，日本幼儿园减少了恩物的比重，相应增加了注重思想灌输的内容，这是日本注重国情需要的表现，亦是保守教育思想复活的表现。20世纪初，正值儿童中心主义思潮在欧美兴起之际，日本教育家谷本富提出了自由主义保育思想，认为幼儿园是自由游戏的场所，保育工作应该遵循自然主义教育原则。1911年，文部省修订小学校令施行规则，体现了尊重幼儿园自主性的意识，这很显然受到了自由主义教育理论的影响。20世纪30年代以后，学前教育被笼罩上军国主义色彩，同时，以科学、实证主义反对精神万能的保育问题研究会出现，表达了日本学前教育界对法西斯主义霸占教育领地的一种抗议。

(三)学前教育制度的初步建立

1.《幼儿园保育及设备规程》的制定

1879年，日本颁布《教育令》，明确指出幼儿园属于文部行政事业统管，是国家教育体制的一部分。1899年，日本制定了第一个关于幼儿园设施、设备、保育内容及保育时间等规定的《幼儿园保育及设备规程》。该规程兼顾了幼儿园和托儿所的特点。①幼儿园是为年满3岁至学龄前儿童开设的保育场所。②保育内容包括游戏、唱歌、谈话、手工作业以及纠正幼儿的不良道德行为。③保育方法强调适应幼儿身心发展，难易得当。④规定了幼儿园和托儿所的设备。该规程是日本学前教育制度化历程中的一个里程碑，是日本学前教育走向制度化的重要体现，后虽经过多次修订，但其基本内容变化不大。

2.《幼儿园令》的颁布

文部省只在《小学校令》中附带提及幼儿园的做法不能令人满意。1923年，《盲哑学校令》的制定，使盲哑学校从《小学校令》中独立开来。这给幼儿园工作者带来很大刺激。他们更加团结一致地为制定幼儿园单独法令而努力。1926年，日本文部省颁布了《幼儿园令》及其实施规则。这是日本第一个关于幼儿园的单独法令。该法令规定，幼儿园是为父母都从事生产劳动而无暇进行家庭教育的3岁以上的幼儿设立的，特殊情况下，不满3岁的幼儿也可以入园；应设立园长，规定任园长和保姆的资格等。在具体内容上，则与此前颁布的《幼儿园保育及设备规程》相差无几。《幼儿园令》的特点在于：第一，将幼儿园招收对象界定为劳动者子女，而不是富裕家庭子女；第二，不满3岁的幼儿亦可入园，放宽了入园年龄限制，使托儿所和幼儿园归于统一。《幼儿园令》是日本学前教育史上第一部专门性的法令，它的颁布是日本学前教育史上的一件大事，是日本学前教育走向制度化的一个重要标志。

二、第二次世界大战以后的日本学前教育

第二次世界大战期间，日本学前教育发展严重受挫。战后，日本在美国的直接干预下进行了一系列民主改革，这是继明治维新教育改革之后日本教育史上的第二次教育改革。日本政府先后颁布了一系列相关法令，使日本幼儿园和托儿所的发展都有了明确的规范。

(一)幼儿园教育大纲的制定与修改

1.《保育大纲》的制定

1948年3月，日本文部省颁布了《保育大纲》。该大纲以美国的儿童中心主义和自由教育为指导思想，注重幼儿的本能需要和直接经验，实行综合教育，把广泛的生活内容作为儿童的教育内容，还列举了一天的标准保育内容，作为战后学前教育的模式。《保育大纲》还具体规定了运动场的选择，园舍的结构，设备、玩教具、游戏器械的配备等。这个大纲彻底清除了战前渗透于学前教育中的军国主义和极端国家主义影响，充分尊重儿童的权利，并总结了自明治维新以来日本学前教育的丰富经验和研究成果，它的保育观及其方法，对战后日本学前教育的发展有着实际而积极的影响。

2.《幼儿园教育大纲》的修订

20世纪50年代，日本受国际大环境的影响，也开始注重英才教育和早期智力开发，在小学阶段建立了严格的考试制度，对幼儿园教育提出了新的要求。城市幼儿园开始加强知识教育和早期智力开发，在新形势下，文部省于1956年将《保育大纲》修改为《幼儿园教育大纲》。新大纲强调幼儿园教育和小学教育的一贯性，突出幼小衔接。修改后的幼儿园教育的课程内容设计和小学的分科教学十分接近。这与《学校教育法》的规定产生了不可避免的矛盾，因此引发了激烈的争论，引发了对幼儿园教育在早期智力开发、幼保一元化、幼小衔接、幼儿园与家庭的联系、幼儿园教育与终身教育的关系等方面深入的探讨和研究。在此基础上，1964年，文部省再次修订并颁布了《幼儿园教育大纲》，纠正了幼儿园教育小学化的偏差，重新要求根据幼

儿的年龄和身心发展特点进行全面发展教育，保持幼儿园教育的独特性，注意幼儿园教育和小学教育的区别，不主张进行读、写、算，重视游戏和各种活动的教育作用。

1989年，日本根据20世纪60年代以来社会生活的变化和科技的发展，颁布了新的《幼儿园教育大纲》，提出幼儿园教育是通过环境来进行的，必须努力促进幼儿主体性活动的进行，以游戏指导为中心，指导方法须适合幼儿的个体特点，将幼儿园的教学内容定为5大方面：健康、人际关系、环境、语言和表现。

1999年年底，日本文部省决定再次对《幼儿园教育大纲》进行全面修订。此次对大纲的修订是日本20世纪末中小学及学前教育整体改革的重要组成部分。改革倡导下列原则。①培养儿童美好的心灵和丰富的社会性，以及对开放的国际化社会的适应性。重视儿童基本生活习惯的养成，指导儿童学习正确地判断是非和参加公益活动。②培养儿童主动学习、主动思考的能力，推进体验的学习、解决问题的学习，重视培养儿童的好奇心、探究心、思维能力和表现能力。③让儿童在宽松的教育中学习，打好基础，在有选择性的、个性化的教育中实现有特色的发展。④设置综合学习课程，创造性地开展教育活动，创办特色教育和特色学校。新的大纲强调按照《学校教育法》的有关条例发展幼儿园教育，进一步强调了实现幼儿的主体性和幼儿主动的、可持续的发展，突出了家庭在幼儿期教育中的重要性，鼓励幼儿园在课程建设中发挥创造性。①

(二)幼保一元化的进展

1. 幼保二元化体制的形成

长期以来，日本的幼儿园和托儿所在招收对象、学费和课程等方面都有很大差异。幼儿园归文部省管辖，主要是对有产阶层3～6岁幼儿进行教育的场所；托儿所归内务省管辖，主要收容贫民家庭的0～6岁的婴幼儿。由两种不同行政机关来管辖的二元化制度形成。托儿所的课程大部分参照幼儿园，对工作人员也没有规定最低资格限度，所以，托儿所的教育质量一直在幼儿园之下。1926年，《幼儿园令》得以制定，原则上将托儿所作为幼儿园的一部分置于文部省管辖之下，使二者归于统一。但内务省从社会事业的角度，于1938年公布了《社会事业法》，使托儿所也有了法律依据，形成了日本学前教育二元化的体制。第二次世界大战后，日本第二次教育改革的总纲《学校教育法》规定，幼儿园是受文部省管辖的正规“学校”的一种；而1947年出台的《儿童福利法》将战前的托儿所统改为“保育所”，作为儿童福利设施，明确其由厚生省管辖。幼保二元化分野更为明显。人们一直期待着建立一种新型的幼儿园和保育所统一的保育制度，但是这个问题一直悬而未决。

2. 幼保一元化的进程

幼保二元化的局面不利于学前教育的深入发展，日本教育界不断呼吁调整法令

---

① 李季湄：《从日本幼儿园教育大纲的修订看日本幼教的发展趋势》，载《学前教育研究》，2000(5)。

以谋求学前教育的一元化。鉴于幼儿园和保育所尚有互补作用，日本许多教育界人士认为，在实行幼保一元化之前，处理好幼儿园和保育所两者的关系和职能分工，创造充分条件来完成各自职责，乃是当务之急。幼保一元化的普遍做法是在保育所里增加幼儿园课程。一些地区进行了幼保一元化的尝试，如"多闻台式"的做法是把幼儿园和保育所建在一起，进行统一管理和经营。在一天日程安排上，要求保育所的幼儿上午去幼儿园接受教育，下午在保育所里接受教养。1963 年，厚生省与文部省达成协议，要求各地为保育所开设的课程和提供的设备必须与幼儿园基本相同。为此，1965 年厚生省以 1964 年文部省修订的《幼儿园教育大纲》为范本，制定了《保育所保育指南》。在一系列措施下，虽然保育所和幼儿园仍然存在差别，但是两者的性质、设施、设备、实际功能已经比较接近。

(三)学前教育师资的培养

在日本学前教育初创时期，所有的教师均被称为"保姆"。东京女子师范学校开设保姆练习科，这是最早培养保姆的机构。1949 年以后，幼儿园教师的称谓发生了变化，即"教谕"和"助教谕"，与中小学教师的称谓一致。文部省公布的《教谕许可法》和《教谕许可法施行令》对"教谕"的资格和任免做了具体规定。凡接受高等教育，在大学修完一般教养科目和专门科目的规定学分，具备开阔的视野、深厚的专门知识和良好资质的一般大学的学前专业本科毕业生都可获得一级任职证书，短期大学毕业生可获得二级任职证书。这为将幼儿园教师提高到与小学教师同等水平开辟了一条广阔的道路，同时也为男教师就职提供了方便条件。1951 年，全国幼儿园专职教谕中男性教谕只有 42 人；1972 年，上升至 415 人。

幼儿园教师获得资格证的途径主要有两种：一是直接通过大学教育，如前所述修完规定的学分；二是通过在职教育，经教师资格认定测验合格后，也能取得教师资格证。

保育所的教师至今仍称保姆。《儿童福利法》规定，合格的保姆必须具备下述 3 项条件之一。①普通大学、短期大学或保姆养成所毕业生。②高中毕业后，在都、道、府、县举行的保姆考试中合格者。③从事儿童福利事业五年以上，经厚生大臣特批者。

(四)幼儿园振兴计划的实施

随着日本社会的家庭核心化、少子化趋势的出现，日本幼儿所处的环境发生了显著变化。与此同时，家长对低幼龄儿童的入园需求越发强烈，对幼儿园教育的期望更高了。这些因素构成了日本幼儿园振兴计划的制订与实施背景。

1. 第一次至第三次幼儿园振兴计划

幼儿园振兴计划是指日本政府鉴于幼儿园教育的重要性与国民对幼儿园教育的强烈要求，为促进幼儿园教育的普及与充实而制订的幼儿园发展计划。20 世纪 60 年代以来，日本政府陆续推出了几次振兴幼儿园教育的重要计划，具体见表 11-1。

表 11-1 日本三次幼儿园教育振兴计划的实施情况

实施时间	实施目的	政府支持性政策
1964—1971 年	促进 5 岁幼儿入园，使 1000 人以上的市、镇、村学前儿童入园(所)率突破 60%	为幼儿园提供园舍设施完备费、玩教具设施完善费；提供适龄幼儿入园补助费，针对低收入家庭实行减免保育费制度等
1972—1982 年	在 5 岁幼儿基本入园的基础上，实现 4～5 岁幼儿全部入园	
1991—2001 年	在 4～5 岁幼儿入园率大幅提高的基础上，将入园年龄下延，促进 3～5 岁幼儿充分入园	

在三次幼儿园振兴计划的推动下，日本学前儿童入园(所)率逐年提高。据统计，1971 年，5 岁儿童入园(所)率为 63.5%；1990 年 5 岁儿童入园(所)率达 94.6%，4 岁儿童入园(所)率达 89.9%①。

2. 第四次幼儿园振兴计划

为迎接 21 世纪的挑战，2001 年日本制订了《21 世纪教育新生计划(彩虹计划)》，以“促进学校、家庭和社区的复兴，学校变好，教育变样”为目标，强调要“自觉认识教育的起点源于家庭”，重建家庭和社区的教育能力，提出要进一步推动与促进幼儿园和保育所的协作。② 对此，这一年日本颁布了题为“面向幼儿教育的充实——幼儿教育振兴计划”的第四次幼儿园振兴计划。该计划把注意力放在学前教育质量的提升方面，强调注重教师素质，加强对社区和家庭育儿的支持，提升幼小衔接质量等，其核心是提升幼儿园教育条件。

日本的幼儿园振兴计划把学前教育作为人才培养的基础环节来抓，以提高幼儿入园率为落脚点，同时不断提升幼儿园保教质量，彻底改变了以往家庭和社会不重视学前教育的观念，有力地促进了日本幼教事业的发展。

本章小结

近现代史上，美国、苏联、日本的学前教育在世界学前教育发展史中扮演着重要的角色。美国在引进欧洲学前教育的基础上，通过公立幼儿园的创办和进步主义学前教育实验，逐渐形成了自己的特色，并对世界产生了重要影响。20 世纪下半期以来，美国学前教育无论在学前教育的普及、针对贫困儿童获得学前教育机会的设计，还是在课程开发上均处于世界领跑者的地位。社会主义国家苏联建立的学前教育机构在促进儿童全面发展、进行共产主义教育，以及解放妇女、发展社会经济上做出了很大的贡献，其学前教育模式对其他社会主义国家产生了深远的影响。第二

① 陈厚云、方明：《日本第三个幼稚园教育振兴计划及其对我们的启示》，载《教育科学研究》，1994(3)。

② 吕达、周满生：《当代外国教育改革著名文献》日本、澳大利亚卷，352～355 页，北京，人民教育出版社，2004。

世界大战后，日本由政府主导实施的多次幼儿园振兴计划取得了很大的成绩，为其他国家在推动学前教育发展中如何发挥政府职能方面提供了启示。

关键术语

公立幼儿园；进步主义幼儿园运动；开端计划；幼儿智力开发运动；蒙台梭利运动；学前教育设施网；托幼一元化；《学前教育构想》；教学—训导型教学模式；个性定向式教育策略；幼小衔接的双边措施；《幼儿园保育及设备规程》；《幼儿园教育大纲》；幼儿园振兴计划

思考题

1. 美国学前教育在发展过程中体现出了哪些特征?
2. 试述20世纪美国学前教育的发展情况以及对世界产生的影响。
3. 评述第二次世界大战后苏联学前教育的改革情况。
4. 评析苏联学前教育的特点。
5. 试述日本20世纪60年代开始的四次幼儿园振兴计划的内容与意义。

实践活动建议

1. 从网络上搜索有关美国、俄罗斯、日本三国学前教育的图片和视频，深入了解三国学前教育机构的特点。

2. 通过学习苏联学前教育各个方面的情况，讨论苏联社会主义学前教育的特点和优越性。

3. 以“中国与外国主要国家的学前教育发展比较”为题，讨论学前教育发展的中国经验与世界意义。

拓展阅读

1. 钱雨. 美国学前教育立法的发展、经验与启示. 湖南师范大学教育科学学报，2020(3).

2. 邓鲁萍. 简述苏联学前教育的知识体系理论. 外国教育资料，1987(1).

3. 叶平枝. 日本学前教育的特点及启示——基于对东京七所幼儿园的分析和思考. 教育导刊(下半月)，2018(9).

第六编　外国近现代学前教育理论

第十二章　近代学前教育理论

本章学习目标

1. 把握洛克的绅士教育理论以及早期教育体系。
2. 把握卢梭的自然教育理论以及对0～12岁儿童的教育内容和方式的论述。
3. 把握裴斯泰洛齐的爱的教育及要素教育理论。
4. 把握赫尔巴特的传统教育理论的基本观点。
5. 把握福禄培尔的幼儿园教育理论及对欧美学前教育实践的影响。

第一节　洛克的学前教育思想

约翰·洛克(John Locke，1632—1704)是英国资产阶级唯物主义的哲学家、政治思想家和教育家。他撰写的《教育漫话》一书从理论上为英国的绅士教育提供了一个完整的体系。其中，学前教育是绅士教育体系的第一阶段。

一、生平、世界观与著作

(一)生平

洛克(图12-1)于1632年出生在一个律师的家庭，幼年时受过严格的家庭教育。1646年，进入名校威斯敏斯特公学接受了传统的古典文学基础训练。1652年，洛克又进入牛津大学学习，1656年获文学学士学位，后担任过牛津大学的希腊语和哲学老师。他在36岁时入选英国皇家学会。由于洛克的哲学观点不受欢迎，他最后决定从事医学研究。1665年，洛克离开了牛津大学。第二年，他结识了当时英国有名的资产阶

图12-1　洛克

级政治家沙夫茨伯里伯爵。此后，先后担任伯爵的秘书、医生、家庭教师。1675年，洛克离开英国到法国住了三年，结识了很多重要的思想家，后来又回到伯爵身边担任秘书。1682年，沙夫茨伯里伯爵因卷入一次失败的叛乱而逃往荷兰，洛克也随行。伯爵在翌年去世，而洛克则在荷兰一直待到1688年的光荣革命爆发。翌年，洛克返回伦敦，担任贸易和殖民地事务委员会委员等职并发表了一系列重要著作。

(二)世界观与著作

在社会政治观上，洛克竭力为资产阶级专政进行辩护，力图证明英国废除王权、建立资产阶级国家的必要性。在哲学观上，他继承了培根和霍布斯的唯物主义经验论，批判了天赋观念论，详细论证了基于感觉经验的人类认识的发展过程。他提出了著名的“白板说”，认为在人的意识内没有天赋观念，儿童生来就像“一张白纸或一块蜡”，任你在上面写上什么或把它塑造成什么，一切知识和观念都是从经验或从感觉中获得的。他认为，理性和知识方面所有的一切材料，“都是从‘经验’来的，我们的一切知识都是建立在经验上的，而且最后是导源于经验的。我们因为能观察所知觉到的外面的可感物，能观察所知觉、所反省到的内面的心理活动”①。因此，经验来源于感官对外界事物的感觉和对心理活动的“反省”。人的观念大部分来源于感官，系外部世界作用于人的感官的结果。他认为凡是存在于理智中的，都是先已存在于感觉中的。

洛克的主要著作有《政府论》(1689年)、《人类理解论》(1690年)、《教育漫话》(1693年)等。

二、论教育的作用及目的

(一)教育的作用

洛克十分重视教育的作用。首先，他认为教育对人的发展具有极为重要的作用。他说：“我敢说我们日常所见的人中，他们之所以或好或坏，或有用或无用，十分之九都是他们的教育所决定的。人类之所以千差万别，便是由于教育之故。”②为此，他要求人们必须认真地对待儿童的教育。依据“白板说”，在他看来，幼儿好像一张白纸或一块蜡，教育者可以随心所欲地涂写和塑造。他认为，人在幼时所得的印象哪怕极其微弱，都有极重大和极长久的影响。因此，我们必须使儿童从小就受到良好的教育。他指出，教育上的错误和配错了药一样，其影响是终生洗刷不掉的。错误的早期教育会给儿童日后的发展带来无法弥补的损失。其次，教育对国家也具有重要的作用。他强调教育不仅是父母关心的事情，“而且国家的幸福与繁荣也靠儿童具有良好的教育”。③

---

① [英]洛克：《人类理解论(全两册)》，关文运译，68页，北京，商务印书馆，1959。

② [英]约翰·洛克：《教育漫话》，傅任敢译，24页，北京，人民教育出版社，1985。

③ [英]约翰·洛克：《教育漫话》，傅任敢译，23页，北京，人民教育出版社，1985。

(二)教育的目的

洛克明确提出，教育的目的就是培养绅士。绅士就是有德行、有学问、有能力、有礼貌的人。这种人既具有封建贵族的遗风，又具有新兴资产阶级的特点。这是当时英国资产阶级与贵族联合专政需要的一种典型的统治阶层人物。他指出，绅士的培养应在家中进行，教育发挥其正面作用的场所并不在学校。他认为，当时的学校是集合了一群形形色色的、被教育坏了的、满身毛病的学童的机关，教师也不可能认真顾及每一个儿童。因此，为了培养绅士，只有让资产阶级的子女在自己的家庭中接受教育，才能避免"恶心熏染"，做到因材施教。

三、早期教育体系

为了培养绅士，洛克主张从儿童很小的时候就进行全面教育，提出了包括体育、德育和智育的全面教育体系。

(一)体育

洛克把体育视为一切教育的基础。在他看来，通过体育获得健康的身体对于绅士来说是极为重要的。首先，健康的身体是精神快乐和生活幸福的保证。在《教育漫话》中，洛克的第一句话就是"健康之精神寓于健康之身体，这是对于人世幸福的一种简短而充分的描绘"。其次，健康的身体是绅士事业的保证。洛克说："我们要能工作，要有幸福，必须先有健康；我们要能忍耐劳苦，要能出人头地，也必须先有强健的身体。"①因此，洛克从医学角度出发探讨了儿童身体保健及运动锻炼等一系列问题。

1. 反对娇生惯养

当时许多贵族家庭对子女有溺爱的风气。洛克极为反对娇生惯养，他认为儿童应养成适应冷热变化的习惯。因此，无论什么季节，儿童的衣着都不可过暖。他主张儿童每天(即使在寒冬)用冷水洗脚，穿薄的靴子，在外行走时即便有水浸进靴内也无妨；儿童应多过露天生活，即使冬天也应尽量少烤火，衣被要轻薄，睡卧用硬床，避免儿童娇生惯养。

2. 养成良好的生活习惯

洛克主张儿童应过有节制的生活，饮食应极清淡、极简单，两三岁前最好禁吃油腻的肉食和各种调味品。在洛克看来，养成这种节制的精神，无论在健康方面，还是在事业方面都是十分必要的。另外，儿童的生活应该有规律，睡眠要充足，并且要养成早睡早起、睡醒即起的好习惯。当儿童生病时，他主张不到万不得已不要给儿童吃药。

3. 加强体育锻炼

洛克要求儿童除了每天的户外生活外，还要学习游泳。他认为，户外锻炼时可

---

① [英]约翰·洛克：《教育漫话》，傅任敢译，24、25页，北京，人民教育出版社，1985。

呼吸新鲜空气，磨炼肌肤；游泳既有益于健康，还是在特殊场合急需的护身技能。稍大一些还要学习击剑、骑马，以锻炼身体。

(二)德育

1. 德育的内容

在洛克的绅士教育中，道德的培养占首要地位。他说："在一个人或者一个绅士的各种品性之中，德行是第一位的，是最不可缺少的。""如果没有德行，我觉得他在今生来世就都得不到幸福。"①在他看来，德育应当培养儿童理性、坚忍、节制等品德。这些品德都要在儿童极小的时候加以培养。他指出，幼年德育的任务是在儿童身上打好德行的最初基础：敬仰上帝、说真话和善以待人。要及早教儿童爱别人，善良地对待别人。

2. 德育的方法

洛克主张及早对儿童进行德育。他认为儿童幼年时若父母教育不当，等于"他们自己在泉水的源头下了毒药""把邪恶的种子向儿童注送"，使儿童"实际上离开道德的大道"。因此，必须谨慎地对儿童进行德育。他提出父母要区别对待儿童的需要，"自然的需要"可以设法满足，但"嗜好的需要"则绝不可满足。

在德育方法上，他认为应适合儿童的"心性"，符合儿童的年龄特征。一是要用"说理"的方法。洛克认为，说理要考虑儿童的能力，不是长篇大论的说教。说理的时候，你的举止应温和，即使惩罚他们，态度还是要镇定，要使他们觉得你的作为是合理的，对他们是有益的，而且是必要的。二是利用榜样的力量。他认为在各种教导和培养儿童的礼貌的方法中，最简明、最容易又最有效的办法就是跟榜样学习。三是实际练习。洛克认为，儿童不是用规则可以教好的，规则总是会被他们忘掉，导师和父母应当给儿童创造练习的机会，并使儿童养成习惯。但是，同一时间培养的习惯不可太多，否则花样太多，儿童会被弄得头昏眼花，反而连一种习惯都培养不成。四是奖励与惩罚应适当。洛克认为，德育中可以采用奖励和惩罚，但方法应得当。如果妄用奖励与惩罚的办法，那简直是牺牲了儿童的德行，颠倒了儿童的教育。洛克声明他反对物质奖励，提倡采用"称誉"的奖励方法。他认为儿童"对于称誉是极敏感的。他们觉得被人家看得起，尤其是被父母及自己所倚赖的人看得起是一种快乐"。②

另外，洛克明确反对体罚，认为体罚是奴隶式的管教，是教育中最不适用的一种办法。体罚只能使儿童遭受皮肉之苦，不能消除儿童错误的思想，还可能使儿童心情沮丧。他认为责骂也不是一种好的教育方法。他指出，当儿童犯了一般性的错误时，责备的话语也应当严肃、和蔼而庄重，成人应耐心讲明道理，而不可匆匆骂他几句了事。

---

① [英]约翰·洛克：《教育漫话》，傅任敢译，138页，北京，人民教育出版社，1985。

② [英]约翰·洛克：《教育漫话》，傅任敢译，56页，北京，人民教育出版社，1985。

(三)智育

智育是洛克绅士教育的一个重要组成部分。他认为，学问对于德行和智慧都有帮助，可作为“辅助更重要的品质之用”。在洛克看来，德行是第一位的，智育居第二位。

1. 智育的目的和内容

智育的目的不在于向儿童传授知识，而在于培养儿童热爱知识。他指出，学习的根本目的不是精通任何一门科学和获得知识，而是“增加心智能力”①。智育的目标一是传授基本知识和技能，二是发展学生的智力。两者相比，后者更为重要。

为了实现智育的目标，在教学内容上，儿童应学习那些对培养绅士品格和对日常生活实际有用的、多样化的知识。他认为儿童适宜学习写字、画画、阅读、语言、舞蹈和游戏等。另外，他主张儿童应学习一种手工艺或园艺，这既可以增进儿童的健康，还可以使其获得一些必要的知识技能。他还认为学习的内容要经常变化、不断更新。

2. 智育的方法

洛克反对强迫儿童学习，提倡引导儿童学习。他告诫教师，强迫会使学生对于学习产生憎恶的心理。他主张，宁可让学生迟一年读书，也不能让学生对学习产生憎恶的心理。他希望教师能设法使学生体会到学习的乐趣，从而能进一步学习。他主张，教导儿童的主要技巧是把儿童应做的事也都变成一种游戏。

另外，他还主张鼓励和培养儿童的好奇心。他认为，儿童的好奇心是一种追求知识的欲望，应该加以鼓励。为此，洛克提出以下建议。第一，无论儿童提出什么问题，你不可制止他、不可羞他，也不可使他受到讥笑；你应答复他的一切问题，解释他所要明白的事物，按照他的年龄与知识的能量，使他尽量懂得。第二，采用一些特殊的称赞方法。第三，不可忽视儿童提出的问题，同时也应格外注意，不可使他们得到虚妄的答复。

洛克要求教师在教学时应集中和保持学生的注意力。如果做不到这一点，洛克建议教师可以使儿童尽量明白他教授的东西的用处；让儿童知道利用其学过的东西，就能够做以前所不能做的事情。洛克主张教学应由浅入深，分量适中，即教学从明白简易的地方开始，一次教学的内容越少越好，等儿童完全掌握了所教的材料，教师才可以再教新的材料。

四、评价

洛克高度评价了教育在人的形成中的作用，并提出了一个包括体育、德育、智育在内的教育体系。他十分重视幼儿的早期教育，并在幼儿教育方面提出了许多独特的见解。他的“白板说”和功利主义的道德观对18世纪法国启蒙思想家的教育观点产生了深刻的影响。

---

① [英]约翰·洛克：《理解能力指导散论》，吴棠译，39页，北京，人民教育出版社，1993。

第二节 卢梭的学前教育思想

让-雅克·卢梭(Jean-Jacques Rousseau，1712—1778)是18世纪法国启蒙思想家、哲学家和教育家。从性善论的观点出发，卢梭提出了自然教育思想。他对儿童进行了教育年龄的分期，并指出了各阶段儿童身心发展的特点及相应的教育任务，对世界近现代教育产生了极为重要而深刻的影响。

一、生平、教育活动与著作

卢梭(图12-2)出生于瑞士日内瓦，父亲是个钟表匠。卢梭出生后不久，母亲逝世，卢梭由父亲抚育。10岁时，他的父亲因当局所不容而逃离瑞士，从此，卢梭过上了不稳定的生活。他唯一一次受正规教育是在波塞学习了两三年拉丁文、数学和绘画。13岁时卢梭就开始自谋生计。他当过学徒、杂役，为人抄写过乐谱，做过家庭教师。因寄人篱下而遭受的屈辱和冷遇，长期漂泊不定的贫困生活，使卢梭萌生了对“残暴和不正义”的反抗意识。

图12-2 卢梭

1742年，卢梭来到巴黎，不久他结识了伏尔泰、狄德罗、达兰贝尔、孔狄亚克等学识渊博者和思想家，并参加了《百科全书》的撰写工作。1749年，法国第戎学院悬赏征文。卢梭的文章《论科学和艺术的复兴是否有助于敦风化俗》获得首奖，卢梭由此博得声誉。文章论述了科学与艺术只为少数人所享有，因而助长了贵族的骄奢和对弱者的掠夺，败坏了社会风气，并给人民带来了灾难。1753年，卢梭又发表了第二篇应征文章《论人类不平等的起源和基础》。在这篇文章里，他明确指出私有财产是人类不平等的根源，也表达了建立新社会的愿望，孕育了教育“回归自然”的思想。

1762年，卢梭的《社会契约论》出版。在这部不朽的社会名著中，他进一步阐明了自己的民主主义政治思想。同年，长篇教育哲理小说《爱弥儿》(又译《爱弥尔 论教育》)问世。卢梭在这部构思了20年、撰写了3年的杰作中，对当时法国腐朽的政治、宗教特别是教育进行了猛烈抨击。他对摧残儿童身心的封建主义教育疾之如仇，无情地揭露了其压抑儿童个性的种种弊端，要求加以根本改造，并提出了培养真正符合社会需要的新人的构想，描绘了一幅培养新人的蓝图。这部讨伐传统教育的长篇檄文刚一发表，就轰动了整个法国乃至欧洲。法国政府下令逮捕卢梭，焚毁《爱弥儿》。卢梭被迫逃到瑞士、普鲁士及英国等欧洲各地。1770年，卢梭返回法国，避居于巴黎市郊。之后，他又完成了自传性著作——《忏悔录》。1778年，卢梭因患大脑浮肿在巴黎近郊去世。

二、自然教育理论

从性善论的观点出发，卢梭崇尚自然，主张“回归自然”，并提出了自然教育理论。自然教育是卢梭教育理论的基本思想，是《爱弥儿》一书的主线。

(一)自然教育的实质

何谓自然？自然即儿童的天性。卢梭认为，儿童在成长发展过程中，有其节律性、阶段性，教育的自然适应性即要求教育应遵循儿童发展的自然性，考虑其年龄特征，适应其本性。自然教育的核心，是教育必须顺应儿童天性发展的自然进程。

为什么教育要适应自然呢？首先，卢梭认为自然是善的。自然即儿童的天性，那么儿童天性就是善的。我们的教育就应该把儿童这种善性引发出来。卢梭指出：“出自造物主之手的东西，都是好的，而一到了人的手里，就全变坏了。”①他认为自然赋予人类自由、平等、博爱的善良本性，但由于不合理的社会制度、宗教、传统偏见以及人为的文化教育的影响，人的善良本性全被毁坏了。因此，必须通过自然教育使人的本性得到自然发展。其次，卢梭认为教育来自3个方面，即“自然”“人”“事物”。他说：“这种教育，我们或是受之于自然，或是受之于人，或是受之于事物。我们的才能和器官的内在的发展，是自然的教育；别人教我们如何利用这种发展，是人的教育；我们对影响我们的事物获得良好的经验，是事物的教育。”在这三种不同的教育中，“自然的教育完全是不能由我们决定的，事物的教育只是在有些方面才能够由我们决定。只有人的教育才是我们能够真正地加以控制的”。② 所以，正确的教育工作必然以自然的教育为中心，使事物的教育和人的教育顺应自然的教育。

教育怎样适应自然呢？首先，教育要顺应儿童天性发展的自然历程，就是说教育必须遵循儿童身心发展的特征。卢梭说：“大自然希望儿童在成人以前就要象(像)儿童的样子。如果我们打乱了这个次序，我们就会造成一些早熟的果实，它们长得既不丰满也不甜美，而且很快就会腐烂：我们将造成一些年纪轻轻的博士和老态龙钟的儿童。”③他反复强调“要按照你的学生的年龄去对待他”，要求教育内容、方法以及儿童生活和学习的环境，都必须适合儿童自然发展的进程。教师应当成为自然的、有理性的助手，为儿童自然发展创造条件。其次，自然教育还要适应儿童的个性差异。他说，“每一个人的心灵有它自己的形式，必须按它的形式去指导他”④。

(二)自然教育的目的及原则

卢梭认为，自然教育的目的即培养“自然人”。他反对封建教育把天真善良的儿童培养成为高踞于人民头上的帝王、朝臣、豪绅等封建权贵，或依附于封建权贵、效忠封建政权的法官、律师、教士、骑士等专业人员，或封建制度的顺民。因此，

---

① [法]卢梭：《爱弥儿　论教育》，李平沤译，5页，北京，商务印书馆，1996。
② [法]卢梭：《爱弥儿　论教育》，李平沤译，7页，北京，商务印书馆，1996。
③ [法]卢梭：《爱弥儿　论教育》，李平沤译，91页，北京，商务印书馆，1996。
④ [法]卢梭：《爱弥儿　论教育》，李平沤译，97页，北京，商务印书馆，1996。

卢梭呼吁要培养自然人，即一个真正的人。所谓自然人，是体脑发达，能适应环境，没有固定的地位、阶级或职业，从事生产劳动而自食其力的人。“自然人”实质上就是资产阶级新人的形象。

卢梭指出，自然教育的原则就是自由。自由是天赋人权的第一条，是世界上最可贵的东西。卢梭声称：“真正自由的人，只想他能够得到的东西，只做他喜欢做的事情。这就是我的第一个基本原理。只要把这个原理应用于儿童，就可源源得出各种教育的法则。”①因而，自然的教育必然是自由的教育。自由是实施自然教育的前提。

三、论早期儿童的自然教育

(一)教育年龄分期

为了实施自然教育，卢梭根据儿童身心发展的过程，将人的发展分为4个时期，具体见表12-1。

表12-1　不同发展时期的主要特征及主要教育任务

儿童发展时期	主要特征	主要教育任务
婴儿期(0～2岁)	身体自然成长	身体养护
儿童期(2～12岁)	“理性睡眠期”	体育锻炼和感觉教育
少年期(12～15岁)	体格和感官得到较好的发展	智力教育和劳动教育
青年期(15～20岁)	“狂风暴雨时期”	道德教育

这里主要讨论前两个时期的教育。

(二)0～2岁儿童的教育

卢梭认为第一个时期是最软弱的时期。在心理方面，“他没有任何心情，没有任何思想，几乎连感觉也是没有的；他甚至觉察不到他本身的存在”。他认为这一时期教育的基本任务首先是身体的保健和养护，使儿童身体健康发展，然后是进行感觉教育。

1. 身体的保健和养护

卢梭认为0～2岁是儿童学习吃饭、说话和走路的时期。这一时期主要任务在于使儿童养成健康的体魄。根据自然教育的观念，他认为保育的一切措施都要合乎自然。首先，给儿童活动的自由。他认为应该使用大自然赋予儿童的一切力量，让儿童自由发展。卢梭反对用襁褓包裹婴儿身体的做法，并指出其可能产生的严重后果。他说：“新生的婴儿需要伸展和活动他的四肢，以便使它们不再感到麻木，因为它们踡成一团，已经麻木很久了。”他还说：“人们把孩子的手足束缚起来，以致不能活动，感到十分的拘束，这样只有阻碍血液和体液的流通，妨害孩子增强体力和成长，

---

① [法]卢梭：《爱弥儿　论教育》，李平沤译，80～81页，北京，商务印书馆，1996。

损伤他的体质……凡是用襁褓包裹孩子的地方，到处都可看到驼背的，瘸腿的，膝盖内弯的，患佝偻病的，患脊骨炎的，以及各种各样畸形的人。"①这样的做法违背了自然教育。因此，他主张给儿童穿的衣服要宽松，最好不要系带子，不要戴帽子，让儿童能够无拘无束地自由活动，让儿童能自然地成长。

其次，卢梭主张要增强婴儿的体质。他提倡要勤给婴儿洗澡，甚至可以用冷水或冰水洗澡，这既可以清洁婴儿的身体，又可以增强婴儿的体质。为了增强儿童体质，他反对给儿童请医生、用药，除非生命有危险。他希望儿童像自然环境下的动物一样，善于忍受疾病，自我痊愈。

最后，他还主张把婴儿送往乡村，而且主张妇女到乡村去分娩。父母应该亲自养育儿童，让儿童保持自然的习惯，反对溺爱和娇惯孩子。他的这些思想很多方面都受到洛克的影响。

2. 感觉教育

卢梭认为婴儿的记忆力和想象力尚处于静止状态，这时婴儿能注意的只有对他们的感觉产生影响的事物。他认为人生最初的哲学老师是我们的脚、我们的手和我们的眼睛。人的教育在出生时就开始了，在能够说话和听别人说话以前，人就已经受到教育了。这种教育是儿童天生感觉到的，如大小、冷热、轻重、软硬等。只有给儿童充分的自由，他们才能更好地积累经验。所以，这一时期感觉教育是十分重要的。成人应该给儿童提供一些物品，让儿童去看、去触摸；也可以带儿童去接触大自然，去感知更多的事物，发展儿童的感觉。

(三)2～12岁儿童的教育

卢梭称2～12岁是人生的"理性睡眠期"。他指出这一时期儿童不懂得也无法理解有关社会意识和社会关系的各种观念，因此，他反对用理性教育儿童，提倡实行"消极教育"，即在这一时期不让儿童学习文化知识。② 他从反对封建文化出发，认为这个时期的儿童不应该读书。故而，卢梭指出："读书是孩子们在儿童时期遇到的灾难，而你却单单要他们在读书中消磨他们的时间。爱弥儿长到十二岁还不大知道什么叫书。"他的看法是："我宁愿让一个孩子到十岁的时候长得身高五尺而不愿他有什么判断的能力。"③他认为这一时期应该让儿童的心闲着，能闲多久就闲多久。"你开头什么也不教，结果反而会创造一个教育的奇迹。"④如果读书，那么可读的书只有《鲁滨孙漂流记》。在卢梭看来，鲁滨孙独处荒岛，不仅保全了生命，而且凭借个人力量生活得相当舒适、十分自由。这正符合他培养能独立判断、从事劳动生产、自食其力的自然人的理想。这一时期教育的主要任务是：继续增强体质，发展感觉能力。

---

① [法]卢梭：《爱弥儿　论教育》，李平沤译，16页，北京，商务印书馆，1996。

② 杨汉麟：《外国幼儿教育史》，180页，北京，人民教育出版社，2011。

③ [法]卢梭：《爱弥儿　论教育》，李平沤译，135、91页，北京，商务印书馆，1996。

④ [法]卢梭：《爱弥儿　论教育》，李平沤译，96页，北京，商务印书馆，1996。

1. 增强体质

卢梭认为这一时期仍然要加强对儿童身体的养护和锻炼。儿童应穿宽松的衣服，一年四季都可不戴帽子。冬天不要穿得太暖，以提高儿童的适应能力。儿童的睡眠要充足，应锻炼儿童，使其在任何不舒服的地方都能安然入睡。另外，儿童还应该有独立活动的时间和空间，能自由地获得体验。他还主张可以通过跑、跳、爬、游泳等方式来增强体质。

2. 感觉教育

卢梭极为重视感觉教育，认为感觉是知识的门户，是理性发展的工具。要学习思考，必须首先训练感觉和身体器官，以便为理性活动打好基础。他强调通过活动，积累对周围事物的感觉经验。他认为对于儿童来说，“他周围的事物就是一本书”①。儿童在观察、接触周围事物的活动中，可以获得很多直接知识。

(1)触觉

卢梭指出，在儿童各种感觉中运用最多的是触觉。触觉“遍布于我们身体的整个表面”，能够使人们及时地、不断地获得各种经验。他认为，虽然接触范围窄，但它的觉察是清楚的，它的判断是可靠的，它最能给人们保全生命所需要的直接知识，因此，我们应尽可能发展儿童的触觉。发展触觉的主要方法是练习。卢梭主张为儿童提供较多的机会去感知物体的温度、形状、大小、轻重和硬度。为了训练儿童触觉的敏锐性和准确性，他还主张儿童可以像盲人那样抚摸物体。

(2)视觉

与触觉相比，视觉具有不可比拟的优越性。卢梭认为，“触觉只能在一个人的周围发挥作用，而视觉则能把它的作用延伸到很远的地方”②。卢梭认为，用视觉测量高度、长度和距离，是可以把视觉训练得很准确的。视觉教育的方法较多，如各种活动游戏、制图等，都能发展视觉。他主张可以让儿童玩各种各样的游戏，引起他们对测量观察和估计距离的兴趣，这是进行视觉教育的良好方法。比如，让儿童通过目测判断用仓房里的梯子去摘取一棵樱桃树上的樱桃行不行、将院子里的一块木板搭在一条很宽的溪流上可不可以。又如，通过游戏赛跑，让儿童估计达到目标的最短距离，等等。

(3)听觉、味觉和嗅觉

听觉教育，主要是训练儿童正确判断发声物体的大小和远近，感受它的振动是猛烈的还是轻微的等。他认为，为了发展听觉，要使对听觉器官和发音器官的锻炼同步且互相配合。儿童主要靠学说话、唱歌、听音乐来练习。

在味觉教育方面，卢梭主张尽量让儿童保持原始的口味，经常接触一些清淡的味道，不要习惯于重味道，特别是不要养成贪食的毛病。在嗅觉教育方面，他认为

① [法]卢梭：《爱弥儿　论教育》，李平沤译，128页，北京，商务印书馆，1996。

② [法]卢梭：《爱弥儿　论教育》，李平沤译，173页，北京，商务印书馆，1996。

可以通过饮食来练习，但是由于嗅觉属于“想象的感觉”，所以儿童不宜过分活动。

卢梭按照自然教育的观念，针对这一时期儿童自然成长的特点，提出感觉教育。从现代研究成果来看，卢梭的这一看法有其科学性。因为一个人的不同感官的发展存在着不同的敏感期，而这些敏感期几乎都集中在人的童年阶段。卢梭的感觉教育思想被后来的教育家蒙台梭利继承和发展。但是，他的感觉训练与知识学习相脱离，而且提出儿童要在 12 岁以后才进入知识教育阶段，失之偏颇。

3. 德育方法

卢梭还认为这一年龄阶段的儿童是没有道德观念的，不要教他们道德观念，也不要强迫他们接受道德规则，不宜对其讲解抽象的道德概念，只应结合具体事物进行教育。因此，卢梭反对任何形式的惩罚及口头教训等。他主张采用“自然后果法”，也就是让儿童从经验中吸取教训，让儿童通过亲身体验自己的错误行为产生的不良后果而受到教育，并改正错误。这在一定程度上是符合儿童的心理特点的，但也有一定的局限性。

四、历史地位及影响

卢梭是划时代的教育思想家，其自然教育思想具有革命性的意义。卢梭所著的《爱弥儿》与柏拉图的《理想国》、杜威的《民主主义与教育》一起构成了西方教育思想史上的三大里程碑。卢梭的自然教育思想崇尚自由和平等，主张顺应儿童的自然天性，尊重儿童发展的规律。这不仅是对当时经院主义教育的尖锐批判，也对后世产生了深远影响。尽管他的自然教育理论有其偏颇之处，但对当今学前教育实践仍然有着重要的启示。

第三节　裴斯泰洛齐的学前教育思想

裴斯泰洛齐(J. H. Pestalozzi，1746—1827)是 19 世纪瑞士著名的民主主义教育家。他将其毕生精力献于贫民教育事业，在教育理论上提出了许多独到的论述。裴斯泰洛齐的教育心理学化、要素教育、家庭教育与爱的教育以及早期和谐发展教育理论对世界学前教育思想的发展产生了重要影响。

图 12-3
裴斯泰洛齐

一、生平、教育活动与著作

裴斯泰洛齐(图 12-3)出生在瑞士苏黎世一个医生的家庭，5 岁丧父，由母亲及女仆抚养。他在青年时代受到法国的启蒙运动的影响。1768 年，他在苏黎世的比尔村附近建立示范农场，取名为“新庄”，试图以此来影响和帮助农民掌握新的农业技术，提高产量，改善生活。但由于经营不善，五年后农场宣告破产。

1774 年，裴斯泰洛齐又在“新庄”办起了一所孤儿院，先后收容 50 余名 6～18 岁的贫苦儿童。他亲自教儿童读、写、算的知识以及进行道德教育，同时还教他们学习农耕、纺纱等生活技艺。但由于资金问题，这所孤儿院在 1780 年被迫停办。从此，他开始总结自己的经验教训，集中精力从事著述。

1798 年，受瑞士政府的委托，裴斯泰洛齐在斯坦茨建立了一所孤儿院，开始进行他的第二次教育实验。他组织儿童一边劳动，一边学习，同时积累了以母爱为德育基础的新经验。

1799 年，裴斯泰洛齐在布格多夫的幼儿学校任教，继续进行对教学方法的研究。1800 年，他在布格多夫创设了一所寄宿学校，采用独创的直观教学法进行教学。

1805 年，裴斯泰洛齐带领部分师生迁到伊佛东城，建立了伊佛东学校，设小学、中学和师范部。在此，裴斯泰洛齐开展了他的教育实验和理论探索近二十年。伊佛东学校也成了当时欧洲的“教育圣地”。1825 年，由于种种困难，裴斯泰洛齐无奈停办了伊佛东学校。1827 年，裴斯泰洛齐病逝。

裴斯泰洛齐一生的著作很多，主要有《隐士的黄昏》(1780 年)、《林哈德与葛笃德》(1781—1787 年)、《斯坦斯通信》(1799 年)、《葛笃德如何教育她的子女》(1801 年)、《母子篇》(1818 年)和《天鹅之歌》(1826 年)等。

二、哲学观与和谐发展教育

受莱布尼茨的“单子论”和“预定和谐”思想的影响，裴斯泰洛齐认为，人生来就蕴藏着各种能力和力量的萌芽，都渴望得到发展。他把人的心灵比作一块有纹路的大理石，认为虽然这些纹路原来不大清楚，但是适宜于雕刻成什么东西，早已由先天的特性决定了。在裴斯泰洛齐看来，每个人生来都有天赋的潜能，都要求和可能得到发展。他认为，上帝创造的人有心、脑、手三种基本的能力，其含义分别近似于“智力”的、“道德”的、“身体”的能力。因此，教育的目的就在于促进人的一切天赋能力和力量的全面、和谐发展。

人的和谐发展是裴斯泰洛齐关于人的理想教育的目标。首先，他认为只有教育才能把人身上以暧昧状潜在的能力发掘出来。人的体育、智育和德育也应当是互相联系的和统一的，如果只孤立地考虑发展一种能力，那么将会损害和毁坏人的天性的均衡发展。因此，教育要考虑人的能力的全面和谐发展。其次，教育的作用在于把人性提升到更高的道德境界。在人性论方面，裴斯泰洛齐并不认为人的天性是尽善尽美、洁白无瑕的。他认为人有双重本性，即动物性和崇高性。前者指的是自我保护及可能由此发展而来的损人利己、狡猾贪婪、残忍恶毒的品性，是一种低级的天性；后者指的是人独具的理性，包括追求真、善、美、自我完善等德行，是一种高级的天性。教育的作用在于把低级天性往高级天性提升，使人的各方面的发展更为和谐。最后，和谐发展还意味着社会和人的和谐。发展教育不仅在于促进个人的发展与完善，也在于推动社会和人类的进步与完善。他强调人与社会是相互结合的，而不是对立的，社会的发展和人的发展相统一。

三、教育理论

(一)教育心理学化

在西方教育史上，裴斯泰洛齐是第一个明确提出“教育心理学化”口号的教育家。1801 年，裴斯泰洛齐在其《葛笃德如何教育她的子女》第六封信中写道：“我长期探寻一切教学艺术的共同心理根源，因为我确信只有通过这个共同的心理根源，才可能发现一种形式。”①他认为，只有使教学过程本身与儿童的心理的自然发展一致，才能使儿童的天性及能力得到和谐发展。教育心理学化，要求教学应与儿童的心理特点及人性规律一致，注意个别差异，区别对待素质不同的儿童，使儿童在获取知识、发展智慧和道德情感诸方面，都处于自然主动的地位。裴斯泰洛齐提出的教育心理学化就是指教学程序要与儿童的认识过程相协调，教学内容的选择和安排要符合儿童的心理规律。

(二)要素教育

裴斯泰洛齐认为，各种教育教学过程中，各门学科中，都存在着一些最简单的因素，即要素。“最复杂的感觉印象是建立在简单要素的基础上的。你对简单的要素完全弄清楚了，那么，最复杂的感觉印象也就变得简单了。”②因此，教育过程应从一些最简单的、能为儿童所理解和接受的要素开始，逐步过渡到更加复杂的要素。裴斯泰洛齐认为要素教育原理体现在德育、智育、体育和劳动教育各个方面，但主要体现在智育中。

他把体育中最简单的要素称为各关节的运动。通过这些关节运动的由简单到复杂的练习，儿童就可以逐渐发展身体的力量和各种技巧。德育中最简单的要素是儿童对母亲的爱。这种爱的进一步发展，便是一个人道德力量的实现。在家庭中，首先要培养儿童对母亲的爱。儿童在产生了对母亲的爱之后，再逐渐地扩大到爱家庭里的其他成员、爱社会、爱全人类。智育中的基本要素是数目、形状和语言。在教学过程中，儿童通过计算来掌握数目，通过测量来认识形状，通过言语(说话)来掌握语言。因此，儿童智育可归结为对计算、测量和言语三种能力的培养，即智育主要有三个部分：计算教学、测量教学和言语教学。

---

① [瑞士]裴斯泰洛齐：《裴斯泰洛齐教育论著选》，夏之莲等译，83 页，北京，人民教育出版社，1992。

② [瑞士]裴斯泰洛齐：《裴斯泰洛齐教育论著选》，夏之莲等译，80 页，北京，人民教育出版社，1992。

(三)论家庭教育与爱的教育

1. 家庭教育

裴斯泰洛齐非常重视家庭教育。"家庭生活必须被看成上帝为教育人类所提供的唯一的外部环境。""我们必须在家庭中寻找我们教育科学的出发点。"①他认为家庭教育是实现教育目标的一个重要途径，因为家庭教育最能体现教育适应自然的原则，家庭教育能追随儿童的天性，并很好地促进儿童潜在的力量和才能的发展。

为什么家庭教育这么重要呢？首先，母亲在儿童教育中占据极重要的地位。他赞美母亲是"教育的第一位力量"，是培养人性的最重要的工具。他指出，每一种好的教育都要求用母亲般的眼睛时时刻刻准确无误地从孩子的眼、嘴、额的动作来了解他内心情绪的每一种变化。母亲对婴儿的照顾、关心和无私的爱，满足了婴儿各种基本的需要，从而唤起了婴儿对母亲的信任、尊敬和爱。婴儿的道德萌芽就在母亲与婴儿的关系之中。其次，父母最了解孩子，因此，要发展儿童的天赋，家庭是最容易办到的。一般来说，父母最了解自己的孩子，他们知道自己的孩子的个性和能力，所以在孩子的教育方面最有发言权，也最适宜进行遵循自然的教育。最后，教育应从摇篮开始。裴斯泰洛齐指出，如要找出儿童最初开始学习的时间，那么"我立刻确定这个时间与儿童的诞生是一致的"。教育应从儿童生下来的时候开始，因为人的潜在的力量和才能从他诞生的时刻起就需要培育和发展。这样，家庭教育就显得格外重要。

2. 爱的教育

裴斯泰洛齐是西方教育史上提倡爱的教育和实施爱的教育最具代表性的教育家。他提出："教育的主要原则是爱。"②他的爱的教育包含两层含义：第一是指对教育对象真诚的、全身心的、无保留的关心与热爱；第二是指"提升学童价值"，具体来说，是指教育者实施"教育爱"后，能使受教育对象不仅改掉各种不良习惯，学会自尊自爱，而且乐于助人，及至造福他人。那么，怎样实施爱的教育呢？

首先，爱的教育从不计较个人得失。裴斯泰洛齐于 1774 年兴办了一所孤儿院，收容 50 多名贫苦儿童，耗尽全部家财，将孤儿院维持了 6 年。他曾说："为了使乞儿活得像人样，而我自己却变得像乞丐一样。"③

其次，他的爱的教育即使面对身心俱残的儿童，也同样满怀爱心，痴心不改。在他的描述中，我们可见孤儿院的孩子们的身心状况。

> 当孩子们来到孤儿院时……大多数身体有缺陷，很多人有慢性皮肤病，使他们步履不便，或是头上痒痛，或是衣衫褴褛，满身虱子。很多人骨瘦

---

① ［瑞士］裴斯泰洛齐：《裴斯泰洛齐教育论著选》，夏之莲等译，292、336 页，北京，人民教育出版社，1992。

② 杨汉麟、周采：《外国幼儿教育史(修订本)》，134 页，南宁，广西教育出版社，1993。

③ 杨汉麟、周采：《外国幼儿教育史(修订本)》，134 页，南宁，广西教育出版社，1993。

如柴，形容枯槁，目光无力；有的是不知羞耻，习于乞求伪善和各种欺骗；另一些儿童为不幸所折磨，变成有耐心的、猜疑的、胆怯的人，完全缺乏情感……①

即便是面对这样一群孩子，裴斯泰洛齐也深信他的热情会如春天的太阳使冰冻的大地苏醒那样，使孩子们迅速地发生改变。

最后，他的爱的教育体现在为了儿童的忘我劳动之中。在孤儿院里，从早到晚，裴斯泰洛齐一个人和孩子们在一起。他用他的双手供给孩子们身体和心灵的一切需要。他写道：

我们一同哭泣，一同欢笑。他们忘却了外部世界和斯坦兹，他们只知道他们是和我在一起，我是和他们在一起。我们分享着食物和饮料，我没有家庭，没有朋友，也没有仆人，除了他们，什么都没有。他们生病，我在他们身边；他们健康的时候，我也在他们身边；他们睡觉的时候，我也在他们身边。我最后一个睡觉，第一个起身。②

裴斯泰洛齐此处描述的，是一幅何等动人的画面！(图 12-4)他揭示出一个颠扑不破的真理：教育工作者对教育对象真诚无私的爱与奉献，是取得教育成效的必要前提条件。

图 12-4　裴斯泰洛齐和孩子们在一起

① 张焕庭：《西方资产阶级教育论著选》，196 页，北京，人民教育出版社，1979。

② 张焕庭：《西方资产阶级教育论著选》，198～199 页，北京，人民教育出版社，1979。

(四)早期和谐发展教育

裴斯泰洛齐指出："长达半个世纪所取得的经验和我内心深处的信仰告诉我：只要我们经过改良的培养和教育制度还停步于儿童最早期的教育阶段之前，我们就远没有完成自己所肩负的重任。"①可见，他十分重视早期教育，认为儿童应当尽可能早地受教育，最好从出生时就开始。母亲在儿童早期教育中具有极其重要的作用。因为母爱是最强有力的力量，母亲与儿童之间的感情是早期教育的动因。婴儿需要母亲的养护和照顾，母亲也会对婴儿的需要给予满足。他指出，母亲在教育儿童时既不能溺爱，又不能放任自流。母亲的责任就是竭尽全力去激励婴幼儿产生爱和信任的倾向。儿童的早期教育包括德育、智育、体育和劳动教育等。

1. 德育

裴斯泰洛齐十分重视儿童早期德育。他认为，在实施儿童早期德育时，首先，要从小唤起儿童的道德情感。通过对儿童的慈母般的热爱、信任等，激发、唤起儿童的爱、信任和感激，唤起儿童对母亲的爱，进而爱双亲、爱兄弟姐妹、爱周围的人。其次，要培养儿童的自我克制力。裴斯泰洛齐认为在用开明的教育方法所能培养的一切道德观念中，自我克制力是最难培养的，而一旦获得成功，它又是最宝贵的。在儿童自我克制力的培养方面，环境和习惯起着很重要的作用。因此，母亲应以身作则，要有始终如一的日常行为。另外，母亲不应忽视儿童的合理要求，但不能听任儿童的过分要求，更不能滋长儿童的贪欲。最后，要鼓励儿童在道德上逐步独立。裴斯泰洛齐指出，儿童脱离母爱的直接影响的时候迟早会到来。因此，母亲应该培养儿童的独立性，使儿童通过观察他人的行动开始对事物和人进行评价和判断。

2. 智育

裴斯泰洛齐认为早期智育应该首先从对事物的观察开始。事物教育是首要的方法。因此，在儿童早期教育中，最好采用图片和实物来启迪儿童，抛弃那些令儿童感到头痛和难以忍受的纯文字。教育者必须时时刻刻用实物而不是用词语来进行教学，应尽可能少地向儿童提及那些不能作为实物让儿童看到的事物，始终坚持让儿童看见某件事物的同时说出该实物的名称。其次，裴斯泰洛齐还重视早期儿童的感官教育。他指出，还要编制训练感官的特定练习。他建议感官练习应采用游戏的办法进行。最后，他还重视早期儿童语言能力的发展，以及学习兴趣在智育过程中的重要意义。

3. 体育和劳动教育

裴斯泰洛齐认为体育对人的发展具有重要的意义。他认为儿童运用四肢，增强了体质，锻炼了技巧，有助于全部才能及潜在能力的发展。因此，他认为在对儿童进行早期体育教育时，应按儿童自然的动作来安排身体训练，如慢步、跑步、投掷、

---

① ［瑞士］阿图尔·布律迈尔：《裴斯泰洛齐选集》第二卷，尹德新组译，230页，北京，教育科学出版社，1996。

跳、击打、摇摆、牵拉、爬等。他反对过早使儿童从事某项专门的体育训练，认为这会导致儿童畸形发育，有害无益。在安排运动时，应从容易进行的运动开始，继而进行更为复杂、难度更高的运动。他还主张将体操和儿童的游戏及自由玩耍结合起来，并重视将儿童贪玩的天性用在为他人、为公众服务上。他认为，如果体育训练得当，也有助于道德训练，因为合理的体育训练能使儿童保持健康和愉快，培养其团体精神、勤奋的习惯以及勇敢和吃苦耐劳等品质。

在劳动教育方面，裴斯泰洛齐主张儿童可以学习一些简单的手工艺技巧以及种植、饲养的方法等。他还主张通过带孩子们去农场、手工业作坊等地方参观来进行劳动教育。他认为劳动教育既可以提高儿童的劳动能力，又能让儿童在劳动中学习相关的知识。

四、简评

裴斯泰洛齐是伟大的资产阶级民主主义教育家。他把自己的一生贡献给了教育事业，是教育史上提倡与实施爱的教育的杰出代表。他提出了要素教育理论，并在此基础上研究了各科教学法，大大推动了19世纪初等教育的发展。他首次明确提出了教育心理学化的构想，使教育学在科学化的历史进程中迈出了重要一步。同时，他的思想还有力地推动了19世纪欧洲学前教育理论的发展。

第四节　赫尔巴特的学前教育思想

赫尔巴特(J. F. Herbart，1776—1841)是西方传统教育理论的代表人物，提出了较为完整的教育思想体系。他提出的教育目的论、儿童管理观、教育性教学思想以及教学阶段论等对学前教育有着重要的影响。

一、生平、教育活动与著作

1776年，赫尔巴特(图12-5)生于德国奥尔登堡一个律师家庭。11岁时，他开始研究逻辑学。赫尔巴特于12岁进入文科中学学习，在那之后，他开始研究康德的哲学著作，研究形而上学(Metaphysics)，专注于自己感兴趣的领域。14岁时，赫尔巴特便利用自己的所学所思写了一篇哲学论文《意志自由》，使不少人深感惊讶。

图12-5　赫尔巴特

1794年，18岁的赫尔巴特进入耶拿大学学习法学。毕业后，他便到瑞士的一个贵族家庭当了3年家庭教师。其间，他对教育工作产生了越来越浓厚的兴趣，还专门拜访了当时著名的教育家裴斯泰洛齐，并认真研究其教育思想，发表了介绍裴斯泰洛齐教育思想的论文。

1800年，赫尔巴特回到自己的家乡德国奥尔登堡，到不来梅一所教堂学校担任数学教师的工作。不久，赫尔巴特获得了博士学位，接着进入哥廷根大学担任讲师，教授哲学和教育学两门学科。1809年，他应聘去柯尼斯堡大学担任哲学和教育学教席。在那里他不仅讲课，而且积极参与教育改革。此外，赫尔巴特还创办了教学论研究所、教育研究所、师范研究班、附属实验学校，为培养优秀教师做出了自己的贡献。

赫尔巴特一生著作颇丰，教育代表作主要有《普通教育学》(1806年)、《教育学讲授纲要》(1835年)。

二、教育学的理论基础

(一)哲学基础

赫尔巴特的哲学主要是实践哲学，即伦理学，它起着价值导向的作用。赫尔巴特继承了康德的一部分观点，如存在永恒的、普遍的道德原则。但同时，他又反对康德提出的伦理规范的最高原则是绝对的命令，认为，“以绝对的命令作为伦理学的起点是一种错误”。基于对前人思想的吸收和批判，赫尔巴特提出伦理学包括五种道德观念，即“内心自由”“完善”“仁慈”“正义”“公平”。“内心自由”指要以理性克制欲望、指导意志；“完善”则要求意志坚定，不为外力所动；“仁慈”要求无争斗，协调人际关系；“正义”即守法；“公平”又称报偿，是指对故意作恶者予以应有的惩罚。

赫尔巴特认为，上述五种观念包含着意志道德的一切类型，并断言它们是“巩固世界秩序”的“永恒真理”。赫尔巴特认为其实践哲学即伦理学观点为教育目的和教育基本方向的确定提供了理论依据。因此他说，如果教育理论完美地与实践哲学相结合，那么它将会在此发现教育学目标的所有明确内容。

(二)心理学基础

在赫尔巴特看来，当时教育学的大部分缺陷是缺乏心理学的指导，而心理学会指出“教育的途径、方法和障碍”。因此，他十分强调教育学必须以心理学为理论基础。他指出：“教育者的第一门科学，虽然远非其科学的全部，也许就是心理学。”① 赫尔巴特不仅吸收了德国唯心主义哲学家莱布尼茨的“单子论”观点，还吸收了以洛克为代表的英国经验派的观点，继承和发展了裴斯泰洛齐的“教育心理学化”思想，力图构筑系统的心理学理论，以作为教育学理论的基础。

首先，赫尔巴特认为“观念”是心理活动最基本的要素。他把在教学中给学生提供的一切知识都称为“观念”，将观念的同化和相互融合称为“统觉”。赫尔巴特认为，教育中认识活动的过程就是统觉的过程，也就是学生在原有知识基础上掌握新知识的过程。其次，赫尔巴特还注意到了人的心理机能与观念活动的内在关联，他主张将注意、兴趣和统觉联系起来。赫尔巴特将他的心理学思想直接运用到教育研究之中，大大推进了科学教育学的进程。

---

① [德]赫尔巴特：《普通教育学·教育学讲授纲要》，李其龙译，11页，北京，人民教育出版社，1989。

三、教育理论

(一)教育目的

赫尔巴特的教育目的观是其教育思想的一个重要组成部分。一方面，赫尔巴特认为教育的最高目的是培养道德。在《世界美学的启示》一文的开头，赫尔巴特就提到了教育的整个任务可以概括于道德概念之中。在他的代表作《普通教育学》中，他也明确地提到过教育的最高目的是道德。赫尔巴特认为，教育的最高目的是养成有德行的坚强品格，也就是对于道德能够切实地实践，养成有德行的人格。另一方面，赫尔巴特还依据“完善”伦理学观点，提出了教育的选择的目的是培养儿童多方面匀称的兴趣，从而达到一切能力的和谐发展。

赫尔巴特的教育目的分为必要目的和可能目的。必要目的即道德的目的，是指社会对人在政治上提出的要求，反映了资产阶级对制度的服从和迎合封建贵族的倾向。可能目的即职业选择的目的，表达了发展资本主义的愿望及其理想中的社会对人才规格的要求。

(二)儿童管理

赫尔巴特认为，儿童来到世界的时候是没有任何判断能力的，他们无法区分善恶是非，但是儿童却与生俱来地拥有“烈性”，即反叛精神，通常会不经意间扰乱成人制定的各项规则，从而走上危害社会的道路。为了防止儿童这种倾向的出现，成人就要去想办法在一定程度上压制儿童的“烈性”。赫尔巴特认为，对于尚未成熟的儿童，就要采取强有力的压制手段来进行教育，而这种强有力的手段，我们称之为“管理”。管理是预防儿童走向犯罪的重要措施，有利于儿童规则意识的树立和健全人格的形成。

赫尔巴特认为学生没有与生俱来的意志，但他承认学生的可塑性，所以主张给予他们一定的约束，对他们进行必要的管理，从而防止学生向不正当的方向发展。赫尔巴特认为，儿童管理的目的是多方面的：一是避免现在和将来对别人或儿童自己造成危害；二是避免不调和的斗争本身；三是避免社会冲突。

赫尔巴特提出了以下几种管理儿童的措施。

一是威胁。赫尔巴特认为儿童本性不一，有些本性顽强，有些过于软弱。为了防止本性顽强的儿童为所欲为，防止个性软弱的儿童不能承受威胁，赫尔巴特主张适当采用威胁的管理方式，不允许儿童乱说乱动。

二是监督。赫尔巴特认为一旦放任儿童，不予教养和监督，则不可能培养出伟大品格。为了防止儿童有不遵守规则的行为出现，成人要对儿童进行监视和督促。但同时，赫尔巴特也强调监督不要滥用，以免影响儿童的创造力、自信心和果敢精神。

三是命令。在教育需要的前提下，教师可以要求儿童听命于他，而儿童则应该果断服从。赫尔巴特也强调在命令过后，教师要向儿童做出解释，帮助儿童理解命令的原因和作用，引导他们将来自动遵循教师的命令。

四是惩罚。赫尔巴特在其著作中指出，“试图完全排除体罚是徒劳的，但是必须极少采用，从而使学生对体罚比真正执行体罚更望而生畏”①。赫尔巴特所指的体罚措施有批评、警告、罚站、禁食等。

五是权威与爱。赫尔巴特认为人心屈服于权威，在压制某种正在成长的邪恶意志上，权威可以发挥很大的作用。爱则是情感的和谐交流。赫尔巴特主张教育者要通过权威与爱两种手段深入儿童感情，只要激发了儿童感情，儿童管理就会变得比较容易。

(三)教学理论

1. 教育性教学原则

赫尔巴特所论的教育性教学原则对近现代教育的发展产生过深远影响。赫尔巴特的教育性教学原则是指任何教学过程都必须具有教育的作用，没有教学也就没有教育，即教学和教育之间存在着本质的内在联系。

赫尔巴特认为，教学的“教育性”体现为教学不仅仅是知识获得的过程，更是道德人格养成的过程。赫尔巴特的这种教学理解在一定程度上扩充了教学的内涵，教学变得不仅包括狭隘地获取知识或技能等这个显性的层面，而且包括更深层次的道德培养这个隐性的层面，二者均不能忽视。因此，道德培养和知识传授构成了学校教育的两个基本内容，形成了实施学校教育的两条基本途径，即通过情感和意志的训练陶冶道德情操，通过系统知识的传授启发学生自主学习。

2. 教学阶段

赫尔巴特把教学程序分成 4 个阶段，在教学过程中，各阶段与心理活动状态、教学方法构成相互配合的关系。具体如下。

明了。这一阶段，学生的观念活动属于静态的钻研，从兴趣方面看为注意阶段。这时要求教师尽可能简练、清楚、明白地讲解新教材，通过直观教具和讲解的方法进行明确的提示，使学生获得清晰表象，以便做好观念联合。

联想。这一阶段，学生的观念活动属于动态的钻研，即要在旧观念的基础上形成新观念。从兴趣的特征看，则属于获得新观念前的一瞬间的期待阶段。这时应采取分析教学。教师与学生进行无拘束的、从容不迫的谈话。而这种谈话又必须在学生已有的知识基础之上进行，以便调动学生已有的观念，使之与新的观念产生最初的联合。

系统。这一阶段，学生的观念活动属于静态的理解，为探讨阶段。所以，这时要在教师指导下寻找一些确切的定义和结论，同时也完全有可能得出各种各样的概括、结论以及规则、原则。在教学方法上采用综合法，使新旧观念的联合明确化、

---

① ［德］赫尔巴特：《普通教育学·教育学讲授纲要》，李其龙译，211 页，北京，人民教育出版社，1989。

系统化，以形成新的概念、结论、规律。

方法。这一阶段，学生的观念活动属于动态的理解，为行动阶段，要由学生自己去做作业。在教学方法上，独立完成各种练习、演算及按教师指示来修改作业、练习等。最终达到巩固和强化新观念，加强练习和知识运用的目的。

赫尔巴特一生最主要的工作就在于寻找这种教学程序并提供理论的说明。赫尔巴特的教学阶段论回答了教学上最实际的问题——怎样教的问题。19世纪下半叶以后，赫尔巴特的教学阶段论广为世界各国的普通学校所采用，成了教师提高教学水平的理论指南。

(四)0～8岁婴幼儿阶段教育

赫尔巴特在《教育学讲授纲要》中专门论述了0～8岁的婴幼儿教育问题。他将婴幼儿教育分成0～3岁的教育和4～8岁的教育两个阶段。

1. 0～3岁的教育

这一阶段的主要任务是精心照料婴幼儿的身体。由于0～3岁的儿童四肢需要充分的活动，所以，赫尔巴特指出成人要为儿童提供安全的活动场所，鼓励儿童通过自己的尝试促进对事物的观察。同时，赫尔巴特认为，对这一年龄阶段的儿童实施智育也是非常必要的。智育主要以感官教育和语言教育为主，成人应该提供丰富的材料供儿童训练感官时用。语言方面，成人要避免不正确的表达给儿童带来的错误示范。在实施智育的过程中，应充分考虑儿童的健康状况，不宜使他们负担过重。德育方面，赫尔巴特则认为主要任务是防止这一阶段的儿童养成任性的习惯。因此，他主张要训练儿童服从成人的管理，对儿童的管理要及早进行，任何人不应听从儿童的摆布，要让儿童不断感受到成人的长处而觉得自己是无能为力的，这样他们才会自觉服从成人的管理。

2. 4～8岁的教育

德育方面，赫尔巴特认为要继续对这一阶段的儿童加强管理，在严格管理的同时可按实际情况允许的程度给予儿童一些自由，允许他们公开发表自己的意见。智育方面，赫尔巴特认为这一阶段的儿童需要进行文化学习，学习内容主要包括数数、组合、观察学习、计算、阅读、绘画、书写等。赫尔巴特还对组织这类教学活动的教学方法提出了一些建议，主要有鼓励儿童提问、提高他们对学习的兴趣、寓教于乐等，如他建议将字母和数字写在小纸板上，做不同的组合，这样有助于阅读教学。

四、简评

赫尔巴特首次将心理学作为建构教育学的理论基础，使教育学有了科学的外貌，赫尔巴特本人因而成为科学教育学的开山鼻祖。赫尔巴特教育理论提出了明确的教育目的、教学原则等，有利于教学实践的秩序化、明确化、规范化，使得教学过程有章可循，大大提高了课堂教学的实效。可以说，赫尔巴特完成了教育史上一个阶段的重要历史任务，为教育事业的发展做出了卓越的贡献。但与此同时，赫尔巴特过分地强调教师、教材、课堂在教学中的地位和作用，使其成为传统教育理论的代表人物。

第五节　福禄培尔的学前教育思想

福禄培尔(Friedrich Froebel，1782—1852)，德国教育家，创立了以“幼儿园”命名的学前教育机构，被后人尊称为“幼儿园教育之父”。基于内在发展和教育顺应自然的理念，福禄培尔提出了幼儿园独特的教学原则，创建了不同于小学的幼儿园课程体系，为学前教育的科学化发展指明了方向，做出了卓越的贡献。

一、生平及教育活动

福禄培尔(图 12-6)于 1782 年出生于德国图林根州的一个乡村牧师家庭。不到一岁丧母，后常遭继母虐待。10 岁被舅父送至教区学校接受教育。1799 年进入耶拿大学哲学院，学习自然科学和数学。1802 年，福禄培尔的父亲去世，他因经济拮据而中断大学学业，进入社会。后来，他想当一名建筑师，便去法兰克福学习，邂逅了一名叫安东·格吕纳(Anton Grüner)的中学校长，格吕纳力荐其从教，福禄培尔遂改变初衷。在格吕纳的指导下，他研究了裴斯泰洛齐的教育著作，并到裴斯泰洛齐的伊佛东学校参观学习，致力于对儿童游戏、音乐及母亲教育的学习研究。1810—1812 年，分别进入哥廷根大学和柏林大学进修哲学、人类学、伦理学、教育学、语言学、方法论等。在矿物学研究中，他认为晶体形成中体现了物质结构的规律性，而这种规律性不仅适用于自然生命，而且适用于肉体生活和精神生活。福禄培尔相信人类精神的发展如同矿物结晶一样，是自内而外的。这就成为福禄培尔教育哲学中最基本的根据。

图 12-6　福禄培尔

1816 年，福禄培尔在家乡建立了一所学校，命名为“德国大同教养院”。他在学校中力求贯彻遵循儿童天性进行教育的原则，重视学生的兴趣和需要，强调学生学习的主动性和独立完成作业，以培养自由的、自觉的、有思想的人。他采用一套综合课程教育儿童。1826 年，福禄培尔出版了《人的教育》。此书集中反映了他的教育哲学、教育分期以及有关各时期教育任务的思想。

1834—1835 年，福禄培尔到瑞士杜格多夫任孤儿院院长。随着工作经验的积累，他日益深切地感到最需要改革的是儿童早年的教育。这时，他读了夸美纽斯的《母育学校》，更深切感受到母亲在早年教育中的重要地位，并认识到必须对儿童的游戏善加指导。于是，他进一步策划和研究各种玩具、游戏、歌曲和动作的设计及制作，学前教育思想日益成熟。

1837年，福禄培尔回到故乡勃兰根堡，开办了一个名曰“发展幼儿和青少年活动本能和自我活动的机构”。在这里他开始设计儿童游戏材料，并创制了闻名于世的“恩物”。1840年，福禄培尔将此机构正式命名为“幼儿园”，随后在德国引发了幼儿园运动。但在1851年8月，基于政治考量，普鲁士教育部部长以莫须有的罪名下令在全国取缔福禄培尔幼儿园。10年后，福禄培尔创办的幼儿园才在德意志土地上解禁并得到更大发展。

二、论教育的基本原则及儿童年龄分期

(一)教育的基本原则

1. 发展的原则

在教育史上，福禄培尔最早把自然哲学中的“进化”概念引入人的生命和教育中。在他看来，宇宙万物是无限发展的，因此，人也是在连续不断地发展的，是“一种经久不断地成长着的、发展着的、永远地活着的东西”，是不断地从“一个阶段向另一个阶段前进的东西”。他反对将教育视为“固定和静止的东西”，而主张应看到各个阶段之间的联系。从婴儿到幼儿、儿童、少年、青年、成年、老年的发展阶段，是“从一个阶段向另一个阶段上升”的过程，彼此是有关联的。在发展的历程中，每一个阶段都是前一阶段的延续；在前一阶段中，一定可以找出一些现阶段赖以发生的萌芽。故在发展历程中，前一阶段不但不阻碍后一阶段的实现，反而可以说是后一阶段的基础。“人类不是完全成熟的，也不是已经凝结和确定的；相反，人类永远不断地在形成之中，永远活动地向前进，由一个发展和形成的阶段，趋向另一个高一级的发展和形成的阶段。”①因此，在教育工作中，只能按照儿童生命发展的阶段，去帮助和指导儿童的发展；如果以跳跃的、速成的教育促成儿童早熟，这样的早熟就是一种不健全的表现，并无教育的价值。

2. 顺应自然的原则

人的发展与自然的发展一样，因此，教育要顺应自然，遵循自然的法则。这是福禄培尔教育理论中的一条重要原则。

福禄培尔把顺应自然的原则理解为“追随本源”，即追随儿童的天性。他曾以园丁修剪葡萄藤作比喻：“葡萄藤应当被修剪。但修剪本身不会给葡萄藤带来葡萄，相反地，不管出自多么良好的意图，如果园丁在工作中不是十分耐心地、小心地顺应植物本性的话，葡萄藤可能由于修剪而被彻底毁灭，至少它的肥力和结果能力被破坏。”②他认为，人的教育也是同样的道理，必须顺应儿童的天性行事，方为正途。

福禄培尔还曾说，顺应自然的原则就是教育必须适应潜藏在人体中的力量和才能的自我发展，而这种力量和才能的发展是“上帝的本源”的表现。

---

① Frobel, *The Education of Man*, New York, D. Appleton and Company, 1887, p. 17.

② [德]福禄培尔：《人的教育》，孙祖复译，10页，北京，人民教育出版社，2001。

由上不难看出，福禄培尔的观点受到裴斯泰洛齐的影响，同时还带有一定的神秘主义色彩。

福禄培尔对人的天性进行了分析。与卢梭一样，他认为儿童天性善良，并表现为四种本能，即活动的本能、认识的本能、艺术的本能及宗教的本能。但他对每一种本能都进行了宗教神秘主义的解释，把它们都归结为所谓“神的本源”的体现。他认为人只有在活动中才能充分表现出人的内在本质，进而提出教育要追随活动的本能。而重视儿童的活动本能，就是要唤起儿童的自我活动或自发活动。

(二)教育分期与各时期的任务

福禄培尔根据发展理论，把受教育阶段划分为婴儿期、幼儿期、少年期、青年期四个时期。他特别论述了前三个时期儿童身心发展的特点及教育任务。

1. 婴儿期

福禄培尔认为，婴儿期的心理特点是“吸收”。婴儿借助感官从外界吸收富有多样性的事物的印象，所以，这时期的活动应以感官的发展为主。在感官发展上，应遵循先发展听觉器官，继而发展视觉器官的原则。他认为，婴儿先有听觉后有视觉，然后通过这两种感觉认识事物。

除发展感官外，婴儿也要发展身体，运用四肢进行活动或游戏。因此，婴儿不能过久地独自待在摇篮里，枕头也不宜过于柔软。当婴儿的感官、身体开始自动向外界表现其内在时，婴儿期即告结束，幼儿期正式开始。

2. 幼儿期

福禄培尔认为，幼儿期是“真正的人的教育”开始的时期。这一时期应较多注意其心智的发展，教育的主要任务从身体的保育转向智力的培育和保护。教育的主要任务在于变内因为外因，其途径是让儿童通过参与人和物的外部世界的活动，展现自己的天性。这也是理解事物和人的本质的前提。福禄培尔呼吁父母和家庭要承担起对儿童的教育，顺应儿童的内在需要，顺应自然，采取游戏的方式教育儿童，培养儿童游戏的能力，使儿童成长为完全的人。在幼儿期，“游戏和说话是儿童这时生活的要素”，借助游戏和语言的方式，儿童开始把他的内在本质向外展现。

福禄培尔强调，幼儿期的教育对正在发展中的人来说至关重要。他引用德国的一句名言：从一个婴儿到一个开始说话的儿童取得的进步要大于从一个学童到一个牛顿取得的进步。如果幼儿期教育不当，儿童本性和各种天赋潜能的发展受到阻碍，那么在未来“他必须付出最大的艰辛和最大的努力”才能克服这种损害给人的发展造成的不良后果。①

3. 少年期

这一时期也称为学习期，教育的主要任务是通过对生活实际的理解，使外部的东西内化。教育上，感情让位于思维，游戏让位于教诲。如果说，幼儿期须重视儿

---

① ［德］福禄培尔：《人的教育》，孙祖复译，40页，北京，人民教育出版社，2001。

童先天的禀赋，以儿童为中心；此时期则当以后天的环境为重，以课程为中心。此前儿童更重视活动本身，该阶段儿童则更注意活动产生的原因和活动的结果。幼儿期活动的本能，到这时发展成一种创造的本能。

三、幼儿园教育理论

(一)幼儿园的目的及任务

1. 幼儿园的目的

首先，福禄培尔认为，幼儿园是以“发展幼儿活动本能和自我活动能力”为目的的专门学前教育机构。幼儿园意为儿童的大花园，在这里，儿童是植物，教师是园丁。通过合理的教育，即引导儿童的自我活动、自我发展，儿童就能像植物一样自然、健康地成长。

其次，福禄培尔认为创办幼儿园还有一个目的，就是给学前家庭教育提供一些帮助，补救家庭中养护的缺欠，减轻母亲的负担。具体做法是：由训练有素的“园丁”为缺乏教育知识的父母提供教育内容和方法上的指导，以帮助父母对其子女进行合理的养护和教育。实际上，幼儿园是作为家庭教育的一个榜样而存在的。

最后，福禄培尔不仅看到教育对于个体发展的意义，而且更为重视教育的社会价值。人是一种社会动物，须具备社会参与、社会合作的精神，幼儿园就是培养这种社会态度的最恰当的场所，这里可以陶冶儿童的社交性，能帮助儿童适应以后的正规教育。他立意要把幼儿园变成社会的缩影，在其中培养礼让、互助和团结一类的精神以及营造相敬相爱的气氛。

2. 幼儿园教育的任务

第一，保护儿童身体和精神的健康成长。一般的学校教育往往以学生对知识的学习为目的。福禄培尔认为，幼儿与学龄儿童的身心发展特点不同，幼儿园的主要目标不在于使幼儿从中学到多少知识，而在于促进幼儿的身心发展。传授知识仅仅是幼儿园实现其目标的手段而已，幼儿身心发展才是首要使命。具体地说，就是通过游戏、唱歌、作业、娱乐等生动活泼的活动，发展幼儿的感觉器官，扩大幼儿对周围事物的认识；发展幼儿的语言和活动能力；使幼儿养成集体生活的习惯和一定的品德；培养他们初步的道德观念和行为习惯，如服从、忍耐等。以上方方面面主要是为幼儿进入小学和迎接未来的生活做准备的。

第二，培养训练有素的幼儿教师。为幼儿教师提供与幼儿接触的机会，训练他们掌握合理的教育方法，精于照顾幼儿的生活、指导幼儿的发展。

第三，推广幼儿教育经验。向家长推广幼儿游戏和活动的教育经验，介绍合适的幼儿游戏和活动的手段与方法。

(二)幼儿园教学原则

福禄培尔倡导的教育原则及方法深受德国哲学家费希特以及瑞士教育家裴斯泰

洛齐等人思想的影响。他认为幼儿园的教学应遵循儿童的天赋兴趣和性情，以自我活动为基础，以在活动过程中获得知识或观念为教学的最终目的。根据上述观念，福禄培尔提出了两条重要的教学原则。

1. 实物教学原则

夸美纽斯及裴斯泰洛齐等人都是直观性教学的大力倡导者。在接受前人影响的基础上，福禄培尔主张要让儿童用自己的眼睛去观察，使其学会从亲身经验、从事物与事物之间的关系、从人类社会的真正生活中去认识事物。而教育者需要做的是将那些有关联的事物呈现在儿童面前，使儿童能容易而正确地知觉这些事物，并由此形成关于这些事物的正确观念。

2. 游戏教学原则

该原则以自我活动(self-activity)为基础，以对儿童游戏活动的观察为依据。福禄培尔认为，自我活动是一切生命的最基本的特征，万物神性本质的外在表现的发展是通过自我活动而进行的。个体由此认识自然，认识自我，最终认识神性的统一。他认为在以自我活动为基础的游戏活动中，儿童能感受到自由与欢乐，能有所发展，所以，任何儿童都对游戏很感兴趣。如果顺其自然，以游戏为教育的基本方法，引导儿童自我活动、自我发展和社会参与，就易于提高教育工作的效率。他主张幼儿园应成为儿童游戏的乐园。

(三)幼儿园课程

1. 游戏

在福禄培尔看来，幼儿时期的各种游戏是“整个未来生活的胚芽，因为整个人的最纯洁的素质和最内在的思想就是在游戏中得到发展和表现的”①。随着幼儿期的到来，游戏在学前教育体系中占有独特的地位，它既是学前教育中主要的教育手段，也是幼儿园中不可或缺的课程。

福禄培尔的幼儿游戏体系分为两大类。

第一类是运动性游戏，可以使幼儿了解运动的本质、目的，亲身去感受力量的作用，并从中掌握自我意识和自我决定。运动性游戏的具体内容主要有如下方面。①行走游戏。幼儿可以进行直线或曲线行进，在行进过程中，幼儿边走边唱，并注意观察身边的事物，同时将所见所闻想象成有生活趣味的故事并互相交流，从中得到乐趣。这种运动性游戏发展了幼儿的活动能力、观察力、智力以及想象力，丰富了他们的感觉与经验，加深了他们对自然和社会生活的理解。②表演游戏。幼儿可以站成圆圈，并且肩并肩、手拉手，按照螺旋形的路线行进，教师一边引导幼儿在途中观察事物，一边让其模仿自然及周围生活中的一些事物，如模仿小河流水、模仿蜗牛爬行等。③跑步游戏。幼儿可以在操场、花园或宽敞的房间中，进行赛跑游戏，从中得到体力上的锻炼，并加深与幼儿教育者和其他幼儿之间的关系。在福禄

① ［德］福禄培尔：《人的教育》，孙祖复译，39页，北京，人民教育出版社，2001。

培尔看来，通过以上的运动性游戏，幼儿可以从中加深对生活的感悟，意识到个人与集体的关系，从而提高幼儿之间的合作意识。

第二类是精神性游戏，主要帮助幼儿认识世界的基本特征，如重量、形态、弹性等，并且形成对外部世界的思考与判断，发展幼儿的智力和道德品质。福禄培尔专门为这类精神性游戏设计了玩具——“恩物”。

2. 恩物

福禄培尔受裴斯泰洛齐直观性教学的影响，为儿童设计了一系列教玩具——恩物，供儿童游戏时使用。恩物意为上帝送给儿童的宝贵礼物。这是福禄培尔对幼儿教育工作的具体贡献。福禄培尔力图用恩物来发展儿童的认识能力和创造性，训练他们手的活动技能。恩物的基本形状是球体、立方体和圆柱体，大多仿照大自然事物的性质、形状和法则，帮助儿童认识自然及其内在规律，并体现出从简单到复杂、从统一到多样的原则。

主要恩物(图 12-7)及其作用如下。

恩物 1：一个小盒子里装有 6 个由绒毛制作成的颜色各异的小球，分别为红色、黄色、蓝色、绿色、紫色、白色 6 种颜色。通过 6 个柔软的彩色小球的不同组合，让儿童认识各种颜色和数目，同时表现出许多内心的想法和愿望，并用以模仿在周围见到的无数事物。

恩物 2：木制的球体、立方体和圆柱体。儿童可以认识物体的各种形状。通过旋转、摇晃、滚动恩物等活动，大一些的儿童通过观察、比较和描述，可以理解一些初步的力学定律。

恩物 3：由 8 块同样大小的立方体组成的大立方体。儿童可以认识部分与整体的关系，培养数的概念。除此之外，由于立方体可能被儿童想象为“砖块”，他们建造的本能就被唤起。用这 8 块小立方体可以建构城市、桥梁、塔等。福禄培尔认为了解立方体的形象对于学习艺术、科学以及实际的生活都是头等重要的。

恩物 4：由 8 块小长方体组成的大立方体。儿童可以认识长方体与立方体的关系。福禄培尔认为这种恩物可以帮助儿童识别长度、宽度、厚度或高度，清楚地了解物体形状的变化，明白数学中的加、减、乘、除原则的运用，为学习几何打下基础。

恩物 5：大立方体，可分为 21 块小立方体、6 块大三角柱、12 块小三角柱。这种恩物可帮助儿童学习几何形体和计数，并配合不同的形体搭建各种东西。

恩物 6：大立方体，可分为 18 块长方体、12 块柱台、6 块长柱。这些恩物为儿童的建造工作提供了更广泛的练习机会，而且可进一步促进儿童对“整体”和“部分”的概念的掌握，即一方面了解“多归于一”，另一方面了解“一中有多”。儿童的想象力及创造力可由此得到发展。

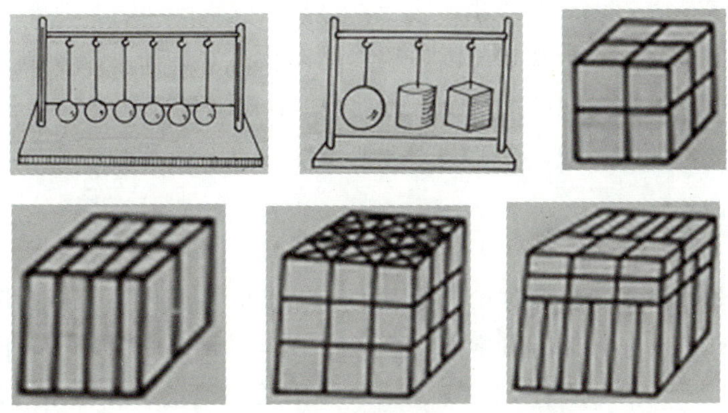

图 12-7　福禄培尔恩物

除以上几种恩物之外，福禄培尔和他的追随者又开发了其他恩物，如可摆成字母的木块、可摆成图形或模型的木棍等，其目的是使儿童有更多练习的机会，训练他们的建造能力，为将来学习数学打下基础。

3. 作业

作业活动是促进儿童体力、智力和道德品质和谐发展的重要方法。作业的种类很多，有纸工、绘画、拼图、串联小珠、镶嵌、泥塑等。作业与恩物关系十分密切，作业的进行主要体现了福禄培尔关于“创造”的教育原则，要求将恩物的知识运用于实践。比如，与恩物中立体相对应的作业活动有泥塑、纸工等。福禄培尔指出，儿童只有掌握恩物的使用后，才能进行作业活动。因此，恩物在先，作业在后；恩物的作用在于吸收或接受，作业的作用在于表现或建造。

4. 歌谣

福禄培尔在著作《慈母游戏和儿歌》中，专门设计、精选了一套歌谣及其图画，并对游戏方式进行了说明。编写该书的目的是帮助母亲教育自己的孩子，使儿童活动他们的肢体，发展他们的感觉。

5. 语言

福禄培尔还提到，无论在游戏还是在作业中，成人要注意结合使用各种材料以发展儿童的语言。福禄培尔在《幼儿园教育学》中还通过对一个 6 岁儿童学习读写的事例的描述，阐述了他对儿童读写教学的观点。

福禄培尔指出，儿童在游戏和活动后会具备良好的素质，如喜欢活动、能对问题进行思考等。他们对外界的事物充满好奇，一旦发现新事物以及读写的乐趣，便会产生强烈的学习愿望。由于此时儿童还未接受正规的学校教育，因此，宽松、温暖的氛围有利于儿童的主动学习。但是，父母或教师必须善于发现并积极引导他们对学习的兴趣，给他们提供学习的条件并鼓励他们将这种兴趣付诸实践；同时，儿童身边的家长、亲戚也应该多关注他们的学习，并不时给予鼓励，从而极大地激发其学习热情。

6. 自然研究

自然研究即观察自然，观察苗圃，喂养小动物。这些活动既能满足儿童的好奇心，培养自制力，促进知识的增加及智力的发展；又有助于儿童探究各种自然现象，培养儿童对自然科学的兴趣。

四、历史地位及影响

福禄培尔是近代学前教育理论的奠基人，也是世界近代史上极具影响力的学前教育家。他创办的幼儿园标志着学前教育机构的作用开始由“看管”转向“教育”，顺应了19世纪以来工业革命背景下要求发展学前社会教育的历史诉求，大大推动了世界学前教育的发展。他在借鉴前人经验的基础上，首创了幼儿园教育体系，使学前教育成为教育领域中的一个重要分支。福禄培尔强调发挥儿童的主观能动性和创造精神，重视学前教育的社会意义，强调儿童游戏的教育价值，详细论述了幼儿园工作的体系、内容和方法，为幼儿园创造了教学材料、玩具，设计了一整套作业体系，极大地推动了学前教育的发展。特别是他设计的恩物，曾被世界各国的学前教育工作者作为玩教具，广泛地利用并加以发展。

本章小结

随着近代科学和技术的长足发展及生产力的极大提高，西方社会对学前教育的发展提出了新的要求。洛克基于“白板说”和资本主义发展对人才的新要求，论述了绅士教育理论，提出了全面培养“绅士”的学前教育体系。卢梭自然教育理论的主旨在于培养自由、独立、个性和具有创造能力的资产阶级新人，因而，把教育中的“儿童”提到了前所未有的中心位置。充满贫民情怀的瑞士教育家裴斯泰洛齐提出了爱的教育、家庭教育和要素教育思想，率先发出了“教育心理学化”的呼号，有力地推进了科学学前教育学的研究。赫尔巴特完成了建构传统教育学体系的历史使命，为培养儿童良好的行为习惯和进行初步的学科知识的学习提供了传统范式。福禄培尔提出了崭新的幼儿园教育理论，使学前教育成为教育领域中的一个独立分支，并朝着科学化的方向迈进了一大步。

关键术语

《教育漫话》；白板说；绅士教育；自然教育；《爱弥儿》；自然人；理性睡眠期；感觉教育；消极教育；自然后果法；教育心理学化；要素教育；家庭教育；爱的教育；《普通教育学》；必要目的与可能目的；儿童管理；教育性教学；《人的教育》；幼儿园；实物教学原则；游戏教学原则；恩物；作业

思考题

1. 评述洛克的绅士教育理论及其对当前我国学前教育工作的启示。
2. 评述卢梭自然教育理论及其历史地位。

3. 什么是消极教育？谈谈你的看法。

4. 评述裴斯泰洛齐的要素教育及早期和谐发展教育的理论。

5. 评述裴斯泰洛齐关于家庭教育及爱的教育的思想。

6. 试述赫尔巴特的教育目的论。

7. 谈谈赫尔巴特教育性教学原则对课程思政的启示。

8. 赫尔巴特的儿童管理理论有什么特点？试进行评述。

9. 试述福禄培尔幼儿园教育理论的主要内容。

10. 试析福禄培尔在学前教育史上的地位。

实践活动建议

借助网络、图书等搜集近代外国教育家组织教育活动的视频和图片，就其中一位或几位教育家的学前教育思想和实践进行讨论。

拓展阅读

1. 罗瑶. 洛克的自然状态学说与教育思想. 教育学报，2017(5).

2. 刘黎明. 卢梭自由教育思想探析. 中国教育科学，2016(4).

3. 王保星. 穷人教育学：裴斯泰洛齐乡村教育思想诠释. 湖南师范大学教育科学学报，2014(2).

4. 张卉. 哲学与教育学互动关系视角下赫尔巴特教育理论体系再审视. 全球教育展望，2021(6).

5. 易连云，谭畅. 由二分世界走向生命统一：福禄培尔的儿童教育观及其现代价值审思. 教育史研究，2020(2).

第十三章　现代学前教育理论

本章学习目标▶

1. 把握杜威的学前教育思想及其历史影响。
2. 把握蒙台梭利的儿童观、教育观及对现代学前教育的影响。
3. 把握德可乐利教学法及其特点。
4. 把握瑞吉欧学前教育体系的主要特征。

第一节　杜威的学前教育思想

约翰·杜威(John Dewey，1859—1952)是美国实用主义教育思想的代表人物。从实用主义哲学、机能主义心理学和儿童中心论出发，杜威提出了教育即生长、教育即生活、教育即经验持续不断的改造的教育本质论，指出教学的基本原则是从做中学。杜威认为学前教育的内容应该是生活化的、经验性的，儿童最主要的学习方式是游戏和作业。杜威的理论成为美国进步主义学前教育的基础，把世界学前教育推进到一个新的时代。

一、生平及理论基础

(一)生平

图 13-1　约翰·杜威

1859 年，杜威(图 13-1)出生于美国佛蒙特州柏灵顿(Burlington)小镇的一个商人家庭。16 岁时，他进入佛蒙特州州立大学。在黑格尔的崇信者哈里斯(William T. Harris)的鼓励下，杜威于 1882 年进入约翰·霍普金斯大学攻读黑格尔的辩证法和德国的理性主义哲学，并于 1884 年荣获哲学博士学位。

杜威离开约翰·霍普金斯大学后，其思想发展可以分为三个时期。第一个时期，从 1884 年到 1894 年的十年，执教于密歇根大学和明尼苏达大学，这是其教育思想的酝酿期。第二个时期，从 1894 年到 1904 年，杜威出任芝加哥大学哲学、心理学和教育学系主任，并于 1896 年创办芝加哥实验学校，进行新教育实验。此期间诞生了许多重要的教育理论著作，如《我的教育信条》(1897 年)、《学校和社会》(1899 年)、《儿童与课程》(1902 年)。可以说，在芝加哥大学的十年是杜威教育思想形成和发展的关键时期。1904 年，杜威离开芝加哥大学，成为哥伦比亚大学教授，迎来其思想发展的第三个时期。哥伦比亚大学时期(1904—1930 年)，杜威发表的教育论著有《我们怎样思维》(1910 年)、《明日之学校》(1915 年)、《民主主义与教育》(1916 年)和《进步教育与教育科学》(1928 年)等。此外，杜威还先后到日本、中国、土耳其、墨西哥和苏联进行访问，发表演讲，加上追崇者的力推及其著作的传播，他的思想影响遍及世界。

(二)教育学的理论基础

1. 实用主义哲学

实用主义哲学是美国土生土长的哲学流派，也是 19 世纪末以来对美国社会影响最为深远的哲学流派。他们反对心物、主客等二元分立的哲学观点，提出哲学的主要任务是制定科学的认识论和方法论，把哲学和科学研究的对象限定于人的现实生活和经验所及的范围，强调行动、过程和效果，注重非理性的情感、意志以及本能和直觉。这种讲求“效用”的实用主义哲学首先由皮尔斯(C. Peirce，1839—1914)提出，后经詹姆斯(W. James，1842—1910)系统化论证，成为影响美国社会的重要哲学思潮之一。而杜威则是实用主义哲学的集大成者，他将实用主义哲学广泛地运用于社会生活和意识形态的各个领域。

在批判传统哲学经验观的基础上，杜威提出“经验的自然主义”或“自然主义经验论”。自然主义经验论关注实践和行动的哲学，试图将哲学关注的中心从理性的静观、追求确定性的知识转换到人类日常生活的经验世界。杜威引入生物学的概念，把经验视为主体和对象即有机体和环境之间相互作用的结果。

2. 机能主义心理学

20 世纪初，机能主义者掀起了一场心理学大革命，这场革命不仅加速了哲学上的唯心主义被实用主义和工具主义取代的进程，而且直接导致心理学逐渐从心灵主义转向行为主义。在这场革命中，机能主义心理学成为一个自觉的学派当归功于杜威。1896 年，杜威发表的《心理学中的反射概念》标志着芝加哥机能主义心理学派正式成立。该学派在反对构造心理学元素主义的基础上树立起自己鲜明的旗帜。

在这篇文章中，杜威反对将反射弧概念割裂开来进行研究，也反对将刺激与反应割裂，更强调不能将反射弧简单地还原为感觉和运动元素。杜威认为，反射弧是一个整体，是一个连续的整合活动，一个反射与其前后的反射是相互联系的。心理学要研究的对象是动作机能，是整个有机体在环境作用下的适应活动。心理活动就是有机体采取一定的行动来适应环境和满足需要。儿童心理活动的实质，则是以儿童本能活动为核心的天生机能不断生长、发展及与周围环境协调的过程。

二、教育理论

(一)教育的中心——“双中心”

1. 儿童中心论

谈到儿童教育问题时，杜威深受卢梭的影响，倡导儿童中心论。杜威认为，心理学是教育过程的重要组成部分。他主张，教育必须建立在儿童的天性、本能之上，重视心理的因素。杜威批评传统教育，称其只是自上而下地把成人的标准、成人制定的教材与教法强加给正在成长的儿童，所强加给儿童的东西超出了儿童的经验范围。由此，杜威指出应该把儿童放在教育的中心，让儿童成为教育的主宰。他强调：“我们教育中将引起的改变是重心的转移。这是一种变革，这是一种革命，这是和哥白尼把天文学的中心从地球转到太阳一样的那种革命。”杜威认为，在这种教育变革中，“儿童变成了太阳，而教育的一切措施则围绕着他们转动，儿童是中心，教育的措施便围绕他们而组织起来”[①]。这些言论发表在19世纪末欧美新教育运动兴起之时，有力地推进了国际社会对儿童在教育中应有权利和地位的认识。同时，杜威作为20世纪上半叶儿童中心主义代表性人物的重要地位也因此确立。

2. 社会中心论

在倡导儿童中心的同时，杜威还把社会的需要、社会的目标放在了教育的中心地位。杜威认为，社会学也是教育过程构成的重要因素之一。在杜威眼中，教育产生和存在的必要性源于社会生活的需要，也正是社会环境的作用使得教育的存在具备可能性。考虑教育问题时，必须考虑社会的需要。教育要以社会为中心，“教育的社会方面放在第一位”。[②] 就教育的目标而言，教育要“用服务的精神熏陶他，并授予有效的自我指导的工具”，把儿童培养成社会的成员，如此才能推进一个“有价值的、可爱的、和谐的大社会”。[③] 由此，仅将杜威视为“儿童中心论”的倡导者的观点是不全面的，他还是“社会中心论”的倡导者和推动者。

需要思考的是，杜威一方面大力倡导儿童中心论，另一方面，又把社会的需要、社会的目标放在教育的中心地位。这是否矛盾？有两种观点。一是“在杜威的心目中，‘儿童中心’是就心理的因素，也即就方法论来说的，‘社会中心’是就社会的因素，也即就目的论来说的”[④]。二是杜威所言的社会是指其理想的资本主义民主社会，即保障个人自由、个性能够充分张扬的社会。这样，以社会为中心与以儿童为中心本身就是一致的。由此可见，在教育体系中，杜威主张和倡导的是儿童中心，

① [美]杜威：《杜威教育论著选》，赵祥麟、王承绪编译，32页，上海，华东师范大学出版社，1981。
② [美]杜威：《杜威教育论著选》，赵祥麟、王承绪编译，321页，上海，华东师范大学出版社，1981。
③ [美]杜威：《杜威教育论著选》，赵祥麟、王承绪编译，28页，上海，华东师范大学出版社，1981。
④ 中国教育史研究会：《杜威、赫尔巴特教育思想研究》，99页，济南，山东教育出版社，1985。

教育应把儿童的兴趣、需要和儿童的本能成长放在第一位，其提出的“社会中心”在实质上是为保证“儿童中心”服务的。也可以说，“儿童中心”是“体”，而“社会中心”则是“用”。

(二)教育的本质

1. 教育即生长

生长论代表了杜威的儿童发展观。生长必须以儿童的本能、能力为依据。杜威认为教育就是尊重和利用儿童的未成熟状态，促进其个体本能不断生长的过程。促进儿童不断生长的前提就是必须正确看待儿童的未成熟状态。儿童的未成熟状态，意味着其具有成长的可能，存在依赖性的同时具备较强的可塑性，这是一种向前生长的积极内容和力量。面对这种未成熟的状态、这种生长的力量，我们需要考虑尊重儿童的本能，摒弃机械训练的方法，着重发展儿童灵活应对问题的能力。可以说，教育就是为了促进个体获得适应环境的种种习惯。习惯的重要性并不止于习惯的执行和动作的方面，习惯还指培养理智的和情感的倾向。在与环境作用的过程中，个体主动地调整自己的活动，发展应对新情况的能力，进而获得持续不断的成长。杜威认为，儿童与生俱来有四种本能(或冲动、兴趣)：表现为交谈、交际中的社交或社会本能；表现为建造或制造的本能；表现为探索和发现事物或调查研究的本能；表现为冲动或艺术的兴趣。“教育即生长”，就是教育要在尊重儿童未成熟状态的基础上，利用儿童的本能，促使儿童不断生长。杜威说，儿童“基本本能”的确立和生长是“教育的天国”。

2. 教育即生活

首先，就教育起源而言，教育就是生活的需要。无论是生活经验、人类文明的纵向传承，还是群体与个体、个体与个体之间共同生活的横向沟通，都需要依靠教育。换言之，人类的继续生存必须通过教育，教育是人类生活的需要。其次，就教育目的而言，教育即生活的过程。教育在其本身之外无目的，教育就是儿童生活的过程，而非将来生活的预备。生活就是发展；而不断发展、不断成长，就是生活。因而，教育需要关注儿童当下的生活，引导儿童在社会中、在真实的生活中学习与成长。最后，就社会环境的价值而言，教育即生活的延续，学校即社会。社会环境本身就是一笔巨大的资源，无论是推动还是阻碍，社会环境都能通过个体的种种活动，塑造个体行为的智力或情感倾向。相比于其他社会环境，学校是一种经过选择、优化的环境。学校是一种特殊的社会环境，是简化、净化、平衡后的社会环境。学校环境通过筛选，将有助于社会进步、人类美好的经验进行保存和传递，促使个体朝着更有利的方向发展。

3. 教育即经验持续不断的改造

在剖析“教育即塑造”“教育即复演”等观点的基础上，杜威提出教育即经验持续不断的改造的思想。“教育即改造”，是个体对在参与活动的过程中获得的经验进行持续不断的改造，而不是对先天活动进行简单的塑造。教育的任务在于把儿童从复演过去和重蹈覆辙中解救出来，而不是引导他们去重演以往的事情。因而，进步的社会并非使年轻人重演流行的习惯，而是要他们养成更好的习惯，以使将来的成人社会比现在进步。

经验的持续不断的改组或改造具有两方面的意义，既能增加经验的意义，又能提高后来的指导或控制经验的能力。一个具有教育意义的活动可以"增加经验的意义"，能使儿童认识到过去未曾感觉到的某种联系。例如，一个儿童伸手去碰火光，烫痛了，从此以后，他知道某个接触活动和某个视觉活动联系起来就意味着烫和痛，或者，知道光就是热的来源。[①] 真正有教育作用的经验，除了可以帮助儿童对活动的意义和联系产生新认识，还可以"提高后来的指导或控制经验的能力"。如果儿童在参与活动中知道自己在做什么，或者说，他能事先设想某些结果，那么他就更能预料将会发生的事情，从而能预先加以准备，以便获得有意义的结果，避免不良的后果。

(三)教学的基本原则——"从做中学"

杜威以"教育即生长""教育即生活""教育即经验持续不断的改造"的理论为基础，重新论述了知与行的关系，在教学方法上提出了"从做中学"(learning by doing)的基本原则。他指出，"从做中学要比从听中学更是一种较好的方法"[②]。

杜威批评传统的教师讲、学生听的教学方式，认为儿童不从活动而只从听课和读书中获得知识，真正意义上的学习并不会发生。"教室中……在仅是教科书和教师才有发言权的时候，那发展智慧和性格的学习便不会发生；不管学生的经验背景在某一时期是如何贫乏和微薄的，只有当他有机会从其经验中作出一点贡献的时候，他才真正受到教育……"[③]在杜威看来，儿童只有"从做中学"才能获得有意义的知识，才可能产生真正意义上的学习。因而，"从做中学"就要求儿童从经验中积累知识，从实际操作中学习，运用自己的感觉器官接触具体的事物，进行观察和推测、实验和分析、比较和判断，从而使感性认识上升到理性认识，最后亲自解决问题。

理解"从做中学"的内涵需要注意两点。第一，杜威强调，"从做中学"时，必须排除外部强制或命令的行动。只有没有外部的压力，儿童才可能摆脱种种束缚，将注意力转向其感兴趣的事情及活动。第二，对不同年龄儿童应差别对待。"指望一个幼小儿童从事的活动象(像)年龄较大的儿童所从事的活动那样复杂，或者指望年龄较大的儿童所从事的活动象(像)成人所从事的活动那样复杂，这是可笑的。"[④]因此，

---

① 吕达、刘立德、邹海燕：《杜威教育文集》第2卷，77页，北京，人民教育出版社，2008。

② [美]杜威：《学校与社会·明日之学校》，赵祥麟、任钟印、吴志宏译，286页，北京，人民教育出版社，1994。

③ [美]杜威：《人的问题》，傅统先、邱椿译，26～27页，上海，上海人民出版社，1965。

④ [美]杜威：《学校与社会·明日之学校》，赵祥麟、任钟印、吴志宏译，189页，北京，人民教育出版社，1994。

“从做中学”要求要做的事情及从事的活动必须是儿童真正感兴趣的，所面临的困难也应该是可以激发儿童勇气与斗志的，同时是处在儿童力所能及的范围内的。

“从做中学”的基本原则，强调儿童通过各种作业与活动，从活动中、从经验中学习，获得各种知识和技能。为此，学校要营造良好的环境，提供各种实践性活动，促使儿童通过做事而学习。“从做中学”革除了传统教育中知行脱节的弊端，将学校与社会、学习与生活密切联系起来，实现知行合一。

(四)思维步骤与教学要素

杜威十分重视儿童的思维能力的培养，一是认为没有思维的因素，就不可能产生有意义的经验，二是将思维的方法运用于教育，其目的在于培养人的智慧。他说，知识仅仅是已经获取并储存起来的学问，而智慧“则是运用学问去指导改善生活的各种能力”①，因而“思维就是明智的学习方法”②。他认为思维起源于不确定的、有问题的情境。思维过程可分为“五步骤”：①发现疑难情境；②确定疑难研究在何处；③提出解决问题的种种假设；④推断哪一种假设能解决问题；⑤通过实验验证与修改假设。

杜威认为，教学法的要素与思维的要素是相同的。与上述思维五步骤相应，教学法的要素(或称教学阶段)是：①学习者要有一种“经验的真实情境”，即一种令其产生兴趣的活动；②在这种“情境”里面产生促使学习者思考的“真实问题”；③学习者要占有知识资料，从事必要的观察，以对付这个问题；④学习者须具有解决问题的种种设想，并加以整理排列，使之有条不紊；⑤学习者将设想付诸实施，并检查其有效性。

显然，杜威思维五步骤及教学法五要素的观点与其“从做中学”理论互为表里，是对现有被动的、静听的课堂教学及赫尔巴特教学法的深入的反思和批判，指出了儿童从实践中手脑结合进行探究性学习的基本路向，对 20 世纪学前教育课程的发展和更新产生了深刻的影响。

三、学前教育的基本观点

(一)儿童观

对儿童而言，生长和发展是他们的主要任务。杜威指出，一个人只能在他未发展的某一点上发展。因此，生长的首要条件是未成熟状态。③ 未成熟状态并非一无所有，而是意味着存在某种潜力——在外部影响下变成某种不同的东西的能力。未成熟状态预示着生长的可能性，表示现在就有一种确实存在的势力，有一种积极的势力或能力——向前生长的力量。杜威指出：“人类所以能有学习各种事物之容量或

---

① [美]杜威：《我们怎样思维·经验与教育》，姜文闵译，53 页，北京，人民教育出版社，1991。
② [美]杜威：《民主主义与教育》，王承绪译，162 页，北京，人民教育出版社，1990。
③ 吕达、刘立德、邹海燕：《杜威教育文集》第 2 卷，44 页，北京，人民教育出版社，2008。

可能，即是因为他的幼稚期特别长久。”①如前所述，在杜威看来，儿童身上潜藏着探究、制造、社交和艺术的四种本能。毫无疑问，儿童的四种本能会表现出四个方面的兴趣。杜威强调，“这四方面的兴趣是天赋的资源，是未投入的资本，儿童的生动活泼的生长是依靠这些天赋资源的运用获得的”“儿童自己的本能和能力为一切教育提供了素材，并指出了起点”。②

杜威认为，未成熟的儿童具有两个特征，即“依赖性”与“可塑性”，并从发挥儿童主动性的角度对二者做了独特性的解释。“依赖性”表现为儿童需要“成人继续不断养护”，但杜威更倾向于把“依赖性”解释为儿童具有的社交能力和需要，即儿童通过不断的社交活动，促进自身的不断生长和发展。“可塑性”完全不同于“油灰或蜡的可塑性”，而是从经验中学习的能力，是“发展各种倾向的力量”。

幼年期不仅是人生发展的最初阶段，而且会影响儿童日后的成长和发展。杜威指出：“所有的教育改革家都正确地坚持最初几年的重要性，因为控制后来发展的根本态度就是在这几年里固定下来的。”③最初的几年，儿童学习的速度快、效果好，因为幼年期儿童的学习与其自身能力提升的需要、周围环境的激发密切相关。因而，对于他们而言，学习是自我保护和成长的过程，是应对生活中种种现实情况的必须。

(二)学前教育的内容与方法

关于文化学习，杜威虽未绝对反对，但强调要尊重儿童的身心特点施教，反对超前学习。从经验论和机能主义心理学的立场出发，杜威认为年幼的儿童最主要的学习方式就是游戏和作业。

杜威十分重视游戏在儿童教育中的作用，认为“儿童自发的游戏欲望在低年级时最为强烈”。一是有助于儿童身心健康发展并培养“心的技能”与“控制、操弄工具的能力”，而这些能力、思想和活动“以令人满意的形式体现儿童自己的意象和兴趣”④。二是有助于发展社会意识和社会技能，因为游戏内容能够代表社会的生活之情况，且儿童游戏往往在集体中进行，由此可以养成“共同工作之技能与习惯”。⑤关于作业，是与游戏有联系且含义相似的概念。

杜威认为，学校中可以采用的作业应包括以下五个特征：一是有利于保持儿童的创造性和动手的态度；二是使用原始粗糙的材料；三是营造具有完整感染力的作业情境；四是关注作业情境的社会性；五是消除外部强加的压力，关注活动本身经

---

① [美]杜威：《平民主义与教育》，常道直编译，4页，上海，商务印书馆，1922。

② [美]杜威：《杜威教育论著选》，赵祥麟、王承绪编译，2、38页，上海，华东师范大学出版社，1981。

③ [美]杜威：《学校与社会·明日之学校》，赵祥麟、任钟印、吴志宏译，258页，北京，人民教育出版社，1994。

④ [美]凯瑟琳·坎普·梅休等：《杜威学校》，王承绪、赵祥麟、赵瑞英等译，48页，上海，华东师范大学出版社，1991。

⑤ [美]杜威：《平民主义与教育》，常道直编译，240页，上海，商务印书馆，1922。

验的价值。[①] 关于游戏与作业的具体内容或主题，杜威认为应符合儿童的本能、兴趣，同时随时令的变迁和地方事情的变化而异，如“食物”“保卫”“娃娃家”等。他提出把有组织的竞技、玩具制造以及其他以游戏动机为根据的各种制作列入课程，作为正课的一部分。[②] 杜威主张把粗糙的原料而不是完备的材料给儿童，他认为只有从粗糙的原料做起，经过有目的的使用，儿童才能获得包含在完成了的材料中的智力。

杜威教学方法论的核心是行动，他指出必须参照行动的方法来选择教材和安排课程。杜威把方法问题归结为儿童的能力和兴趣的发展顺序问题。根据儿童本性的发展进行教学，首先，必须了解儿童的兴趣，这是教学工作的起点。只有耐心地、认真地观察儿童的兴趣，成人才可能真正理解儿童，进入儿童的世界。儿童的兴趣是隐藏着的能力的信号，显示出儿童当前的发展状态、即将进入的阶段。全面了解儿童的兴趣，知道儿童想要什么、在做什么、将要做什么，才可能为儿童提供与之水平相适应的刺激或材料。其次，要抓住儿童的自然冲动和本能。利用它们使儿童的理解力和判断力提到更高的水平，养成更有效率的习惯。杜威强调：“如果不能达成这种结果，游戏就会成为单纯的娱乐，而不能导致有教育意义的生长。”[③]

四、历史地位及影响

杜威是20世纪世界上最具影响力的教育家之一。针对传统教育的弊端，杜威将教育的关注点转移到儿童及其生活上，创立了现代西方庞大而完整的教育理论体系，推动了教育理论的历史性变革。其教育思想对于解决教育领域长期存在的学校与社会脱节、教育与儿童对立、知识与生活脱离等问题起到了重要作用，产生了深远影响。杜威探讨了学前教育多方面的问题，在儿童观、课程论和教学方法论等方面提出了新观念和思想，把学前教育理论推到一个新的高度。

第二节　蒙台梭利的学前教育思想

蒙台梭利(Maria Montessori，1870—1952)，欧洲新教育运动的主将，是继福禄培尔之后的杰出幼儿教育家，对世界学前教育理论的发展做出了重要贡献。蒙台梭利认为儿童有着独特的心理胚胎期，需要为儿童创建“有准备的环境”。蒙台梭利指出儿童喜欢“工作”甚于游戏，儿童在通过与材料互动的“工作”中使自己得到了应

---

① 吕达、刘立德、邹海燕：《杜威教育文集》第2卷，192～196页，北京，人民教育出版社，2008。

② 杨汉麟：《外国幼儿教育史》，375～378页，北京，人民教育出版社，2011。

③ [美]杜威：《学校与社会·明日之学校》，赵祥麟、任钟印、吴志宏译，93页，北京，人民教育出版社，1994。

有的发展。蒙台梭利认为学前教育教学内容主要包括感觉教育，读、写、算练习及实际生活练习等，这些内容的教学也是采用“工作”的方式进行的。

一、生平及教育活动

1870年，蒙台梭利(图13-2)出生于意大利安科纳省基亚拉瓦莱小镇。1890年，她不顾家人的反对考入罗马大学医学院。1896年，她以第一名的优异成绩毕业，成为意大利第一位女医学博士。同年，她受聘为罗马大学附属医院精神病诊所的助理医生，治疗有身心缺陷的儿童。1898年，在意大利都灵的教育会议上，蒙台梭利因提出“儿童心理缺陷和精神病患主要是教育问题，而不是医学问题，教育训练比医疗更为有效”的观点而受到广泛关注，同年受聘创立罗马国立启智学校并担任校长，还开办了教育低能儿的教师培训班。在此期间，蒙台梭利系统研究了法国特殊教育专家伊塔和塞贡的理论和方法，并据此创制了一系列教具，在有效教育低能儿方面取得了极大的成功。

图13-2　蒙台梭利

之后，蒙台梭利回到罗马大学继续深造，学习实验心理学等相关课程，开始把研究工作转向正常儿童的教育问题。1907年1月，蒙台梭利将用于低能儿教育的方法进行了一定的调整，在罗马圣罗伦佐贫民区创办了第一所“儿童之家”。同年4月和11月，第二、第三所“儿童之家”相继成立。蒙台梭利开始了正常儿童教育的实验，并再次取得了极大的成功。1909年，根据“儿童之家”的实验成果而写就的《蒙台梭利方法——运用于“儿童之家”的幼儿教育的科学教育方法》(英文译为《蒙台梭利方法》)出版。该书全面阐述了她的学前教育观点和方法。该书出版后不久就被翻译成20多种文字，慕名前来儿童之家参观学习的国内外人士络绎不绝。

1911年，蒙台梭利开始向外界传播自己的教育思想和方法，在欧洲、美洲、亚洲多个国家举办讲座、开办教师培训班以及创办学校，推动了世界各国的学前教育改革。1929年，国际蒙台梭利协会在荷兰首都阿姆斯特丹成立，蒙台梭利亲自担任大会主席。此后一段时间，她出版了《童年的秘密》《新世界的教育》《开发人类的潜能》《有吸收力的心理》《和平与教育》《人的形成》《儿童的发现》等著作。1952年5月，蒙台梭利逝世于荷兰阿姆斯特丹，享年82岁。

二、儿童观

在总结卢梭、裴斯泰洛齐、福禄培尔等人的自然教育思想以及充分吸收当时医学、生物学、心理学、人类学和教育学等学科成果的基础上，通过“儿童之家”教育实验，蒙台梭利形成了独具特色的儿童观。

(一)双重胚胎期

蒙台梭利在《精神胚胎》一文中写道：“人似乎有两个胚胎期，一个是在出生以前，与动物相同；另一个时期是在出生以后，只有人才有……人类具有一种双重胚胎生活……”[①]蒙台梭利称前者为“生理胚胎期”，指的是个体在母体内生长发育的过程；称后者为“心理胚胎期”，指的是个体在与环境的交互作用中形成心理的过程。“心理胚胎期”是人类独有的，时间上对应的是出生后的前3年。人不像许多动物那样一出生就具备生存的本领(如牛羊一出生就能站立、行走甚至奔跑，人却做不到)，然而人的社会生存所需要具备的本领比任何动物都要复杂得多，无法靠遗传获得。因此，人需要经历一个与生理胚胎期一样的过程，在“内在生命力”的驱使下，实现心理从无到有、从简单到复杂的发展。

(二)吸收性心智

蒙台梭利认为儿童具有一种独特的能力，使得其心理发展成为可能，她称之为“吸收性心智”(absorbent mind)。她在《有吸收力的心理》中写道：“儿童有一种能够吸收知识的心理，他们能够自己教自己。”[②]她指出，成人是通过运用心理来获得知识的，而儿童吸收知识要直接进入其心理生活；成人“可以记住环境并对其进行思考，而儿童却是吸收环境。他对所看到的事物不仅能记住，而且使它们成为其心灵的一部分”[③]。简言之，儿童可以自主地从周围环境中吸收一切信息，从而形成自己的心理。蒙台梭利提出的“吸收性心智”概念与“双重胚胎期”概念是紧密联系在一起的。如同生理胚胎通过从周围环境中吸取一切养分以完成发育的过程一样，心理胚胎也需要通过从周围环境中吸收营养成分以完成自我生长，其中最为关键的因素就是“吸收性心智”。

(三)敏感期

受荷兰生物学家胡戈·德弗里斯(Hugo de Vries，1848—1935)的影响，蒙台梭利认为儿童发展的过程中存在着针对特定环境刺激的敏感时期。在某种刺激的敏感期内，儿童对这种刺激及与之相关的活动非常感兴趣。一旦儿童置身于与敏感期相适应的环境中，他就会在轻松愉快中迅速掌握与相应的刺激活动相关的能力。特定的敏感期往往与特定的年龄阶段相联系，一旦儿童在特定敏感期内缺乏相关刺激，当敏感期结束后，儿童再学习与该刺激相关的活动技能时往往非常困难，甚至无法学会。

敏感期概念的提出，为证明学前教育的重要性提供了重要的理论证据。为进一步指导具体的学前教育工作，蒙台梭利还提出了一系列儿童身心发展常见的敏感期出现的时间段，如语言的敏感期是8周至8岁，秩序的敏感期是1～4岁，等等。蒙

---

① [意]蒙台梭利：《蒙台梭利幼儿教育科学方法》，任代文主译校，391～392页，北京，人民教育出版社，2001。

② [意]蒙台梭利：《蒙台梭利幼儿教育科学方法》，任代文主译校，337页，北京，人民教育出版社，2001。

③ [意]蒙台梭利：《蒙台梭利幼儿教育科学方法》，任代文主译校，392页，北京，人民教育出版社，2001。

台梭利同时指出，对不同的个体而言，敏感期出现的具体时间和程度等存在一定的差异，在实施学前教育时，不能按照统一的标准要求所有的儿童，而应当通过观察个体儿童的活动捕捉其发展的敏感期，做到因材施教。

(四)阶段性

基于敏感期理论，蒙台梭利认为儿童的发展既有连续性，又表现出一定的阶段性；教育者既要看到发展的连续性，又要正确把握发展的阶段性。在不同的发展阶段，儿童有着明显不同的身心特征；前一阶段的发展是下一阶段发展的基础。蒙台梭利将儿童的发展分为如下3个阶段。

第一阶段，0～6岁。这一阶段又可以分为两个阶段。前3年是心理胚胎期，儿童主要通过吸收周围环境中的信息来形成心理和适应生活，不能接受成人的直接教育；后3年是个性形成期，儿童可以在一定程度上接受成人的直接教育。蒙台梭利认为儿童在这一阶段的发展状况对未来是具有决定性的。

第二阶段，6～12岁。这一阶段儿童的发展已经具有了一定的稳定性，他们开始具备抽象思维能力，产生道德感和社会感，开始渴望探究更大范围的世界。据此，蒙台梭利主张应当从感官教育转向抽象的智力活动，并提供给儿童更大的活动和探索空间。

第三阶段，12～18岁。儿童在这一阶段进入青春期，身心都开始发生更大的变化，具备了理想，产生了爱国心和荣誉感，能在兴趣的指引下主动探究事物。这时，便可以进行与成人一样的宣传教育。

总之，蒙台梭利的儿童观建立在生物学和一系列实证研究的基础上，在一定程度上反映了当时世界科学发展水平下对儿童的最高认识水平，对于当今的学前教育工作依然有很强的指导意义。

三、教育观

(一)教育环境观

蒙台梭利从“心理胚胎期”理论出发，提出了学前教育的环境观——“有准备的环境”。蒙台梭利认为，儿童的发展是在其内在生命力的驱动下，通过与环境相互作用实现的。因此，环境的构成与质量对儿童的发展十分重要。而成人世界的真实生活环境非常复杂，有许多对儿童的发展不利的因素，因此，需要成人在童心世界与真实世界之间搭一座桥梁，这便是“有准备的环境”。

在儿童之家，“有准备的环境”需要由教师来准备。为此，蒙台梭利提出了创设“有准备的环境”的具体标准，主要包括：保证儿童有独立、充分活动的自由；必须是有秩序的生活环境；对儿童有纪律要求，以引导其形成一定的行为规范；能丰富儿童的生活经验，并提供丰富的感官训练材料；生活设备和一切用具应美观、实用，对儿童有吸引力等。

(二)自由与纪律

蒙台梭利认为，儿童的生命潜力是通过自发冲动表现出来的，这种冲动的外在表现就是儿童的自由活动。因此，她强调学生的自由是科学教育的基础，并指出教育中只有给儿童自由才能使其个性得到“最有利的发展”，而保证其个性得到发展的必要条件之一就是给儿童活动的自由。因此，学前教育机构在环境的准备、材料的投放以及活动的安排上，都应当给儿童提供充分自由活动的条件。

关于自由和纪律的关系，蒙台梭利认为自由是形成纪律的基础。首先，她明确指出，自由不等于放任。这是因为：第一，儿童的自由以不损害集体利益为限度；第二，不冒犯或干扰他人，对他人不礼貌或有粗野行为就应加以制止。至于其余的一切，即有益于儿童的各种表现和发展的，不管是什么行为，无论用什么形式表现出来，教师不仅要允许，而且必须进行观察。① 其次，蒙台梭利强调的纪律并非由成人靠命令、说教甚至惩罚得来，真正的纪律对于儿童来说是主动的，必须建立在其自由活动的基础之上。因此，她大声疾呼：“活动，活动，我请你把这个思想当做关键和指南：作为关键，它给你揭示了儿童发展的秘密；作为指南，它给你指出了应该遵循的道路。”②具体来讲，她认为纪律是儿童在“有准备的环境”里，通过充分开展的自由活动而逐渐形成的。她在儿童之家的实验中总结了纪律教育的做法。第一，使儿童分清好坏，不要混淆“好”和“不动”，也不要混淆“坏”与“活动”③；第二，让儿童自由选择有趣的工作；第三，用“寂静活动”来巩固纪律。

(三)工作与材料

蒙台梭利指出：“真正纪律的第一道曙光来自工作。”④蒙台梭利所谓的工作，实际上就是儿童自由选择的有趣的活动。它有如下特征。①遵循自然法则，服从儿童内在的引导本能。②无外在目标，以内在的自我实现为目标。③是一种创造性、建构性的活动。④自己独立完成，无人可帮助或替代。⑤通过环境渠道的反馈来改进自己。⑥按照自己的方式进行，为满足内在需要而重复。

蒙台梭利认为“儿童喜欢工作甚于游戏”，儿童有一种“工作欲”，这是一种“生命的本能”。她认为促进儿童发展的更有效的手段是工作，而不是福禄培尔强调的游戏。理由主要有三点。第一，游戏会把儿童带进不切实际的幻想世界，无法培养严肃认真的生活态度，而工作是非常严肃的事情，有利于培养儿童的责任感和认真的态度；第二，游戏是散漫的、随意的活动，对儿童的发展存在很大的不确定性，而工作则是结构清晰、紧凑的，能有效、明确地促进儿童发展；第三，虽然儿童在游戏的过程中是快乐的，但游戏结束后带来的却是精神上的空虚，而工作带给人的则

---

① [意]蒙台梭利：《蒙台梭利幼儿教育科学方法》，任代文主译校，112～113页，北京，人民教育出版社，2001。

② 杨汉麟：《外国幼儿教育史》，415页，北京，人民教育出版社，2011。

③ [意]蒙台梭利：《蒙台梭利幼儿教育科学方法》，任代文主译校，117页，北京，人民教育出版社，2001。

④ [意]蒙台梭利：《蒙台梭利幼儿教育科学方法》，任代文主译校，306页，北京，人民教育出版社，2001。

是精神上的充实感，会带来更为持久的快乐。

需要提供一些动手操作的材料来供儿童进行工作，因此，蒙台梭利发明了一系列与特定教育内容相匹配的教具作为工作的材料供儿童自由选择。蒙台梭利将学前教育的内容分为五个领域，分别是日常生活教学领域、感官教学领域、数学教学领域、语言教学领域、科学文化教学领域，每个领域都有相应的材料与之对应。

(四)论学前教育教学内容

感觉教育，读、写、算练习及实际生活练习是蒙台梭利教学法的核心内容。

1. 感觉教育

重视儿童的感官、感觉训练和智力培养是蒙台梭利教学法的一大特征。在《蒙台梭利方法》一书中，约四分之一的篇幅论述了感觉教育及与之密切联系的知识教育。蒙台梭利如此看重感觉教育的原因主要有：①儿童正处在各种感觉的敏感期；②感官是心灵的门户，感官训练对于智力发展具有头等重要性。蒙台梭利的感觉教育主要包括视觉、听觉、嗅觉、味觉及触觉的训练，其中以触觉训练为主。其办法是用专门设计的教具材料来训练各种不同的感觉。这些教具材料具有以下几个重要特点：一是教具材料根据其用途不同分为不同的种类；二是每种教具材料各训练一种特殊的感觉，即尽可能排除其他感官的干扰，使所要训练的感官得到的印象尽可能纯正、清晰；三是教具材料具有控制错误的功能，以便儿童能够“自我教育”。(图 13-3 至图 13-5)

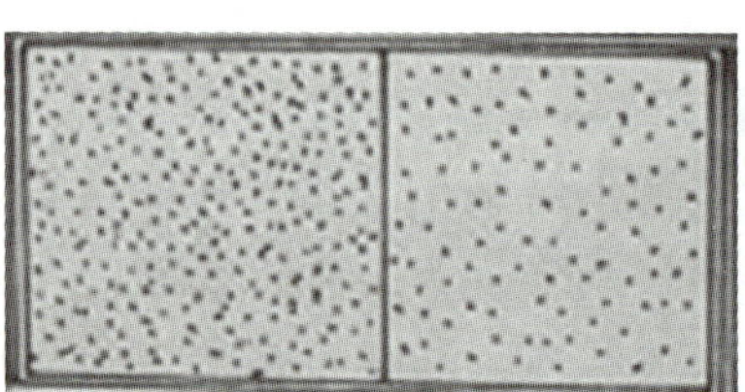

一半贴光纸，一半贴砂纸，训练时儿童闭上眼睛，只用手指触摸辨别光纸、砂纸

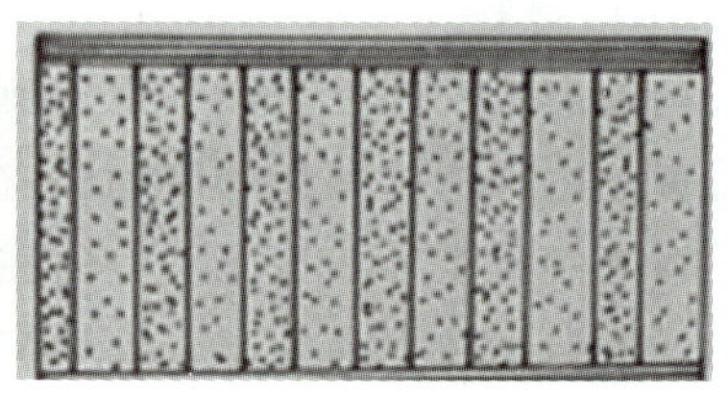

光纸、砂纸交替粘贴，训练时儿童闭上眼睛，只用手指触摸辨别光纸、砂纸

图 13-3 触觉训练材料

图 13-4 幼儿在进行触觉训练

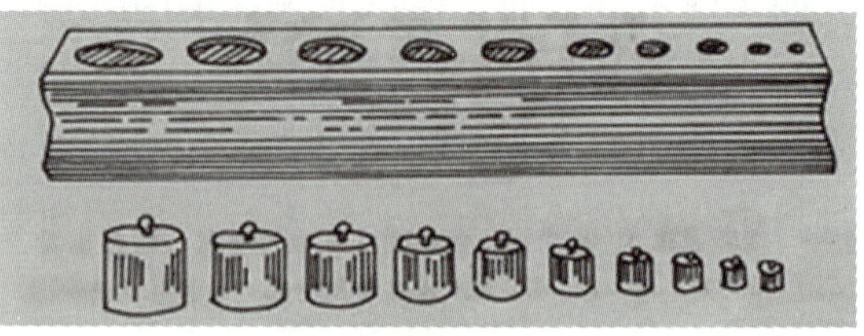

图 13-5 视觉训练材料，训练时将依次排列的大小、高矮不一的圆柱体打乱，要求幼儿将其放进对应的圆孔中

2. 读、写、算练习

蒙台梭利的读、写、算教学是建立在感觉教育的基础之上的。她说："一旦感官教学走上正途并唤起兴趣，我们就可开始真正的教学。"[①]蒙台梭利认为，3～7 岁儿童已具备学习文化知识的能力，教育者应当利用这种能力，为儿童准备适当的教具材料，提供适当的学习途径。蒙台梭利认为，儿童学习读、写、算有时可以采用生活中的实例，但主要的途径是通过各种教具材料。（图 13-6）比如，儿童学习写字，主要通过触觉训练循序渐进地过渡到书写练习。掌握字母形体的过程，大致可以分为三个步骤。①通过视觉、触觉、听觉相结合的练习，了解字母的形体。具体做法是从砂纸上剪下大型的手工字母，让儿童把视、摸、描、发音结合起来。②辨认字母形体。当儿童听到某个字母的发音时，能从教师给出的一些字母中辨认出该字母，选出并交给教师。③记住字母形体。教师将字母放在桌子上，几分钟后再问儿童"这是什么?"，以使儿童巩固记忆。当儿童熟悉字母后，就可以给儿童一支笔，让其临摹字母，开始练习书写。

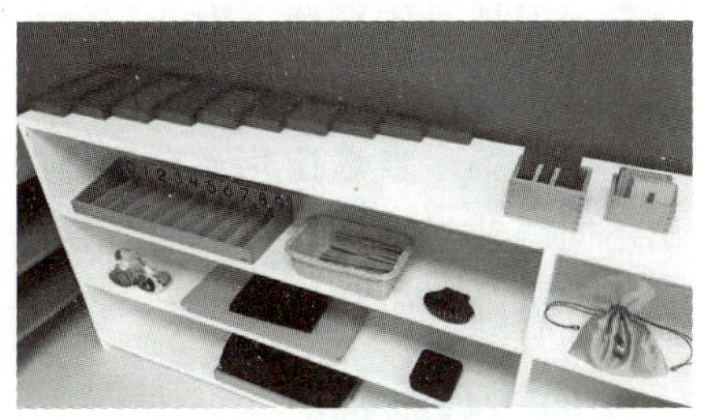

图 13-6　蒙台梭利数学学习材料

3. 实际生活练习

感觉教育和读、写、算练习属于蒙台梭利教育体系中"发展的练习"，另一类练习则为实际生活练习，又称为"肌肉教育"或"动作教育"。主要有 5 项。①日常生活技能练习。蒙台梭利认为，通过日常生活技能练习，可以培养儿童自理能力和促进其独立性的形成。为此，在儿童之家，蒙台梭利设计了一系列诸如练习走路、开抽屉、开门锁、系鞋带、扣纽扣等专门的教具材料。（图 13-7）②园艺活动。受到卢梭的影响，蒙台梭利主张儿童应该多去大自然中从事自由活动。因此，她认为儿童进行园艺活动多有益处。当儿童通过园艺活动，知道动物需要喂养，植物应该浇水，否则会饿死或枯死时，他们就能够将过去与未来联系起来。蒙台梭利认为这并非出自成人的要求，而是自动发生的，也属于一种自动的教育。③手工作业。蒙台梭利教育体系中的手工作业主要是指绘画和泥工。蒙台梭利主张儿童在学习写字前，先要学习绘画作为基础，故而将绘画称为"间接法"。而泥工既可以练习手的动作，又可以为儿童提供自我表现的途径。④体操。蒙台梭利

附有纽扣及扣眼的竹布，儿童可利用该材料进行扣纽扣练习

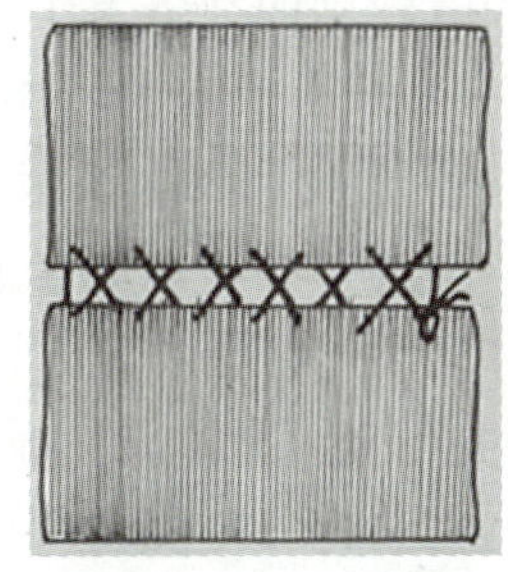

附有绳结的竹布，儿童可利用该材料进行系带子练习

图 13-7　实际生活练习材料

① 杨汉麟：《外国幼儿教育史》，422 页，北京，人民教育出版社，2011。

为儿童设计的主要的体操练习是走步，以帮助其肌肉的正常发展。练习走步首先需要学习保持身体平衡，为此，她根据儿童的生理特点设计了一种包括直线、椭圆形线、八字线的“走线”的平衡练习。⑤节奏动作。目的是促进儿童动作的协调，发展节奏感。第一步是让儿童在音乐中走路、跑步和跳跃；第二步是让儿童按照乐调做出不同的节奏动作，并表演各种优雅动作。通过训练，儿童逐渐形成比较强烈的节奏感，可随音乐翩翩起舞。

四、教师观

在蒙台梭利看来，儿童是在“内在生命力”的驱动下，通过“吸收性心智”进行自主学习、自我成长的。因此，教师应当以“不教的教育”方式，在充分观察和研究的基础上了解儿童，为儿童创设“工作”的环境条件，并根据儿童“工作”的实际情况进行必要的指导。为此，蒙台梭利认为教师应承担以下四种角色。

(一)观察者

蒙台梭利强调教师工作的基本方法是观察法。教师要像科学家一样研究儿童，在运用科学的方法观察儿童的基础上，揭示儿童的内心世界，了解儿童的需要和发展状况，从而给予正确的指导。因此，她甚至指出，观察是幼儿教育工作者“必须学习和研究的唯一一本书”[①]。同时，蒙台梭利指出，教师并不是被动的观察者，教师需要在观察的同时为儿童从事的工作提供必要支持。这些支持主要包括管理和维护环境，激发和维持平和、有秩序、快乐的心理氛围，帮助儿童建立和发展自信、自律，启发儿童进行注意力集中的活动，对儿童做出真实、温和的反应，尊重每个儿童及其需要等。

在蒙台梭利看来，懂得如何进行有建设性的观察，知道何时进行何种程度的干预，是教师必须具备的能力。实际上，这对教师的要求比传统教育更高。然而只有这样，儿童才能在充分进行自主活动中获得最大限度的发展。

(二)研究者

在《教师的准备工作》一文中，蒙台梭利写道：“把儿童的心理生活的发展当作自然现象和实验反应的可能性，使得学校活动本身成为研究人的心理发展的科学实验室。”[②]蒙台梭利要求教师必须成为研究者，一方面研究儿童，另一方面研究儿童的活动。教师“必须学会谦虚、自我克制，要有耐心，还要摒弃建立在虚荣心上面的骄傲”，同时不迷信权威人士的思想，不对儿童带有任何先入为主的看法，像科学家一样研究儿童，才能真正获得对儿童的认识和理解，从而真正实现“自由的儿童在精心设计的促进其发展的教材的帮助下获得发展”。

(三)环境创建者

教师应该根据儿童发展的需要，为其创设“有准备的环境”，并负责对环境的管

---

① 杨汉麟：《外国幼儿教育史》，418页，北京，人民教育出版社，2011。

② [意]蒙台梭利：《蒙台梭利幼儿教育科学方法》，任代文主译校，714页，北京，人民教育出版社，2001。

理和维护。蒙台梭利主张，教师要通过观察和研究了解儿童，在此基础上，通过创设符合儿童需要的“工作”和生活环境，以激发儿童在其“内在生命力”驱动下的自由活动。同时，作为环境的创建者，教师应当把教育内容有机融入环境中。所以，儿童之家通常会按照蒙台梭利五个领域教育内容的要求，将环境大致划分为五个区域，即感官区、生活区、数学区、语文区、科学文化区。此外，教师尤其要重视对环境中的秩序和纪律的维持，帮助儿童建立和发展内在的秩序感。

（四）指导者

在蒙台梭利看来，儿童是通过自主活动获得知识和能力的。因此，教师不能是“知识的输出者”。在观察、研究儿童，并为儿童创设“有准备的环境”之后，教师的主要职责就是根据儿童活动的需要给予必要的指导。正是在这个意义上，蒙台梭利把儿童之家的教师称为“导师”(directress)。教师的指导有几个含义。首先，教师是儿童的示范者。教师应注意自己的一言一行，因为教师的任何言行都会影响儿童人格的发展。其次，根据儿童的成熟程度，引导儿童选择相应的工作，然后促使其开展工作，以实现自我发现和发展。最后，维持儿童良好的工作环境和阻止不良行为，如不允许儿童冒犯、打扰他人，必须正确使用教具等。同时，蒙台梭利强调，教师必须学会耐心等待，不能借帮助之名干涉儿童，要避免直接纠正，以免抑制或代替儿童独立思考。

五、历史地位及影响

蒙台梭利的学前教育体系诞生在20世纪初。蒙台梭利综合了医学、生理学、人类学、心理学、教育学等多种学科的研究成果，形成了一套独特的学前教育理论体系，推动了学前教育的变革，在整个世界范围内引起了强烈的反响。蒙台梭利也被称为“最伟大的教育家之一”。从对学前教育实践的影响上来看，蒙台梭利从1907年在意大利首都罗马的贫民区创办第一所“儿童之家”开始，通过办学、讲学、办教师培训班、成立协会、出版专著等方式，广泛宣传“科学的儿童教育方法”，为推动世界学前教育的发展做出了不可磨灭的贡献。

当然，蒙台梭利的学前教育理论和方法也遭受了部分非议。有人认为蒙台梭利感觉训练机械、呆板、烦琐、枯燥，其材料脱离生活；程式化的教学方法不利于儿童创造性的培养；把现实活动与想象活动对立起来，明确反对“自由绘画”，音乐教育也建立在感觉教育的基础之上；提早学习读、写、算没有从儿童立场出发等。但蒙台梭利对于学前教育的重要贡献已为世人所公认。蒙台梭利也被人们赞扬为“儿童世纪的代表”。

第三节　德可乐利的学前教育思想

德可乐利(Ovide Decroly，1871—1932)，比利时著名的教育家、心理学家，国际儿童学研究的主要领头人之一。从儿童兴趣和认知的整体化特点出发，德可乐利认为学校课程应以儿童个人生活需要为中心，将社会、学校、家庭环境中的各类知识联系起来，组成教学单元。他主张将教室改为活动室、实验室和车间，儿童的学习以活动的方式进行，教学过程由观察、联想、表达三个步骤组成。

一、生平及教育活动

德可乐利(图 13-8)早年学医，获医学博士学位。1901 年，他在比利时首府布鲁塞尔创办了特殊儿童学校，试图使特殊儿童获得更多和更充实的知识，成效显著，后担任布鲁塞尔特殊教育督学。1907 年，他在布鲁塞尔创办了一所儿童实验学校，名曰“生活学校”(或译“隐修学校”)。该校主要由幼儿园和小学组成，招收 4～15 岁的正常儿童。在生活学校里，德可乐利用新的教育方式进行教育实验，由此形成了著名的“德可乐利教学法”。在进行教育实验的同时，德可乐利还倡导欧洲新教育运动，积极参与“新教育联谊会”的创建，成为欧洲新教育运动的主要代表人物之一。

图 13-8　德可乐利

德可乐利非常注重观察儿童，他是最早利用电影手段从事儿童观察研究的学者。他摄制了《儿童心理发展的各阶段》《儿童空间反应的演变》《儿童的社会反应》《0～6 岁儿童的模仿行为面面观》等一系列不同题材的纪录片，并和博依士编制了《博依士—德可乐利量表》。在他的推动下，第一届儿童学国际会议于 1911 年在布鲁塞尔举行，德可乐利被选为主席。1912 年，德可乐利被比利时政府和许多大学聘为教授。

德可乐利一生著作很多，主要有《论个性心理学与实验心理学》《新教育法》《整体化现象在教学中的作用》等。

二、儿童心理学观点

(一)儿童的本能与兴趣

德可乐利早年学医，因此，他首先从生物学角度去看待儿童。他认为人的行为根植于遗传的本能，并认为本能是因物理和化学的作用而产生的生理反应。尽管德可乐利强调本能是人类因遗传共有的特征，但同时他也十分重视环境的作用，认为环境有改变人的可能性。

德可乐利认为兴趣是教育的基础。他说：兴趣是一个水闸，用它开启注意的水库，并使注意有了方向。它也是一种刺激，脑力依赖它而冲出。要充分激发和借助儿童的兴趣去促进教学和学习，就必须了解儿童的需要，研究需要和兴趣之间的关系。德可乐利认为儿童具有以下 4 种基本需要：营养饮食的需要；衣住的需要；防卫和活动的需要；工作和娱乐的需要。与这 4 种基本需要相对应，儿童具有 4 个兴趣中心：一是对食物的兴趣；二是躲避自然灾害的兴趣；三是防御敌人的兴趣；四是劳动和相互依赖的兴趣。日常活动应以儿童的兴趣为中心，围绕儿童的兴趣来组织。

德可乐利认为，每个兴趣中心都会有一个中心概念贯穿于整个学习过程之中，随之产生许多相关的问题，激发起儿童学习多种知识、掌握多种技能的热情和积极性。儿童的兴趣正是通过观察、联想和表达在儿童认识社会和自然环境的活动中得到满足的。

(二)儿童认知的整体化特点

在德可乐利看来，儿童的认知不限于知觉阶段，还包括记忆、思维、推理，乃至表达及行动等心理活动，整体化是儿童认知的特点。强调心理现象完整性和整体性的整体化理论是 20 世纪初格式塔心理学的主要观点，很显然，德可乐利吸收了这种观点。就儿童来说，大量的概念都不经意识的分析和分解便直接渗入。有关儿童周围的环境及自己身心发展的种种概念，如他的妈妈、他的奶瓶、他的身体各部分、他的玩具、他的情绪、他的需要、他的快乐等，这些都不按教育家规定的次序呈现，而是按照它们自然的、真实的、相互依存而非分隔的关系，一下子大量呈现，儿童从这貌似无秩序的状态中厘清头绪，达到理解。①

三、德可乐利教学法

在长期的教育实践中，德可乐利逐渐形成了以兴趣为中心、以整体性为原则的课程和教学系统，该系统简称德可乐利教学法。

(一)采用单元教学

德可乐利主张课程应以整体性为原则。他认为，个人生活中包含 4 种需要(即营养饮食、衣住、防卫和活动、工作和娱乐)，以此为中心，再将社会、学校、家庭此类环境中的各类知识联系起来，教学单元就组成了，各年级均按单元进行学习。在一、二年级，制定的是多方面兴趣中心的课程，如关于寒冷的课题、关于天体认识的课题等；到了三、四年级，教材则围绕一个单一的兴趣中心编写，如植物。三年级课题由教师编写，四年级课题则由儿童负责编制，教师协助指导。

这种以兴趣为中心的单元教学充分考虑到了儿童的基本需要，打破了传统的分科体系，以个人生活中的需要为中心，同关于环境的知识联系起来组成教学单元，而且因季节和学生年龄而不同，具有灵活性的特征，能较好地促使儿童创造性的发挥和自主精神的形成。

(二)将教室改为活动室、实验室和车间

德可乐利认为，学校教育的目的应是为儿童未来的生活做准备。因而，德可乐

---

① 洪丕熙：《德可罗利的教育学说及其影响》，载《外国教育资料》，1983(5)。

利要求学校应该同社会密切地结合起来，学校教育的内容应该同儿童的现实生活和未来发展的需要有机地结合起来。德可乐利主张教室就是活动室、实验室和车间，儿童通过自由的、自主的活动学习学科知识，从而了解社会生活，了解与其相关的社会环境和自然环境，获得经验和培养解决实际问题的能力。在课堂上，学生活动是主体，并辅之以视听教育，重视游戏和手工作业。为了便于学生的活动与交流，教室里的课桌摆放成马蹄铁的形状，而不是按传统学校那样前后排列。教师的作用在于指导儿童的活动，鼓励儿童互相帮助、克服缺点、共同进步。

(三)三步教学法

德可乐利认为儿童认知环境主要通过观察、联想、表达这几个步骤来实现。

1. 观察

观察就是儿童对事物、地点、人物等的直接感知，这使儿童获得第一手直接经验，也是儿童发展智力、了解环境的一种途径。儿童的观察课程大致分为两类：第一类是随机观察，如观察教室里存在的事物，观察花园里植物开花等；第二类是专题观察，也就是让儿童对他们感兴趣的事物进行专门的观察。德可乐利认为观察的目的在于帮助儿童养成注意各种现象的习惯，使儿童了解生活中种种复杂的情形和生物界种种演进的现象。

德可乐利认为训练观察的方法主要有两种。一是寻常的观察，主要指儿童在学校中注意日常生活现象，如注意气象的变化、植物的生长、学校中所养动物的生活等。二是与兴趣有关的观察，主要指按照课程规定的内容进行学习。这种观察教学的步骤有三：第一步“预备”，教师用问答法，唤起有关的旧经验，以引起儿童对新课程的兴趣；第二步“提示”，提出各种相似的事项，使儿童通过比较推证，求出一种结论；第三步“活动”，使儿童照着结论去做。

2. 联想

联想是指教师在儿童旧经验的基础上，用图画、故事等形式引起儿童的兴趣和想象，然后通过比较，找出旧的经验与新的现象之间的异同，最后寻找原因并加以实行。联想是与观察紧密相连的。在生活学校里，儿童由观察而进行的联想分为以下四种。第一，空间的联想，相当于最广义的地理联想；第二，时间的联想，相当于历史联想；第三，协调人的需要的联想；第四，因果联想，它为儿童提示一种现象是“怎样的”和“为什么是这样的”。德可乐利认为利用这些联想可以使儿童认识到过去的经验与观察所得资料之间的关系，可以进一步扩大儿童的经验，激发儿童的想象力和探索事物奥秘的好奇心，使儿童逐步了解事物的必然性。

3. 表达

表达就是儿童把由观察和联想得到的知识应用于实践的行动。表达的目的在于把观察和联想所得的经验用模型、动作及文字符号表示出来，以加深儿童的印象，并提高其适应环境的能力。

德可乐利认为表达的方式有两种：一是抽象的表达，如说话、写字、作文等；二是具体的表达，如绘画、制作、剪贴等。这些不同的表达方式既能满足儿童表达和创造的天然需要，又能为儿童做生活上的准备，它们在儿童的日常生活中具有极为重要的价值和意义。

(四)论儿童学习

1. 识字与阅读

德可乐利根据对儿童阅读能力的观察和实验，发现儿童在认知方面不同于成人，儿童识字与阅读的方法并非传统认为的从音素到字母、从音节到完整的单词、从单词到句子。书面的单词和句子在儿童眼里首先是整体的图像，儿童先记住了这些图像，再去识别组成单词的字母。德可乐利称这种图像为“视觉意象”，这种识字与阅读的方法被他称为“视觉意向法”。他曾以自己 2 岁的儿子为对象进行了实验：先拿自己的照片给他看，再给他看“爸爸”这个书面词，跟他说“爸爸”这个音，结果孩子很快就记住了“爸爸”这个书面词。然后，德可乐利找了一些孩子感兴趣的事物单词和短句，用以上方法教他认读。6 个月后，他的儿子被证实学会了 50 个短句。

根据德可乐利“视觉意象”的教学形式，他认为教儿童阅读有以下基本做法：阅读材料应取自儿童当前的真实生活；阅读教学必须先从完整的单词和短句着手，朗读在先，整体印象在先，分析在后；注重游戏在阅读教学中的重要作用。

2. 书写与算术

针对蒙台梭利在儿童之家中采用的书写和阅读截然分开的做法，德可乐利指出这并不符合儿童的认知规律。德可乐利认为书写和阅读、绘画是紧密结合的，这种三位一体的教学，可使儿童在学会书写的同时，也学会正确地缀字和绘画的基本笔法。除了书写，德可乐利也对儿童的算术学习做了一些研究，他主张尊重儿童的兴趣，利用儿童的自发倾向，通过观察从现实生活中提取素材，并将算术教学与书写、阅读教学相结合。

四、简评

德可乐利生活、工作于新教育运动蓬勃兴起的年代。他既受到这一思潮的影响，又为推动这一思潮的发展做出了积极的贡献。他与意大利学前教育家蒙台梭利几乎同时开始教育实验，在长期的教育实践中，研究儿童的心理与教学，形成了系统的理论。德可乐利教学法对于学前教育的发展影响深远。有人甚至因德可乐利的理论与实践贡献而将其和福禄培尔、蒙台梭利并列。目前，世界各地不少国家的学前教育机构仍然采用德可乐利教学法。① 我国著名的学前教育家陈鹤琴于 20 世纪 30 年代曾访问过比利时，对德可乐利教学法备加赞赏。可以说，陈鹤琴后来创制的“整个教学法”与德可乐利教学法有异曲同工之妙。

① 杨汉麟：《外国幼儿教育史》，388 页，北京，人民教育出版社，2011。

第四节　瑞吉欧学前教育体系

在学前教育学领域，意大利是一片神奇的土地，那里先后绽放了两朵幼儿教育的奇葩——蒙台梭利教学法和瑞吉欧学前教育体系。自1981年瑞吉欧教育成果在欧洲、北美进行展览开始，世界各地的人们纷纷被吸引，并前往瑞吉欧参观学习。1991年，瑞吉欧的戴安娜学校被美国《新闻周刊》评为世界上最优秀的学前教育机构，引发了世界范围内学习瑞吉欧的热潮。

一、瑞吉欧学前教育体系的形成背景与发展历程

瑞吉欧·艾米利亚(Reggio Emilia)，是意大利东北部的一座城市，人口不过16万。20世纪60年代开始，罗利斯·马拉古奇(Loris Malaguzzi，1920—1994)(图13-9)与当地教师、家长及社区共同努力兴办幼儿学校，推动了当地学前教育的发展。20世纪70年代，著名的瑞吉欧学前教育体系逐步形成，其成果集结在《孩子的一百种语言》(1987年)中。应该说，瑞吉欧学前教育体系是以马拉古奇为核心的一大批教师和家长集体智慧的结晶。

图13-9　马拉古奇

(一)形成背景

1. 经济发展扩大了学前教育的需求

20世纪60年代，意大利经济迅速增长，国家经济由以原来的农业经济为主导转向以现代工业为主的多元经济。伴随经济的增长，市场对劳动力需求激增，妇女们纷纷进入工厂工作，儿童照料与教育成为当地政府亟待解决的问题。在社会经济和政府财政好转的情况下，意大利政府开始加大教育的投入，儿童照料与教育的问题也得到重视与解决。

2. 立法促进了学前教育机构公立化、规范化

1968—1971年，意大利政府修订了许多法律，同时出台了包括教育法在内的各种法令。相关法令明确要求保证妇女的产假、男女同工同酬以及为3～6岁的幼儿开办免费学校、为3个月至3岁的婴幼儿开办托儿所等。[①] 意大利政府一系列教育法律的出台，推动了第二次世界大战之后民办私立学校的公立化、规范化。

3. 心理学和教育学发展的推动

20世纪五六十年代，心理学、教育学以及认知科学的发展，对瑞吉欧学前教育的发展产生了重要的推动作用。在杜威、皮亚杰以及其他心理学家和教育家的影响

---

① ［美］Joanne Hendrick：《学习瑞吉欧方法的第一步》，李季湄、施煜文、刘晓燕译，5页，北京，北京师范大学出版社，2002。

下，意大利兴起了以教育改革为目标的教师运动。教师与家长都迫切地想要寻求一种能与新型的民主社会相一致的、符合当代世界现实的、与儿童生活密切相关的教学方式。此时，在罗马国家研究中心学习心理学和教育学的马拉古奇学成归来，试图将先进的教育思想运用于实践。

（二）发展历程

1. 瑞吉欧学前教育体系的形成阶段

20 世纪 60 年代，私立幼儿学校逐步公立化，并形成了完善的结构体系。自 1963 年起，瑞吉欧开始建立自己的教育设施网络，不仅创办了服务于 3～6 岁儿童的幼儿学校，而且创办了服务于 0～3 岁儿童的婴儿中心。马拉古奇一方面积极支持私人创办学校，另一方面主张让市政府接管这些学校。1963 年，马拉古奇自己开办了第一所市立幼儿学校——鲁滨孙・克鲁索幼儿学校。① 到 20 世纪 70 年代末，瑞吉欧的幼儿学校增加到 19 个，婴儿中心也达到 13 个。经过 20 世纪六七十年代的发展，瑞吉欧学前教育体系已经形成。

2. 瑞吉欧学前教育体系的发展阶段

20 世纪 70 年代末，瑞吉欧的教育理念和实践开始受到国际的关注与认可。来自古巴、保加利亚、西班牙、瑞士和法国的参观团体最早关注到瑞吉欧的教育。1979 年，瑞吉欧开始与瑞典的学校交流合作，并于 1981 年在斯德哥尔摩市举办了“如果眼睛能穿过围墙”的专题展览，介绍瑞吉欧教育的成果。此次展览取得了巨大的成功。随后的 15 年，瑞吉欧以“孩子的一百种语言”为题目在世界各地进行展览，宣传介绍瑞吉欧的教育理念与实践成果。

随着瑞吉欧教育的影响力不断扩大，1994 年，瑞吉欧成立瑞吉欧儿童中心(Reggio Children)，专门负责对外进行交流合作的工作。1995 年，欧洲联盟委托瑞吉欧儿童中心为比利时布鲁塞尔市的克罗维斯儿童中心(为联盟工作人员子女而设立)提供咨询。这使瑞吉欧学前教育得到了进一步推广。

二、瑞吉欧学前教育体系的理论基础和基本理念

（一）理论基础

1. 进步主义教育思想

杜威、克伯屈等人的进步主义教育思想，是瑞吉欧学前教育的理论基础之一。作为进步主义教育的代表人物，杜威认为，教育即生长、教育即生活、教育即经验持续不断的改造。杜威批判以教师、课堂、教材为中心的传统教育，强调教育应当尊重儿童的本能，重视儿童的活动，联系儿童的实际生活。这些思想对瑞吉欧教育产生了重要的影响。瑞吉欧教育尊重儿童的本能，认为儿童本身具有巨大的潜能。在教学方法上，瑞吉欧教育主张儿童以问题为中心开展活动，坚持采用方案教学。

---

① 鲁滨孙・克鲁索(Robinson Crusoe)为英国作家笛福的名作《鲁滨孙漂流记》中的主人公。马拉古奇将自己开办的幼儿学校以在荒岛上打拼而闯出一片天地的鲁滨孙命名，其用意不难想见。

在课程与教材上，瑞吉欧教育重视幼儿园与社会的联系、儿童社会经验的获得。

2. 皮亚杰、维果茨基等人的建构主义心理学

建构主义不是一个特定学习理论，而是众多理论观点的统称。尽管不同研究者在具体观点方面存在差异，但建构主义研究者大都认为，学习并非简单的知识由外到内的转移和传递，而是学习者主动建构自己的知识经验的过程。学习者知识建构过程具有三个特征：主动建构性、社会互动性、情景性。总之，建构主义理论的核心思想就是强调学生对知识的主动探索、主动发现，对知识意义的主动建构。建构主义理论种类较多，其中，皮亚杰、维果茨基的理论观点是瑞吉欧教育的重要理论来源。

3. 蒙台梭利教育观及幼儿教育传统

意大利向来有重视幼儿教育的良好传统。早在 1820 年，意大利就开始试图通过私人、教区以及联邦的途径为家庭和年幼的孩子提供服务和支持。① 20 世纪初，意大利孕育了著名的蒙台梭利教学法，大大推进了幼儿教育的发展与进步，也深深地影响了意大利本国的教育人士。瑞吉欧教育的领导者马拉古奇以及当地的教师和家长都受过蒙台梭利教育思想的洗礼，在瑞吉欧学前教育理念建设与实践过程中对其加以吸收和利用。

(二)教育理念

1. 儿童观

马拉古奇曾言：任何文化都不能离开儿童的社会形象而存在。如果撇开抽象理论，那么唯一的衡量尺度是它的具体体现，甚至在同一国家里也会产生不同的儿童文化形象。瑞吉欧的当地人融合吸收多种观点之后，形成了自己独具特色的儿童观。

首先，儿童是拥有独特权利的个体。瑞吉欧市民都将儿童视为社会的重要成员，社会与文化的参与者。与成人一样，儿童也是拥有独特权利的个体，也有权利发表自己的意见。

其次，儿童是具有巨大潜能的、积极主动的学习者。瑞吉欧当地人认为，儿童不是等待灌输的容器，儿童本身具有巨大潜能，有能力认识这个世界。同时，儿童具有好奇心和求知欲，他们有着强烈的学习、探索和了解周围世界的愿望。此外，儿童具有创造性，他们会以自己独特的学习方式，去主动地探索世界、认识世界。

最后，儿童是自我成长过程的主角。瑞吉欧当地人充分相信儿童的能力，认为儿童是坚强的，能够主导其成长的过程。尽管每个儿童都不同，但是他们都会努力通过与他人对话、互动、协商等途径寻找自己的定位，发现自己与别人的共同点与不同点。

此外，儿童是天生的艺术家。瑞吉欧人认为，儿童拥有天生的艺术才能，能够运用各种不同的象征语言和其他媒介表达自己对世界的认识。比如，儿童会运用绘

---

① [美]路易丝·博伊德·卡德威尔：《把学习带进生活——瑞吉欧学前教育方法》，刘鲲、刘一汀译，序言 4 页，上海，华东师范大学出版社，2006。

画、动作、雕刻、建构、音乐等“语言”表达自己的想法，进行创作。

关于瑞吉欧教育的儿童观，马拉古奇强调：有一点很重要，那就是相信儿童是有力量的和完美的，并且充满热切的期望和需要。这是我们必须持有的儿童观。尊重儿童、相信儿童的能力是瑞吉欧教育实践的前提和条件。

2. 知识观

受建构主义理论的影响，瑞吉欧教育的知识观表现为以下几方面。

第一，知识通过社会建构形成。瑞吉欧教育认为，知识是儿童在各种关系中经不断建构形成的认识，而不是成人传授给儿童的技能与事实。知识通过儿童与儿童、儿童与成人的相互关系进行建构。思想分享和交流是增加知识意义的重要途径。

第二，知识具有多种表现形式。知识通过社会建构形成，知识并不是确定的、绝对的真理。由于个体社会建构的过程不同，儿童对知识的理解千差万别。知识也具有多种表现形式，儿童可以采用多种“语言”来进行表达。

第三，知识须作为整体来掌握。瑞吉欧教育强调联系的重要性，认为学习的过程包括在感觉、思想、语言和行为之间形成连接和建立关系。知识就是在各种联系中建构起来的整体。

3. 教育观

瑞吉欧教育倡导教育应从儿童的兴趣和经验出发，遵循以儿童为中心的原则。在教育过程中和课程选择上，儿童有权利和机会参与并发表意见。但是，瑞吉欧教育强调儿童中心并非绝对的儿童中心主义，指出教师与家长在幼儿教育上扮演着重要角色，发挥着重要作用。

瑞吉欧教育否定传统的灌输教学，反对把语言文字作为儿童获取知识的捷径。在教育方法上，瑞吉欧教育认为教育就是要为儿童提供更多创新和发现的可能。教育者应当给儿童创设适当的学习情境，尽可能地帮助儿童在情境中，在与人、事、物相互作用的过程中积极主动地建构知识。

瑞吉欧教育不以外在的目标为追求，而是关注儿童内在的品质。在教育目标上，主张充分发展儿童的创造力，促进儿童人格的日臻完善。

在对待“教”与“学”时，瑞吉欧教育更重视“学”。在主题网络的编制过程中，虽然教师会有一定预设，但主题的开展大都是以儿童为中心的，儿童有权决定主题活动进行的时间和空间。儿童的学习是教学的关键因素，是教师进行多元选择或进行建设性设想时的重要依据和来源。

在瑞吉欧教育中，除了幼儿学校班级的两位教师之外，环境是儿童学习的第三位教师，是非常重要的教育因素。瑞吉欧教育非常重视环境的创设，认为环境可以容纳丰富的教育信息和资源。好的环境可以激发、促进儿童的学习和主动探索。

（三）课程与教学方法

1. 生成课程

瑞吉欧教育没有明确的课程内容，也没有固定的教材或预先设计好的教育活动方案。瑞吉欧教育认为，课程来源于日常生活，来源于周围的环境。课程产生于儿童和教师感兴趣的事物、现象和问题，产生于儿童的各种活动。因此，瑞吉欧教育采用的是“生成课程”。

瑞吉欧的生成课程有多种来源，一般为儿童身边的、感兴趣的主题。瑞吉欧课程的主题一般根据儿童的兴趣和能力形成，追求科学性、开放性，侧重培养儿童追求真、善、美的浓厚兴趣。这种生成课程，虽然没有预设特定的教育目标，但在儿童积极主动探索的情境中，有助于培养儿童多方面的能力。

2.“一百种语言”

“一百种语言”是指儿童有自己特殊的、各种各样的表达自我、表达个人与他人的关系以及与环境建立关系、认识世界的方式。瑞吉欧教育所指的“语言”包括表达语言、沟通语言、符号语言、认知语言、道德语言、象征语言、逻辑语言、想象语言和关系语言等。儿童可以通过这些“语言”表达自己的感受、想法、观点、计划、预见，与他人进行讨论、争论、协商、对话等。儿童生来就具有巨大的潜能，教育要做的是充分尊重儿童对自身、环境、他人独特的理解与认识。当儿童能够自由地运用不同的方式进行表达和创作时，儿童的“一百种语言”才可能出现。

3. 方案教学

方案教学并不是瑞吉欧教育首先提出的，但瑞吉欧教育使得方案教学更具魅力。20世纪20年代，美国一些学校已经开始出现方案教学。美国幼教专家丽莲·凯茨(Lillian Katz)专门研究方案教学，认为方案教学是根据儿童的生活经验和兴趣确定活动的主题，并以该主题为中心加以扩散，编制主题网络，将概念予以分化、放大，让儿童通过自己的学习，探索概念的内涵。编撰主题网络时，涉及儿童的认知、情感、社会化、语言、体能等各个发展领域，将游戏、故事、绘画、手工、音乐、数学等方面的内容融合为一体。

方案教学作为瑞吉欧学前教育体系的核心，是儿童学习的基础。在瑞吉欧教育中，方案教学的主要特点包括以下方面。①教师既是指导者，也是合作者。②根据儿童兴趣和经验选择主题。③强调儿童、教师和家长的共同合作。④方案的内容在儿童螺旋式的理解中产生。⑤在活动中通过相同的或不同的媒介形成多种认知经验。⑥出于不同的目的，同一活动可以重复。⑦方案实施时间灵活，可以根据需要而延长。⑧方案活动主要以“小组”而不是全班的形式开展。⑨一个方案涉及多方面的内容，如数学、科学、艺术、写作、社会学研究、音乐等。⑩必须完整保存对方案的记录。

根据瑞吉欧学前教育的方案，我们可以将方案教学的程序归纳为以下四个步骤。

第一，确定方案主题。方案的主题有多种来源渠道，可以来自儿童的日常生活、经验、兴趣，可以来自课程指导手册中教师为儿童选择的相关主题路径，也可以来自教师的经验与社区的资源。儿童可以根据生活经验，讨论感兴趣的话题，教师进行记录。讨论过程中，最能调动儿童好奇心和探究欲望的焦点就成为方案的主题。

第二，编制主题网络。确定方案主题之后，师生共同讨论探究的方向和方式，编制主题网络。主题网络，即由许多与主题相关的小子题编织而成的放射状图形，能够将各种相关信息、资料都纳入主题下面的各个子题内。

第三，实施方案。实施方案之前，教师和儿童需要先开会讨论方案的各种可能性、假设以及可能的发展方向。任何方案的开展必须首先设立目标，并考察儿童与主题相关的知识和兴趣。方案的实施过程中，强调团体学习，要求小组成员之间积极交流和分享。教师与儿童进行谈话与讨论的同时，需要做好记录和分析。

第四，方案制作。儿童可能提出几种不同的想法，经过讨论、规划，形成具体方案并进行制作。在方案制作的过程中，儿童需要相互协作。儿童根据规划寻找合适的材料进行制作，并在制作的过程中不断发现问题、解决问题。

在方案开展的过程中，教师不会直接指导和干预儿童，只是在儿童需要的时候提供适当的支持。当儿童在探究中遇到难以解决的问题时，教师需要积极促进儿童思考，与之一起探讨、寻求解决办法。家长的积极配合是儿童方案探究的重要支持。此外，瑞吉欧教育鼓励家长积极参与对方案探究成果的评价。

4. 合作教育

在瑞吉欧，幼儿教育并不只是幼儿学校的责任，而是幼儿学校、家庭、政府和社区的共有职责。瑞吉欧教育不仅强调学校内部的合作，而且重视与家长、社区的合作。

瑞吉欧幼儿学校内部的合作包括教师合作、师生合作以及儿童之间的合作。第一，教师合作。瑞吉欧幼儿学校的每个班级都配有两位教师，他们一起承担教育工作，共同探讨、研究，紧密合作。第二，师生合作。教师与儿童之间的关系是平等的、合作的关系。当儿童遇到难题，需要教师帮助时，教师作为资源给予支持。因此，瑞吉欧教育中，教师需要学习“接过孩子抛过来的球”，教师需要处理“抛”与“接”之间的关系。第三，儿童之间的合作。瑞吉欧幼儿学校根据年龄分班，班级里的孩子会有固定的时间进行分享交流；方案教学主要采用小组合作的方式开展，4～5个儿童为一组，围绕主题共同探究、集中讨论、分工协作；不同年龄的儿童之间也存在合作，如儿童一起合作拼字母、作画。

瑞吉欧教育非常重视家长、社区的资源，积极寻求与家长、社区的合作。瑞吉欧幼儿学校创造各种途径主动与家长沟通。家长也可以参与到有关幼儿学校的政策制定、课程设计和评估等的讨论中。在瑞吉欧教育中，家长是主动的，是学前教育的参与者和领导者，密切关注着幼儿学校以及孩子的未来。1971年，意大利国家法律规定，社会有权参与管理学前教育，进一步推动了教师、儿童、家庭、社区的合作与互动。

5. 方案记录

记录是瑞吉欧幼儿学校的重要特色。瑞吉欧教育的记录主要集中于儿童的经验、记忆、思想和想法上。这些记录包括不同阶段儿童的作品，儿童成长的照片，活动中儿童的讨论、评价、表达和解释，儿童工作的照片、录音带和录像带，教师的评论，家长的评论等。记录可以反映儿童是如何计划、实施和完成方案教学的。在瑞吉欧教育中，记录一方面可以帮助教师了解儿童的学习进程；另一方面也可以让家长了解儿童的学习情况，促进家园沟通。

三、评价

瑞吉欧学前教育体系是马拉古奇及其同事多方汲取前人思想的精华，根据现代社会对学前教育的要求，在实践中进行大胆探索取得的成果。瑞吉欧学前教育受到了来自世界各地的关注与肯定，一些人称瑞吉欧学前教育体系是当代最先进的幼儿教育实践方法，推动了世界幼儿教育思想和实践的进一步发展。不过，瑞吉欧学前教育体系在推广中有较高的要求，如只适合小班教学，对教师素质要求较高，需要教师、家长、社区的密切配合等。尽管如此，瑞吉欧学前教育体系毫无疑问给学前教育的改革和发展带来了新的动力和启示。

本章小结

20 世纪以来，欧美新教育运动发展过程中，诞生了一批极具影响力的现代学前教育理论。杜威、蒙台梭利、德可乐利及马拉古奇是其中的代表人物。针对传统教育的弊病，教育家杜威的实用主义教育理论要求教育应以儿童为中心，强调教育与生活和社会的联系，促进了学前教育理论的创新与变革。蒙台梭利教学法则强调以幼儿的“工作”代替传统的教学，以材料代替传统教具，以幼儿的自动学习代替传统的“受教”，开启了学前教育理论的新篇章。德可乐利则提出了学前教育教学的新范式——单元教学。而马拉古奇等人创造的瑞吉欧学前教育体系提出的“生成课程”“一百种语言”“方案教学”等理论标志着 20 世纪学前教育理论发展的新路向。

关键术语

《民主主义与教育》；实用主义哲学；教育双中心；教育即生长；儿童的本能；教育即生活；教育即经验持续不断的改造；从做中学；《蒙台梭利方法》；儿童之家；双重胚胎期；吸收性心智；有准备的环境；工作；“导师”；整体化；德可乐利教学法；生成课程；“一百种语言”；方案教学；合作教育

思考题

1. 评述杜威的教育本质观。
2. 试述杜威的“从做中学”思想及对幼儿园课程教学改革的启示。
3. 评述杜威关于学前教育的主要观点。
4. 简述德可乐利单元教学法的主要内容。
5. 评述蒙台梭利的儿童观及教育观。
6. 试析蒙台梭利教学法的现代教育特征。
7. 试比较蒙台梭利与福禄培尔学前教育理论的异同。
8. 评述瑞吉欧学前教育体系的课程与教育观及其对当前学前教育课程改革的启示。

实践活动建议

1. 借助网络、图书等搜集现代外国教育家开展教育活动的视频和图片，就其中一位或几位教育家的学前教育思想和实践进行讨论。

2. 以“外国现代教育理论的特征及对中国的影响”为题，分组展开讨论。

3. 以“学前教育的现代性——现代教育家的学前教育理论及其启示”为题，组织辩论。

拓展阅读

1. 褚宏启. 杜威教育理论中的现代性：历史地位与现实意义. 教育史研究，2020(1).

2. 王建平，郭亚新. 蒙台梭利环境教育思想与儿童发展关系的理论建构. 比较教育研究，2016(11).

3. 李慧，易红郡. 儿童·生活·兴趣：论德可乐利的教育思想. 湖南第一师范学院学报，2014(3).

4. 谢梦雪，陈时见. 我国幼儿园瑞吉欧方案教学的批判与改进. 中国教育学刊，2019(3).

第十四章　现代心理学流派的学前教育理论

本章学习目标▶

1. 把握行为主义心理学派的学前教育理论。
2. 把握皮亚杰、维果茨基的建构主义理论及学前教育观点。
3. 把握精神分析学派的学前教育观点。
4. 把握人本主义心理学派的学前教育观点。

第一节　行为主义心理学派的学前教育理论

行为主义心理学派产生于20世纪初，代表人物是华生(John Broadus Watson，1878—1958)和斯金纳(Burrhus Frederic Skinner，1904—1990)。行为主义认为学习就是要建立刺激与反应的联结，非常重视环境在行为中的决定作用。在学前教育上，行为主义心理学派注重儿童习惯的养成，主张采用“消退”代替惩罚，强调积极强化等，但总体上存在忽略儿童内部心理及儿童主体性等问题。

一、行为主义心理学派的产生背景及代表人物

20世纪初，美国资本主义经济的发展迫切要求充分利用人的全面潜力来提高生产效率。行为主义心理学强调预测和控制行为的观点迎合了当时经济发展的需求。与此同时，哲学上认定人具有机械属性的机械唯物主义思潮，以及以经验事实为勾销主客观界限的工具的新实在论盛行，行为主义于20世纪初在美国产生了。早期行为主义的代表人物是华生，后期行为主义(新行为主义)的代表人物是斯金纳。

二、行为主义心理学派的基本观点

行为主义将行为与意识完全对立，认为心理学不应该研究意识，应该研究行为。行为主义的主要观点包括以下几个方面。

第一，坚持机械唯物主义决定论，强调物质及机械运动的决定性作用，只承认自然界的因果性、必然性、客观规律性，否定人的主观能动性和偶然性。

第二，提出心理学是一门自然科学。心理学主要研究人的活动和行为，必须放弃与意识的一切关系。行为主义者认为，心理学与其他自然科学只是在一些分工上存在差异。

第三，倡导客观的实验方法。在研究方法上，行为主义反对内省法，主张采用客观的方法。行为主义倡导的客观方法有四种，即不借助仪器的自然观察法和借助仪器的实验观察法、口头报告法、条件反射法、测验法。

第四，强调刺激与反应的联结。行为主义学派认为，对行为的研究包括刺激与反应两个方面。刺激指外界环境和身体内部的变化，如光、声音、饥、渴等。反应指有机体所做的任何外部动作(外部反应)和腺体分泌(内部反应)。行为主义认为，心理学就是要发现刺激与反应之间的规律性联系。学习就是要建立刺激与反应的联结。

行为主义心理学经过半个多世纪的发展后，华生的早期行为主义与斯金纳的新行为主义在对某些问题的看法上出现了不一致。

首先，有关行为本质的理解。华生将行为理解为刺激与反应之间直接的联结，没有中介作用的过程。而斯金纳认为，“强化”起着重要作用。如果某个操作行为发生后，呈现强化刺激，那么行为出现的次数会增加。在刺激与反应建立联结的过程中，强化的作用非常关键。

其次，对待内部心理过程的态度。华生完全避免感觉、知觉、情绪、本能等“心灵主义”的概念，认为这些不能成为心理学研究的对象，强调心理学是有关行为的科学。斯金纳则认为内部心理过程确实存在，而且这些东西可以作为心理学研究的对象。

最后，有关行为遗传的看法。华生强调环境决定行为，公开否定遗传对行为的作用。因此，华生曾言，如果给他一打健康的婴儿，在完全由他控制的环境中来抚育，那么，他可以将他们任意培养成医生、律师、商人，甚至乞丐、盗贼。斯金纳认为华生对婴儿前途的预言过于绝对，他承认先天行为的存在，认为先天行为是遗传的产物。不过，斯金纳仍然坚信行为是由环境决定的，先天行为也是由环境的另一种形式——遗传环境决定的。

三、行为主义心理学派的学前教育观点

行为主义学派心理学家众多，在此，主要介绍华生和斯金纳的学前教育观点。

(一)华生的学前教育观点

华生(图 14-1)是行为主义心理学的创始人，其于 1913 年

图 14-1　华生

发表的《行为主义者所看到的心理学》标志着行为主义的正式产生。华生以其行为主义为理论基础，阐述了许多关于儿童心理发展及教育的观点。

1. 注重儿童习惯的养成

华生认为应该尽早对儿童实施教育，通过教育帮助儿童形成三种习惯系统，即内脏或情绪(思维、意志、认知等)的习惯，喉头或发言(即语言)的习惯，身体技能的习惯。

2. 建议加强儿童护理

为了帮助儿童养成从小懂礼貌、讲卫生、合群、勇敢进取等行为习惯，家长应该采取科学的护理措施。华生就相关的护理措施提出了建议，如儿童沐浴、是否带玩具上床、熄灯前的安排、起床、清晨活动、午后休息和社交、清洁卫生、吮指、破坏性行为、玩具的种类及制作、保姆训育等。

3. 主张取消体罚

要想避免儿童出现不良行为，唯一的办法就是破除旧习惯、教以新行为。因此，解决问题的关键是加强对新行为的训练，而不应采用体罚。华生指出，体罚存在三个方面的问题：第一，体罚往往是滞后的，无法达到及时教育的目的；第二，体罚只是成人发泄气愤的办法；第三，体罚过重有损儿童的健康。华生认为，教育应当取消体罚。

4. 倡导系统脱敏法

华生认为，儿童的情绪、行为是后天习得的。采用人工设计的情景、循序渐进的方法，可以改变儿童的情绪和行为，这种方法就是“系统脱敏”(systematic desensitization)。华生曾通过实验，证明惧怕等情绪是可以通过条件反射形成的。华生积极倡导系统脱敏法，试图在教育上加以推广。①

5. 教育应因地制宜、因时制宜

因社会文化背景差异和社会文化时代变迁，华生认为教育的标准应随之发生变化。在教育上，华生反对墨守成规、因循守旧，主张教育应根据不同文化背景采用多种多样的方法。同时，华生也反对用全社会统一的“理想”“标准”“计划”去要求、规范儿童。

华生还提出了其他一些观点，如反对放纵与溺爱、关注儿童的性教育等。

华生以其行为主义为理论基础，论述学前教育，重视行为习惯、环境和教育的作用。不过，其观点也存在片面夸大教育的作用、否定儿童的主动性及创造性、忽视儿童心理发展的内部矛盾等不足。

---

① 3 岁小男孩彼特害怕白鼠、兔子、毛大衣、羽毛、青蛙、鱼、机器玩具等。在华生的指导下，他的一位名叫琼斯(Mary Jones)的同事进行了实验，消除了该小男孩的惧怕情绪。参见杨汉麟：《外国幼儿教育史》，552 页，北京，人民教育出版社，2011。

（二）斯金纳的学前教育观点

作为新行为主义的代表，斯金纳（图 14-2）提出了“操作性条件反射”和“强化”等新理论。斯金纳认为，通过对有机体（动物或人）的自发操作活动进行强调，可以形成新的条件反射，即操作性条件反射。其中，强化是塑造行为和保持行为强度不可缺少的关键因素。大多数人类的行为都是通过学习得来的，离不开强化。联系学前教育，斯金纳提出了一些观点。

图 14-2 斯金纳

1. 利用积极强化塑造儿童的行为

斯金纳认为，强化是塑造儿童行为的基础。只要了解了强化效应和操作好强化技术，就能控制行为的反应，就能塑造出教育者期望的儿童行为。他将强化物分为两种：一种是基本强化物，具有“自然的”强化性质；另一种是强化刺激，如微笑、赞扬或关注，属于条件强化物，通过与基本强化物频繁地结合而形成。斯金纳反对卢梭的消极教育法，主张利用积极强化塑造儿童的行为。他认为教育主要是利用条件强化物，进行积极的强化。

2. 重视及时强化

根据强化的时机，斯金纳将强化分为及时强化和间歇强化。斯金纳尤其重视及时强化，认为强化不及时是不利于儿童行为发展的。他主张，成人需要及时强化期待在儿童身上出现的行为。如果成人想要儿童习得某一种适宜的新行为，那么一开始就应当持续进行强化。如果希望儿童保持某一种行为，那么经过一段时间的持续强化后，可以逐渐转为进行间歇强化。

3. 惩罚及儿童行为的矫正

斯金纳指出，惩罚是现代生活中最普遍的控制方法，但惩罚存在事与愿违的副作用，并不总是行得通。斯金纳主张采用“消退”代替惩罚，用来矫正儿童的不良行为。斯金纳指出，儿童的不良行为大多由成人的强化所致，当这种强化不再出现时，行为就会消失。比如，儿童的哭闹行为。

4.“育婴箱”及其功能

在儿童教育上，斯金纳还根据其理论成果研制了“育婴箱”。斯金纳发明的“育婴箱”内部干燥、无菌、隔音，而且可以自动调节温度，活动空间宽敞，箱壁安全，挂有各种玩具等刺激物。婴儿可以在“育婴箱”内安心睡觉、自由游戏，又不需要担心着凉生病或安全问题。斯金纳设计、制作这种“育婴箱”主要是想要儿童尽可能避免外界的一切不良刺激，创造适宜儿童发展的行为环境，确保儿童的身心健康。

总体上，斯金纳遵循了华生行为主义的基本思想，重视环境和教育的作用，试图通过行为研究来预测和控制儿童的社会行为。只不过斯金纳的研究比华生更为细致、深刻，提出了很多实际、具体的操作方法和技术。但是，斯金纳同样存在忽略儿童内部心理、否认儿童主体性等问题。

第二节　建构主义心理学派的学前教育理论

建构主义心理学派是20世纪极有影响力的心理学派，代表人物是皮亚杰(Jean Piaget，1896—1980)和维果茨基(Lev Vygotsky，1896—1934)。在学前教育上，建构主义心理学派认为要引导儿童积极主动地与环境进行互动，学前教育应在儿童身心发展的可能性基础上进行，重视游戏等实际活动对学前儿童发展的重要作用，倡导学前儿童学习中的"意义建构"。

一、建构主义心理学派的产生背景及代表人物

建构主义作为一种哲学思潮，其渊源至少可以追溯到17世纪意大利哲学家詹巴蒂斯塔·维柯(Giambattista Vico，1668—1744)的思想，其后主要代表人物有德国哲学家康德和美国哲学家杜威等。而将建构主义哲学思想真正引入心理学领域、推动建构主义心理学派形成并将研究成果应用于儿童学习与发展领域的，首推瑞士心理学家皮亚杰(图14-3)和苏联心理学家维果茨基(图14-4)。20世纪20年代，维果茨基依据马克思的相关理论，提出人的心理是在活动中、在人际互动中发展的。之后，他进一步指出高级心理机能是在特定社会文化背景下，通过社会实践活动构建起来的，为社会建构主义心理学的产生与发展奠定了基础。皮亚杰在其1936年出版的《儿童智慧的起源》一书中首次提出了"内化与外化的双向建构"的思想，并在其1937年出版的《儿童对现实的构造》一书中对这一思想做了进一步明确和系统的阐述，由此奠定了皮亚杰个体建构主义心理学的基础。①

图14-3　皮亚杰

图14-4　维果茨基

20世纪下半叶以来，世界科学技术迅猛发展，将人类带进了知识经济时代，人们越来越倾向于改变旧的知识概念。特别是以计算机和网络为代表的现代信息技术手段被越来越广泛地应用于教育实践，促进了建构主义心理学派学习理论的不断繁荣。

一般认为，不存在一个统一的建构主义学派。其中，颇有影响力的是两种划分方法：一是美国佐治亚大学教育学院提出的"六范式论"，二是美国心理学家沃尔福克(A. E. Woolfolk)提出的"三阵营论"。"六范式论"强调的是存在六种不同倾向的建构主义范式，即激进建构主义、社会建构主义、对待中介行为的社会文化观点、信

① 高文：《建构主义研究的哲学与心理学基础》，载《全球教育展望》，2001(3)。

息加工建构主义、社会建构论、控制论系统观。① “三阵营论”则把建构主义观点分为以信息加工心理学和皮亚杰为代表的个体建构主义、以维果茨基为代表的社会建构主义以及社会学建构主义三个阵营。② 本节主要介绍“三阵营论”中以皮亚杰为代表的个体建构主义和以维果茨基为代表的社会建构主义，以及相应的学前教育观点。

二、建构主义心理学派的基本观点

(一)皮亚杰个体建构主义的基本观点

1. 发生认识论

皮亚杰的“发生认识论”的基本观点包括以下内容。①遗传和环境通过相互作用共同作用于个体的认知发展。②个体出于适应环境的需要，通过作用于环境，实现认知发展。③智力由三个部分组成，即内容、机能和结构，智力发展是个体认知结构形成和持续建构的过程。③

2. 认知建构理论

皮亚杰认为认知的产生与发展是个体不断自我建构认知结构的过程。为说明这一过程，皮亚杰提出了图式、同化、顺应和平衡等概念。其中，图式是指认知结构，个体正是通过图式对外界信息进行认知层面的适应和组织的。同化是指个体把新信息整合到已有图式中的认知过程。顺应是指个体在无法同化新信息时，通过改变旧图式或创造新图式的方式吸收新信息的认知过程。平衡则是指同化和顺应之间通过协调与整合而达成的“均衡状态”。

皮亚杰认为，每个个体都是通过同化和顺应之间由不平衡到平衡，再由平衡到不平衡的螺旋式循环的过程，使得图式不断生长，从而实现认知发展的。这一过程是个体通过自己的活动，在与外部客观世界的相互作用中完成的。

3. 认知发展阶段理论

皮亚杰从生物学的角度出发，认为生理成熟是个体认知发展的必要条件和基础，而人的生理成熟是有阶段性的。因此，个体的认知发展也呈现出一定的阶段性特征。皮亚杰把认知发展分为 4 个阶段：感觉运算阶段(0～2 岁)、前运算阶段(2～7 岁)、具体运算阶段(7～11 岁)、形式运算阶段(11～15 岁及以后)。认知发展的不同阶段是按照固定的顺序出现的，每个阶段不可逾越，每个阶段都是下一个阶段的必要条件和基础。每个阶段都有不同的认知特性，因此，个体的认知发展过程中存在着年龄特征。但是，不同阶段之间不是截然分开的，而是有一定交叉的，存在着过渡期。

---

① [美]莱斯利·P. 斯特弗、杰里·盖尔：《教育中的建构主义》，高文、徐斌燕、程可拉等译，前言 2 页，上海，华东师范大学出版社，2002。

② 皮连生：《教育心理学(第三版)》，75 页，上海，上海教育出版社，2004。

③ 张爱卿：《现代教育心理学》，48～49 页，合肥，安徽人民出版社，2001。

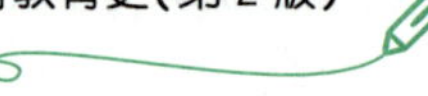

(二)维果茨基社会建构主义的基本观点

1. 人的高级心理机能是在社会文化历史的背景下主动建构起来的

维果茨基将人的心理机能区分为两种形式：低级心理机能和高级心理机能。前者具有自然的、直接的形式，而后者则具有社会的、间接的形式。高级心理机能正是以社会文化的产物——符号为中介的。① 因此，人的高级心理机能是在社会文化的持续介入下不断发展的。换句话说，人的心理发展是在社会文化历史的背景下，通过个体的实践活动主动建构起来的。

2. 知识是在个体之间的社会交互作用中循环建构的

根据维果茨基的观点，个体的认知结构是在社会交互作用中形成的，发展正是将外部的、存在于个体之间的东西转变为或内化为内在的、为个人所特有的东西的过程。与此同时，知识也在个体之间的社会交互作用过程中不断被循环建构。个体通过实践活动，将来自社会文化背景下的客观知识内化为个人的主观知识，又通过发表个人见解使之为他人所知，进而影响到其他个体认知结构的建构。人类社会的知识的发展正是在这样的循序交互过程中不断建构的过程。

3. 教育应当在儿童的"最近发展区"内进行

"最近发展区"是维果茨基提出的一个非常重要的概念，是指儿童发展的现有水平与潜在水平之间的区间或距离。现有水平是指儿童独立解决问题时显示的实际发展水平，潜在水平是指儿童经由成人指导或与有能力的同伴合作来解决问题时显示的发展水平。维果茨基强调，只有在"最近发展区"内设定教育目标和选择教育内容，才能保证儿童在进行认知结构的自我建构过程中获得发展。

三、建构主义心理学派的学前教育理论

(一)引导学前儿童积极主动地与环境互动

皮亚杰指出，智慧的本质是人对外界环境的主动适应，即通过主动对外界环境进行建构的方式形成认知结构，从而获得对外界环境的认识，并实现与环境的平衡。由于个体是在主动与外界环境进行相互作用的过程中，通过同化和顺应两种方式，将外界环境信息整合到自己的认知结构中，从而实现认知发展的；因此，个体与外界环境互动的主动性程度，以及进行认知同化和顺应的能力，对认知发展的结果具有决定性的作用。学前教育工作者应当重视对学前儿童认知能力的培养，促使其积极主动地对外界环境进行探索，并与之互动。

(二)学前教育应在儿童身心发展的可能性基础上进行

无论皮亚杰还是维果茨基，都主张儿童只有达到了一定的心理发展水平，才能进行适宜的学习。皮亚杰强调"发展是学习的基础"，并将儿童的认知发展划分为4个阶段，将学前儿童归入"感知运算阶段"和"前运算阶段"，强调学前教育必须在尊

---

① 高文：《维果茨基心理发展理论与社会建构主义》，载《外国教育资料》，1999(4)。

重儿童年龄特征的基础上进行。而维果茨基的“最近发展区”则主张在儿童身心发展的现有水平和潜在水平的区间内，通过搭建“脚手架”促进其学习，主要强调学前教育必须尊重儿童的个体差异。但无论是年龄特征还是个体差异，都是儿童发展的可能性前提。由此可见，无论是个体建构主义还是社会建构主义，都强调学前教育应当在儿童身心发展的可能性基础上进行。

（三）重视游戏等实际活动对学前儿童发展的重要作用

无论皮亚杰还是维果茨基，都十分强调游戏对于提高儿童抽象思维能力的重要作用。通过游戏，儿童不仅能获得有关物理环境的具体知识，而且能逐步理解社会规则和秩序，并促进道德发展。① 差别在于，皮亚杰的个体建构主义主要强调个人操作类的游戏和实践活动对个体认知发展的价值，而维果茨基的社会建构主义则主张提供具有人际互动机会的游戏和实践活动，重视学习过程中教师与儿童、儿童之间的协作与对话，从而促进儿童在语言、情绪、社会性、认知能力等多方面获得身心综合的发展。综合二者观点，学前教育机构应当提供尽可能充分的、可用于游戏和实践操作的材料、场地和时间，并引导学前儿童在人际互动中开展活动。

（四）倡导学前儿童学习中的“意义建构”

“意义建构”是建构主义理论的重要概念，强调的就是个体在真实情境下通过操作、探索、体验等个体实践活动和对话、协商、合作等人际实践活动，真实感受到新经验的实际意义，其实质就是将所学习的新经验同个体已有经验（尤其是真实的生活经验）之间建立有机联系。在学前教育实践中，可以通过以下方式帮助学前儿童在学习过程中进行“意义建构”。一是在引发适宜的认知冲突的基础上，引导学前儿童在好奇心和求知欲的驱动下，积极、主动地学习，从而感受学习活动本身的意义；二是让学前儿童在真实、具体的问题情境中，通过多种方式主动探究，从而感受到新经验的应用价值及意义。

建构主义心理学以其全新的理论视野，为学前教育工作者提供了独到的儿童观、学习观和方法论，奠定了儿童在学前教育中的主体地位。越来越多的学前教育工作者尝试着用建构主义理论指导学前教育实践工作，并取得了不少成果。建构主义心理学理论还催生了一批学前教育课程模式，其中颇具代表性和引领性的如意大利的瑞吉欧学前教育体系、美国的班克街课程和高宽课程等。虽然，国内外对于建构主义理论依然有着批评的声音，但建构主义对学前教育的意义却是无可争议的。

---

① [美]贾珀尔·L. 鲁普纳林、詹姆斯·E. 约翰逊：《学前教育课程（第三版）》，黄瑾、裴小倩、柳倩等译，28页，上海，华东师范大学出版社，2011。

第三节　精神分析学派的学前教育理论

精神分析学派(或称心理分析学派)产生于20世纪初，其创始人是奥地利精神病医生、心理学家弗洛伊德(S. Freud，1856—1939)。这一学派的理论在20世纪20年代广为流传，颇具影响力。代表人物有弗洛伊德、荣格等。精神分析学派强调人的本能的、情欲的、自然性的一面，它首次阐述了潜意识(无意识)的作用，肯定了非理性因素在行为中的作用，开辟了潜意识研究的新领域，重视对人格的研究，注重早期经验在人生中的意义及作用。

一、精神分析学派的主要观点

(一)弗洛伊德的精神分析理论

1. 潜意识论

精神分析学派的创始人弗洛伊德(图 14-5)将人的心理活动分为意识和潜意识(无意识)两个部分。人的心理活动有些是能够被自己觉察到的，只要人集中注意力，就会发觉内心不断有一个个观念、意象或情感流过。这种能够被自己意识到的心理活动叫作意识。而一些本能冲动、被压抑的欲望或生命力却在不知不觉的潜在境界里发生，因不符合社会道德和本人的理智，无法进入意识被个体觉察。这种潜伏着的无法被觉察的思想、观念、欲望等心理活动被称为潜意识。

图 14-5　弗洛伊德

弗洛伊德指出了潜意识的性质，它属于人的最深层的心理活动。“最深层”包含两方面的意思：一方面是说它处于心理的最深层，离外在的现实最遥远；另一方面是说它是人的心理深处最根本、最原始、未经丝毫雕琢掩饰的赤裸裸的欲望和冲动，正是这些东西决定了一个人的个性和人格。他还指出，潜意识是人的最主要的心理活动。“精神分析的第一个令人不快的命题是：心理过程主要是潜意识的，至于意识的心理过程则仅仅是整个心灵的分离的部分和动作。”①潜意识既在心理空间上占据了人的心理活动的绝大部分区域，又在重要性上构成了人的心理活动的最本质、最基础的部分，它为意识活动提供了根基和动力源泉。②

2. 泛性论

泛性论在西方源远流长，弗洛伊德是泛性论的集大成者。在他眼里，性欲有着

① ［奥］弗洛伊德：《精神分析引论》，高觉敷译，8 页，北京，商务印书馆，1986。

② 吴连连、王雨辰、王建辉等：《现代西方哲学与社会思潮述评》，77～78 页，武汉，武汉理工大学出版社，2002。

宽泛的含义，指人们追求快乐的一切欲望，性本能冲动是人一切心理活动的内在动力。他创造的"力比多"(libido，汉语译为原欲)等一系列新词，大多出自发挥泛性论思想的需要。弗洛伊德认为，"力比多"是包含在"爱"字里的所有本能力量，这种性本能力量必须获得释放，若受到压抑，就会导致人得精神疾病。这种性本能力量可以转移或升华，人类社会的发展与文化创造全是性本能乔装打扮向外发泄的方式。

3. 本能论

弗洛伊德认为，本能是人的生命和生活中的基本要求、原始冲动和内驱力。在早期，他把本能分为两种：性本能和自我本能。性本能，即"力比多"，是人的行为的内在潜力，这种本能促使人通过各种方式获得满足。自我本能则是害怕危险，保护自我不受伤害。自我本能和性本能虽各有不同的目的，但最后均指向生命的生长、发展，并合成生的本能。生的终极就是死。因此，他又提出了死的本能。总的说来，生的本能代表着潜伏在生命自身中的创造力，包括自爱、他爱、自我保存的本能、繁衍种族的愿望和生长的倾向；死的本能则代表着生命自身中潜在的破坏力，包括仇恨、侵犯、自杀、他杀等倾向。在弗洛伊德看来，"生的本能的目标在于不断地建立更大的生命存在的统一体，并极力维护这种统一体的聚合、亲和；相反，死的本能目标在于破坏、分解或毁灭这种亲和体。他宣称，一切生命的最终目标乃是死亡。生和死这两种本能作用相反，又始终同时并存，似乎就是个人或社会一切矛盾斗争的根源"①。

4. 人格论

人格理论是弗洛伊德精神分析学说的核心。它主要包括人格结构和人格发展。

(1)人格结构

弗洛伊德认为，人格由本我、自我和超我三个部分构成。

本我(id)，即人与生俱有的、无意识的结构部分，由遗传的本能、欲望(包括被压抑的欲望)组成。根据快乐原则行事，奉行快乐原则，目的是消除人的紧张，使人感到愉快和满足。

自我(ego)，即从本我中分化出来并得到发展的属于意识的结构部分。它是自己可意识到的执行思考、感觉、正确判断或记忆的部分。它遵循的是"现实原则"，为本我服务，充当本我的需要与现实环境间的联络员。自我是在幼儿时期通过父母的训练和与外界打交道而形成的，按照社会规范、理性和逻辑行事。

超我(superego)，在个体成长过程中通过内化道德规范、内化社会及文化环境的价值观念而形成，其机能主要是监督、批判及管束自己的行为，遵循"道德原则"。弗洛伊德认为，儿童的行为起初是由父母来控制的，而超我一旦形成，则行为就改由自我控制(即个体)来决定了。超我代表着人类生活的高级方向，其功能在于控制、限制或引导自我。

---

① 车文博：《西方心理学史》，467页，杭州，浙江教育出版社，1998。

(2)人格发展

弗洛伊德认为儿童从出生到五岁要经过一系列的性心理发展阶段。儿童不仅在生殖器上寻求快感，而且也能用其他身体部位来产生类似的快感。在儿童时期，产生快感的主要区域是口腔、肛门和生殖器。这三个区域以特有的阶段次序成为儿童的兴奋中心，于是，相应的性心理发展阶段产生。他将这种发展分为五个时期。①口腔期(oral stage)，0～1岁。②肛门期(anal stage)，1～3岁。③性器官期(phallic stage)，3～5岁。④青春潜伏期(period of latency)，5岁至青春期开始。⑤生殖期(general stage)，即青春期。他对每一个时期儿童的身心特点都做了详细分析。

(二)精神分析学派的其他代表人物及其观点

在精神分析界，影响力和弗洛伊德几乎相当的是荣格。他提出意识、个体无意识、集体无意识、原型等精神系统的结合概念，主张将治疗分为宣泄、分析、教育、个体化四个阶段，采取广泛的创造性技术。

后期的精神分析学派最大的发展源于两位杰出的女性分析家，即安娜·弗洛伊德和克兰茵。安娜·弗洛伊德和艾里克森发展出了精神分析自我学派，其中最经典的观点是艾里克森的自我同一性理论。而远在英国的分析家克兰茵则创造性地建立了客体关系理论，客体关系理论是当今精神分析学派中最强盛的理论之一。

1970年以后，曾任美国精神分析学会主席的科胡特在客体关系理论和自恋型人格障碍治疗的基础上，建立了精神分析的自体心理学派。这一学派从人格的自恋问题着手来治疗来访者，其中最有特点的是对自恋型人格障碍的治疗。

虽然精神分析学派各家理论中概念不尽相同，但基本保留着弗洛伊德学说中的基本观点，强调潜意识的驱动力和先天潜能对人格发展起主要作用。

二、精神分析学派的学前教育观点

精神分析不仅仅是一种心理学理论，它也涉及包括教育在内的其他领域，针对教育问题特别是学前教育问题发表了不少独到的见解。

(一)早期经验对健康人格形成具有重要意义

精神分析学者特别重视幼年生活经验对儿童发展的意义。他们认为，成人人格异常的原因往往可以追溯到他的童年经历。弗洛伊德认为，人格模型在5岁左右就完全定型了。他说："我们往往由于注意祖先的经验和成人生活的经验，却完全忽视了儿童期经验的重要。其实儿童期经验更有重视的必要，因为它们发生于尚未完全发展的时候，更容易产生重大的结果，正因为这个理由，也就更容易致病。"①阿德勒虽然强调人格的整体性和可塑性，但他也认为儿童在4～5岁时就形成了生活风格。哈特曼则肯定了母亲对于婴儿人格发展的关键作用，强调早期亲子关系的重要

① 杨汉麟：《弗洛伊德的精神分析学说对现代教育的影响》，载《教育研究》，1998(4)。

性。弗罗姆极为重视家庭环境对儿童人格形成的影响，他认为只有运用正确的养育方式，儿童才能发展出健康的人格特征。

精神分析学派强调早期经验对健康人格形成的重要性，无疑增强了人们对早期教育的重视；其研究、论证与发展，可以给人们以很大的启示，“帮助了众多从事幼儿教育工作的进步主义者加深对其承担任务的理解，或者说对这一任务的重要性有了更透彻的认识”①。而这种早期经验，强调的既不是知识的学习，也不是严格的道德训练，而是父母、教师和社会给予儿童的关爱及有助于个人心理健康发展的诸因素。总之，正是因为精神分析学派的宣传，早期教育、亲子关系的重要性更加深入人心，进一步推动了人们对早期教育和儿童期经验的重视及对儿童身心发展规律的研究。

(二)利用宣泄减少儿童的紧张

根据精神分析学说的基本观点，天生的欲望是一切机体生存的基础，儿童的本能欲望如被过度压抑，就有可能导致心理变态及教育的失败。据此，20 世纪 70 年代以后，欧美的幼儿园教师在教育上尽可能少地束缚和压制儿童，并为儿童提供“宣泄”渠道，即提供可发泄其情绪的“出口”，注意帮助儿童探究及表达自身的情绪；将艺术、游戏及其他表达活动作为发泄情绪、消除压抑的手段，如允许儿童通过游戏来摆脱抑郁、害怕、焦虑及其他可能导致成年期精神疾病的消极情绪，或通过戏剧性游戏来补偿现实生活中不能满足的欲望与需要。教师应在儿童从事游戏活动时，创造自由的气氛，并观察儿童的行为举止。

(三)利用升华对儿童加以引导

弗洛伊德的“升华”，是指将被压抑的欲望或心理能量转移到对社会有益的、高尚的创造活动上去。一些学者指出，可以将这个原理应用于学前教育中。一方面，尽量避免给儿童过激的刺激，不用种种规则限制儿童；另一方面，以积极的方法鼓励儿童活动。这样，儿童的心理能量可以得到正当的引导，被压抑的情绪也可以得到宣泄或缓和。例如，儿童好展示他们的身体，教育者应顺而导之，鼓励其运动及游戏。此外，还可安排各类健康、积极的活动。这样，儿童的心理能量便可得到正当的引导，被压抑的情绪亦可得到宣泄。

(四)将心理健康教育引入教育机构

受精神分析学派的影响，儿童心理健康教育成为现代学前教育的有机组成部分。20 世纪以来，尤其是第二次世界大战后，欧美各国的各级教育机构纷纷关注儿童的心理健康。心理卫生课的开设，心理健康的咨询、诊断以及不正常儿童的心理治疗及预防成为现代学校的职能。许多精神医学界人士高声疾呼，对现代生活中严重的社会问题发出警告，强调幼儿期母亲的照顾与心理健康的关联性，促使保育事业的改进与振兴成为各国儿童福利政策的重点。

---

① W. F. Connell, *A History of Education in the Twentieth Century World*, Cambridge, The Belknap Press of Harvard University Press, 1994, p. 277.

第四节　人本主义心理学派的学前教育理论

人本主义心理学派是20世纪下半期重要的心理学派，代表人物有马斯洛(Abraham Maslow，1908—1970)和罗杰斯(Carl Ransom Rogers，1902—1987)等。人本主义心理学派最核心的观点是自我实现，认为每个人都具有自发追求潜能实现的内在倾向。在学前教育方面，人本主义心理学认为应尽量满足儿童的基本需要，给儿童充分的自由，促进其创造性的发挥，使儿童获得“高峰体验”。

一、人本主义心理学派的产生背景及代表人物

20世纪50年代，行为主义心理学派、精神分析学派占据西方心理学的主要地位，掀起了当时的两股思潮。针对这两股思潮中存在的问题，即行为主义心理学派只研究人的行为，不理解人的内在，精神分析学派只研究精神病人，不考察正常人的心理，心理学界掀起第三股思潮——人本主义思潮。1954年，美国心理学家马斯洛出版《动机与人格》一书，标志着人本主义心理学的诞生。人本主义心理学派的主要代表人物是马斯洛(图14-6)和罗杰斯(图14-7)。

图14-6　马斯洛

图14-7　罗杰斯

二、人本主义心理学派的基本观点

(一)人性本善论

人性本善论是人本主义心理学基本的人性观，也是人本主义的动机论与人格论的出发点和理论支柱。马斯洛旗帜鲜明地指出：人类具有共同的、基本的、潜在的，而且是跨文化的价值标准；对真、善、美、正义、欢乐的追求及爱(而不是恨与死)是人类的内在本性。人性的恶是由于基本需要未被满足、自我实现的环境被破坏而引起的。此外，马斯洛还提出爱是人类的本性，是一种健康的感情关系，需要双方相互理解和接受。

(二)需要层次理论

马斯洛认为，驱动人类行动的直接原因是人类的需要。马斯洛将人的需要由低到高分为七个层次，即生理需要、安全需要、归属与爱的需要、尊重需要、认知需要、审美需要以及自我实现的需要。其中，前四种需要是人类的基本需要，属于较低层次的需要；而后三种属于较高层次的需要。人类的需要经过由低到高的发展过程，一般情况下，只有当较低层次的需要得到满足之后，较高层次的需要才会产生。

(三)自我实现论

自我实现论(self-actualization theory)是人本主义心理学个性发展理论的核心。马斯洛的需要层次理论是自我实现论的心理动力学基础。马斯洛认为，每个个体天生都有自发追求潜能实现的内在倾向，只有潜能得到充分发挥，个体才会感到满足。当个体较低层次的需要得到基本满足之后，便会转向追求更高层次的需要。根据马斯洛的需要层次理论，自我实现是人最高层次的需要，也是人生追求的最高目的。然而，在实际的生活中，并不是每个人都能达到最高层次，完成自我实现。

三、人本主义心理学派的学前教育观点

人本主义心理学尊重人本身的价值，关注人潜能的发挥和自我的实现，对教育具有重要意义。接下来着重介绍人本主义心理学派创始人马斯洛有关学前教育的主要观点。

(一)教育的目的

在马斯洛看来，教育的目的是关于“人的目的”，是从根本上“唤醒存在的价值”，促进“完美人性的形成”，使得“个人达到所能达到的最高度的发展”。也就是说，教育旨在帮助个体发现自己存在的价值，日臻完善，达到最佳状态。

(二)教育者应尊重并促进儿童的“自我同一性”

现实生活中，许多家长经常逼迫孩子做些违背本意的事情，使得孩子弄不清楚自己的内在呼声。在这种教养方式下，许多孩子做的事情都“以外部标准为根据，从选择食物(它对你有益)和服装(它正时兴)到价值和伦理判断(我爸爸说的)都是如此”[①]。然而，“自我同一性”要求儿童“找出你的真实愿望和特征是什么，并生活在一种方式中使它们能表现出来”。那些对父母言听计从、循规蹈矩的孩子，缺乏倾听自身内在信号的能力，无法达成“自我同一性”，他们可贵的创造性会逐步丧失。马斯洛指出，儿童应该学会抵制不良社会风气、陈规旧俗带来的影响，真实、忠诚地面对自己，使其言行成为内在感受真实而自发的表现。

(三)尽量满足儿童的基本需要，促进其潜能的发展

马斯洛认为，驱使人类行动的是若干始终不变的、遗传的、本能的生理及心理的需要。为了充分发挥儿童的潜能，帮助其完成自我实现，教育者应该尽可能地满

---

① [美]马斯洛：《人性能达的境界》，林方译，184页，昆明，云南人民出版社，1987。

足儿童的基本需要。

生理需要，是人类维持自身生存的最基本要求。生理需要是人一生最基本的需要。如果生理需要得不到满足，人的生命就会受到威胁。

安全需要，是在儿童生理需要得到满足之后产生的。马斯洛提醒，儿童对威胁或危险的反应比成人更加强烈。“假如幼儿突然受到干扰，或者跌倒，或者受到高声喧闹、闪电或者其他异常的感官刺激的惊吓，或者受到粗鲁对待，或者在母亲怀中失去支持，或者感到供养不足，等等，他们会全力以赴地作出反应，仿佛遭遇了危险。”①此外，马斯洛还指出，家庭中父母的关系和态度会对儿童造成极大的影响。比如，“家庭内部的争吵”“父母对孩子发脾气”等会使孩子“惊慌失措”“惶恐万分”。因此，为了满足儿童的安全需要，马斯洛要求社会、家庭共同合作，为儿童提供一个和平、安静的环境。教育者应当讲授安全方面的知识，培养儿童的安全意识，提高儿童的安全能力。

归属与爱的需要。马斯洛指出，归属需要是动物的本能，也是儿童心理正常发展的必要条件。漫无目的、流动性过大的“过客”生活，或被迫同家人、亲朋好友分离，孤独寂寞的生活，都会给儿童身心带来损害。② 马斯洛认为，爱的需要不是后天获得的，而是与生俱来的。他指出，爱对儿童的成长有着重要意义。在孩提时代得到爱的人，往往更容易健康成长；而缺乏爱的孩子，其成长和潜能的发展会受到抑制，长大之后也难以给社会及他人爱的回报。马斯洛还引用临床医生及心理病理学家的观察结论：婴儿不能缺乏爱，爱的需要未被满足是心理失调的主要原因。由此，马斯洛强调，我们必须懂得爱，我们必须能教会爱、创造爱、预测爱，因为这个问题不仅涉及个人的健康成长，而且涉及世界的安宁。

尊重需要，即“社会上所有的人都有一种对于他们的稳定的，牢固不变的，通常较高的评价的需要或欲望，有一种对于自尊、自重和来自他人的尊重的需要或欲望”③。因而，教育者需要尊重儿童，认真倾听儿童的“内在呼声”，促使他们实现“自我同一性”。当尊重需要得到满足时，儿童会对自己充满信心。儿童会觉得自己在这个世界上有价值、有力量、有能力、有位置、有用处和必不可少，从而激发独立性和创造性，追求更大的成功。如果尊重需要未被满足，儿童就容易产生自卑、弱小、无能的感觉，丧失基本的信心，甚至“产生精神病倾向”。

以上内容阐述了人的需要和儿童发展以及教育之间的关系。这些需要在儿童早期能否得到满足关乎儿童日后能否健康成长。马斯洛明确指出，在人的早年生活中，尤其是出生后的最初两年里就满足这些需要是很重要的。如果儿童的需要得不到满足，就会导致心理变态及反常行为的出现。

---

① [美]A. H. 马斯洛：《动机与人格》，许金声、程朝翔译，45 页，北京，华夏出版社，1987。

② [美]A. H. 马斯洛：《动机与人格》，许金声、程朝翔译，50 页，北京，华夏出版社，1987。

③ [美]A. H. 马斯洛：《动机与人格》，许金声、程朝翔译，51 页，北京，华夏出版社，1987。

(四)既要给孩子充分的自由，又不可溺爱

马斯洛反对父母对孩子过分控制、独裁专制，因为这样会让孩子丧失发展自己个性的机会和能力。同时，他也强调，对儿童的爱与尊重并不意味着放纵，不是孩子提任何要求都予以满足。过分保护、溺爱孩子并不是真正的关心、爱护，而是对儿童及其潜能的不尊重。那些被过分保护、缺乏安全感的孩子往往离不开母亲，如此便难以独立去探索、冒险、学习，难以获得进一步的发展。马斯洛认为，一个好的家长往往具备优秀领导者的一些特征，应该做到敢抓敢管，该慈则慈，该严则严。

(五)教育者应掌握明确、合理的人生价值观念

马斯洛强调，在儿童教养问题上，成人具有一套明确的价值观念非常重要。他通过墨西哥儿童和美国儿童的对比研究发现，物质条件、家庭环境相对较差的墨西哥儿童行为表现更好，而在儿童中心主义思潮下成长的美国儿童行为举止存在明显的异常。马斯洛认为，产生这种差异的原因在于墨西哥保留着比美国丰富得多的传统文化。墨西哥的人们保持了一种统一明了并作为行为准则的价值观念；而美国的父母却缺乏明确的价值观念及道德标准。由此，马斯洛得出以下结论。第一，所有儿童都“需要一个价值系统、一个理解系统，一个定向和献身的框架，需要对宇宙、对自身意义逐步达到一个概念的把握”。第二，如果儿童缺乏这样的系统，儿童或青少年的某种不正常的、反社会的价值系统就可能乘虚而入，并导致儿童的心理病态。

(六)使儿童获得“高峰体验”

马斯洛提出了一个新的概念——“高峰体验”(peak experience)，即人感到强烈的幸福、狂喜、完美或欣慰的最佳状态的时刻，是人生活中最能发挥作用、坚强、自信、完全支配自己的时刻。他认为，儿童是能够产生高峰体验的，“在童年期，这是常有的”。然而，传统的教学模式却不断打压儿童的这种高峰体验，为了维持课堂秩序，忽略了儿童快乐的体验。马斯洛认为，生活必须有意义，不断的高峰体验是通往自我实现的必要条件。他曾说过：“幼儿园教育能够做些什么来对抗死的愿望，小学一年级能够做些什么来增强生的愿望呢？也许他们能做的最重要的事是让孩子得到一种成就感。”教育者应给予儿童尽可能多的自由，促进其创造性的发挥；鼓励儿童通过帮助其他幼弱的孩子等，得到内在的满足，从而获得高峰体验。

马斯洛以人本主义心理学的理论为基础，论述了学前教育理论，主张充分满足儿童的需要，促进儿童潜能的发展。马斯洛尊重儿童及其需要、关注儿童内在潜能发展等观念具有重要的启示和借鉴意义。

本章小结

20世纪以来，心理学领域逐渐形成了行为主义心理学派、建构主义心理学派、精神分析学派和人本主义心理学派四大心理学派。该四大心理学派分别从自己的视角研究和分析人的心理活动及学习方式，从而也形成了各自的学前教育理论或观点：行为主义心理学派重视儿童行为习惯的培养，强调环境和教育对儿童发展的作用；

建构主义心理学派认为儿童的学习是其与外界环境积极互动中的不断建构；精神分析学派关注人生早期心理及人格健康，重视在学前教育中使用如宣泄、升华等诸多方法以获取健康的人格；人本主义心理学派则深入研究儿童的需要，主张把让儿童获得快乐的体验放在教育的重要位置。这些理论或观点对学前教育的研究和实践产生了重要的影响。

关键术语

华生；斯金纳；系统脱敏法；“消退”；“育婴箱”；皮亚杰；维果茨基；最近发展区；意义建构；弗洛伊德；潜意识论；情绪“出口”；“升华”；马斯洛；自我实现；“高峰体验”

思考题

1. 试述行为主义心理学派的学前教育观点。
2. 简要说明皮亚杰及维果茨基建构主义理论的基本观点。
3. 说说建构主义心理学派的学前教育观对幼儿园课程改革的启示。
4. 精神分析理论对现代学前教育的理论和实践有哪些影响?
5. 简述人本主义心理学派的学前教育观点。

实践活动建议

1. 观察幼儿园的一日生活，讨论如何运用心理学派的学前教育理论指导有关教育活动。

2. 以“现代心理学流派学前教育观对于培养健康整全儿童的启示”为题，分组进行讨论。

拓展阅读

1. 杨晓萍. 行为主义学习理论在学前教育中的运用. 学前教育研究，1995(2).

2. 朱家雄. 从皮亚杰到维果茨基——论两位心理学家对学前教育的影响. 学前教育研究，1999(6).

3. 刘晓东. 学前教育的“大纲”应当符合儿童的“大纲”——从维果茨基到“方案教学”. 学前教育研究，2001(6).

4. 杨汉麟. 弗洛伊德的精神分析学说对现代教育的影响. 教育研究，1998(4).

5. 王琳慧，肖少北. 罗杰斯的人本主义教育思想及对幼儿教育的启示. 海南师范大学学报(社会科学版)，2016(8).

主要参考文献

1. 陈汉才. 中国古代幼儿教育史. 广州：广东高等教育出版社，1996.

2. 陈文华. 中外学前教育史. 北京：科学出版社，2007.

3. 单中惠，刘传德. 外国幼儿教育史. 上海：上海教育出版社，1997.

4. 杜成宪，王伦信. 中国幼儿教育史. 上海：上海教育出版社，1998.

5. 冯晓霞. 世界教育大系・幼儿教育. 长春：吉林教育出版社，2000.

6. 李生兰. 比较学前教育. 上海：华东师范大学出版社，2000.

7. 庞丽娟. 中国教育改革 30 年：学前教育卷. 北京：北京师范大学出版社，2009。

8. 孙爱月. 当代中国幼儿教育. 福州：福建教育出版社，1991.

9. 孙培青. 中国教育史. 上海：华东师范大学出版社，2009.

10. 唐淑，钟昭华. 中国学前教育史. 北京：人民教育出版社，1993.

11. 田景正. 中国学前教育史论——近代以来中国对外国学前教育的引进与创新. 长沙：湖南人民出版社，2009.

12. 田景正，周端云，张苏颖 . 新中国学前教育 70 年 . 长沙：湖南大学出版社，2020.

13. 王莉娅，麦少美. 中外学前教育史. 北京：高等教育出版社，2006.

14. 吴式颖. 外国教育史教程. 北京：人民教育出版社，1999.

15. 杨汉麟，周采. 外国幼儿教育史(修订本). 南宁：广西教育出版社，1993.

16. 杨汉麟. 外国幼儿教育史. 北京：人民教育出版社，2011.

17. 叶浩生. 西方心理学的历史与体系. 北京：人民教育出版社，1998.

18. 易慧清. 中国近现代学前教育史. 长春：东北师范大学出版社，1994.

19. 喻本伐. 中国幼儿教育史. 郑州：大象出版社，2000.

20. 张传燧. 中国教育史. 北京：高等教育出版社，2010.

21. 中央教育科学研究所比较教育研究室. 世界学前教育研究. 贵阳：贵州人民出版社，1989.

22. 周采，杨汉麟. 外国学前教育史. 北京：北京师范大学出版社，1999.

23. 周采. 比较学前教育. 北京：人民教育出版社，2010.

24. 周玉衡，范喜庆. 学前教育史. 上海：复旦大学出版社，2009.

25. 日本世界教育史研究会编，梅根悟主编. 世界幼儿教育史(上册). 刘翠荣，梁忠义，吴自强，等译. 长春：吉林人民出版社，1986.

26. 日本世界教育史研究会编，梅根悟主编. 世界幼儿教育史(下册). 张举，梁忠义，刘翠荣，等译. 长春：吉林人民出版社，1986.